STÄTTEN DER REFORMATION
IN HESSEN UND THÜRINGEN

Kulturelle Entdeckungen

IMPRESSUM

Kulturelle Entdeckungen
Stätten der Reformation in Hessen und Thüringen

Bibliografische Information der Deutschen Nationalbibliothek. Die Deutsche Nationalbibliothek verzeichnet diese Publikation in der Deutschen Nationalbibliografie; detaillierte bibliografische Daten sind im Internet über http://dnb.d-nb.de abrufbar.

Projektleitung:
Dr. Thomas Wurzel (verantwortlich)
Marietta Lüders

Konzeption und Redaktion Hessen:
Gerd Fenner, Kassel
Dr. Wolfgang Fritzsche, Gustavsburg

Konzeption und Redaktion Thüringen
sowie Themenbeiträge:
Uwe John, Erfurt

Mitarbeit (FSJ Kultur):
Lukas Frank
Hanna Sturm

Layout und Satz:
Susan Elaine Gildersleeve

Druck und Bindung:
FROTSCHER DRUCK GmbH, Darmstadt

Vertrieb:
Verlag Schnell & Steiner GmbH,
Leibnizstraße 13, 93055 Regensburg
www.schnell-und-steiner.de

ISBN 978-3-7954-2910-2

INHALT

VORWORT

Am 31. Oktober 1517 schlug Martin Luther der Überlieferung nach 95 Thesen an das Portal der Schlosskirche zu Wittenberg und löste damit eine Entwicklung aus, deren Auswirkung auf die Weltgeschichte sich Luther, der vorrangig den Ablasshandel anprangerte, in diesem Ausmaß wohl kaum hat vorstellen können. Mag die Historizität dieses Datums umstritten sein, schmälert dies nicht seine symbolträchtige Wirkung als offizieller Reformationstag. So ist es auch nicht verwunderlich, dass der 500. Jahrestag dieses Ereignisses in Deutschland, als Geburtsland der Reformation, nicht mit einem einfachen Fest begangen wird, vielmehr wird zehn Jahre auf die Jährung am 31. Oktober 2017 hingearbeitet, was treffend als Reformations-Dekade bezeichnet wird. In diesem Jahrzehnt werden auch andere Reformatoren wie Bugenhagen, Melanchthon, Zwingli und Calvin gewürdigt, da die Reformation nicht auf Deutschland begrenzt und auch abseits der lutherischen Konfession für die gesamte Welt von immenser Bedeutung war. Die Kirchenspaltung, die sich beginnend mit dem Thesenanschlag und den daraufhin entstehenden Diskussionen und Debatten vollzog, beeinflusste das Denken und Leben jeder nachfolgenden Generation, zunächst in Europa, später durch den Auszug protestantischer Minderheiten auch in der ganzen Welt.

Die Sparkassen-Kulturstiftung Hessen-Thüringen nutzt diese Vorbereitungen um einen Band ihrer Reihe „Kulturelle Entdeckungen" den authentischen Orten in den Kernländern der Reformation Hessen und Thüringen zu widmen. Dieser Themenband stellt erstmals historische Orte beider Bundesländer in einem Band vor; er ist ein gemeinsamer Beitrag aller Sparkassen in Hessen und Thüringen zur Reformationsdekade. Ein weiteres Novum in dieser Reihe ist es, dass der vorliegende Band parallel auch als E-Book herausgegeben wird.

In Hessen und Thüringen finden sich zahlreiche Orte der Reformation; so studierte Luther in Erfurt und übersetzte das Neue Testament in die deutsche Sprache auf der Wartburg bei Eisenach. Hessen hatte mit Landgraf Philipp dem Großmütigen einen frühen politischen Vertreter der Reformation. Die Homberger Synode war für den Verlauf der Reformation ebenso von Bedeutung wie der Schmalkaldische Bund, der ihr politischen Rückhalt gab. Die meisten Stätten, die in diesem Band aufgeführt sind, stellen baulich sichtbar gebliebene Zeugen reformatorischer Ereignisse dar. Neben Sakralbauten werden auch Schulen, Hospitäler, Museen, Denkmäler und andere Zeugnisse reformatorischen

Geschehens vorgestellt. In Anbetracht ihrer Bedeutung für die Geschichte der Reformation wurden außerdem das Lutherdenkmal in Worms und die Veste Coburg aufgenommen, welche zwar außerhalb der heutigen Ländergrenzen Hessens und Thüringens liegen, aber vom historischen Kontext her gesehen in den Band gehören. Bei näherer Betrachtung zeigt sich, dass es viele bedeutsame Schauplätze in Hessen und Thüringen gibt, die – getreu dem Anliegen der „Kulturellen Entdeckungen", den Leserinnen und Lesern Unbekanntes zu eröffnen und Wissen neu zu erschließen – gleichberechtigt neben „prominenten" Denkmälern stehen. Insgesamt haben kundige Autoren Artikel über mehr als 200 Sehenswürdigkeiten und Orte für diesen Band verfasst. Die in den Band aufgenommenen Themenbeiträge dienen dazu, verschiedene reformatorische Sachverhalte überregional zusammenhängend zu beschreiben und aufzubereiten.

Die Publikation ist sowohl als Reiseführer als auch für die Lektüre zu Hause geeignet. In kurzen informativen und bebilderten Texten werden die verschiedenen „Entdeckungen" vorgestellt. Ein den Texten vorangestellter Infoblock führt wichtige Angaben wie Kontaktmöglichkeiten und Adresse auf einen Blick zusammen. Zur Orientierung liefern zwei Karten in den Umschlagklappen einen schnellen Überblick über die behandelten Orte. Der Band folgt einem dreigliedrigen Aufbau: In einem ersten Teil werden die reformatorischen Stätten in Hessen behandelt. Übergreifende Themenbeiträge bilden den zweiten Abschnitt und leiten zum dritten Teil über, in dem Orte der Reformation Thüringens präsentiert werden. Die Trennung geschieht vor dem Hintergrund der unterschiedlich abgelaufenen Reformationsprozesse, erleichtert aber auch die Orientierung im Buch und innerhalb beider Kulturregionen. Die verschiedenen Besichtigungsorte folgen einer lexikographischen Anordnung. Die Literaturauswahl im Anhang gibt interessierten Leserinnen und Lesern die Möglichkeit, sich weiterführend mit dem Thema Reformation zu beschäftigen. Daran anschließend findet sich das Ortsverzeichnis, das die Suche nach bestimmten Orten und Sehenswürdigkeiten erleichtert.

Mein Dank gilt allen an der Konzeption und Umsetzung beteiligten Personen, besonders den zuständigen Redakteuren Uwe John, der für die Thüringer Beiträge und Betreuung der übergreifenden Beiträge verantwortlich zeichnete, sowie Gerd Fenner und Wolfgang Fritzsche, die für Nord- bzw. Südhessen zuständig waren. Ohne ihre motivierte Mitarbeit und ihre umfangreichen und intensiven Recherchen zu den jeweiligen

Kulturlandschaften wäre ein Projekt dieses Umfanges undenkbar gewesen. Des Weiteren sei allen Autorinnen und Autoren gedankt, deren fundiert geschriebene Texte die Publikation ermöglichen und auszeichnen. Gerade ihre regionale und landesgeschichtliche Kenntnis tragen maßgeblich zur Einzigartigkeit und Beliebtheit der Reihe bei.

Ich hoffe, dass die Leserinnen und Leser das besondere Jubiläum zum Anlass nehmen, sich eingehender mit den historischen Stätten und den äußeren Umständen der Reformation zu beschäftigen. Die kirchlichen und gesellschaftlichen Umwälzungen, die damals angestoßen wurden, betrafen nicht nur einzelne Regionen Deutschlands, sondern hatten weltweite Auswirkungen. Wir möchten dazu beitragen, die Geschichte der Reformation anhand historischer Orte und Objekte anschaulich darzustellen und das eigene Verständnis von Kultur und Region zu erweitern. Bei der Lektüre wünsche ich Ihnen viel Vergnügen und inspirierende Entdeckungen in den Kernländern der Reformation.

Gerhard Grandke
Vorsitzender des Vorstandes
der Sparkassen-Kulturstiftung
Hessen-Thüringen

DIE REFORMATION IN HESSEN UND THÜRINGEN

Der Ablassstreit, den Martin Luther mit der Veröffentlichung seiner 95 Thesen entfacht hatte, wurde von der breiten Öffentlichkeit bis zum Frühjahr 1519 kaum wahrgenommen. Allerdings war die theologische Kontroverse in den Kreis des oberdeutschen Humanismus hineingetragen worden und die Ansichten des Wittenbergers waren spätestens Ende des Jahres 1518 Gesprächsstoff an den Universitäten. So forderte der Ingolstädter Theologieprofessor Johannes Eck Martin Luther und Andreas Bodenstein, genannt Karlstadt, zu einer Disputation heraus, die Ende Juni 1519 in Leipzig stattfand. Infolge der Leipziger Disputation erwuchs aus einem „Pfaffen- und Mönchsgezänk" im Laufe der nächsten Monate eine Bewegung, die alle Stände des Reiches erreichte und sie bald darauf in helle Aufregung versetzte.

Untrügliche Zeichen der anwachsenden religiösen, sozialen und antikurialen Bewegung waren die hohen Auflagen und die weite Verbreitung von lutherfreundlichen und -feindlichen Flugschriften, die Publizistik der theologischen Kontrahenten selbst sowie soziale und gegen den Klerus gerichtete Proteste. Die Medien der frühen Reformation wurden auf den Messen zu Leipzig, Naumburg und vor allem Frankfurt vertrieben. Auf der Frankfurter Herbstmesse 1522 lag bereits das von Luther auf der Wartburg übersetzte Neue Testament aus. Neben dem Buchdruck war es jedoch der Wittenberger Reformator selbst, der im Frühjahr 1521 für überregionales Aufsehen sorgte. Bekanntlich hatte Kaiser Karl V. ihn im März 1521 nach Worms zitiert und ihm drei Wochen freies Geleit für die Reise zum Reichstag zugesichert.

Die Fahrt von Wittenberg nach Worms, die er am 2. April antrat, gestaltete sich vor allem in Thüringen zu einem Triumphzug. Über Leipzig, Naumburg, Weimar, Erfurt, Gotha, Eisenach, Berka, Hersfeld, Grünberg, Friedberg, Frankfurt und Oppenheim zog Luther nach Worms. Fast alle Stadträte erwiesen ihm Ehrenbezeigungen. Berühmt sind seine Aufenthalte in Erfurt, Hersfeld oder Frankfurt. Als er bei dem Dorf Nohra das Erfurter Landgebiet betrat, empfing ihn eine vierzigköpfige Reitergruppe an deren Spitze der Rektor der Universität Erfurt, der berühmte Humanist Crotus Rubeanus, stand. Überschwänglich wurde Luther, wie es unter Humanisten üblich war, mit Lobreden gefeiert. Am Palmsonntag predigte er schließlich in der völlig überfüllten Erfurter Augustinerkirche, wo er einst seinen Profess abgelegt und seine erste Messe (Primiz) gefeiert hatte. Tage später drängte ihn der Abt des Hersfelder Klosters in der Stiftskirche zu predigen. Offenbar zog

Luther hier erste Anhänger in seinen Bann – beispielsweise brach der Ordensbruder Heinrich Fuchs im Mai 1521 bewusst den Zölibat und trat in den Ehestand ein. In Frankfurt, wo Luther durch seine Schriften bereits vor der Bibelübersetzung bekannt war, wohnte er im Gasthaus „Zum Strauß" am Kornmarkt und fand überall freundliche Aufnahme. Nach dem Bericht des gegnerischen Johannes Cochläus soll er sogar mit Freunden gezecht und „wie ein Orpheus in der Kutte die Laute geschlagen haben" (Martin Brecht). Die Einladung auf die Ebern-

Luther verbrennt die kaiserliche Bannbulle und die päpstlichen Dekrete, Stahlstich 1869

burg, wohin ihn Franz von Sickingen einlud, um ihm in der „Herberge der Gerechtigkeit" Unterkunft und Sicherheit anzubieten, schlug Luther aus und zog weiter nach Worms. Sein dortiger Auftritt vor dem Kaiser und sein mutiges Widerstehen machten aus ihm den wohl ersten Medienstar der Geschichte, was weitreichende Folgen für die Ausbreitung der evangelischen Bewegung „von unten" hatte. Die Multiplikatoren der frühen Reformation waren neben den Humanisten vor allem evangelisch predigende Priester, entlaufene Mönche, Magister der Universitäten und Lateinschulen aber auch Laien. Beispielsweise ließ der Erfurter Professor und Stiftsherr Justus Jonas sein Amt ruhen und begleitete Luther nach Worms. Wilhelm Nesen, der Leiter des 1519/20 in Frankfurt eingerichteten humanistischen Gymnasiums, sympathisierte ebenso mit Luther wie viele Patrizier der Mainmetropole oder die Reichsritterschaft. Nach Luthers mutigem Auftritt in Worms sorgte sein Landesherr, Kurfürst Friedrich der Weise, dafür, dass der durch die Reichsacht geächtete Reformator auf der Wartburg Schutz fand. Es war eine zufällige Fügung, dass Luther auf diese Weise wieder in die unmittelbare Heimat seiner Vorfahren zurückkehrte, denn sein Vater Hans stammte aus dem etwa drei Wegestunden südlich von Eisenach gelegenen Dorfe Möhra. Auf der alten Landgrafenburg begann Luther im Mai 1521 mit der Übersetzung des Neuen Testaments ins Deutsche.

Überschaut man den hessisch-thüringischen Raum der Jahre um 1522/23, so ist festzustellen, dass evangelische Prediger vor allem in Erfurt und Umgebung, in den Reichsstädten Mühlhausen und Nordhausen, in einer ganzen Reihe von kursächsisch-ernestinischen Städten (u. a. Altenburg, Eisenach, Gotha, Jena, Saalfeld, Weimar) sowie im schwarzburgischen Arnstadt oder im reußischen Weida aufgetreten sind. Mit Jacob Strauß in Eisenach, Karlstadt in Orlamünde, Wolfgang Stein in Weimar, dem Prediger Niklas in Neustadt/Orla, Martin Reinhart in Jena sowie mit Thomas Müntzer in Allstedt und Mühlhausen wirkten auffällig viele radikale Reformatoren in Thüringen, die sich theologisch mehr oder weniger scharf von Luther abgrenzten. Strauß, Karlstadt, Hans Pfeiffer in Mühlhausen und besonders Müntzer traten obendrein mit sozialen und politischen Forderungen hervor, so dass sie in Widerspruch zu den Obrigkeiten gerieten. Auf diesem Boden gedieh die sozialkritische und religiös aufgeladene evangelische Bewegung „von unten", die Thüringen zur Heimstatt der radikalen Gemeindereformation werden ließ. Daneben beförderte auch die im kursächsischen Territorium gelegene Universität Wittenberg mit ihrem thüringisch-sächsischen Einzugsbereich sowie die Tolerierung der evangelischen Bewegung seitens des Kurfürsten Friedrich und seines Bruders Johann diese Entwicklung. In Frankfurt war es Hartmann Ibach, der im März 1522 in der am Bockenheimer Tor gelegenen Klosterkapelle St. Katharinen zuerst evangelisch predigte; zu nennen wären aber auch Bartholomäus Riseberg in Immenhausen (1522/23) sowie Melchior Rinck in der Hersfelder Stadtkirche (1523). In Nordhausen bekannte sich der Stadtrat bereits 1524 zur Reformation. Wohlwollende Sympathie und Unterstützung erfuhr Luther in dieser Zeit jedoch nicht nur von den Stadträten und den Bürgerschaften, welche die evangelischen Prediger duldeten oder unterstützten, sondern auch von der Reichsritterschaft.

Der erwähnten Einladung des Franz von Sickingen auf die Ebernburg vom April 1521 war bereits ein Schutzangebot Ende Februar 1520 vorausgegangen. Ulrich von Hutten hatte es über Philipp Melanchthon vermittelt. Auch der auf Burg Schaumberg (bei Schalkau im Landkreis Sonneberg) ansässige

Ritter Silvester von Schaumberg versicherte dem Reformator seinen Beistand. Er ließ Luther im Juni 1520 wissen, dass im Falle der Gefahr über hundert Adlige bereitstünden, ihn zu schützen. Die Solidarität der Reichsritter verstärkte Luthers Hoffnung, auf Rückhalt auch außerhalb Kursachsens. Im Sommer 1520 verfasste er die reformatorische Hauptschrift „An den christlichen Adel deutscher Nation von des christlichen Standes Besserung", in der er seine Widersacher mit spitzer Feder angriff. Von vornherein in deutscher Sprache verfasst, sollte sie dazu dienen, die öffentliche Meinung aufzuwühlen. Die an Radikalität nicht zu übertreffende antikuriale Adelsschrift stieß bei so manchen Grafen oder Herren, bei den Reichsrittern und beim Niederadel auf breite Resonanz. Im Jahre 1521 bekannte sich mit dem Grafen Albrecht VII. von Mansfeld erstmals ein Hochadliger aus dem altsächsisch-thüringischen Raum zu Luther. Die auf dem Landtag zu Altenburg im Mai 1523 offen vorgetragene Sympathie von fast allen ernestinischen Stadträten, weiten Teilen des thüringisch-obersächsischen Niederadels sowie von nicht wenigen Grafen und Herren war ein unüberhörbares politisches Signal der Stände und korrespondiert in einem hohen Maße mit der vonstattengehenden Gemeindereformation, die schließlich infolge maßloser sozialer Forderungen und des blutigen Bauernaufstandes unvollendet blieb.

Luther übersetzt die Bibel, Gemälde von Paul Thumann, 1872

Kurfürst Friedrich III. der Weise (1463–1525, reg. ab 1486), Gemälde von Lucas Cranach d. Ä., 1532

Für den weiteren Fortgang der evangelischen Bewegung im Reich insgesamt war das Bekenntnis des Landgrafen Philipp von Hessen im Jahr 1524 zu Luther und Zwingli von ausschlaggebender Bedeutung. Während sich der 1463 geborene Kurfürst Friedrich der Weise von Sachsen zurückhaltend zu Luthers Lehre verhielt, bekannte sich sein fünf Jahre jüngerer Bruder Herzog Johann deutlich zu ihr, was aber bis zu seinem Regierungsantritt 1525 nur regional wahrgenommen wurde, da Friedrich Kursachsen im Nürnberger Reichsregiment oder auf den Reichsversammlungen vertrat. Auf den Reichstagen war auch der seit 1518 vom Kaiser mündig gesprochene Philipp von Hessen präsent. Im Mai 1520 suchte er zielstrebig den Kontakt zu den Wettinern, so dass die alte hessisch-sächsische Erbverbrüderung erneuert und das zwischenzeitlich gestörte Vertrauensverhältnis wiederhergestellt wurde. Bereits auf dem Wormser Reichstag 1521 hatte Philipp Luther in dessen Herberge aufgesucht, ohne sich für die evangelische Lehre begeistern zu können. In den folgenden Jahren profilierte sich der Landgraf, der eine schwere Hypothek außenpolitischer Probleme bei seinem Regierungsantritt vorgefunden hatte, rasch zu einer führenden Persönlichkeit in der Reichspolitik. Nach Abschluss des Nürnberger Reichstages im Frühjahr 1524 stand er an der Spitze einer mächtigen Fürstenopposition, die sich gegen Habsburg stellte. Auf dem Weg zum sogenannten Heidelberger Fürstenschießen im Juni 1524 – wo sich eine antihabsburgische Allianz weiter formieren wollte – traf er zufällig auf Philipp Melanchthon, den er in theologisch-religiöse Gespräche involvierte. Diese Begegnung war der Beginn einer lebenslangen Freundschaftsbeziehung.

Es ist bis heute umstritten, ob sich Philipp von Hessen aus politischem Kalkül oder reinen Herzens der Reformation angeschlossen hat. Jedoch ist darauf zu verweisen, dass der Nürnberger Reichstag im Frühjahr 1524 mit der Auflage geschlossen wurde, im kommenden November in Speyer eine Reichsversammlung einzuberufen, auf der die strittigen Glaubensfragen erörtert werden sollten und zu deren Vorbereitung alle Reichsstände aufgefordert waren. Allein aus diesem Grund hatte sich Philipp mit der „causa Lutheri" auseinanderzusetzen und musste Farbe bekennen. Für den Fortgang der Reformation war

Landgraf Philipp von Hessen (1504–1567, reg. ab 1518), Gemälde von Hans Krell (?), um 1560

entscheidend, dass mit der Landgrafschaft Hessen ein ressourcenreiches und zentral gelegenes Fürstentum des Reiches an die Seite Kursachsens trat. Außerdem schloss sich mit dem erst zwanzigjährigen Landgrafen ein dynamischer Reichsfürst den beiden deutlich älteren wettinischen Landesherren an, der in kürzester Zeit zum politischen Führer der Reformation aufstieg.

Im Sommer 1524 entfaltete sich im deutschen Südwesten eine bäuerliche Protestbewegung, die sich in den darauffolgenden Monaten zu einem Flächenbrand ausweitete und im Frühjahr 1525 die Stiftsgebiete von Hersfeld und Fulda, das Werratal, das Saaletal zwischen Saalfeld und Jena sowie das nördliche Thüringen um Mühlhausen erreichte. Der inzwischen aus Allstedt vertriebene Müntzer stellte sich als radikaler Prediger an die Spitze der bäuerlichen Protestbewegung, die ihre sozialen Forderungen mit der Heiligen Schrift zu legitimieren suchten. Letztlich gipfelte der Bauernkrieg am 15. Mai 1525 in der blutigen Niederwerfung der aufständischen Bauern bei Frankenhausen in Thüringen. Den Feldzugsplan hatte Philipp von Hessen entworfen; ihm zur Seite stand der katholische Herzog Georg von Sachsen. In den Wirren jener Tage war Kurfürst Friedrich der Weise Anfang Mai 1525

Philipp Melanchthon (1497–1560), Kupferstich von Albrecht Dürer, 1526

verstorben. Die Herrschaft im ernestinischen Kurfürstentum trat nun sein Bruder Kurfürst Johann an. Mit der Niederschlagung des Bauernkrieges und den einhergehenden Revolten in vielen Städten Hessens und Thüringens (Erfurt, Frankfurt, Friedberg, Fulda, Mühlhausen, Neustadt/Orla, Wetzlar usw.) war die Ausbreitung der Reformation „von unten" weitestgehend beendet. Nunmehr stellten sich die Landesfürsten an die Spitze der Bewegung, die sie zunehmend kanalisierten. Am 17. August 1525 verkündete Kurfürst Johann in Weimar die Einführung der Reformation in den ernestinischen Territorien. Es folgten Visitationen und die Überführung der Kirchengüter unter weltliche Verwaltung. Noch beherzter ging Philipp von Hessen zu Werke. Nicht nur, dass er zum 1. Juli 1527 in Marburg selbstbewusst die erste protestantische Universität durch den Juristen Johann Eisermann eröffnen ließ, er verband diese Gründung mit einer umfassenden hessischen Kirchenreformation, die bereits auf der Synode zu Homburg im Oktober 1526 erarbeitet worden war. Die sogenannte „Reformatio Ecclesiarum Hassiae" war ein eigenwilliger und weit über Hessen hinaus beachteter Verfassungsentwurf, in dem sich die theologische Vielfalt der sich inzwischen ausdifferenzierenden Reformation (Zwingli, Bucer, Melanchthon, Luther) widerspiegelte. Obgleich er infolge der Intervention Luthers nie zu geltendem hessischem Kirchenrecht aufstieg, enthielt der Entwurf Programmpunkte – wie die Schul- und Bildungsreform –, die zur Grundlage landgräflicher Politik wurden. Forsch ging Philipp auch die Säkularisation der Klöster und Stifter an; die Auflösung der 20 Männer- und 17 Frauenkonvente mit mehr als 800 Personen geistlichen

Standes erwies sich als äußerst schwierig, da sich einige Institutionen, wie die Marburger Deutschordenskommende, heftig widersetzten. Neben Kurfürst Johann von Sachsen ging im Reich kein Landesfürst zwischen den beiden Reichstagen zu Speyer von 1526 und 1529 bezüglich der Umsetzung der reformatorischen Ideen so rigoros vor wie Landgraf Philipp. Sein wichtigster Theologe war Adam Krafft, der sich als Prediger, Visitator, Gesandter, Universitätsprofessor und Superintendent herausragende Verdienste bei der Umgestaltung des hessischen Kirchenwesens erwarb (Abb. → S. 151). Auch im thüringischen Schmalkalden, das seit 1360 gemeinsamer Besitz der Grafen von Henneberg und der Landgrafen von Hessen war und wo beide Fürstenhäuser das Patronat über die Pfarrkirche St. Georg innehatten, griff Philipp zugunsten der Reformation ein. 1527 setzte sich der Landgraf bei der Besetzung eines evangelischen Pfarrers forsch und eigenwillig durch. Im Oktober 1529 unternahm Philipp im Marburger Religionsgespräch den erfolglosen Versuch die theologisch immer stärker auseinanderdriftende Reformation, besonders hinsichtlich des Abendmahlstreites, zu einen. Die Säkularisation der Kirchengüter war ein kirchenrechtlicher Verfassungsbruch. Umso mehr fühlten sich Philipp und Johann politisch miteinander verbunden. Bereits im Februar 1526 begründeten sie ein evangelisches Bündnis (Torgauer Bund), dem sich bald andere Fürsten sowie die Stadt Magdeburg anschlossen, so dass die politische Landkarte des Reiches deutlich an Konturen gewann. Infolge vermeintlicher Bedrohungen nahmen die im Torgauer Bund Vereinten nach dem Reichstag zu Speyer 1529 Verhandlungen mit anderen Reichsständen auf und vereinten sich schließlich im Februar 1531 zum Schmalkaldischen Bund. Der wichtigste Architekt dieses Bündnisses war Landgraf Philipp. Bis zum Jahr 1541, als der Hesse wegen seiner Doppelehe zu einem Geheimvertrag mit Kaiser Karl V. gezwungen wurde, bestimmte Philipp mit anderen evangelischen Fürsten besonders zupackend die politische Bühne.

Während die Reformation ausschließlich in den Händen mächtiger Landesfürsten lag, bildete der Erfurter Stadtrat fast noch eine Ausnahme. Im Hammelburger Vertrag von 1530 hatten sich – fünfundzwanzig Jahre vor (!) dem Augsburger Religionsfrieden – der Rat der Stadt Erfurt und Kurmainz auf eine wegweisende Übereinkunft geeinigt, welche in Erfurt die konfessionelle Koexistenz rechtlich absicherte. Allerdings half dies nicht, den unaufhaltsamen Niedergang der alten Erfurter Universität aufzuhalten, zumal im nahen Jena die ernestinischen Herzöge im Jahre 1548 – nach dem Verlust von Wittenberg infolge des Schmalkaldischen Krieges – eine evangelische Universität eröffnet hatten, die 1558 von Kaiser Ferdinand I. privilegiert wurde.

In den 1530er Jahren gehörte der Mainzer Erzbischof Albrecht von Brandenburg neben Herzog Georg von Sachsen zu jenen Reichsfürsten, die im hessisch-thüringischen Raum energisch die Reformation bekämpften. Mit dem Hammelburger Vertrag, mehr jedoch noch infolge des Todes von Georg bröckelte die politische Allianz der Reformationsgegner. 1539 führte der albertinische Herzog Heinrich die Reformation im Herzogtum Sachsen und damit auch in weiten Teilen des nördlichen Thüringens ein. Nicht zuletzt wegen des Frankfurter Anstands von 1539, mit dem den Protestanten die Religionsfreiheit bis zur Einberufung eines Konzils zugesichert wurde, schlossen sich in den darauffolgenden Jahren viele Reichsstädte, Grafschaften und Herrschaften wie zum Beispiel die Grafschaften Schwarzburg-Sondershausen, die beiden Linien der Grafen von Henneberg oder die Reichsstädte Mühlhausen, Friedberg und Wetzlar der Reformation an.

Nach dem Tode Philipps und der Teilung der Landgrafschaft im Jahr 1567 bildete sich in Hessen kein einheitliches protestantisches Bekenntnis heraus. Der Konflikt zwischen Calvinismus und Luthertum brach auf der Generalsynode zu Kassel 1576 offen aus. Der theologische Streit um Dogma und Lehre eskalierte in keinem Territorium des Reiches so wie in Hessen. Da sich die katholische Religionsausübung im Erzstift Mainz oder in der Fürstabtei Fulda behauptet hatte, in Frankfurt frühzeitig ein konfessionelles Miteinander von Katholiken, Reformierten und Lutheranern möglich wurde, gehörte Hessen zu jenen Territorien, in denen die religiöse Koexistenz lange vor dem verheerenden Dreißigjährigen Krieg und dem Friedensschluss von Münster und Osnabrück praktiziert wurde. Vom Erzstift Mainz ging auch die Gegenreformation aus, so dass beispielsweise das um die Mitte des 16. Jahrhunderts vollständig von der Reformation erfasste Eichsfeld nach 1574 schrittweise wieder rekatholisiert wurde (→ Themenbeitrag S. 132). ●

Legende zur nebenstehenden Karte

● Orientierungsort

Erzstift Mainz	Ernestiner	Grafschaft Nassau
Erzstift Trier	Albertiner	Grafschaft Henneberg
Erzstift Magdeburg	Landgrafschaft Hessen	Grafschaft Gleichen
Hochstift Merseburg	Reichsstadt	Grafschaft Schwarzburg
Hochstift Naumburg	Erfurter Landgebiet	Grafschaft Mansfeld
Fürstabtei Fulda	Grafschaft Hohnstein	Herrschaft Reußen
Fürstabtei Hersfeld	Grafschaft Stolberg	Kondominate und sonstige Herrschaften

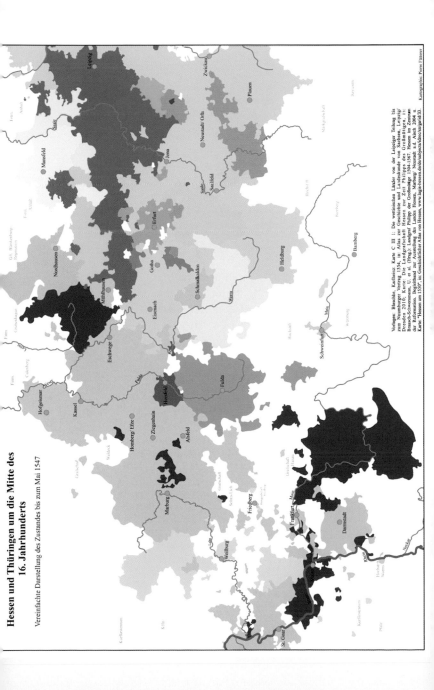

Hessen und Thüringen um die Mitte des 16. Jahrhunderts

Vereinfachte Darstellung des Zustandes bis zum Mai 1547

Vorlagen: Blisnikz, Karlheinz: Karte C III 1: Die wettinischen Länder von der Leipziger Teilung bis zum Naumburger Vertrag 1554, in: Atlas zur Geschichte und Landeskunde von Sachsen, Leipzig/ Dresden 2010; Karte: Die Landgrafschaft Hessen zur Zeit Philipps des Großmütigen, in: Braasch-Schwersmann, U. et al. (Hrsg.): Landgraf Philipp der Großmütige 1504-1567. Hessen im Zentrum der Reformation. Begleitband zur Ausstellung des Landes Hessen, Marburg/ Neustadt a.d. Aisch 2004 u. Karte "Hessen um 1550", in: Geschichtlicher Atlas von Hessen, www.lagis-hessen.de/de/subjects/idrec/sn/ga/id/53.

Kartographie: Pierre Führer

STÄTTEN DER REFORMATION
IN HESSEN

- ⊗ Lage
- ◈ Träger
- ❷ Zugänglichkeit
- ❶ Infos

OT   Ortsteil

ABTERODE
Gemeinde Meißner
Werra-Meißner-Kreis

WIRKUNGSORT VON
BURKHARD WALDIS

- ❌ Bei der Kirche 9
- ⛰ Ev. Kirchengemeinde Abterode
- ℹ Ev. Pfarramt, Tel. 05657 237

Von 1544 bis 1556 war Burkhard Waldis Pfarrer in Abterode am Meißner. „Mit großem Ernst, Fleiß und Eifer" habe er dort Gottes Wort gelehrt, schreiben Zehntgraf und Gemeinde rückblickend. Es war die letzte Station eines bewegten Lebens, das von den Umbrüchen des Zeitalters gekennzeichnet war. Bekannt geworden ist Waldis vor allem als Dichter. Seine Ausgabe der Fabeln des Äsop (1548) sichert ihm einen Platz in der deutschen Literaturgeschichte. Weniger bekannt, aber nicht weniger eindrücklich, ist sein Engagement für die Reformation.

Obwohl er aus einer wohlhabenden Familie aus Allendorf an der Werra stammte, begegnet er uns im Jahr 1523 als Franziskaner in Riga im Baltikum. Die aufstrebende Hansestadt zog damals viele Handwerker und Kaufleute an. Waldis gehörte zu einer Delegation, die der Rigaer Erzbischof Jasper van Linden nach Rom entsandt hatte, um Strafmandate gegen die Anhänger der Reformation in Livland zu erwirken. Bei seiner Rückkehr nach Riga im Jahr 1524 ließ ihn der Rat, der

die reformatorischen Bestrebungen unterstützte, gefangen setzen. Im Gefängnis schloss er sich jedoch selbst der Reformation an. Er hängte seine Mönchskutte an den Nagel, wurde freigelassen, heiratete und bestritt fortan seinen Lebensunterhalt als Zinngießer. Er wurde zu einem Experten für Münzfragen und angesehenen Bürger in Riga. Sein literarisches Talent zeigte sich zum ersten Mal in einem geistlichen Schauspiel, das im Jahr 1527 in Riga öffentlich aufgeführt wurde. Darin deutete er die Parabel vom verlorenen Sohn im Sinne der lutherischen Rechtfertigungslehre.

Titelblatt und Ausschnitt aus der Vorrede zum Psalmenliederbuch des Burkhard Waldis

Weihnachten 1536 wurde Waldis durch den Deutschen Orden noch einmal inhaftiert. Man warf ihm vor, sich an einer Verschwörung gegen den Erzbischof beteiligt zu haben. Im Gefängnis begann er damit, den Psalter in deutsche Verse zu übertragen und zu vertonen, ein Projekt, das erst 1552 in Abterode zum Abschluss kommen sollte. Mit seinem vollständigen Psalmenliederbuch hat Waldis einen wichtigen Beitrag geleistet zum evangelischen Kirchengesang. Durch Fürsprache seiner Brüder und des Landgrafen Philipp von Hessen kam er im Jahr 1540 wieder frei. Er kehrte nach Hessen zurück. Nachdem er ein Semester Theologie bei Luther in Wittenberg studiert hatte, übertrug ihm Landgraf Philipp die gut dotierte Pfarrstelle in Abterode. Aus dem ehemaligen Mönch und Handwerker wurde nun ein Pfarrer.   ●

ALSFELD
Vogelsbergkreis

DREIFALTIGKEITSKIRCHE

- ✖ Mainzer Tor/Am Rossmarkt 26
- ✿ Evangelische Kirchengemeinde
- ⏱ Mai bis Oktober: 10.30–12.30 Uhr, 13.30–15.30 Uhr
- ℹ Gemeindeamt, Tel. 06631 4496; www.alsfeld.de

In das neben dem Stadttor im Südosten Alsfelds angesiedelte Augustinerkloster, einer ordensüblichen Viereckanlage, trat um 1500 mit Tilemann Schnabel ein Mönch ein, der die Reformation in Hessen stark beeinflussen sollte. Seine ersten Jahre verbrachte er im Schatten der Klosterkirche, einem turmlosen Bau, dessen einziger, aus statischen Gründen notwendiger Schmuck hohe Strebepfeiler an der Außenwand sind. Um 1435 entstand der heutige zweischiffige Kirchenraum. Schnabel gehörte zu den ersten Studenten, die Luther an der Universität zu Wittenberg 1515 promovierte. Sein eigenes Bekenntnis zu Luthers Thesen brachte ihn in Konflikt mit seinem Landesherrn, dem damals noch nicht reformierten Landgrafen Philipp von Hessen. Wohl im Juli 1523 trafen sich beide in Romrod, wo sich Philipp in seinem Schloss aufhielt. Vor die Wahl gestellt, zu gehorchen oder seine Konsequenzen zu ziehen, verließ Schnabel Alsfeld, ging nach Wittenberg und trat auf Luthers Vermittlung 1523 eine Predigerstelle in Leisnig an. Hier lernte er die Neuorganisation evangelischer Gemeinden kennen, vor allem den „Gemeinen Kasten".

Mit seiner Annäherung an die Gedanken der Reformation rief Philipp Schnabel zurück. Der Beginn der evangelischen Predigt durch Schnabel in Alsfeld, der dort bis zu seinem Tod 1559 wirkte, ist nicht genau datierbar.

1529 soll es anlässlich des Marburger Religionsgesprächs noch einmal zu einer Begegnung zwischen

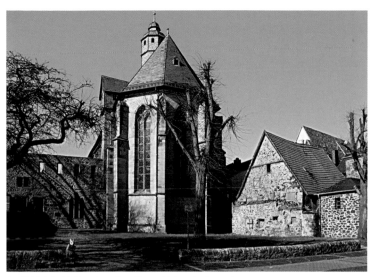

Dreifaltigkeitskirche, ehemalige Klosterkirche der Augustiner

Schnabel und Luther gekommen sein, als der Reformator am 29. September 1529 auf seiner Anreise im „Gasthaus zum Schwanen" am Marktplatz genächtigt haben und sogar in der Walpurgiskirche gepredigt haben soll, was beides aber nicht erwiesen ist.

Das Alsfelder Augustinerkloster wurde 1527 aufgehoben. Die Klosterkirche nutzte man jedoch als einzige Anlage in Mittelhessen nach der Reformation noch gottesdienstlich. Auf Initiative von Metropolitan Happel und dem Stifter Volkmar Stamm aus Lauterbach wurde sie 1664 als evangelische Dreifaltigkeitskirche geweiht. Porträts der Stifter finden sich in der Kirche.

ALTMORSCHEN

Gemeinde Morschen
Schwalm-Eder-Kreis

KLOSTER HAYDAU

⊗ In der Haydau 6
⬟ Gemeinde Morschen
🕐 außen frei zugänglich; innen täglich 9–17 Uhr; Klostergebäude nach Voranmeldung
ℹ Tel. 05664 930041; www.kloster-haydau.de

Die 1235 durch Hermann von Treffurt-Spangenberg gegründete Zisterzienserinnenabtei St. Georg gehörte bei ihrer Auflösung zu den größten Klöstern in der Landgrafschaft Hessen. 1517 umfasste der Konvent rund 40 Nonnen, darunter

Das zum Landschloss umgebaute ehemalige Kloster Heydau (heute: Haydau)

viele Töchter des hessischen Adels. Hinzu kam das etwa 30 Personen umfassende Klosterpersonal. Obwohl reich dotiert, geriet Kloster Heydau Anfang des 16. Jahrhunderts in finanzielle Schwierigkeiten. Verschärft wurde die Situation im Bauernkrieg. Am 24. April 1525 wurde das Kloster von Bauern aus den Ämtern Spangenberg und Morschen überfallen und geplündert. Hierbei ging vermutlich auch die Klosterbibliothek verloren. Die schwierige Lage wird dazu beigetragen haben, dass die Konventualinnen die Auflösung des Klosters widerstandslos hinnahmen und Heydau gegen Zahlung einer Abfindung, die sich nach der Höhe des Vermögens richtete, das sie in das Kloster eingebracht hatten, 1527/28 verließen.

Das freigewordene Klostergut wurde von Landgraf Philipp für die Abfindungen sowie zur Ausstattung von Beamte und Bediensteten verwendet. Kleinere Güter wurden in bäuerliche Erbleihgüter umgewandelt und der Streubesitz und einzelne Einkünfte fanden den Beschlüssen der Homberger Synode gemäß Verwendung zur Finanzierung von Pfarreien, Schulen, Hospitälern, Siechenhäusern und der neu gegründeten Universität in Marburg. Der größte Teil aber blieb in landgräflichem Besitz und wurde zu einer Vogtei zusammengefasst, deren wirtschaftlicher Mittelpunkt das durch einen Vogt verwaltete Domänengut Heydau bildete, dessen beachtliche Einnahmen – 1581 belief sich der Reinertrag auf 1.700 Gulden – in die Kammerkasse flossen, aus der die Kosten der Hofhaltung und der Landesverwaltung bestritten wurden. Außerdem diente das Klostergebäude Jagdaufenthalten des Hofes. Ökonomische Grundlage solcher Fürstenlager war wiederum das Domänengut, das die Versorgung des reisenden Hofs mit Lebensmitteln und Fourage zu leisten hatte. 1616–1619 ließ Landgraf Moritz das kurz zuvor an seine zweite Gemahlin Juliane verpfändete frühere Kloster zu einer Nebenresidenz umgestalten. In dieser Form ist es, ab 1980 aufwendig saniert, bis heute erhalten, während der östlich vorgelagerte große Wirtschaftshof mit seinem historischen Gebäudebestand zu einem Seminar- und Tagungszentrum umgebaut wurde.

ASTHEIM
Stadt Trebur
Kreis Groß-Gerau

ZEUGNISSE KATHOLISCHEN GLAUBENS IN REFORMIERTER UMGEBUNG

Seit 1555 sicherte der Augsburger Religionsfrieden den feudalen Landesherren das Recht zu, die Religion für die Bewohner ihrer Länder festzulegen. Daraus entwickelte sich später die Formel Cuius regio – eius religio, frei übersetzt: In wessen Region ich lebe, dessen Religion habe ich anzunehmen.
Welche Auswirkungen das im Einzelfalle haben konnte, zeigt das Beispiel Astheim.
Astheim wurde in der ersten Hälfte des 9. Jahrhunderts im Lorscher Kodex erstmals urkundlich als Askmuntesheim erwähnt. Hatten zunächst unterschiedliche Klöster und Herren das Patronatsrecht und die Gerichtsbarkeit inne, so unterstand der Ort

1486 nur noch zwei Herren: Dem Kurfürstentum Mainz und der Landgrafschaft Hessen-Darmstadt. Diese tauschte 1579 seinen Besitz im Ort gegen Bereiche in Stockstadt und Wolfskehlen ein. Damit unterstand Astheim vollständig dem Kurfürstentum Mainz und war folglich katholisch. Eine katholische Kirche im Ort wurde erstmals 1651 erwähnt, als sie durch ein Hochwasser stark beschädigt wurde. Sie erfuhr 1774 eine Erweiterung durch einen Anbau nach Osten. Weitere Erneuerungen erfolgten in den Jahren 1883, 1900, 1923 und 1946. Im Inneren beeindrucken vor allem der barocke Hochaltar mit Figuren des heiligen Petrus in Ketten, ihrem Namensgeber, und der heiligen Cecilia. Der Hochaltar, ein Halbkreisziborium, wurde 1787 durch den Astheimer Schreiner Johann Adam Bender aufgestellt, geschaffen hatte

Sandsteinkreuz

ihn der Mainzer Schreiner Franz Hieronimus Hannisch.

Da Astheim zu Mainz gehörte und damit im Gegensatz zu den benachbarten Ortschaften katholisch war, finden sich im Ort und in der Gemarkung zahlreiche religiöse Zeugnisse. Dazu zählen ein Andachtshäuschen mit Marienstatue in der Mainzer Straße und ein Sandsteinkreuz im Kreuzungsbereich Waldstraße/Bischofsheimer Straße, die unter Denkmalschutz stehen, aber auch eine Nepomukstatue, ein Betonkreuz am Kreuzdamm, das alte Helgenhäuschen in der Mainzer Straße, ein modernes Heiligenhäuschen am nördlichen Ortsrand und die hier und da an Häusern angebrachten Heiligenfiguren.

Der Taufstein aus dem 15. Jahrhundert wurde 1545 aus der Kirche verbannt und erst im 19. Jahrhundert wieder aufgestellt.

BABENHAUSEN
Landkreis Darmstadt-Dieburg

EVANGELISCHE STADTKIRCHE

⊗ Marktplatz 1

☁ Evangelische Kirchengemeinde

ⓘ April bis Oktober: Do und Sa/So 15–17 Uhr, November bis März: So 15–17 Uhr

ⓘ Gemeindebüro, Tel. 06073 62924; www.babenhausen-evangelisch.de

In Babenhausen wurde 1545 durch Graf Philipp IV. von Hanau-Lichtenberg die Reformation eingeführt. Bereits sein Vater, Philipp III., – er ist der letzte in Babenhausen beerdigte Graf – hatte während eines Reichstages in Worms Luther kennen und schätzen gelernt. Daher tolerierte er in den elsässischen Landesteilen das selbstständige Handeln einiger Pfarrer. Anders war es in Babenhausen, das von fast allen Seiten vom Erzbistum Mainz eingeschlossen war. Philipp IV. übernahm 1538 die Regierung und heiratete die evangelische Gräfin Eleonore von Fürstenberg. Sie war wohl die treibende Kraft der reformatorischen Bestrebungen. Im September 1544 trat Philipp IV. zum Glauben Luthers über und schaffte in den elsässischen Landen die Messe ab. Der um 1500 in Bruchenbrücken in der Wetterau geborene Pfarrer Erasmus Alberus wurde vom Grafen eingestellt, um in Babenhausen die neue Lehre behutsam und vorsichtig einzuführen. Alberus tat dies ab dem 11. Januar 1545 mit Feuereifer. Der Ostergottesdienst wurde ein großer Erfolg, da neben den lateinischen Gesängen auch deutsche Lieder erklangen. In der Seelsorge war Alberus oft rigoros. Es kam zum Zerwürfnis mit dem Grafen, als der Pfarrer der im Gefängnis des Schlosses „verwahrten" Margarethe evangelische Bücher zur Erbauung schicken wollte. Margarethe war eine Tante von Philipp IV. Sie hatte sich als Nonne „sittlich vergangen". Nicht nur von der Kanzel wetterte Alberus, er tat dies auch in seiner Schrift „Virtutes comitis – Die Tugenden eines Grafen". Am 27. Oktober 1545 wurde Alberus entlassen. Es kam zum Prozess, der in einem Vergleich endete. Nach dem Augsburger Religionsfrieden 1555 wurden ab 1557 die katholischen Altäre abgerissen und die Bilder entfernt. Damit war die Reformation in Stadt und Amt Babenhausen abgeschlossen. Der 1518 aufgestellte prächtige Lindenholzaltar, der von Sibylla, der Frau Philipp III. in Auftrag gegeben worden war, wurde zugeklappt, vermutlich erst nach 1700 im Turm eingelagert. Auch die Malereien wurden wohl erst vollständig im Rationalismus übertüncht.

BAD HERSFELD

Landkreis Hersfeld-Rotenburg

STIFTSRUINE

❌ Im Stift

☁ Staatliche Schlösser und Gärten Hessen

🕐 Mitte März bis Ende Oktober (während der Bad Hersfelder Festspiele eingeschränkt)

ℹ Tourist-Information, Tel. 06621 201274; www.schloesser-hessen.de; www.bad-hersfeld.de

Heinrich Fuchs, Pfarrer an der Hersfelder Stadtkirche, predigte seit der Jahreswende 1520/21 im Sinne Luthers und genoss damals Unterstützung durch den Abt Kraft Myle von Hungen (gen. Krato, 1516–1556) und den Rat der Stadt, die auch Martin Luther einen ehrwürdigen Empfang bereiteten, als dieser im Frühjahr 1521 auf der Rückreise vom Wormser Reichstag von Friedberg über Grünberg und Alsfeld nach Nordhessen kam. Leider sind die Daten von Luthers Hersfelder Auf-

Auch noch als Ruine eindrucksvoll: die Stiftskirche

enthalt nicht exakt überliefert, er wird aber am 29. oder 30. April in der Stadt angekommen und am 1., 2. oder 3. Mai 1521 wieder abgereist sein. Martin Luther übernachtete als Gast des Abtes Krato in einem Zimmer, das sich wahrscheinlich im Abtsschloss im Stiftsbezirk (Burggasse) befand und nicht im südlich der Stadt gelegenen Schloss Eichhof, in dem sich heute ein als „Lutherzimmer" bezeichneter Raum befindet, der aber erst Ende des 16. Jahrhunderts entstand, als das Gebäude zur Sommerresidenz der Hersfelder Äbte ausgebaut wurde.

Auf Drängen des Abtes Krato predigte Luther am frühen Morgen des 1. oder 2. Mai 1521 in der Hersfelder Stiftskirche – eine nicht ungefährliche Handlung, da Kaiser Karl V. Luther das Predigen während seiner Reise verboten hatte. An diese Predigt erinnert heute eine 1983 anlässlich des 500. Geburtstages von Martin Luther angebrachte Tafel in der Vorhalle der romanischen Stiftsruine.

Wohl durch den persönlichen Kontakt zu Luther bestärkt, heiratete im Mai 1521 der oben erwähnte Prediger Heinrich Fuchs und verstieß damit als einer der ersten gegen das Zölibatsgebot. Als zwei Jahre später Melchior Rinck als Kaplan an die Hersfelder Stadtkirche kam, radikalisierte sich die religiöse Reformbewegung und führte zu Konflikten mit den Landesherren. 1524 befreiten Hersfelder Bürger die von Landgraf Philipp ausgewiesenen Prediger Fuchs und Rinck aus dem Gefängnis und geleiteten sie in Eisenacher Gebiet. Später setzten Adam Krafft und Balthasar Raid das von ihren Vorgängern begonnene reformatorische Werk in Hersfeld fort.

BAD SODEN AM TAUNUS

OT Neuenhain
Main-Taunus-Kreis

EVANGELISCHE KIRCHE

- ❌ Drei-Linden-Straße 5
- ◉ Evangelische Kirchengemeinde
- ❶ Auf Anfrage im Pfarrbüro
- ❶ Gemeindebüro, Tel. 06196 23566; www.kirche-neuenhain.de

Am südöstlichen Rand des alten Ortskerns von Bad Soden-Neuenhain liegt die über viele Jahrzehnte als Simultankirche fungierende heutige evangelische Kirche. Sie entstand zwischen 1762 und 1771, um einen längst baufällig gewordenen Vorgängerbau zu ersetzen. Auch dieser Vorgängerbau war zeitweise schon als gemeinsames Gotteshaus für die unterschiedlichen Konfessionen genutzt worden. Hier fanden die katholischen Gottesdienste in Chor und Altarraum statt, während das durch eine Bretterwand abgetrennte Kirchenschiff reformierten Gottesdiensten diente.

Die Reformation wurde in Neuenhain auf Betreiben Ludwigs von Stolberg-Wernigerode um das Jahr 1535 zu-

Die heute evangelische Kirche diente lange Jahre zwei Konfessionen als Gotteshaus.

als Saalbau mit halbrundem Chor ausgeführt, der im Westen durch einen hohen, von Voluten gerahmten Blendgiebel und einen Dachreiter geprägt ist. Die erste Innenausstattung wurde nach 1790 durch den Besitzer der Saline in Soden, Friedrich Wilhelm von Malapert-Neufville, aus der alten reformierten Kirche in Bockenheim gestiftet. Jeweils konfessionsspezifisch waren der reformierte Pfarrstuhl und die katholische Kommunionbank. Die lange Planungs- und Bauzeit war im Übrigen auch der Tatsache geschuldet, dass um verschiedene, den beiden Konfessionen zuzuordnende Einbauten, wie etwa Empore und Gestühl, lange gerungen wurde.

nächst mit dem lutherischen Bekenntnis eingeführt; mit dem Übergang der Landesherrschaft zur Kurpfalz folgte 1581 der Wechsel zum reformierten Glauben. Die Herrschaftswechsel in der Zeit des Dreißigjährigen Krieges brachten es mit sich, dass es zwischen 1626 und 1648 nur katholische Pfarrer in Neuenhain gab, die nach dem Rückfall Neuenhains an die Kurpfalz wiederum durch reformierte abgelöst wurden. Als nach 1650 die Vogtei Sulzbach von der Kurpfalz an den Kurfürsten von Mainz abgegeben wurde, bildete dieser neben der reformierten wieder eine katholische Pfarrei, was zur Nutzung der Kirche als Simultankirche führte. Diese Funktion ging 1762 auf die neue Kirche über und wurde erst 1912 mit dem Bau der katholischen Kirche Sankt Maria beendet. Der 1771 nach langer Planungs- und Bauzeit vollendete Neubau wurde

BAD WILDUNGEN
Landkreis Waldeck-Frankenberg

STADTKIRCHE

- ✖ Kirchplatz, in der Altstadt
- ⬙ Evangelische Kirchengemeinde
- ⊕ täglich, April bis September:
  10.30–12 Uhr, 14–17 Uhr, Oktober
  bis März: 14–16 Uhr
- ⓘ Tel. 05621 960110 (Gemeindebüro);
  www.ev-kirche-bad-wildungen.de

Der aus Fritzlar stammende lutherische Theologe Johannes Hefentreger (gräzisiert: Trygophorus) wurde 1526 von Philipp IV., Graf von Waldeck-Wildungen, zu einer Probepredigt in die Altwildunger Kirche nahe der Burg eingeladen und anschließend als Pfarrer in Waldeck eingesetzt. In der dortigen Kirche hielt Hefentreger am 17. Juni 1526 die erste evangelische Predigt im Waldecker Land und vollführte Pfingsten 1529 erstmals einen Aufnahmeakt der Gemeindemitglieder durch öffentliches Bekenntnis. Er übte das Pfarramt in Waldeck fünf Jahre lang aus, bis er 1531 auf Wunsch des Grafen Philipp IV. an die Niederwildunger Kirche in der heutigen Bad Wildunger Altstadt wechselte. Mit seiner „Bekenntnis-Ordnung" (1529), der „Wildunger Kastenordung" (1532), einem Katechismus (1534), den „Wildunger Artikeln" für alle drei Teile des Waldecker Landes (1539) und anderen Schriften versuchte Hefentreger, ein reformatorisches Regelwerk für die Waldecker Kirchen zu etablieren.

Hefentreger gab wohl krankheitsbedingt um 1540 den Pfarrdienst in Niederwildungen weitgehend auf. Seine Nachfolge übernahm Diakonus Justus Abel, der zuvor als Pfarrer in Bringhausen tätig gewesen war. Hefentreger, der am 3. Juni 1542 starb, wurde in der Niederwildunger Kirche beerdigt, wie der von Justus Abel gestifteten Gedenktafel zu entnehmen ist: „Gar nicht weit von hier befindet sich der Ort, Leser, der den Leichnam des Johannes Trygophorus birgt. Laß es dich nicht kränken, wenn man nirgends zu seiner Zier ein hohes, herrliches Grabmal erblickt." Die eher schlicht gehaltene, hölzerne Gedenktafel mit ihrer latei-

Die schlichte Gedenktafel für den bedeutenden Theologen der Grafschaft Waldeck

nischen Inschrift würdigt die reformatorischen Verdienste Hefentregers. Sie hängt an der Nordwand des Chores neben dem 1674 errichteten monumentalen Grabdenkmal für Graf Josias II. von Waldeck. Leider ist Hefentregers Grabstelle heute unbekannt, jedoch erinnert auch die moderne metallene Auflage des steinernen Taufsteins (um 1350) mit einem Zitat Johannes Hefentregers von 1532 an den ehemaligen Pfarrer dieser Kirche.

Glocke von 1557 mit der Devise des Landgrafen Philipp

BALHORN

Gemeinde Bad Emstal
Landkreis Kassel

KIRCHE

- ⊗ Fritzlarer Straße
- ◉ Ev. Kirchengemeinde
- ◕ Sa/So 9-17, im Sommer bis 21 Uhr
- ⓘ Gemeindebüro, Tel. 05625 361

In Balhorn sind eindrucksvolle Reste einer wehrhaften Kirchenanlage des Mittelalters erhalten geblieben. Wie so viele Landkirchen der Zeit verfügte sie über einen zu Verteidigungszwecken nutzbaren Turm und einen Mauerring, von dem als Besonderheit noch die unteren Teile eines vorgeschobenen Torhauses erhalten sind. Die dort sichtbaren Schlüsselscharten erinnern an den ursprünglich militärischen Zweck. Den besaß auch der Chorturm der Kirche, der in der zweiten Hälfte des 15. Jahrhunderts mit einer leicht vorkragenden Wehrplattform als oberstes Geschoss erbaut wurde. Wie die vier Wasserspeier zeigen, gab es keine Überdachung; die erhaltene barocke Dachhaube entstand erst um 1700.

Der überwölbte Chor im Erdgeschoss verlor seine Funktion im 18. Jahrhundert, als das alte Kirchenschiff abgebrochen und 1743–1748 durch den Landbaumeister Giovanni Ghezzy neu errichtet wurde. Dieser Bau wiederum erhielt 1893/95 durch seitliche Anbauten und reiche Neugestaltung des Innenraums den Charakter eines Zentralraums. Die von dem Architekten Gustav Schönermark konzipierten aufwändigen Bau- und Ausstattungsmaßnahmen sollten die Überlegenheit der seit der Annexion Kurhessens durch Preußen 1866 bestehenden unierten Landeskirche gegenüber der gerade in Balhorn stark vertretenen „renitenten" althessischen Kirche demonstrieren.

In der Haube des Turms findet sich mit einer Glockeninschrift ein anderer beachtenswerter Bezug auf die Geschichte der Reformation in Hessen. Nach Benennung von Funktion und Hersteller: DIE UR GLOCK HEIS ICH LORENTZ REINHART GOS MICH folgen vor der Jahreszahl 1557 die Buchstaben V D M I E T. Diese Abkürzung ist als die bekannte Devise Landgraf Philipps wie auch des Schmalkaldischen Bundes zu entschlüsseln: „Verbum Domini manet in aeternum" – „Gottes Wort bleibt in Ewigkeit" (Jesaja 40,8). Der Grund für die Verwendung der landesfürstlichen Devise ist nicht bekannt; neben dem Bekenntnis zur evangelischen Religion und seinem Vorkämpfer mag bei der die Vergänglichkeit der Zeit anzeigenden Uhrenglocke auch der tröstende Verweis auf die Ewigkeit Gottes mitspielen.

Im Bereich zwischen den beiden Gebäuden stand die Michaelskapelle.

BENSHEIM
OT Zell
Kreis Bergstraße

MICHAELSKAPELLE

❌ Gronauer Straße 96
🔵 Stadt Bensheim
🔶 außen frei zugänglich

Mitte des 19. Jahrhunderts wurden im heutigen Bensheimer Ortsteil Zell die letzten Reste einer bereits 1148 erstmals erwähnten und dem heiligen Michael geweihten Kapelle abgerissen, die mit Reformation und Rekatholisierung einige Male in den Archivalien genannt wird.

1544 wurde sowohl in der Grafschaft Erbach als auch im ehemals kurmainzischen und von 1461 bis 1623 an Kurpfalz verpfändeten Oberamt Starkenburg die Reformation eingeführt. Mit der Erbacher Kirchenordnung von 1560 änderten sich die kirchlichen Verhältnisse für die Einwohner von Zell zunächst nicht. Sie gingen wie bisher zur Taufe, Eheschließung oder Beerdigung nach Bensheim, zu Gottesdienst, Konfirmation und Abendmahl zur Gronauer Kirche. Solange Bensheim unter kurpfälzischer Herrschaft stand, schienen sich diese kirchenrechtlichen Verhältnisse unproblematisch zu gestalten.

Erst mit der Rückgabe Bensheims an Kurmainz 1623 und der dadurch betriebenen Rekatholisierung ergaben sich Konflikte. Obwohl die zu Erbach gehörigen Zeller lutherisch waren, blieben sie in die katholische Pfarrei Bensheim eingepfarrt und wurden weiterhin vom Bensheimer Pfarrer getauft, getraut und beerdigt. Zu Gottesdienst, Konfirmation und Abendmahl gingen sie wie früher in die Kirche nach Gronau.

Gegen die zur Wahrung alter kirchenrechtlicher Ansprüche von den Bensheimer Kapuzinern schon seit dem Dreißigjährigen Krieg veranstalteten Prozessionen zur Michaelskapelle haben die Zeller von Anfang an nicht nur protestiert, der Amtsverweser von Schönberg hielt die Kapelle auch noch verschlossen, sodass diese gewaltsam geöffnet werden musste. Offenbar haben sich mit der Zeit die Gemüter beruhigt, denn aus dem 19. Jahrhundert ist überliefert, dass der Bürgermeister von Zell der Prozession mit den Worten „Wir protestieren" entgegen getreten ist, woraufhin der die Prozession führende Geistliche ihm die Hand gereicht und „Schon gut, es bleibt beim Alten" geantwortet haben soll. An der anschließenden Predigt haben die Zeller Einwohner selbst teilgenommen. Die Prozessionen wurden in den 1830er Jahren eingestellt.

BESELICH
Landkreis Limburg-Weilburg

KLOSTERRUINE

- ⊗ Obertiefenbach-Schupbach, Hinweisschild Wallfahrtskapelle
- ☁ Verein zur Erhaltung der Klosterruine Beselich
- ① außen frei zugänglich
- ① www.klosterruine-beselich.de

Das Kloster zur Allerheiligsten Jungfrau Maria und den Aposteln Petrus und Paulus der Prämonstratenser-Chorfrauen zu Beselich wurde auf Initiative des Priesters Gottfried von Beselich am Sankt Lubentiusstift in Dietkirchen gegründet und dem Kloster Arnstein unterstellt, das dort einen Frauenkonvent einrichtete. Seine Gründung wie Schenkungen Hartrads von Merenberg bestätigte Erzbischof Hillin von Trier 1163 urkundlich. Wie in Frauenklöstern üblich, war der Abt von Arnstein durch einen Prior im Kloster vertreten. Die Meisterin hatte den Abt in wichtigen Entscheidungen zu fragen. Das Kloster wurde schnell zum religiösen Mittelpunkt und erlangte Reichtum, nachdem vor allem viele adelige Frauen eingetreten waren. 1298 setzte der Arnsteiner Abt eine Aufnahmegebühr von 30 Mark fest, um einer Überfüllung des Klosters vorzubeugen.

Anlässlich einer Visitation beklagte der Arnsteiner Abt 1507 den Sittenverfall unter den Prämonstratense-

Kloster Beselich diente schon seit dem 17. Jahrhundert als Steinbruch.

rinnen. Dennoch scheiterten Versuche, das Kloster nach der protestantischen Lehre zu reformieren. „Sie wollten sich eher zerreißen lassen, als von dem Pfaffen uf eine andre als katholische Religion bringen lassen", sollen die Nonnen geäußert haben. Trotzdem konnte eine Auflösung nicht verhindert werden und 1615 richtete Nassau-Hadamar gemeinsam mit Wied-Runkel hier ein Landeshospital ein. Die Hadamarer Jesuiten reaktivierten nach 1637 die Stätte mit dem Ausbau eines Guthofes.

Doch wurde die Klosteranlage zunehmend als Steinbruch benutzt. Schon 1660 waren die größten Teile der Kirche und die vermutlich nördlich der Kirche gelegene Klosteranlage abgebrochen. 18 mal sieben Meter Mauerwerk stehen heute noch von dem ehemaligen Prämonstratenserinnen-Kloster Beselich. Dass diese Erdgeschossmauern des Westbaus, der einst die Nonnenempore aufnahm, heute noch stehen, ist den 1954 durchge-

führten Grabungen, die eine dreischiffige Pfeilerbasilika mit fünf Jochen bestätigten, und der stetigen Pflege durch den Verein zur Erhaltung der Klosterruine e.V. zu verdanken.

BREUBERG
OT Neustadt
Odenwaldkreis

EVANGELISCHE KIRCHE
Beichtstuhl

- ⊗ Marktplatz 1
- ⬡ Evangelische Kirchengemeinde
- ⊙ täglich 10–18 Uhr
- ⓘ Pfarramt, Tel. 06165 1270; www.ev-kirche-neustadt.de

Evangelische Beichtstühle vermutet man nur in der römisch-katholischen Kirche, weil die Meinung herrscht: Mit der Reformation durch Martin Luther wurde die Einzelbeichte aufgelöst. Irrtum! Der ehemalige Mönch und Beichtvater Mar-

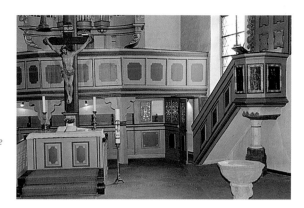

Kanzel, Aufgang, Beichtstuhl – eine architektonische Einheit nicht nur im Breuberger Land

tin Luther war zwar ein Kritiker der Ohrenbeichte und bezeichnete sie als „Tyrannei und Geldschinderei". Obwohl er den damit verbundenen Machtanspruch der Kirche und finanzielle Verpflichtungen ablehnte, bejahte er ihre seelsorgerische Bedeutung. Die Privatbeichte blieb in der evangelisch-lutherischen Tradition über 250 Jahre erhalten, bis sie dann die allgemeine Beichte ablöste. Parallel zur römisch-katholischen Kirche wurde auch in der lutherischen Kirche ein sakrales Möbelstück entwickelt, in dem der Beichtvater die Beichte abnahm.

Ein prominenter Zeitzeuge, Johann Wolfgang von Goethe, berichtet 1811/12 in seinen Memoiren, wie und was er im Beichtstuhl in der evangelischen Barfüßerkirche zu Frankfurt am Main erlebt hat.

Eine besondere Form des Beichtstuhls besteht noch in evangelischen Kirchen in der ehemaligen Herrschaft Breuberg, die im 18. Jahrhundert erweitert oder neu errichtet wurden:

Hinter dem Altar steht die Orgel auf der Empore, darunter das offene Gestühl. Zur Kanzel hin ist das Gestühl jedoch geschlossen. Durch eine Tür gelangt man sowohl in das mit Schiebegittern und Buchablage versehene Gestühl als auch über eine Stiege zur Kanzel.

Bei dem Gestühl handelt es sich um einen Pfarr-/Beichtstuhl, wie er im 18. Jahrhundert in vielen lutherischen Kirchen vorhanden war, beispielsweise in Brandenburg, Niedersachsen und Sachsen. Die architektonische Kombination von Kanzel und Beichtstuhl erlaubte dem Pfarrer nach der Bußpredigt direkt in den Beichtstuhl zu gehen und die Privatbeichte abzunehmen. Nach Aufgabe der Privatbeichte im 19. Jahrhundert erfuhren die Beichtstühle häufig eine Umgestaltung. In der Neustädter Kirche entstand hier eine Sakristei, in der heute ein Gestühl zu sehen ist, das einer der Umbaumaßnahmen zum Opfer gefallen war.

CRUMSTADT

Gemeinde Riedstadt
Kreis Groß-Gerau

EVANGELISCHE KIRCHE

- ⊗ Darmstädter Straße 1
- ⬤ Evangelische Kirchengemeinde
- ⊕ So 9–10 Uhr und nach Absprache
- ⓘ Pfarrbüro, Tel. 06158 83531;
  www.crumstadt-evangelisch.de

Crumstadt gehörte zu der bereits im Jahre 802 erstmals genannten und später bedeutenden Pfarrei Hofheim. Nachdem 1530 Landgraf Philipp der Großmütige die Reformation eingeführt hatte, wurde diese Pfarrei 1535 aufgelöst. Aus Hofheim entstand später das Philippshospital.

Noch 1535 wurde in Crumstadt die dem heiligen Matternus geweihte Kapelle mit einem eigenen Pfarrer besetzt. 1589 beschloss die Gemeinde wohl auf Geheiß von Landgraf Georg I. eine neue Kirche zu bauen. Obwohl Crumstadt seinerzeit zu den wohlhabenden Orten im Ried gehörte, schritt der Bau nur langsam voran. Immer wieder kam es zu Auseinandersetzungen, weil die Gemeinde Handwerkerrechnungen nicht bezahlte. Trotz der daraus entstandenen Verzögerungen wurde die Kirche schließlich am 3. September 1593 eingeweiht. Sie ist nicht zuletzt mit ihrer doppelten Fensterreihe ein bemerkenswert stattlicher Bau und bot Platz für 500 Gottesdienstbesucher, mehr als

es die Einwohnerzahl des Ortes eigentlich erwarten ließe. Unterlagen über den Bau sind nicht mehr vorhanden. Als Baumeister kommt einer der beiden Darmstädter Kirchen- und Hofbaumeister, Jakob Kesselhut oder dessen Schüler Jakob Wustmann, in Frage. Es ist ein hoher Saalbau mit dreiseitigem Schluss sowohl an seiner Ost- als auch an seiner Westseite. An beiden Seiten verlaufen zweigeschossig angeordnete spitzbogige Fenster, im Inneren von einer Reihe Konsolsteinen begleitet. Eine Empore tragen sie aber erst seit 1852. Die seitlich angebrachte Kanzel zeigt zwei Steinreliefs und stammt aus der Kirche in Hofheim. Ihr Schalldeckel ist eine Arbeit vom Ende des 16. Jahrhunderts.

Die wahrscheinlich älteste protestantische Kirche Südhessens

Mit der Ausführung dieser Kirche wurde die für sächsische und hessische Schlosskirchen des 16. Jahrhunderts gebräuchliche Disposition erstmals in Hessen auf eine Dorfkirche übertragen. Sie ist damit ein interessantes Beispiel für die Entwicklung einer eigenen protestantischen Bau- und Raumform der Zeit vor dem Dreißigjährigen Krieg und ist vermutlich die erste nach der Reformation erbaute Kirche Südhessens.

DARMSTADT
Stadt Darmstadt

STADTKIRCHE
Grablege der Landgrafen
von Hessen-Darmstadt

Retabelartig erhebt sich das viergeschossige Epitaph für Landgraf Georg I. und dessen Gemahlin.

- ⊗ Kirchstraße 11
- ⬥ Stadtkirchengemeinde Darmstadt
- ◉ Kirche Di–Fr 9–16 Uhr, Mo/Sa 9–12 Uhr; Fürstengruft nur im Rahmen von Führungen
- ⓘ Gemeindebüro, Tel. 06151 44150; www.stadtkirche-darmstadt.de

Mit der von Landgraf Philipp dem Großmütigen (1504–1567) testamentarisch verfügten hessischen Landesteilung erbte sein jüngster Sohn Georg (1547–1596) die als Landgrafschaft Hessen-Darmstadt bezeichnete Obergrafschaft Katzenelnbogen – ein vernachlässigtes und weitgehend unterentwickeltes Gebiet, das der neue Landesfürst in nur wenigen Jahrzehnten mit viel Geschick und reger Bautätigkeit in ein blühendes Territorium verwandelte. Darmstadt wurde zur Residenz erhoben und die nahe dem Residenzschloss gelegene – seit 1526 reformierte – Stadtkirche zur Begräbnis- und Gedenkstätte des Fürstenhauses bestimmt. Als Grablege dienten die unter dem Chor der Stadtkirche liegenden Gewölbe. Davon zugänglich ist heute nur noch die aus zwei Kammern bestehende, mit reichen Stuckaturen versehene sogenannte Fürstengruft mit den Särgen der landgräflichen Familie. In der vorderen Kammer hängen zwei Messingkapseln von der Gewölbedecke herab, in denen die Herzen der in der Ferne ums Leben gekommenen Prinzen aufbewahrt werden. Im Kirchenraum befinden sich Epitaphe und Gedenktafeln, die an die

Verstorbenen des Fürstenhauses erinnern. Von Bedeutung ist das die Chorrundung einnehmende von Peter von Osten in Form eines viergeschossigen Renaissancegiebels 1588/89 geschaffene Epitaph – eines der ältesten monumentalen nachreformatorischen Beispiele in Hessen – für Georg I. und seine Gemahlin Magdalena zur Lippe (1552–1587), die in muschelförmigen Nischen stehend lebensgroß vollplastisch dargestellt sind. Das in der Mitte zwischen dem fürstlichen Paar eingefügte Relief zeigt die am Kreuz betende landgräfliche Familie, das Relief darüber Landgräfin Magdalenas Empfang im Himmel. An den Seiten des Epitaphs sind umfangreiche Texttafeln eingelassen. Den Abschluss an der Spitze bilden die farbigen Wappen der Häuser Hessen und zur Lippe.

Erstes hessisches Gesangbuch von 1633

DARMSTADT
Stadt Darmstadt

ERSTES HESSISCHES GESANGBUCH
Universitäts- und Landesbibliothek Darmstadt

- ⊗ Magdalenenstraße 8
- ◉ Land Hessen
- ⊙ Sonderlesesaal: Mo–Fr 9–17 Uhr
- ⓘ Tel. 06151 1676260;
  www.ulb.tu-darmstadt.de

Darmstadt befand sich 1633 in einer wenig komfortablen Lage. Der land-

gräfliche Hof war unter Georg II. 1631 nach Gießen ausgewichen, schwedische Truppen standen vor den Toren der Stadt und in deren Mauern grassierte die Pest. In dieser bedrückenden Situation erschien in Darmstadt ein Kirchengesangbuch, das sich dadurch auszeichnete, dass ihm – erstmalig – eine territoriale Bestimmung zufiel.

Es sollte für die hessischen Kirchen der Obergrafschaft Katzenelnbogen Gültigkeit besitzen, für einen Verwaltungsbezirk, der – noch immer nach der alten Herkunft aus dem Besitz der Grafen von Katzenelnbogen so benannt – etwa das Gebiet des heutigen Südhessens mit dem Regierungsmittelpunkt Darmstadt umfasste.

Anders als heute dienten seit der Reformationszeit Gesangbücher kaum zum sonntäglichen Kirchgang, ihr Inhalt war vielmehr Lese- und Lernstoff für den häuslichen und schulischen Bereich. Die Einübung der Kirchenlieder erfolgte über die Schuljugend. Die gottesdienstliche Gemeinde sang – wenn überhaupt – auswendig. Diese Praxis führte dazu, dass sich abhängig von den jeweiligen Gegebenheiten lokale Eigenheiten herausbildeten. Insofern stellte ein offizielles Gesangbuch ein Instrument zur staatlichen Ordnung in kirchlichen Angelegenheiten dar. Einer auseinander driftenden Entwicklung der Traditionen und Varianten sollte Einhalt geboten und der Kirchengesang in geordnete Bahnen gelenkt werden. Eine große Zahl von Liedern wurde in dem neuen Gesangbuch von 1633 mit Noten versehen, weshalb der aufwändige Druck in Frankfurt hergestellt werden musste. Trotz seines nur handtellergroßen Formats enthält das Büchlein mehr als 200 Gesänge. Sie stehen in alter reformatorischer Tradition und grenzen sich in ihrer theologischen Ausrichtung von den nordhessischen Gesangbüchern unter Landgraf Moritz in Kassel deutlich ab. Zugleich war die Liedersammlung Grundlage für die 1635 einsetzende Reihe der Marburger Gesangbücher.

Ein einziges Exemplar dieses Büchleins lässt sich heute noch nachweisen. Es befindet sich mit der Signatur W 3360/50 in der ULB Darmstadt.

DAUBORN

Gemeinde Hünfelden
Landkreis Limburg-Weilburg

KLOSTER GNADENTHAL

- ✖ Hof-Gnadenthal 19a,
- ⛪ Jesus-Bruderschaft Gnadenthal
- ℹ Außenbereich und Klosterkirche frei zugänglich
- ☏ Tel. 06438 81200;
  www.kloster-gnadenthal.de

Da das Gründungsjahr des Klosters vallis gratiae unbekannt ist, zieht man gerne die in einen Balken eingeschnitzte Jahreszahl 1213 als Datierungshilfe heran. Der erste urkundliche Nachweis datiert vom 30. November 1235, als Petrus von Dorndorf und Cono von Reifenberg den Zisterzienserinnen ihre Güter in den umliegenden Ortschaften sowie

Das ehemalige Äbtissinnenhaus

das Patronatsrecht über die Kirche in Lindenholzhausen schenkten.

Mit Einwilligung des Konvents und der Äbtissin wurde 1567 durch den Landesherrn, den Grafen von Nassau-Diez, die Reformation eingeführt. Gnadenthal schied damit aus dem Zisterzienserorden aus und wurde als calvinistisches Damenstift weitergeführt. Gute Ernten in den Jahrzehnten vor dem Dreißigjährigen Krieg bescherten Wohlstand und Gebäude, von denen einige noch heute bewundert werden können. 1634 erlosch das Stift und war seit 1648 Gut- und Pachthof des Landesfonds. Zu neuem geistlichen Leben erwachte die Anlage erst wieder 1969, als sich die ökumenische Kommunität Jesus-Bruderschaft niederließ und das Kloster zu einem kulturellen Mittelpunkt machte.

Optischer Blickfang der Klosteranlage, die 2009 mit dem Hessischen Denkmalschutzpreis für hervorragende Gestaltung und Sanierung ausgezeichnet wurde, ist das ehemalige Äbtissinnenhaus. Äbtissin Magdalena von Irmtraut hatte 1589 die Camberger Meister Schnurre und Tiefenbach damit beauftragt. Das 1590 errichtete Hofhaus weist viele Gestaltungsähnlichkeiten zu Bad Camberger Fachwerkbauten dieser Zeit auf. Der Rechteckbau ist mit seinem breiten Hauptgiebel dem Klosterportal zugewendet und bildet mit der Kirchenvorderseite einen Empfangsplatz. Bis auf die nördliche Fassade sind die Schauseiten mit reichem Fachwerk, darunter überblatteten Eck- und Bundständerstreben, Brüstungsrauten und Wellenbändern neben Andreaskreuzen verziert. Der Fenstererker am Giebel gehörte zu einer Prunkstube, während der Erker an der Nordwesttraufe wohl die Eigenstube der Bauherrin markierte. Die im Beschlagwerk-Stil der Renaissance geschnitzten Brüstungsplatten tragen die Wappen und Namen der Priorinnen.

DILLENBURG
Lahn-Dill-Kreis

EHEMALIGES PFARRHAUS

- ❌ Kirchberg 16
- 🚫 privat
- ↻ außen frei zugänglich
- ℹ Tourist-Info, Tel. 02771 896151

In den Jahren 1531 bis 1533 wurde direkt neben der Kirche in Dillenburg ein Pfarrhaus für den ersten evangelischen Geistlichen, Heilmann Bruchhausen aus Krombach, erbaut. Der Geistliche, der schon seit März 1529 als Hofkaplan auf dem Dillenburger Schloss tätig war, hat als vorzüglicher Prediger und Mitverfasser der ersten Kirchenordnung die gröbsten Missbräuche der alten Lehre abgestellt. Neun Jahre wirkte Bruchhausen segensreich in Dillenburg.

Bauherr des ersten evangelischen Pfarrhauses, das zu den ältesten lu-

Das erste evangelische Pfarrhaus am Kirchberg wurde 1531 bis 1533 errichtet.

therischen Pfarrhäusern Deutschlands zählt, war der Vater Wilhelms I., des späteren Prinzen von Oranien, Graf Wilhelm der Reiche (1487–1559). Der Graf, der schon ab dem Reichstag von Worms 1521 mit den Lehren Luthers vertraut war, führte aber erst nach seinem Besuch auf dem Reichstag zu Augsburg 1530 die Reformation in den Nassau-Dillenburger Landen ein. Dabei ging Wilhelm nicht hastig und übereilt vor, sondern behutsam und allmählich wurde der Konfessionswechsel vollzogen, zunächst in den beiden wichtigsten Städten der Grafschaft, Dillenburg und Siegen. Mit der Errichtung des Pfarrhauses wurde auch die in der Verlegungsurkunde der Kirche von Feldbach nach Dillenburg ausgesprochene Bedingung erfüllt, für eine würdige Unterkunft des Geistlichen zu sorgen. Das Gelände, das für die Errichtung des Pfarrhauses zur Verfügung stand, war für die Bauleute nicht günstig gelegen, denn die schroffen Felsen

des Schlossberghanges mussten zuvor abgetragen werden, um Platz für den Neubau zu schaffen. Dem anstehenden Fels ist es auch zuzuschreiben, dass man die beiden übereinander liegenden, verschieden breiten Kellertrakte talseitig legte, um sich auf diese Weise mühselige Arbeiten zu ersparen. Das ehemalige Pfarrhaus war zur Zeit seiner Entstehung das wohl optisch auffälligste Fachwerkhaus in Dillenburg. Es diente noch bis 1905 als evangelisches Pfarrhaus und ging danach in Privatbesitz über. Der zweigeschossige Fachwerkbau steht aufgrund seiner geschichtlichen Bedeutung unter Denkmalschutz.

EGENROTH

Gemeinde Heidenrod
Rheingau-Taunus-Kreis

KLOSTER GRONAU

- ✖ zwischen Egenroth und Niedermeilingen
- ⌂ privat
- ℹ Gelände und Ausstellung frei zugänglich
- ☎ Tel. 06772 8479; www.kloster-gronau.de

Das inmitten von Wäldern und Wiesen an einem Weiher gelegene Kloster Gronau wurde in der ersten Hälfte des 12. Jahrhunderts als Benediktinerkloster gegründet. Die Grafen von Katzenelnbogen betrachteten es als ihr Hauskloster. Als

Die Einfahrt zum Klostergut mit Zehntscheune und Torbogen

das Adelsgeschlecht 1479 ausstarb, gelangte die Anlage in den Besitz der Landgrafen von Hessen. Aus der Zeit einer großen Pestepidemie um 1508 stammt ein Gronauer Pestblatt, auf dem der heilige Sebastian abgebildet ist, der neben der Gottesmutter Maria als Patron des Klosters gilt. Nachdem Landgraf Philipp der Großmütige 1524 zum evangelischen Glauben übergetreten war und die Reformation in Hessen einleitete, beschloss er die Auflösung aller in seinem Herrschaftsbereich liegenden Klöster. Viele wurden neuen, oft mildtätigen Zwecken zugeführt. So gründete Landgraf Philipp die „Hohen Landeshospitäler" in Haina, Merxhausen und Hofheim, zu denen als vierte Stiftung 1542 das Kloster Gronau hinzukam. Vor allem alte und kranke Männer aus der Landbevölkerung genossen hier die Fürsorge der Klosterbrüder. Während des Dreißigjährigen Krieges wurde jedoch ein Großteil der Gebäude

zerstört und die Belegschaft des Hospitals so stark dezimiert, dass es danach nur noch als landwirtschaftliches Gut betrieben werden konnte. Aus der mittelalterlichen Klosteranlage sind heute nur die fast vollständige Umfassungsmauer sowie Teile eines Backhauses und einige Grundmauern erhalten. Das älteste Gebäude ist vermutlich das Wohnhaus an der nördlichen Außenmauer, welches inschriftlich 1545 datiert ist. Fast ebenso alt ist die mächtige Zehntscheune, die eine spätgotische Holzkonstruktion mit achteckigen Stützen aufweist. Der unmittelbar angrenzende Torbogen mit Glockenstube und das Torwächterhaus entstammen ebenfalls der Hospitalzeit. Die Klosterkirche wurde erst 1829 zerstört, letzte erhaltene Mauerreste in den 1960er Jahren entfernt. Nachdem schließlich auch der Landwirtschaftsbetrieb aufgegeben wurde, wird das Gut heute als Freizeithaus für Gruppenreisen, Tagungen, Seminare, Feierlichkeiten und kulturelle Veranstaltungen genutzt.

EPPSTEIN
Main-Taunus-Kreis

ALTER FRIEDHOF

❌ Burgstraße nach Nr. 6
🔼 Stadt Eppstein
ℹ frei zugänglich

Mit den 1985 wieder aufgestellten historischen Grabmalen ist der Friedhof ein anschauliches Zeugnis der Reformation. Durch sie kam es bereits im 16. Jahrhundert vielerorts zur Verlegung von Kirchhöfen vor die Siedlungen. Vorher waren Kirche und Begräbnisplatz aus theologischen Gründen trotz der hygienischen Problematik und häufigen Enge eine räumliche Einheit gewesen.

Auch Eppstein hatte mitten in der Stadt bei der Talkirche, damals Sankt Laurentius, einen Kirchhof besessen. Die Toten ruhten in oder meist nahe der Kirche, deren Sakralität, Gottesdienste und Heiligenreliquien günstig auf die Verstorbenen ausstrahlen sollten, solange die Seelen im Fegefeuer auf das Jüngste Gericht warteten. Ihrer noch möglichen Läuterung galt die Totenfürsorge der Lebenden durch gestiftete

Der erste Grabstein des Friedhofs von 1592 für den knapp zweijährigen Wilhelm Ditz

Messen, Gebete und die Anrufung der Heiligen um Fürsprache bei Gott. Der evangelische Glaube führte einen völligen Bruch herbei. Das ewige Heil hing nur noch von göttlicher Gnade und menschlichem Glauben ab, nicht mehr von frommen Werken. Fegefeuer und Totenfürsorge entfielen also, Kirche und Begräbnisplatz mussten nicht mehr benachbart sein. Daher konnte Martin Luther 1527 in seiner Schrift „Ob man vor dem Sterben fliehen möge" empfehlen, „ein gemein begrebnis aussen fur der stad zu machen." Dadurch würden das Ortsinnere vor schädlicher Ausdünstung bewahrt und überdies Stätten der Stille und Besinnung gewonnen.

Der Grund für die Auslagerung im 1529 evangelisch gewordenen Eppstein war die zunehmende Platznot. 1591 schenkten die Stadtherren Hessen-Marburg und Kurmainz das Gelände knapp außerhalb des westlichen Stadttors der Pfarrei. Es wurde ummauert und ab 1592 belegt. In der Folgezeit diente der zweimal erweiterte Friedhof auch für Beisetzungen von Katholiken, freilich erst ab 1815 nach katholischem Ritus. 1891 schloss die inzwischen zuständige Zivilgemeinde den Friedhof wegen neuerlichen Platzmangels und hygienischer Bedenken. Auch wollte man dem aufblühenden Fremdenverkehr seinen Anblick nicht zumuten. 1935 wurde auf dem Gelände die heute noch bestehende Weltkriegs-Gedenkstätte angelegt. •

ERFELDEN
Gemeinde Riedstadt
Kreis Groß-Gerau

SCHWEDENSÄULE

❌ etwa 5 km südwestlich von Erfelden
49°49'23.27"N
8°24'53.10"E

🔺 Hessen Forst

❶ frei zugänglich

Der Dreißigjährige Krieg gilt als der große konfessionelle Krieg, der die Geschichte und Entwicklung weiter Regionen nachhaltig beeinflusste. Auf der Höhe seiner Macht zwangen Karl I. die durch die Reformation ausgelösten Auseinandersetzungen, etwa der Passauer Vertrag 1552 oder der Augsburger Religionsfrieden 1555, Religionsfreiheit zu gewähren. Sein einziger Sohn, Philipp II. von Spanien scheiterte als Vorkämpfer der Gegenreformation. Vor diesem Hintergrund wird verständlich, dass Spanien als Helfer des Kaisers und der katholischen Liga im Dreißigjährigen Krieg mit gegen die protestantische Union kämpfte, nicht zuletzt, um seine alte Machtstellung wiederherzustellen. Im Dezember 1631 lagen spanische Truppen auf der linken Rheinseite nahe Oppenheim. Von Osten näherte sich der protestantische König Gustav Adolf II. von Schweden mit seinen Männern und setzte etwa fünf Kilometer südwestlich von Erfelden über den Rhein. Auf dem Kühkopf gab es eine verheerende Schlacht, in deren Verlauf die Spanier geschlagen wurden. Noch heute gibt der Flurname „Schwedenfriedhof" eine ungefähre Vorstellung davon, wo diese Schlacht stattgefunden hat.

Für den Erfolg dieser Schlacht ließ sich Gustav Adolph auf der rechten Rheinseite ein Denkmal setzen. Es gilt heute als das einzige Denkmal in Deutschland, das der schwedische König selbst initiiert hat und das bis heute erhalten ist. Es wurde 1632 durch den Festungsbaumeister Mathaeus Staudt errichtet. Ein lan-

An dieser Stelle überquerte König Gustav Adolph den Rhein.

ger, schlanker Obelisk ruht auf vier steinernen Kugeln über einem hochrechteckigen Postament. Auf seinem oberen Ende sitzt ein bekrönter Löwe, dessen Schwert gen Oppenheim weist. Dies ist aber nicht die originale Ausführung. Mehrfach musste die Säule, die zunächst unmittelbar am Ufer stand, versetzt werden, damit der Rhein sie nicht beschädigte. 1707 stellte man sie an ihren jetzigen Standort und im Zuge dieser Arbeiten veränderte man auch den Löwen, der sein Schwert bis dahin geschultert trug. Interessant ist, dass dieses Denkmal mehr als 200 Jahre in Besitz der schwedischen Krone war und erst 1834 an das Haus Hessen überging.

ERNSTHAUSEN
Gemeinde Burgwald
Landkreis Waldeck-Frankenberg

Rundblick von der Luther-Eiche über das Dorf Ernsthausen zum Burgwald

LUTHER-EICHE

- ❌ Am Mühlrain
- 🔺 Gemeinde Burgwald
- 🅘 Gelände frei zugänglich
- 🅘 www.gemeinde-burgwald.de

Hoch über den Dächern des Burgwalder Ortsteils Ernsthausen breitet sie ihre mächtigen Arme aus, die alte Luther-Eiche. Sie ragt heraus aus einer Allee von zwölf Lindenbäumen, die sie in Dreierreihen umgeben. Ganz bewusst haben die Einwohner am 10. November 1883 diesen Baum landschaftsgärtnerisch in Szene gesetzt, als sie ihn aus Anlass des 400. Geburtstages des Reformators Dr. Martin Luther weithin sichtbar über den Dächern und dem Kirchturm ihres Dorfes Ernsthausen pflanzten.

Begeisterte Feierstimmung herrschte damals zum Luther-Jubiläum im Land Hessen. Im Kirchenkreis Frankenberg erschien ein doppelseitiges „Gedenk-Blatt", das mit patriotischem Pathos den großen Reformator als „Held von deutschem Sinn und Mark" feierte und ausführlich sein Leben nacherzählte. Mit öffentlichen Schulfeiern, Ansprachen der Lehrer und einem Festgottesdienst beging man in Frankenberg am Samstag, 10. November 1883, in der Liebfrauenkirche die Jubelfeier. Am Sonntag, 11. November, gab es insgesamt vier Gottesdienste in beiden Frankenberger Gotteshäusern, an denen der reformierte Metropolitan Wessel und der lutherische Metropolitan Menche sogar gemeinsam mitwirkten.

Im Gemeindeleben des Dörfchens Ernsthausen aber hat die dem Reformator Martin Luther gewidmete Baumgruppe später wohl nie mehr eine besondere Rolle gespielt. Anders als die hohen Buchen am „Christborn", wo christliche Volksfeste gefeiert wurden, und die „Wollmarsche Höhe", auf der man bei abendlichen Sedansfeiern Freudenfeuer entzündete, trafen sich die Ernsthäuser hier allenfalls bei Spaziergängen und beim Besuch des direkt darüber gelegenen damaligen Sportplatzes, an dem heute das Schützenhaus steht.

In den letzten Jahrzehnten hat der 1888 gegründete Ernsthäuser Posaunenchor den Lindenplatz an der Luthereiche mit einer neuen Tradition belebt: Alljährlich verkünden dort am Ostermorgen die Bläser musikalisch die Botschaft vom auferstandenen Christus, darunter auch Luthers mutigen Osterchoral „Christ lag in Todesbanden".

ESCHWEGE
Werra-Meißner-Kreis

PFARRKIRCHE ST. DIONYS

⊗ Bei der Marktkirche 25
◉ Evangelische Kirchengemeinde
🕐 täglich 10–18 Uhr
ℹ Pfarramt, Tel. 05651 3588

Die seit 1433 endgültig zur Landgrafschaft Hessen gehörende Stadt Eschwege wurde 1527 reformiert. An dieses Ereignis erinnert ein historisches Fenster in der mittelalterlichen Pfarrkirche St. Dionys am Eschweger Marktplatz. Es gehört zu den insgesamt fünf erneuerten Bleiglasfenstern im Chor, die im späten 19. Jahrhundert durch Spenden der Gemeindemitglieder finanziert und in der Werkstatt des Marburger Glasmalers K. J. Schultz gefertigt wurden. Das südliche Chorfenster mit den ganzfigurigen Darstellungen Luthers, Landgraf Philipps und Melanchthons wurde im März 1895 eingebaut, ihm folgten von 1897 bis Oktober 1901 die vier weiteren Fenster mit biblischen Szenen (Kindersegnung, Kreuzigung, Auferstehung und Taufe der Lydia durch Paulus). Bei letzteren wurde von dem ursprünglich intendierten Bildprogramm abgewichen. Denn nach einem Artikel im Eschweger Tageblatt und Kreisblatt vom 27. März 1895 sollten im nördlichen Chorfenster drei Gestalten aus dem Alten Testament dargestellt werden, das

Chorfenster (1895) mit den Darstellungen Luthers, Landgraf Philipps und Melanchthons

östliche Fenster sollte Christus am Kreuz mit Maria und Johannes sowie das erste südliche Fenster zwei neutestamentliche Figuren und den Märtyrer „Dionysius von Paris, dem die Kirche früher geweiht war", zeigen. Das dem Reformationsfenster benachbarte zweite südliche Fenster sollte mit Bonifatius, Karl dem Großen und Otto III. drei für die Geschichte Eschweges im Mittelalter bedeutsame Personen darstellen. Das die Reformation thematisierende Chorfenster befindet sich sinnfälliger Weise nahe der Kanzel und zeigt in der Mitte Landgraf Philipp den Großmütigen in prächtiger Kleidung, links und rechts davon die beiden Reformatoren Martin Luther und Philipp Melanchthon. Als vergleichbare Darstellungen auf dem Gebiet der Glasmalerei im hessisch-thüringischen Gebiet kann hier zum Beispiel neben dem Reformationsfenster in der Stadtkirche von Homberg/Efze (1893) noch das 1890 entstandene „Lutherfenster" in der Kirche St. Johannes im thüringischen Warza (Landkreis Gotha) erwähnt werden. •

FELSBERG
Schwalm-Eder-Kreis

NIKOLAIKIRCHE

- ⊗ Obergasse
- ⬤ Evangelische Kirchengemeinde
- ❶ nur mit Führung
- ❶ Pfarramt, Tel. 05662 2133; Stadtverwaltung Felsberg, Tel. 05662 52031

Die Kirche und mit ihr verbundene Einrichtungen prägten die Geschichte der Stadt Felsberg über mehrere Jahrhunderte ganz entscheidend. Mit der Einführung der

Reformation kam es zu mancher Änderung, aber die Bauten blieben erhalten. Ältestes kirchliches Gebäude war die gegen Ende des 11. Jahrhunderts mit der Burganlage gemeinsam erbaute Burgkapelle. Landgraf Philipp machte aus dem schlichten romanischen Bau um 1544 ein Pulvermagazin für seine Artillerie.

Etwas versteckt liegt die als Friedhofskapelle dienende Jakobskapelle, deren Entstehung auf 1230 datiert wird. Sie ist im Kern ein romanischer Rechteckbau mit spätgotischen Maßwerkfenstern des 16. Jahrhunderts im Chor. 1247 vermachten Herzog Heinrich von Lothringen und Brabant und seine Gemahlin Sophie die Jakobskapelle dem Deutschen Orden in Marburg, ein geschickter Schachzug mit weitreichender Bedeutung. Im Kampf um die politische und militärische Vorherrschaft in Niederhessen verfolgten das Landgrafenhaus Hessen und der einflussreiche Deutsche Orden gemeinsam Ziele, die sich gegen das zum Erzbistum Mainz gehörende Fritzlar richteten. 1258 übte der Orden das Patronatsrecht vom Haupthaus in Marburg über die Kirche in Felsberg aus und besetzte die Pfarrei mit einem Ordensbruder aus dem geistlichen Stand. Ein in Felsberg errichteter Ordenshof diente als Hebestelle für Naturalabgaben und Zinsverpflichtungen. Ab 1386 lässt sich neben dem Pfarrer auch ein Komtur nachweisen.

1320 gingen sämtliche Rechte der Jakobskapelle auf die Stadtpfarrkirche St. Nikolaus über. In exponierter Lage über hohen Stützmauern prägt das spätgotische Bauwerk aus dem 14. Jahrhundert das Stadtbild mit Burg und dem ehemaligen Rathaus. Der erste evangelische Pfarrer Johannes Sensenschmidt war bis zur Reformation Geistlicher des Deutschen Ordens gewesen, der ihn dann als „verlaufener, abtrünniger, apostatierter Ordenspfaffe" beschrieb. Das Patronatsrecht blieb bemerkenswerterweise bei dem katholischen Deutschen Orden bis zu seinem Ende 1809, aber die Landgrafen erhielten die

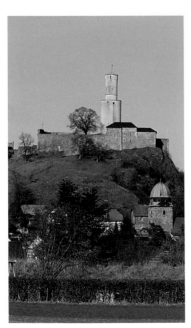

Stadtbildprägende Bauwerke: Felsburg und Nikolaikirche

geistliche Gerichtsbarkeit und die bischöfliche Gewalt, außerdem entstand als Kontrollinstanz das Amt des Metropolitans und des Superintendenten.

FRANKENBERG (EDER)
Landkreis Waldeck-Frankenberg

MARIENKAPELLE

- ⊗ Burgberg
- ◈ Evangelische Kirchengemeinde
- ◑ ganzjährig täglich geöffnet
- ⓘ Tourist-Information,
  Tel. 06451 505113

Das „Schaubild" der Marienkapelle

Die Marienkapelle in Frankenberg (Eder) wurde von den Bürgern der Stadt mit Hilfe des Altaristen Johannes von Cassel um 1380 als Ziel einer Nahwallfahrt errichtet. Sie lehnt sich als separater Bau an das südliche Querschiff der Liebfrauenkirche an. Tyle von Frankenberg gilt als der führende Steinmetz. Hier fand die um 1350 entstandene Gnadenmadonna ihren neuen Platz im Zentrum des 3,50 Meter breiten und 6,30 Meter hohen „Schaubildes". Sie war eingerahmt von der Verkündigungsszene und von der Heimsuchung. Dieses „Schaubild" wird von drei Bürgern getragen. Über Blendnischen stehen die Hoffnungen der Wallfahrer: „Für die Armen bitte inständig mit einem frommen Gebet, Jungfrau Maria". Ein Fries musizierender Engel jubelt dazu. Im Zuge der zweiten Reformation in Hessen (1607) wurden den Engeln die Köpfe abgeschlagen. Das gleiche Schicksal ereilte auch die Figuren darüber, ebenso die Maria mit dem Kind. Die Konsole in der Nordwestecke zeigt den behaarten Teufel, der auf den Schultern des Bürgers hockt und ihn mit Gewalt nach unten drückt. So werden dem Betrachter mit dem „Schaubild" der Weg des Heils und mit der Konsolfigur der Weg in die Verdammnis gezeigt.

Die Zerstörung wird dem Besucher von weitem angekündigt. Leere Konsolen am Äußeren zeugen von einer einst großartigen Ausschmückung. Einige Figuren, darunter der

Christus von Frankenberg und der Apostel Petrus, sind nicht geköpft. War es 1607 kein wilder „Bildersturm", sondern eine sorgfältig durchdachte Aktion? Die erhalten gebliebenen Statuen fanden in der Liebfrauenkirche und im Kreisheimatmuseum einen neuen Platz.

Großartig gestaltet war der Eingang in die Kapelle im Osten. Wer genau hinschaut, entdeckt am Sockel des Tympanons links den Kopf eines bärtigen Mannes. Damit hat der Bildhauer das erste gefühlsmäßig betonte Künstlerbildnis geschaffen. Von der Marienkrönung darüber sieht man nur noch Spuren. Ansprechend geblieben ist das Lächeln des Engels, der einst die Krone brachte und bis heute zum meditierenden Betrachten dieses in Stein gemeißelten Glaubenszeugnisses einlädt.

Als Dank an den Frankfurter Rat – das Englische Monument

FRANKFURT AM MAIN
Stadt Frankfurt

ENGLISCHES MONUMENT

- ⊗ Historisches Museum, Fahrtor 2
- ◉ Stadt Frankfurt am Main
- ◔ Di–So 10–18 Uhr (ab 2017), Mi 10–21 Uhr
- ⓘ www.historisches-museum.frankfurt.de

Aus Glaubensgründen waren seit 1552 etliche reformierte Flamen und Wallonen nach England geflohen. Mit Regierungsantritt der katholischen Königin Maria konnten sie aber nicht mehr dort bleiben. Unter der Führung von Valerand Poullain, einem Adeligen aus Lille, kam im März 1554 eine Gruppe von 40 Menschen über Wesel und Köln nach Frankfurt, wo sie sich niederließen. Ihren Lebensunterhalt verdienten sie mit der Bursatherstellung, einem Baumwollmischgewebe.

Poullain bat um die Zuweisung einer Kirche, damit in ihrer Sprache Gottesdienst gehalten werden konnte. Die Glaubensflüchtlinge, darunter auch eine Gruppe von Engländern, durften am 22. April 1554 in der Weißfrauenkirche ihren Gottesdienst halten. Dies bedeutete die Gründung der französisch-reformierten Gemeinde in Frankfurt. Schon im folgenden Jahr kamen weitere 83 Wallonen und 14 Flamen nach Frankfurt.

Unter den englischen Einwanderern befand sich auch John Knox (1505–1572), der spätere Reformator Schottlands. Zu ihm gesellte sich 1554 in Frankfurt der gelehrte Prediger John Foxe (1516–1587), der in einem 1563 erschienenen Buch die Reformationsgeschichte als Märtyrergeschichte darstellte. Als 1558 in England die Regierung der protestantischen Königin Elisabeth begann, konnten die englischen Flüchtlinge wieder in ihre Heimat zurückkehren.

Bei der Rückreise nach England beauftragten die Flüchtlinge einen Goldschmied in Antwerpen mit der Herstellung einer silbernen Kredenz. Es handelt sich um ein 54 Zentimeter hohes Trinkgefäß in Form einer ionischen Säule auf einem rechteckigen Podest. Dieses „Englische Monument" ist vollständig vergoldet. Die Basis ziert das behelmte Wappen der Tudor, das von zwei Löwen gehalten wird. Die lateinische Inschrift auf den übrigen Sockelseiten rühmt die „Humanitas" der Stadt Frankfurt. Der Deckel in Form einer Kuppel ist abnehmbar. Auf ihm steht eine männliche Figur mit Füllhorn. Mit diesem Pokal dankten die Engländer dem Frankfurter Rat für die erwiesene Gastfreundschaft. Heute befindet er sich im Historischen Museum Frankfurt.

FRANKFURT AM MAIN
Stadt Frankfurt

KATHARINENKIRCHE

- ❌ An der Hauptwache
- ☁ Evangelische Kirche in Hessen und Nassau
- 🕐 Mo–Fr 10–12 Uhr
- ℹ Tel. 069 7706770;
  www.st-katharinengemeinde.de

In der Klosterkapelle Sankt Katharinen an der Staufermauer neben dem Bockenheimer Tor wurde am 9. März 1522 die erste evangelische Predigt in Frankfurt gehalten. Der Ratsherr Hamann von Holzhausen

Die heutige Katharinenkirche

hatte den Lutherschüler Hartmann Ibach dazu eingeladen. Die Kapelle gehörte zu einem Kloster für adelige Jungfrauen zu Ehren der heiligen Katharina. Unmittelbar daneben befand sich ein Spital, das ebenfalls über eine Kapelle verfügte. Die neue Lehre breitete sich schnell unter den Bürgern aus. 1526 mussten die Nonnen das Kloster verlassen und ab 1533 diente die Kirche dem evangelischen Gottesdienst.

Nach langen Jahren der Nutzung wurde die Kirche zu klein und baufällig. 1681 konnte ein repräsentativer barocker Neubau eingeweiht werden. Damit wurde die Katharinenkirche zum ersten protestantischen Kirchenbau Frankfurts. Neben der Barfüßerkirche war sie die zweite evangelische Hauptkirche in der Stadt.

Die Katharinenkirche ist eine einschiffige Hallenkirche von 49 Metern Länge und besteht teilweise aus verputzten Bruchsteinen, teilweise aus rotem Mainsandstein. Vor der nördlichen Langseite steht der 54 Meter hohe Turm mit barocker Haube auf einer quadratischen Basis. Damit wurde die Nordseite zur Hauptfront der äußerlich recht schlichten Kirche. Der Innenraum war im Gegensatz dazu prachtvoll mit Ausmalungen und Bildschmuck versehen.

41 Bilder zeigen Szenen des Alten und Neuen Testaments. Eine dieser Szenen stellt den Propheten Hoseas dar. Sein Gesicht ist das Porträt des Theologen Philipp Jakob Spener, der als Begründer des Pietismus gilt. Spener war ab 1666 Senior der lutherischen Pfarrerschaft Frankfurts und daher mit dem Neubau der Katharinenkirche befasst. Im August 1748 fand in der Katharinenkirche die Trauung von Johann Caspar Goethe mit Elisabeth Katharina Textor statt. Ob ihr Sohn Johann Wolfgang am 29. August 1749 hier oder im Haus am Großen Hirschgraben getauft wurde, ist nicht mehr festzustellen.

FRANKFURT AM MAIN
Stadt Frankfurt

BIBELHAUS
Feyerabendbibel

⊗ Bibelhaus, Metzlerstraße 19
⌂ Frankfurter Bibelgesellschaft e. V.
◔ Di–Sa 10–17, So 14–18 Uhr,
   Führungen So 15 und 16 Uhr
ℹ Tel. 069 66426525;
   www.bibelhaus-frankfurt.de

Für rund 150 Jahre war Frankfurt im Mittelalter Zentrum des Bibeldrucks in Europa. Die Verkaufszahlen der Gutenbergbibel versprachen ein lukratives Geschäft zu werden, sodass ein eigenes Druckerviertel entstand, das sich schwerpunktmäßig dem Bibeldruck widmete. Es dehnte sich vom Römer westlich bis zur Mainzer Pforte aus und vom Main bis zur Mainzer Gasse. In seinem Zentrum stand die Sankt Leonhardskirche.

Jesajas Berufung als Illustration in der 1580 erschienenen Lutherbibel

Frankfurt, für das schon Ende des 12. Jahrhunderts eine Messe nachweisbar ist, eröffnete 1485 eine eigene Buchmesse, um der Entwicklung des Buchdrucks Rechnung zu tragen. Diese Messen wurden in den entsprechenden Vierteln auf öffentlichen Plätzen abgehalten. Auch Martin Luther, der Frankfurt als „Gold und Silberloch" des deutschen Reiches bezeichnete, zog mit der Erstveröffentlichung seiner Übersetzung des Neuen Testaments einen Bogen nach Frankfurt. Das in Wittenberg gedruckte Septembertestament erschien am 21. September 1522 zur Messe in Frankfurt.

Der Buchdruck und die Reformation förderten sich gegenseitig. Motiviert von der Bedeutung Frankfurts kam der Heidelberger Reißer Sig-

mund Feyerabend nach Frankfurt. Hier heiratete er, erwarb das Bürgerrecht und kaufte das Haus ‚Zum Krug' im Druckerviertel. Feyerabend entwickelte ein neues Konzept, mit dessen Umsetzung er die erfolgreichste Bibel des 16. Jahrhunderts schuf. 1560 erschien seine Erstausgabe der Lutherbibel mit Holzschnitten von Virgil Solis aus Nürnberg. Feyerabend fügte ein Sachregister und zusammenfassende Stichworte am Seitenrand hinzu. Ab 1564 ließ er seine Bibel mit Holzschnitten von Jost Amman illustrieren, der zum bedeutendsten Buchillustrator Deutschlands wurde. Die neuartige Typografie und die durchgängige Illustration schufen ein völlig neues Bibelbuch. Feyerabend wollte, wie er selbst schrieb, mit diesem Werk „dem gemeinen Mann, und der lieben Jugend, die Historien desto eigentlicher und verstendiger vor die Augen stellen". Die von Amman illustrierte Foliobibel wurde so erfolgreich, dass fünf weitere Ausgaben verlegt wurden. Das Bibelhaus Erlebnis Museum zeigt die Ausgabe von 1580. ●

FRANKFURT AM MAIN
Stadt Frankfurt

WEISSFRAUENKIRCHE

- ⊗ Weserstraße Ecke Gutleutstraße
- ◉ Diakonisches Werk Frankfurt am Main
- ◕ Mo–Fr 12–16 Uhr
- ❶ www.diakonischeswerk-frankfurt.de/
  diakoniekirche

Blick in die moderne Weißfrauenkirche

Das Gebäude in der Gutleutstraße ist heute keine Gemeindekirche mehr, führt aber kirchliche Traditionen aus vorreformatorischer Zeit fort und knüpft damit an seine besondere Geschichte in der Reformationszeit an.

Seit 1228 kümmerten sich die Magdalenerinnen um bußfertige Straßendirnen, ab 1250 auch um unverheiratete Angehörige der Frankfurter Bürgerschaft. Ihrer weißen Ordenskleidung verdankten sie den Namen „die weißen Frauen".

Nach Einführung der lutherischen Reformation 1530 durch den Frankfurter Magistrat verließ der Orden die Stadt. Ab 1542 diente das Kloster der Versorgung lutherischer Jungfrauen und Witwen. Daraus entstand 1819 das Sankt Katharinen- und Weißfrauenstift, das bis heute besteht.

Die gotische Kirche stand gegenüber dem Karmeliterkloster in der Frankfurter Innenstadt und wurde am 22. März 1944 zerstört. Ihre Nachfolgerin von 1955 steht in der Gutleutstraße.

Zwischen 1554 und 1562 nahm die Stadt Frankfurt reformierte-calvinistische Glaubensflüchtlinge aus Polen, Flandern, Wallonien und England, insbesondere Schottland auf. In der Weißfrauenkirche fanden ihre Gottesdienste in den Landessprachen statt. 1562 mussten die Calvinisten Frankfurt wieder verlassen. Die Weißfrauenkirche aber blieb die „Fremdenkirche":

Sie diente nun französischen Glaubensflüchtlingen lutherischer Konfession. Wichtige Reformatoren haben hier gepredigt: Jan Laski aus Polen, Valérand Poullain aus Frankreich, John Knox aus Schottland.

Seit 2005 ist sie der Gottesdienstraum des Diakonischen Werkes in Frankfurt. Mit der Wohnsitzlosenunterkunft „Weser5" in unmittelbarer Nachbarschaft ist es ein diakonisches Zentrum im Bahnhofsviertel. Durch Kunstinstallationen, Ausstellungen und Gesprächsabende – insbesondere zu Armut und Reichtum in der Bankenmetropole – wird an diesem Ort an die reiche kirchliche und reformatorische Tradition angeknüpft.

Die Weißfrauen-/Diakoniekirche steht für die evangelische Hinwendung zu den Ausgestoßenen, Verarmten, Fremden, die sonst keinen Ort in der Stadt haben.

FRIEDBERG
Wetteraukreis

AUGUSTINERSCHULE

⊗ Goetheplatz 4

◔ Wetteraukreis

❶ außen frei zugänglich

❶ Tel. 06031 72390;
www.augustinerschule.de

In Friedberg vollzog sich die Reformation in einem rund drei Jahrzehnte währenden Prozess, an dessen Endpunkt der offizielle Übertritt der Kaiserlichen Burg und der Reichsstadt im Jahr 1552 stand. Möglich wurde dieser Schritt durch den Passauer Vertrag vom 2. August 1552, der den Protestantismus formal anerkannte.

In diese Phase fiel die Gründung der Friedberger Lateinschule, deren Tra-

Die Augustinerschule steht in der Tradition der protestantischen Schulpolitik.

dition bis heute im Augustinergymnasium fortbesteht. Das Ratsprotokoll vom 19. April 1543 vermerkt den Beschluss, das ehemalige Barfüßerkloster in ein „pedagogio" umzuwandeln. Treibende Kräfte dieser Schulgründung waren der reichsstädtische Bürgermeister Jakob Zickwolf und der Burggraf Johann Brendel von Homburg. Als erster Lehrer nahm im Herbst 1543 Magister Hieronymus Haunoldt, der in Wittenberg bei Melanchthon studiert hatte, den Unterricht auf. Am 25. März 1545 fragte Johann Brendel in einem Brief an Melanchthon nach einem zweiten Lehrer, worauf Letzterer einen weiteren Absolventen der Wittenberger Hochschule empfahl. 1548 gab es bereits drei Lehrer und einen Rektor und die ersten Absolventen wurden an die Universität entlassen. 1581 zog die Schule in Räume des ehemaligen Augustinerklosters um, was eine Verbesserung der Situation bedeutete und zu einer Blüte der Schule führte. 1585 wurden 116 Schüler in fünf Klassen unterrichtet.

1696/97 entstand ein Neubau, der 1869 nochmals aufgestockt wurde (Augustinergasse 6). In diesem Gebäude blieb die Augustinerschule – die 1839 im Rahmen einer Schulreform mit anderen öffentlichen Schulen zur „Gemeinsamen Musterschule" vereinigt worden war und ab 1850 wieder eine eigenständige Realschule mit zusätzlichem altsprachlichen Unterricht bildete – bis 1901. In diesem Jahr konnte der im Neorenaissance-Stil errichtete Neubau am Goetheplatz bezogen werden, der zusammen mit jüngeren Bauten noch heute Standort der Augustinerschule ist. Gegenwärtig hat die Augustinerschule etwa 1.500 Schüler. Der ehemalige Klosterbau beherbergt, mit einem neuen Anbau versehen, seit 1991 die Stadtbibliothek und das Stadtarchiv.

FRIEDBERG
Wetteraukreis

LUTHERSCHWERT
Wetterau-Museum

- ⊗ Haagstraße 16
- ⬢ Stadt Friedberg (Hessen)
- ⬤ Di–Fr 9–12, 14–17 Uhr, Sa 10–12, 14–17 Uhr, So 10–17 Uhr
- ⓘ Tel. 06031 88215; www.wetterau-museum.de

Das Wetterau-Museum in Friedberg birgt ein großes zweihändiges Schwert, das sogenannte „Lutherschwert". Der Überlieferung zufolge ist es das Schwert des Reichsherolds Kaspar Sturm, der Martin Luther im April 1521 auf der Reise nach Worms sowie auf dem Rückweg begleitete, um das zugesicherte freie Geleit zu gewährleisten. Nach seiner Abreise aus Worms am 26. April erreichte Luther am 28. April die Reichsstadt Friedberg, wo er im Gasthaus „Zum Grünberg" übernachtete. Luther verfasste noch am

Der Zweihänder im Wetterau-Museum verweist auf Luthers Übernachtung in Friedberg im April 1521.

Ein weiteres beachtenswertes Exponat im Kontext der Reformation ist die Grabplatte des Burggrafen Johann Brendel zu Homburg, in dessen Amtszeit von 1532 bis 1569 die Einführung der Reformation in Friedberg fällt. Vom Wetterau-Museum aus lohnt sich der Weg zur benachbarten Stadtkirche, einer von etwa 1260 bis 1410 erbauten gotischen Hallenkirche. Sie war mit der nicht mehr erhaltenen mittelalterlichen Burgkirche der Ort erster reformierter Predigten. Seit der offiziellen Einführung der Reformation in Friedberg 1552 ist sie evangelische Stadtpfarrkirche. Im Innenraum befindet sich unter den zahlreichen farbigen Glasfenstern an der Nordseite eines aus dem Jahr 1918, das Martin Luther mit weiteren bedeutenden Reformatoren, darunter Philipp Melanchthon, zeigt.

Abend zwei Briefe an den Kaiser und an die Reichsstände, mit denen er Sturm nach Worms zurückschickte. Luther selbst reiste von Friedberg aus weiter und gelangte nach einer Scheinentführung durch Männer des sächsischen Kurfürsten auf die Wartburg, wo er Zuflucht fand.

Das 190 Zentimeter lange Schwert gehört zu den bedeutendsten und bekanntesten Exponaten aus der Frühen Neuzeit im Wetterau-Museum. In den letzten Jahrzehnten war es regelmäßig deutschlandweit als Leihgabe in großen Ausstellungen zu Luther, zur Reformation und anderen Themen ausgestellt. In jüngster Zeit wurden Zweifel geäußert, ob es sich tatsächlich um das Schwert des Reichsherolds handele. Einer fachlichen Bewertung zufolge könne das Schwert erst Ende des 16. oder Beginn des 17. Jahrhunderts entstanden sein.

FRITZLAR
Schwalm-Eder-Kreis

FRAUMÜNSTERKIRCHE

- Fraumünsterstraße
- Evangelische Kirchengemeinde
- außen frei zugänglich; innen nach Absprache
- Gemeindebüro, Tel. 05622 4030

Weite Teile der Fritzlarer Stadtbevölkerung waren – abgesehen von den Stiftsherren – seit der Mitte des 16. Jahrhunderts protestantisch. Zu den ersten lutherisch gesinnten

Predigern in der kurmainzischen Enklave gehörte der hier geborene Johannes Hefentreger, der nach seinem Studium in Erfurt 1521 eine Stelle als Seelsorger und Beichtvater im Fritzlarer Katharinenkloster erhielt. Die bisherigen Konventionen brechend, heiratete er 1524 Elisabeth Sperbelitz, eine ehemalige Nonne aus diesem Kloster. Nach der evangelischen Taufe des ersten Kindes wurde die Familie 1525 aus der Stadt verwiesen. Die Abschiedspredigt für seine Fritzlarer Anhänger hielt Johannes Hefentreger am 13. August 1525 in der Kirche des benachbarten hessischen Dorfes Geismar; später lebte er als Pfarrer in Waldeck und Niederwildungen (heute Bad Wildungen).

Zu einem wichtigen Ort für die Fritzlarer Protestanten entwickelte sich die damals außerhalb der Stadt im Osten gelegene Fraumünsterkirche. Dieser gotische Bau mit romanischen Mauerresten stand unter dem Schutz der hessischen Landesregierung, obwohl bis 1596 eigentlich nur der Friedhof zum hessischen Dorf Obermöllrich gehörte. Prediger in der Fraumünsterkirche war der beliebte Fritzlarer Jost Runcke, der während der hessischen Besatzung 1552 bis 1555 auch in Fritzlar seinen Dienst verrichten konnte. Später wurden die Protestanten in der Stadt durch den Mainzer Kurfürsten mit wechselnden Einschränkungen noch weitgehend geduldet, Ende 1615 setzte jedoch eine verstärkte Rekatholisierung ein und zwang die evangelischen Fritzlarer zur Konversion oder zur Emigration in hessisches Gebiet.

Nach schweren Zerstörungen im Dreißigjährigen Krieg wurde der verbliebene Steinbau der Fraumünsterkirche 1676 durch einen Fachwerkaufbau erhöht. Im Inneren befindet sich seit 1830 der Orgelprospekt aus der Fritzlarer Minoritenkirche, der ehemaligen Klosterkirche der Franziskaner, die nach der Säkularisierung im frühen 19. Jahrhundert als evangelische Pfarrkirche genutzt wurde.

Die außerhalb der Stadt gelegene Fraumünsterkirche

FULDA
Landkreis Fulda

STADTPFARRKIRCHE

- ✖ Unterm Heilig Kreuz
- ⬢ Katholische Kirchengemeinde
  St. Blasius
- 🕐 Mo bis Sa 10–17 Uhr, Sonn- und
  Feiertage 12–17 Uhr
- ℹ Tourist-Information, Tel. 0661 1021814

*Die im 18. Jahrhundert weitgehend neu
errichtete Pfarrkirche*

Die Stadtpfarrkirche St. Blasius wurde unter Fürstbischof Heinrich von Bibra (reg. 1759–1788) in spätbarocker Form errichtet. Ihr mittelalterlicher Vorgängerbau an gleicher Stelle gehörte mutmaßlich in seinem Kern dem späten 10. Jahrhundert an. Die zunächst dem heiligen Mauritius geweihte Kirche stand am Beginn der Entwicklung Fuldas zu einer Handwerkersiedlung südöstlich des im Jahre 744 von Sturmius im Auftrag des Bonifatius gegründeten Klosters. Durch ihre zentrale Lage inmitten des kleinen weltlichen Territoriums der Fuldaer Äbte erlangte die Siedlung um 1100 die Rechtsqualität einer Stadt, die mit der Ummauerung unter Abt Marquard I. (reg. 1150–1165) ihren sichtbaren Ausdruck fand. Die Pfarrkirche, die bis ins Spätmittelalter formell zum Würzburger Kirchensprengel gehörte, war das religiöse Zentrum der Stadtgemeinde.

1522 erhielt der als „Reformator Hessens" bezeichnete Fuldaer Bürgerssohn Adam Krafft eine Prädikatur an der Stadtpfarrkirche, nachdem er zuvor schon kurz die Fuldaer Stiftsschule geleitet hatte. Krafft thematisierte in seinen Predigten die Kritikpunkte an der Kirche, so etwa die zahlreichen Messstiftungen, das Mönchsleben und den Zölibat. Schärfer noch als Krafft vertrat der ebenfalls aus Fulda stammende Balthasar Raidt auf der zweiten Predigerstelle an der Stadtpfarrkirche lutherische Positionen. Sowohl Raidt als auch Krafft verließen ihre Predigerstellen in den Jahren 1524 bzw. 1525, unmittelbar vor dem „Bauernkrieg".
Welche direkte Folge die von beiden eingeführte evangelische Predigt auf das kirchliche Leben Fuldas hatte, ist aufgrund der schlech-

ten bzw. tendenziösen Quellenlage nur schwer zu beurteilen. Bis zur energischen Durchführung der Gegenreformation unter Abt Balthasar von Dernbach (reg. 1570–1576, 1602–1606) hat es unter der Bürgerschaft zahlreiche Anhänger der neuen Lehre gegeben, aber auch die insbesondere mit dem Namen Georg Witzels verbundenen Kompromissansätze zwischen den Religionsparteien fielen in Fulda auf fruchtbaren Boden.

GELNHAUSEN
Main-Kinzig-Kreis

MARIENKIRCHE

❌ Kirchgasse

☘ Evangelische Kirchengemeinde Gelnhausen

🕐 Sommer: 10–18 Uhr; Winter: 10–17 Uhr (außer während der Gottesdienste)

ℹ Tourist-Information, Tel. 06051 830300; www.marienkirche-gelnhausen.de

Der reich verzierte Lettner hat alle Umbrüche unversehrt überstanden.

Im Jahre 1170 gründete der staufische Kaiser Friedrich I. Barbarossa die Stadt Gelnhausen und verlieh ihr die Reichsunmittelbarkeit. Mit der Anlage der Stadt begann ebenfalls der Bau der Marienkirche. Das Gotteshaus kombiniert harmonisch auf technisch höchstem Niveau spätromanische und frühgotische Elemente und macht sie so zur „Perle des Kinzigtals".

Ihre heutige Gestalt erlangte sie zwischen 1215 und 1240. Das romanische Langhaus wirkt durch seine Schlichtheit, während der gotische Chor mit feinsten Steinmetzarbeiten sowie Fresken- und hochwertigen Glasmalereien gestaltet ist. Die Ausstattung der Altäre entstand um 1500 kurz vor der Reformationszeit, in ihr spiegelt sich die große Frömmigkeit dieser Zeit wider. Im Chor befindet sich ein Marienaltar, die Nebenapsiden zieren ein Anna- und ein Magdalenenaltar. Als besonderes Schmuckstück sticht aber der Lettner hervor. Er teilte die ursprünglich dem Prämonstratenserorden gehörende Marienkirche in einen Kleriker-Chor und die Laienkirche. Die mittelalterliche Steinmetzarbeit stellt das Weltgericht dar. Während die Frommen und Erwählten nach links zur Auferstehung und zum ewigen Leben gehen, werden die Verdammten durch einen Engel in den Höllenschlund getrieben. Im unteren Bereich des Lettners befindet sich der aus der Spätgotik stammende Laienaltar. Er stellt u. a. den Gekreuzigten und die 12 Apostel dar. Die Brüstung zieren 22 Heiligenbilder. Der Lettner ist in seiner Art einzigartig. Dass er weder der Abschaffung in Folge des (römisch-katholischen) Konzils von Trient (1545–1563) noch der (protestantischen) Bilderzerstörung zum Opfer fiel, hat seinen Grund darin, dass die Prämonstratenser des Klosters Selbold ihre Pfarrrechte im Jahre 1543 an die Stadt Gelnhausen übergaben und damit das lutherische Bekenntnis eingeführt wurde, womit man auf eine radikale Abschaffung der Bilder verzichtete. Da Gelnhausen bis Anfang des 19. Jahrhunderts Reichsstadt war und seine kirchlichen Angelegenheiten eigenständig regelte, kam es – anders als in den Nachbarterritorien – nicht zu Bilderzerstörung im Rahmen der reformierten Umgestaltung Anfang des 17. Jahrhunderts. Außerdem gilt die Bevölkerung Gelnhausens schon immer als sehr traditionsbewusst.

GIESSEN
Landkreis Gießen

ALTER FRIEDHOF

- ✖ Am Alten Friedhof, Licher Straße
- ♠ Ev. Luthergemeinde
- 🕐 regelmäßige Führungen, Kirche während der Gottesdienste und nach Vereinbarung
- ℹ Tourist-Information, Tel. 0641 3061890; www.giessen-tourismus.de

Die Stadt an der Lahn gruppierte sich vor der Reformation rund um den alten Stadtkern mit der Wasserburg, den Burgmannenhäusern und der Stadtkirche St. Pankratius, an die heute nur noch der Kirchturm erinnert. 1527 wurde Gießen protestantisch und 1532 der erste Pfarrer bestellt. Landgraf Philipp ließ die Stadt 1531–1539 zu einer der hessischen Landesfestungen ausbauen. Der Umfang der früheren Wallanlagen

Die Friedhofskapelle enthält einige bedeutende Grabdenkmäler.

ist im Verlauf des Anlagenrings noch erkennbar. Wie in Kassel mussten die Festungsanlagen 1547 nach der Niederlage im „Schmalkaldischen Krieg" geschleift werden, konnten aber später wieder aufgebaut werden. 1533–1537 errichtete Philipp zudem das Neue Schloss neben dem Alten Schloss aus dem 14. Jahrhundert als Nebenresidenz, einen langgestreckten Fachwerkbau mit Eckerkern über steinernem Erdgeschoss. Schon sehr früh als Auditorium und Kanzlei der 1609 von der Landgrafschaft Hessen-Darmstadt gegründeten Universität genutzt, dient es auch heute noch als Institutsgebäude der Gießener Hochschule.

In den 1530er Jahren ließ Landgraf Philipp den Alten Friedhof auf dem außerhalb des Festungswalls liegenden Nahrungsberg errichten. Das ursprüngliche Ausmaß des Friedhofs-Areals von etwa 105 × 60 Metern lässt sich ungefähr an den Basaltmauern erkennen, die zum Teil heute noch erhalten sind. Der älteste Grabstein, ein sogenanntes Scheibenkreuz, stammt aus dem Jahr 1551 und befindet sich im Oberhessischen Museum. Hier steht heute auch das Original des Grabmals der Familie von Schwalbach, das um 1600 errichtet wurde. Des Weiteren sind in der heute parkartigen Anlage viele bedeutende Persönlichkeiten aus der Geschichte der Stadt begraben. Die Kapelle auf dem Alten Friedhof wurde 1623 bis 1625 von dem damaligen Gießener Stadtbaumeis-

ter Johannes Ebel zum Hirsch errichtet. Renoviert 1860 von Hugo von Ritgen, beherbergt sie einige bedeutende Epitaphien und Grabsteine, darunter auch das Epitaph des Gründungsrektors der Universität, des Theologen Johannes Winckelmann (1551–1626), das von den Marburger Bildhauern Philipp und Adam Franck geschaffen wurde. Seit 1927 dient die Kapelle als Kirche der evangelischen Luthergemeinde. •

GIESSEN
Landkreis Gießen

KLOSTER SCHIFFENBERG

- ⊗ Domäne Schiffenberg
- ◉ Stadt Gießen
- ➊ frei zugänglich
- ➊ Tourist-Information,
  Tel. 0641 3061890;
  www.giessen-tourismus.de

Auf dem Schiffenberg, dem Hausberg Gießens am südöstlichen Rand des Stadtwaldes, wurde 1129 ein Augustinerchorherrenstift errichtet. 1323 gelangte es an den Deutschen Orden, der 1493–1500 die sogenannte Komturei in der Südwestecke des Klostergeländes errichtete. Die Einführung der Reformation in der Landgrafschaft Hessen war auch für die Ballei Hessen von erheblicher Bedeutung, zahlreiche Ritterbrüder wandten sich dem protestantischen Glauben zu. Landgraf Philipps Versuch, die Niederlassungen des Deutschen Ordens zu sä-

Die ehemalige Komturei des Deutschen Ordens wird heute als Gaststätte genutzt.

kularisieren, stieß jedoch auf energischen Widerstand. 1543 ließ er im Zuge der Besatzung der Landkommende Marburg auch das Deutschordenshaus Schiffenberg besetzen und ein ausführliches Inventar erstellen. Nach langen Verhandlungen mussten die landgräflichen Beamten aber 1545 wieder abziehen. Die Verheiratung des damaligen Komturs Crafft Riedesel im Mai 1545 stellt einen bemerkenswerten Einzelfall in der Geschichte des Ritterordens in der Ballei Hessen dar. Nach der Auflösung des Deutschen Ordens unter Napoleon 1809 wurde das Klostergelände schnell zu einem beliebten Ausflugsziel. Mit der Einrichtung einer Gastwirtschaft in der ehemaligen Komturei begann 1837 die bis heute andauernde gastronomische Nutzung des alten Gebäudes und des Innenhofes. Auf dem Gelände finden verschiedene kulturelle Veranstaltungen sowie im Sommer in der Teilruine der doppelchörigen romanischen Pfeilerbasilika Gottesdienste statt.

GODDELAU

Gemeinde Riedstadt
Kreis Groß-Gerau

PHILIPPSHOSPITAL

✖ Philippsanlage

⌂ Landeswohlfahrtsverband Hessen / Vitos Riedstadt

🅸 Gelände mit Park frei zugänglich, Kirchen- und Museumsbesuch nach Anfrage

ℹ Tel. 06158 1830; www.vitos-riedstadt.de

Nach Einführung der Reformation stiftete Landgraf Philipp 1535 das Hospital Hofheim als drittes der insgesamt vier hessischen Hohen Hospitäler. Er stattete die Einrichtungen mit den Besitzungen der gleichnamigen Pfarrei aus. Hofheim, das zu Ehren des Stifters 1904 in Philippshospital umbenannt wurde, war ursprünglich für arme, alte und kranke Frauen aus den Dörfern Südhessens bestimmt. Nachdem das vierte Hohe Hospital, Gronau, im Dreißigjährigen Krieg verlassen werden musste, wurden in Hofheim auch Männer aufgenommen. Versorgt wurden insgesamt rund 100 Pfleglinge. Die barock gestaltete Kirche mit ursprünglich mittelalterlichem Turm und der anschließende Brüderbau, ein zweigeschossiges Krankengebäude, sind erhalten. Der gegenüberstehende, später aufgestockte Küchenbau stammt aus dem 18. Jahrhundert. Seit 1810 gehörte das Hospital zum Großherzogtum Hessen-Darmstadt. Der Vater des Dichters Georg Büchner war Arzt, der Großvater mütterlicherseits Verwalter des Hospitals. Mit Dr. Franz Amelung, einem Neffen von Christoph Wilhelm Hufeland, war seit 1921 ein engagierter Irrenarzt in Hofheim tätig, der sich auch als Wissenschaftler einen Namen machte. Ein Gedenkstein auf dem historischen Friedhof erinnert an ihn. 1855 übernahm Dr. Georg Ludwig die ärztliche Leitung. Er war zugleich Berater der großher-zoglichen Regierung und plante die psychiatrische Versorgung in ganz Hessen-Darmstadt. Das ehemals multifunktionale Landeshospital entwickelte sich im 19. Jahrhundert zur psychiatrischen Einrichtung. Um die Jahrhundertwende wurde das Landeshospital unter Leitung des Architekten Viktor von Weltzien großzügig im Pavillonstil ausgebaut und mit einem ansprechenden Park versehen. Sehenswert ist auch der Friedhof mit Friedhofskapelle aus dem frühen 20. Jahrhundert. Im Museum sind Bilder und Exponate aus der wechselvollen Geschichte des Philippshospitals zusammengestellt. Die Anlage steht heute für das besondere soziale Engagement der Reformation in Hessen.

GÖTZENHAIN
Stadt Dreieich
Landkreis Offenbach

EVANGELISCHE KIRCHE

- ⊗ Rheinstraße 31
- ◉ Evangelische Kirche in Hessen und Nassau
- ◉ außen frei zugänglich, innen nach Voranmeldung
- ⓘ Pfarramt, Tel. 06103 81541

Brüderbau und Kirche des Philippshospitals

Welche Auswirkung unterschiedliche althergebrachte Rechte der Feudalherren in einem Ort haben konnte, zeigt der Kirchenstreit in Götzenhain. Götzenhain war Filialgemeinde der Pfarrei in Sprendlingen und gehörte seit 1486 zu der Grafschaft Isenburg, die sich seit 1543 zu der neuen Religion bekannte. Ihr stand auch der Kirchensatz von Götzenhain zu. Das Haus Hessen hatte aber die Kollatur in Sprendlingen ererbt und und damit das Recht, den Pfarrer einzusetzen. Seit 1524 war Philipp der Großmütige Anhänger der protestantischen Lehre und setzte 1528 Erasmus Alberus als lutherischen Pfarrer in Sprendlingen ein. Einer seiner Amtsnachfolger wurde 1576 Christoph Helwig. Diesem untersagte 1596 die inzwischen streng reformiert denkende Isenburger Herrschaft für ihr Kirchdorf Götzenhain das Predigen lutherischen Gedankengutes und das Spenden der Sakramente. In Sprendlingen verboten sie ihren Untertanen den Besuch seiner Gottesdienste. Sie ließen ihn sogar verhaften und in Offenbach einsperren. In Götzenhain aber übernahm ein reformierter Pfarrer aus Dreieichenhain den Gottesdienst. Als treue Anhänger des lutherischen Glaubens verweigerten die Götzenhainer aber den Besuch des reformierten Gottesdienstes. Die Isenburger ließen daraufhin das Kirchenportal vernageln, damit kein Lutheraner predigen konnte. Diese Streitereien fanden – mit kurzen Unterbrechungen – erst 1701 ein Ende, nachdem die Isenburger und die Darmstädter einen Vertrag geschlossen hatten. Bestandteil dieses Vertrages war, dass die hessischen Landgrafen endgültig und dauerhaft auf ihre

Lutherisch oder reformiert – die Vorgängerin dieser Kirche stand lange Zeit im Mittelpunkt des Glaubensstreits.

Rechte verzichteten, in Sprendlingen mit seinen Filialort Götzenhain den Pfarrer einzusetzen. Dieser Verzicht trat 1711 in Kraft. Bis dahin waren die Einwohner in Götzenhain genötigt, die Gottesdienste in den Nachbargemeinden aufzusuchen.

GROSS-UMSTADT
Landkreis Darmstadt-Dieburg

STADTKIRCHE

- ⊗ Markt 6
- ⬢ Evangelische Kirchengemeinde
- 🕐 täglich 10–17 Uhr
- ℹ Tel. 06078 2445;
  www.gross-umstadt-evangelisch.de

In der Reformationszeit bis zum Beginn des Dreißigjährigen Krieges gehörte Groß-Umstadt zu gleichen

Teilen der Kurpfalz und Hessen. 1623 wurde jedoch die pfälzische Hälfte als Entschädigung für Plünderungen in seinen Ländern Landgraf Ludwig von Hessen-Darmstadt zugesprochen. Mit Übergang des Hessen-Kasselschen Anteils 1627 an Hessen-Darmstadt befand es sich in einer Hand. Der neue Landgraf Georg II. bemühte sich nun, in allen Landesteilen das Luthertum zu festigen. Dazu dienten die Einführung des lutherischen Katechismus und Visitationen im ganzen Land. Das führte dazu, dass es 1648 nur noch acht reformierte Evangelische in Groß-Umstadt gab. Das hielt den durch die Restitution des Westfälischen Friedens wieder in den Besitz der

Hälfte Groß-Umstadts gekommen Pfälzer Kurfürsten Karl I. Ludwig aber nicht davon ab, den erstaunten Umstädter Bürgern am 14. Dezember 1649 einen neuen, einen reformierten Pfarrer zu präsentieren. Der bisherige lutherische Pfarrer wurde durch den pfälzischen Verwalter für abgesetzt erklärt. Gewaltsam verschafften am 23. Dezember 1649 pfälzische Soldaten dem reformierten Pfarrer Zutritt zur Stadtkirche. Aufgrund der Beschwerde des lutherischen Pfarrers wandte Hessen nun seinerseits die gleiche Methode an und schickte am ersten Weihnachtstag 33 Musketiere nach Groß-Umstadt, die dem lutherischen Pfarrer zu seinem Weihnachtsgottesdienst verhalfen. Auch eine aufgrund dieses Vorfalls in der neutralen freien Reichsstadt Frankfurt einberufene Konferenz brachte keine tragfähige Lösung. Die Auseinandersetzungen nahmen im Gegenteil noch zu und fanden ihr Ende erst 1806 mit der Bildung des Großherzogtums Hessen und der damit verbundenen Auflösung des Kondominiums. Die Groß-Umstädter Stadtkirche, die Klein-Umstädter Wehrkirche und die Heubacher reformierte und lutherische Kirche sind steinerne Zeugen dieser heute so kurios anmutenden innerevangelischen Auseinandersetzungen. ●

Schauplatz religiöser Auseinandersetzungen – die Stadtkirche in Groß-Umstadt

GRÜNBERG
Landkreis Gießen

ANTONITERKLOSTER

- ❌ zwischen Rosengasse und Alsfelder Straße (B 49)
- 🔶 Privatbesitz
- ⓐ außen frei zugänglich
- ⓘ www.gruenberg.de

Das Grünberger Antoniterkloster wird 1222 erstmals erwähnt und ist eine der ältesten Gründungen dieses Ordens auf deutschem Gebiet. In der Nachfolge von Antonius, dem Begründer des christlichen Mönchswesens und einem der vierzehn Nothelfer, widmete sich der Antoniterorden vor allem der Krankenpflege. Gerade die im Mittelalter verbreitete „Kribbelkrankheit", das Antoniusfeuer, eröffnete ihnen ein weites Betätigungsfeld. Die Mönche besaßen das Privileg, als Lohn für ihre Pflegedienste Schweine von der Öffentlichkeit durchfüttern zu lassen, weshalb dieses Attribut in der bildenden Kunst Verbreitung gefunden hat. Anfangs ein einfaches Kloster, entwickelte es sich aufgrund der verkehrstechnisch guten Lage zu einer Generalpräzeptorei mit großem Wirkungsbereich. Der südwestliche Querbau mit Strebepfeilern und gotischem Sakristeifenster ist die ehemalige Kirche. Auf der nordwestlichen Stadtmauerseite liegt der frühere Mönchsbau, der zunächst über die Außenmauern hinausging.

Der Gesamtkomplex umfasste Hospital, Kirche, Wohn- und Wirtschaftsräume.

Im Zuge von Reformation und Säkularisation der Klöster wurde auch das Antoniterkloster aufgehoben. Seine Ländereien fielen zunächst der Marburger Universität zu, ab 1625 kamen sie der 1607 gegründeten Universität Gießen zugute. 1569 bestimmte Ludwig IV. von Hessen, der nach dem Tod des Vaters die Landgrafschaft Hessen-Marburg erbte, das Kloster zum Witwensitz für seine Frau Hedwig von Württemberg und ließ hier von seinem Baudirektor Eberhard Baldewein ein Schloss errichten. In diesem Schlossteil finden sich noch Relikte aus klösterlicher Zeit.

Der „Universitätsbau", das ehemalige Wirtschaftsgebäude des Klosters

Auf seinem Weg zum Reichstag in Worms soll Luther am 12./13. April 1521 durch Grünberg gekommen sein und auf der Rückreise sogar die Nacht vom 29. auf den 30. April in Grünberg verbracht haben. Die im sog. Lutherhaus am Marktplatz, das 1891 abgerissen wurde, verwahrten Unterlagen, die diese Übernachtung belegt haben sollen, sind allerdings verloren, dennoch ist Grünberg in die Planungen für einen hessischen Lutherweg einbezogen.

Die Schlosskapelle ist nur von innen als solche zu erkennen.

HADAMAR
Landkreis Limburg-Weilburg

SCHLOSSKAPELLE

- ⊗ Gymnasiumstraße 4
- ◈ Land Hessen
- ⊕ auf Anfrage
- ⓘ Pfarramt, Tel. 06433 2357

Graf Johann Ludwig von Nassau-Hadamar ordnete 1614 den Umbau der ehemaligen Wasserburg zum Schloss an. 1617 waren die Arbeiten an Nord- und Ostflügel abgeschlossen. Der Innenausbau der Schlosskapelle als calvinistische Predigerkapelle begann 1628. Sie ist in den Südflügel integriert und von außen nicht erkennbar. Der quadratische, schlichte Raum hat eine zweigeschossige Dreiseitenempore aus heute übermalten Zierhölzern. Das Schicksal dieser Kapelle ist eng mit dem Schicksal des

Grafen verbunden. Johann Ludwig unterstützte bei Ausbruch des Dreißigjährigen Krieges die Ziele der Reformation, was ihm das kaiserliche Missfallen einbrachte. Um eine Enteignung seiner Ländereien zu verhindern, suchte er Kaiser Ferdinand II. in Wien auf, wo er am 8. September 1629 zum Katholizismus konvertierte. Daraufhin führte er in seinen Stammlanden den katholische Glauben ein. Als Generalbevollmächtigter des kaiserlichen Lagers leitete er ab 1638 die Friedensverhandlungen zur Beendigung des Dreißigjährigen Krieges. Kaiser Ferdinand III. erhob ihn wegen seiner Verdienste 1650 in den Fürstenstand.

Oft werden Zweifel geäußert, in wieweit sein Übertritt zum katholischen Glauben aus innerer, freier Überzeugung vollzogen wurde. Doch Graf Johann Ludwig scheint den Glaubenswechsel tatsächlich verinnerlicht zu haben, wie private Briefe bezeugen. Gegenüber seiner

Gattin Ursula von Lippe-Detmold verhielt er sich tolerant und gestattete ihr, beim calvinistischen Glauben zu bleiben. Gräfin Ursula erzog auch die Töchter calvinistisch, die Söhne jedoch katholisch. Dennoch hoffte Johann Ludwig, seine Ehefrau bekehren zu können. So ließ er an ihr Sterbebett – vier Tage nach der Geburt und dem Tod des 15. Kindes – nur Jesuiten, die er ins Land geholt hatte. Mit der Konversion des Grafen war auch das Schicksal der Schlosskapelle besiegelt. Als reformierte Kapelle errichtet, wurde sie bis 1791 als katholische Kapelle genutzt und danach der reformierten Gemeinde in Hadamar übergeben. Heute ist sie Pfarrkirche der evangelischen Kirchengemeinde Hadamar.

HAINA (KLOSTER)
Landkreis Waldeck-Frankenberg

HOHES HOSPITAL

⊗ Landgraf-Philipp-Platz

◉ Landeswohlfahrtsverband Hessen / Vitos Haina

🕐 frei zugänglich; Klosteranlage: Führungen April bis Oktober nach Anmeldung; Psychiatriemuseum: ganzjährig Di 9–17 Uhr; Tischbeinmuseum: April bis Oktober: Sa/So 11–17 Uhr

ℹ Tel. 06456 910; www.vitos-haina.de

Die heutigen sozialen Einrichtungen gehen auf das 1188 auf der Aulesburg gegründete Zisterzienserkloster Haina zurück. Um 1215 begannen die Mönche mit dem Bau von

Der 1542 von Philipp Soldan geschaffene „Philippstein" in der Kirche

Kirche und Kloster im gotischen Stil am heutigen Standort. Haina gehörte zu den reichsten Klöstern Hessens. Im Jahre 1527 wurde das Kloster im Zuge der Reformation von Landgraf Philipp dem Großmütigen aufgelöst. Spätestens seit 1531 lebten Hilfsbedürftige in Haina, die in den Räumlichkeiten des Klosters versorgt wurden. Die offizielle Stiftung zum Hohen Hospital Haina für arme, alte und kranke Männer datiert vom 26. August 1533. Bis in das 19. Jahrhundert hinein blieb das Landeshospital mit etwa 400 Versorgungsplätzen eine multifunktionale Einrichtung. Zu den Beschäftigten gehörte die Familie Tischbein, deren Nachfahren sich durch ihre Malkunst auszeichnen sollten. Einen kleinen Park im englischen Stil legte am Ende des 18. Jahrhunderts Obervorsteher Friedrich von Stamford an. Bis 1810 war Haina das Verwaltungszentrum der insgesamt vier hessischen Hohen Hospitäler. Seit Mitte des 19. Jahrhunderts entwickelte sich Haina zu einer psychiatrischen Einrichtung. Moderne Bauten entstanden nach medizinisch-hygienischen Gesichtspunkten sowie zur Unterbringung von Straftätern unter preußischer Verwaltung. Klosterkirche und Konventsbau wurden im Stil der Neugotik restauriert. Seit 1904 befindet sich zu Ehren des Stifters ein Landgraf-Philipp-Denkmal auf dem Gelände. Im Kirchenraum steht der sogenannte Philippstein, ein Relief des Frankenberger

Künstlers Philipp Soldan aus dem Jahre 1542. Die Darstellung verweist auf die karitativ tätige Landgräfin Elisabeth von Thüringen, in deren Tradition sich der protestantische Landgraf sah. Die Anlage in Haina steht heute für das besondere soziale Engagement der Reformation in Hessen.

HANAU
Main-Kinzig-Kreis

WALLONISCH-NIEDERLÄNDISCHE KIRCHE

- ⊗ Französische Allee 12
- ⬗ Wallonisch-Niederländische Gemeinde; Büro: Steinheimer Str. 2
- ⊙ Mo bis Fr 9–12 Uhr
- ⓘ Tel. 06181 22638; info@ wng-hanau.de; www.wng-hanau.de

Mit Regierungsantritt des Grafen Philipp Ludwig II. von Hanau-Münzenberg 1595, in seiner bereits lutherisch reformierten Grafschaft, setzte dieser sogleich die zweite – calvinistische – Reformation durch. 1596 ehelichte er Katharina Belgia, Tochter Wilhelms I. von Oranien, des Begründers der niederländischen Unabhängigkeit und Grafen von Nassau-Dillenburg. Im gleichen Jahr erfolgte die Kontaktaufnahme zu den in Frankfurt niedergelassenen calvinistischen Kaufleuten aus der Wallonie und den Niederlanden, denen man dort die Ausübung ihres Gottesdienstes untersagt hatte. Mit diesen umzugswilligen Kaufleu-

*Ein Gebäude – zwei Gemeinden: Die Wallo-
nisch-Niederländische Kirche in Hanau*

ten vereinbarte der Hanauer Graf den
Bau einer neuen Stadt. 1597 wurden
die Arbeiten nach Idealstadtvorbil-
dern der Renaissance aufgenommen.
Die neuen freistehenden 1600 begonnenen Kirchenrundbauten sahen
für die französisch sprechenden Wallonen eine zwölfeckige und für die
niederländisch sprechenden Flamen
eine achteckige Kirche vor. Die größere wallonische Kirche hatte einen
Durchmesser von 35 Metern und bot
mit Emporen 2.000 Personen Platz.
Das hohe Dach wurde von zwölf Sand-
steinpfeilern getragen. Die kleinere
niederländische Kirche hatte acht
Stützpfeiler. Zu beiden Seiten der Ver-
bindungswand der Doppelkirche waren – sozusagen Rücken an Rücken–
die jeweiligen Kanzeln angebracht.
Darüber erhob sich ein hölzerner
Turm, der das heute im Rathaus aus-
gestellte Uhrwerk trug. Beidseitig befinden sich Treppentürme. Jeweils
zwei lange schmale Bogenfenster
gliedern die einst verputzten Kirchen-
mauern. 1608 war die Wallonische
und erst 1623 die Niederländische

Kirche fertiggestellt worden. Als Vorbilder gelten der einstige Temple de
Lyon Nommé Paradis und die Kirche
im niederländischen Willemstad.
Über dreihundert Jahre bestimmten
die hohen Dächer der einzigartigen
Doppelkirche die Silhouette der Stadt.
Am 19. März 1945 wurde Hanau durch
einen Luftangriff der britischen Air
Force zerstört. 1959 begann der Wiederaufbau der Niederländischen Kirche, die Ruine der Wallonischen Kirche wurde als Mahnmal für die Zerstörung Hanaus im Zweiten Weltkrieg
erhalten.

HEPPENHEIM
Kreis Bergstraße

PFARRKIRCHE ST. PETER
Protestantische Epitaphe

- ⊗ Kirchengasse 5
- ◉ Katholische Pfarrgemeinde
- ◷ täglich 9–19 Uhr
- ⓘ Tel. 06252 93090;
  www.stpeter-heppenheim.de

Reformation und Rekatholisierung
im südhessischen Raum lassen sich
exemplarisch an der Heppenheimer
Peterskirche ablesen. Vom historischen Kirchenbau ist nur der
(nördliche) Turm erhalten, der eine
kleine „Schatzkammer" beherbergt.
Dort werden zwei Bruchstücke von
Epitaphen gezeigt, die aus der Zeit
nach der Einführung der Reformation
durch die Kurpfalz 1556 stammen, da
die Inschrift des ersten mit „Anno

Bruchstück eines Epitaphs mit Frauengestalt und Inschrift aus Matthäus 13,36-42

1587" beginnt. Es ist aus rötlichem Sandstein gefertigt und der linke Rahmen zeigt eine mit Blättern umrandete adlige Wappenzier mit einem Helm, aus dem ein Baum wächst, der nach unten mit einem Schild verbunden ist, das wiederum einen Baum sowie ein rautenähnliches Muster zeigt. Der linke Rahmen bedient sich der gleichen Symbolik, nur dass der Helm einen Bock trägt, der sich auf dem Schild mit einem abweichenden Rautenmuster wiederfindet. Die heraldischen Symbole deuten auf die Heppenheimer Adelsfamilie von Bobenhausen, seit 1566 mit eigener Heppenheimer Linie, die den Bock im Wappen führte. Das zweite Bruchstück, das zum ersten gehören könnte, zeigt eine wohlhabend gekleidete Frauengestalt. Die noch vollständig lesbare Inschrift lautet: Jesus ist mein Leben. Sterben ist mein Gewinn. Math. 13 Die Gerechten werden scheyne als die Sunne. Die Bruchstücke fand man bei Bauarbeiten auf dem Kirchenplatz, ein weiteres Stück mit der Jahreszahl 158(?) in einem angrenzenden Privathaus. Offenbar waren in der Zeit der Rekatholisierung unter dem Mainzer Erzbischof nach 1623 die Epitaphe der Protestanten von der Innen- oder Außenwand der Kirchen entfernt, zerschlagen und zu Befestigungszwecken verwendet worden. Zwar bekannten sich bis Mitte des 17. Jahrhunderts die meisten Heppenheimer noch zum evangelischen Glauben und die Peterskirche wurde zeitweise als Simultankirche genutzt. Die katholische Verwaltung trieb jedoch die Rekatholisierung gegen die „halsstörrigen" Heppenheimer voran, wozu wohl auch die Entfernung und Zerschlagung der protestantischen Epitaphe gehörte.

HEPPENHEIM
Kreis Bergstraße

PROTESTANTISCHE ELEMENTARSCHULE

⊗ Kirchengasse 6–8
◉ privat
❶ außen frei zugänglich
❶ www.bergstrasse.de/geschichtsverein-hp

Die Einführung der Reformation im damals kurpfälzischen Heppenheim im Jahr 1556 führte auch zur Gründung einer Elementarschule, die sich seit 1566 nachweisen lässt. Das Schulgebäude in unmittelbarer

Nähe zur Kirche am nordwestlichen Rand des Kirchenplatzes, das neben dem inzwischen abgerissenen Pfarrhaus stand, ist heute noch erhalten und kann von außen besichtigt werden. Die erste Heppenheimer Schule war ein typisches Produkt der Reformation und wurde aus dem säkularisierten kirchlichen Vermögen finanziert. Das Erlernen von Lesen und Schreiben war ein wichtiges Ziel Luthers und der Reformatoren, um das Lesen der Bibel und die Festigung im Glauben sicher zu stellen. Die Hauptfächer waren daher auch in Heppenheim Lesen, Schreiben, Rechnen, das Singen von Kirchenliedern und der Katechismus. Die Gesamtzahl der Schüler bewegte sich bis 1623 zwischen 20 und 70. Der Unterricht erfolgte getrennt nach Geschlechtern in dem zweigeteilten Gebäude mit zwei separaten, nebeneinander liegenden Eingängen. Man vermutet, dass der kleinere rechte Gebäudeteil die Mädchen, der größere linke aber die Knaben beherbergte, denn die Schüler waren überwiegend männlich. Die wenigen Mädchen erhielten dagegen in der „Mägdleinschulstube" nur eine rudimentäre Schulbildung. Als Lehrer unterrichteten neben den Pfarrern und Diakonen auch die Glöckner, Küster, Kirchen- und Schuldiener, darunter auch der reformierte Pfarrer Johannes Adam, der sich publizistisch betätigte und das gegen die Hexenverfolgung gerichtete Buch seines Pfarrerkollegen im Nachbarort Laudenbach, Anton Praetorius, unterstützte. Auch nachdem Heppenheim 1623 beziehungsweise 1648 rechtlich mit dem Westfälischen Frieden wieder zum Erzbistum Mainz gehörte und rekatholisiert worden war, blieben kirchliche Trägerschaft und die religiös-konfessionelle Ausrichtung der Schule bis in das 19. Jahrhundert bestehen. Insofern hatte die Reformation auch in Heppenheim Schule und Schulbildung für alle dauerhaft etabliert.

HERBORN
Lahn-Dill-Kreis

HOHE SCHULE

- ⊗ Schulhofstraße 5
- ⬡ Geschichtsverein Herborn
- ⊕ Di/Mi, Sa/So 13–17 Uhr
- ⓘ www.museum-herborn.de

Ehemaliges Schulgebäude mit zwei separaten Gebäudeteilen und Eingängen

Die nassauischen Grafschaften hatten sich der Reformation angeschlossen, ohne dabei durch den Zeitpunkt oder ein besonderes Pro-

Titelblatt der Herborner Ausgabe des
„Maertyrbuchs" des Jean Crespin von 1595

fil hervor zu stechen. Dies änderte sich, als in den Besitzungen der ottonischen Linie unter Graf Johann VI. dem Älteren, dem jüngeren Bruder Wilhelms von Oranien, in der Grafschaft Nassau-Katzenelnbogen, die reformierte Konfession eingeführt wurde. Meilensteine waren die Annahme des Heidelberger Katechismus und der niederländischen reformierten Middelburger Kirchenordnung 1581 sowie die Herborner Generalsynode von 1586, auf der unter Vorsitz des Reformators Caspar Olevian Geistliche aus den Grafschaften Nassau, Sayn, Solms und Wied die Annahme der reformierten Konfession bestätigten.

Seit Herbst 1584 wurde in Herborn die Hohe Schule als höhere Bildungsanstalt für die Reformierten unter Leitung Olevians aufgebaut, ein Jahr später unweit der Pfarrkirche die Corvin´sche Druckerei. Ihr erstes Großprojekt war die Veröffentlichung der Predigten Jean Calvins über das Buch Hiob in deutscher Sprache. Weitere Übersetzungen aus dem Französischen folgten, so besonders das Märtyrbuch, eine Kirchengeschichte aus reformierter Sicht, die seit 1590 in Herborn in mehreren Auflagen erschien. Die Drucklegung deutschsprachiger Schriften, namentlich der Psalmenübersetzung Lobwassers und des Heidelberger Katechismus, überragte dies noch deutlich. Auch die eigenständige reformierte Theologie Herborns wurde von Corvin weit verbreitet, nicht zuletzt das Hebornische Bibelwerk, das unter Leitung von Johann Piscator entstand und ab 1604 erschien. Als wichtigstes Werk reformierter Bildung wurde hier 1630 die große Encyclopaedia des Johann Heinrich Alsted gedruckt.

Aus der Blütezeit der zweiten Reformation besitzt Herborn bis heute das Kollegiengebäude der Hohen Schule, die Pfarrkirche, das Schloss und die Hofanlage der Corvinschen Druckerei. Das evangelische Theologische Seminar auf Schloss Herborn besitzt Teile der Bibliothek der Hohen Schule, das städtische Museum im Kollegiengebäude zeigt eine Dauerausstellung zu ihrer Geschichte.

HOMBERG (EFZE)
Schwalm-Eder-Kreis

EVANGELISCHE STADTKIRCHE

- ⊗ Kirchplatz
- ⬧ Evangelische Kirchengemeinde
- ⊖ täglich 10–17 Uhr
- ⓘ Pfarrbüro, Tel. 05681 2336; Tourist-Information, Tel. 05681 939161

Der Landgraf und Teilnehmer der „Homberger Synode" im „Reformationsfenster"

Homberg erlebte in der Reformationszeit seine größte Blüte. Die verkehrsgünstig an der Straße „die langen Hessen" gelegene Stadt war durch Handel reich geworden. Sie hatte immer eine besondere Treue zum Landgrafen gepflegt, was sie auch in militärischen Auseinandersetzungen, der sogenannten Hühnerfehde 1509, unter Beweis stellte. Noch heute zeugen Mauern, Türme und Tore von der Wehrkraft der Stadt. Das wichtigste Ereignis war sicherlich die Homberger Synode im Oktober 1526. Philipp der Großmütige war zwei Jahre vorher von der evangelischen Lehre überzeugt worden. Er nutzte die Beschlüsse des Speyerer Reichstages von 1526 – nämlich dass jeder es mit dem Glauben so halten solle, wie er es vor Gott und Kaiser verantworten könne – um nun in Hessen die evangelische Lehre einzuführen. Das Ereignis, an das durch Stand- und Gedenksteine im Ort erinnert wird, fand in der Marienkirche statt, einer querschifflosen, dreischiffigen Hallenkirche mit mächtigem Westturm.

Auf die Synode verweisen eine 1904 am Turm angebrachte Gedenktafel und besonders das große Reformationsfenster von 1893 im Chor. Hier sind die wichtigsten Beteiligten dargestellt: der Landgraf, der die Veranstaltung leitet, Franz Lambert von Avignon, der die reformatorischen Ideen verdeutlicht, der hessische Reformator Adam Krafft sowie der die Veranstaltung moderierende Kanzler Johannes Feige. Die Gegenseite vertritt Nikolaus Ferber, der Guardian der Marburger Franziskaner. Darüber sind die Reformatoren Luther, Melanchthon, Calvin und Zwingli um den Abendmahlstisch versammelt.

Bis heute ist umstritten, ob es sich in Homberg um eine Synode oder einen Landtag gehandelt hat und ob es der entscheidende Schritt zur Reformation in Hessen oder nur ein erster Schritt dazu war. Martin Luther zeigte sich erschrocken über das forsche Vorgehen des jungen Fürsten und riet zu Vorsicht und langsamem Vorgehen. Der Landgraf schloss sich der Meinung aus Wittenberg an, aber ohne das große Ziel aus den Augen zu verlieren. So steht die Homberger Synode für den Beginn der Einführung der Reformation in Hessen und deren Bedeutung für Deutschland und Europa. Darüber hinaus unterscheidet sich dieser Vorgang von denen in Wittenberg und in Philipp wurde der kreativste Kopf der Reformation im 16. Jahrhundert gewonnen.

bau in den letzten Jahren des kunstsinnigen Grafen Johannes von Nassau-Idstein, die dieser nach dem Tod seiner zweiten Ehefrau als krisenhaft wahrnahm und in denen Idstein von Hexenverfolgungen geschüttelt wurde, schuf von 1668 bis circa 1677 ihr heutiges Erscheinungsbild. Zunächst als marmorverkleidete Grabeskirche gedacht, entschied man sich – angeregt von Matthäus Merian – schließlich für die Anbringung großformatiger Leinwandgemälde an der Decke, die Michael Angelo Immenraedt aus Antwerpen und Johann von Sandrart aus Frankfurt a. M. zum Teil nach Entwürfen des Joachim von

IDSTEIN
Rheingau-Taunus-Kreis

UNIONSKIRCHE

- ✖ Martin-Luther-Straße 1
- ◈ Evangelische Kirchengemeinde
- ◐ Führungen auf Anfrage
- ❶ Tourist-Information,
  Tel. 06126 78620;
  www.ev-kirche-idstein.de

Die Idsteiner Unionskirche gehört zu den bedeutendsten protestantischen Raumschöpfungen in Deutschland. Errichtet zwischen 1328 und 1340, wurde die bescheidene Basilika im Folgenden mehrfach baulich ergänzt. Erst der Um-

Beeindruckende Raumgestaltung aus der zweiten Hälfte des 17. Jahrhunderts

Sandrart anfertigten. Die Bilder stehen in der Tradition der gegenreformatorischen Malerei Flanderns und Italiens und adaptieren diese in eklektizistischen Verfahren. Sie sind in ihrer Qualität für das Deutschland dieser Zeit außergewöhnlich. Die Anordnung gibt in ihrer unkonventionellen Art Rätsel auf und dürfte im Stufenmodell von Zeugenschaft, Menschwerdung Christi, Abendmahl, Reinigung, Nachfolge Christi und Heiligung den Heilsweg des Christen aufzeigen.

Im 18. Jahrhundert wurden unter dem Architekten Maximilian von Welsch die Palmetten unter den Emporen eingezogen sowie einige weitere Malereien, vor allem im Chor, angebracht. Diese stehen qualitativ dem Rest der Ausstattung jedoch deutlich nach und gehören in den Kontext der Umformung der Kirche unter dem pietistischen Superintendenten Lange, die in vielen Teilen später rückgängig gemacht wurde.

Historisch bedeutsam wurde die Kirche auch, als in ihr 1817 die sogenannte Nassauische Union zwischen Reformierten und Lutheranern geschlossen wurde. 1917 benannte man sie deshalb in Unionskirche um.

Bis heute faszinieren die künstlerische Qualität der Malerei und die Rätselhaftigkeit des ikonographischen Bildprogramms und machen die Ausstattung zu einem einzigartigen Zeugnis protestantischer Kirchenausstattung.

IMMENHAUSEN
Landkreis Kassel

DENKMAL FÜR BARTHOLOMÄUS RISEBERG

- ✖ vor der Kirche
- Evangelisch-reformierte Kirchengemeinde
- Sommer: Sa/So 14–17 Uhr und auf Anfrage (Kirche)
- Evangelische Pfarrämter, Tel. 05673 1250; www.evkim.de

Riseberg gehörte zu den frühen Vertretern reformatorischer Ideen in Hessen. Aufgewachsen auf einem Bauernhof in der Nähe von Gardelegen, konnte er erst 17-jährig die dortige Schule besuchen. Im Anschluss daran unterrichtete er selbst an verschiedenen Schulen im heutigen Sachsen-Anhalt, in Brandenburg und in Mecklenburg-Vorpommern. Sein frühes Interesse für die Lehre Martin Luthers veranlasste ihn, sich 1518 als Student der Theologie an der Universität Wittenberg einzuschreiben, wo er am 3. April 1521 die Abreise des Reformators zum Wormser Reichstag miterlebte. Seit jenem Jahr war der überzeugte Lutheranhänger als Prediger tätig, u.a. in Magdeburg, wo er aber in Konflikt mit der Geistlichkeit geriet und sich der drohenden Exkommunikation durch Flucht entzog. So gelangte er 1522/23 nach Immenhausen in Hessen. Hier gewann er, zunächst in privaten Räumen, dann aber in der

Denkmal für einen der frühen reformatorischen Prediger in Hessen

seine wortgewaltigen Predigten, die mit denen Luthers verglichen wurden, verhalf er der ins Stocken geratenen protestantischen Bewegung zu neuem Auftrieb. 1534 versuchte ihn Landgraf Philipp für Hessen zurückzugewinnen, was Riseberg jedoch aus Angst vor einem erneuten Sinneswandel ablehnte.

Die Stadt Immenhausen setzte dem frühen Reformator ein Denkmal: 2002 wurde vor der Kirche St. Georg eine lebensgroße Bronzestatue des Bildhauers Roman Krasnitzki aufgestellt. In den Händen hält Riseberg die Bibel, das Gewand weht zur Seite, Symbol für die neue Glaubensbewegung.

Stadtkirche predigend, zahlreiche Anhänger und verdrängte den dortigen Prediger, einen Dominikanermönch. Dessen Nachfolger erreichte jedoch, dass am 12. Juni 1523 der Bann über Riseberg verhängt wurde. Das zwang den jungen Landgrafen Philipp, der sich erst ein Jahr später der lutherischen Lehre öffnete, einzugreifen. Riseberg wurde in einem Stadtturm in Grebenstein gefangen gesetzt. Fünf Wochen später gelang ihm jedoch mit Hilfe einer Anhängerin die Flucht nach Wittenberg.

Auf Luthers Empfehlung wurde er zweiter Pfarrer in Schweinitz, später Pfarrer in Brehna bei Halle, in Seyda bei Wittenberg und ab 1539 bis zu seinem Tod 1566 in Gardelegen, zuletzt als Superintendent. Durch

KASSEL
Stadt Kassel

RONDELL

⊗ An der Schlagd, Fuldaufer
◈ Stadt Kassel
❶ frei zugänglich
ℹ Tourist Information, Tel. 0561 707707

Die Residenzstadt Landgraf Philipps des Großmütigen war in den unruhigen Zeiten der Reformation besonders gefährdet. Deshalb begann der Regent schon 1523 mit dem Ausbau der Befestigung der alten Burg über dem Steilufer der Fulda mit Wällen und Gräben zur Sicherung gegen die neuen Waffen der Artillerie. Drei Rondelle verstärkten die Ecken dieser Wallanlage. Ab

Das mächtige Rondell war Teil der Schlossbefestigung des 16. Jahrhunderts.

1527 wurde zudem die gesamte Stadt mit einem neuen Wallsystem außerhalb der alten Stadtmauer gesichert. Auf Befehl Kaiser Karls V. mussten die Festungsanlagen 1547 nach der Niederlage im „Schmalkaldischen Krieg" geschleift werden, konnten aber nach der Rückkehr des Landgrafen aus der Gefangenschaft erneuert werden. Während von der Stadtumwallung nach deren Beseitigung im 18. Jahrhundert heute nichts mehr zu sehen ist, hat sich noch ein Rondell der Schlossbefestigung an der Fulda erhalten, ein massiver Bau von 28 Meter Durchmesser mit neun Meter dicken Mauern. Nach einem Teileinsturz war der Bau 1652 unter Landgraf Wilhelm VI. erneuert worden, worauf eine Inschrifttafel hinweist. Auf halber Höhe sitzen kleine Schießscharten, die durch einen inneren Umgang erreichbar waren. Vom zentralen Kuppelraum, der mit Erdreich bedeckt ist, gingen Gänge ab, die zum nahegelegenen Renthof und zum Landgrafenschloss führten.

Die noch mittelalterlich geprägte Residenz ließ Landgraf Philipp ab 1557 bis 1567 zu einem stattlichen Renaissanceschloss umbauen. Die unregelmäßige Vierflügelanlage erhielt unter seinem Sohn, Landgraf Wilhelm IV., schließlich ein repräsentatives, einheitliches Aussehen. An die Pracht des Gebäudes erinnern heute nur noch alte Ansichten sowie die vier Reliefs aus dem Alabastergemach, die im Hessischen Landesmuseum aufbewahrt werden. Diese 1557 bis 1559 auf Anweisung von Landgraf Philipp von Elias Godefroy und Adam Liquir angefertigten großen Tafeln zeigen ausgewählte Themen der christlichen Heilsgeschichte vom Sündenfall zum Jüngsten Gericht.

KASSEL
Stadt Kassel

BRÜDERKIRCHE

❌ Renthof 1
🔺 Evangelische Kirche Kurhessen-Waldeck
🕐 zu Veranstaltungen und nach Vereinbarung
ℹ️ Tourist Information, Tel. 0561 707707

KARLSKIRCHE

❌ Karlsplatz
🔺 Evangelische Kirche Kurhessen-Waldeck
🕐 ganzjährig Fr 11–13 Uhr; April bis Oktober: Mi 10–12 Uhr; 1. Samstag im Monat 11–13 Uhr
ℹ️ Tourist Information, Tel. 0561 707707

In Zusammenhang mit dem Ausbau der Festunganlage musste 1527/29 die unweit der Burg gelegene Brüderkirche, die ehemalige Kirche des Karmeliterklosters, um das westliche Joch verkürzt werden. Bereits im Februar 1526 hatten die Karmeliter ihr Kloster dem Landgrafen übergeben. Der Karmelitermönch Johannes de Campis war eine Schlüs-

selfigur der Reformation in Kassel und wurde 1531 der erste evangelische Superintendent der Stadt. Die unmittelbar an den Renthof angrenzende Kirche, ein zweischiffiger Hallenbau des späten 13. Jahrhunderts, diente fortan als Altstädter Pfarrkirche. Nachdem der Hochaltar zunächst vereinfacht worden war, be-

Die Kirche des Karmeliterklosters stammt aus dem 14. Jahrhundert

Die „Karlskirche" war lange baulicher Mittelpunkt der Oberneustadt

seitigte man ihn ab 1605 ganz, ebenso den Lettner und andere Ausstattungsteile, entsprechend der calvinistisch geprägten Reform („Verbesserungspunkte"), die Landgraf Moritz durchführen ließ. In dieser schlichten Form präsentiert sich der Bau heute noch bei Konzerten und Veranstaltungen. 1685 wurde die Brüderkirche den aus Frankreich zugewanderten Hugenotten als Pfarrkirche zugewiesen. Diesen in ihrer Heimat verfolgten Calvinisten hatte Landgraf Karl in Hessen eine Zuflucht geboten und Glaubensfreiheit zugesichert. Nach den erheblichen Bevölkerungsverlusten im Dreißigjährigen Krieg wollte er damit auch durch Ansiedlung von Handwerkern und kleinen Betrieben die wirtschaftliche Lage des Landes verbessern.

Außerhalb der Festungsanlagen entstand ab 1688 eine Planstadt, die Oberneustadt, in der ein Teil der Flüchtlinge untergebracht wurde. 1697 genehmigte Karl den Bau einer eigenen Kirche im Zentrum des neuen Stadtteils. Das von Paul Du Ry erbaute Gotteshaus, für das sich erst später die Bezeichnung „Karlskirche" einbürgerte, wurde 1710 eingeweiht. Die schlichte Predigtkirche, ein oktogonaler Zentralbau, prägte mit ihrer hohen Kuppel lange Jahre das Stadtbild. Nach der weitgehenden Zerstörung im Krieg wurde die Kirche in reduzierter Form wieder aufgebaut, wobei die Kuppel durch ein Walmdach ersetzt wurde.

KASSEL
Stadt Kassel

MARTINSKIRCHE
Grabmal Philipps des Großmütigen

- Martinsplatz 5
- Evangelische Kirchengemeinde
- täglich 9–17 Uhr
- Kirchengemeinde, Tel. 0561 770267; www.ekkw.de/Kassel-Mitte

In der Martinskirche befindet sich das Grabmal Philipps des Großmütigen (1504–1567) und dessen erster Ehefrau Christine von Sachsen (1505–1549). Das 12 Meter hohe Epitaph ist eines der bedeutendsten Renaissance-Grabmäler eines protestantischen Fürsten aus dieser Zeit und wurde zum Vorbild für viele nachfolgende Grabdenkmäler.

Als Philipp Kassel als Residenz wählte, galt dies auch für die Grablege der hessischen Landgrafen. Fortan wurden die meisten Angehörigen der Landgrafenfamilie in der Kasseler Martinskirche beigesetzt. Nach seinem Tod 1567 wurde Philipp in der Gruft unter dem Chor bestattet. Im gleichen Jahr begannen die Arbeiten am Grabmal, für dessen Gestaltung vermutlich vor allem sein ältester Sohn und Erbe der Linie Hessen-Kassel, Wilhelm IV., verantwortlich war. Das Grabmal entstand in den Jahren 1567 bis 1572 und wurde von den niederländischen Künstlern und Leitern der Hofbildhauerwerkstatt Elias Godefroy und dessen Schüler Adam Liquir geschaffen.

Das Grabdenkmal besteht aus zwei Teilen: einem großen Epitaph und einer sich davor befindenden Grabplatte. Das Epitaph wurde aus kostbaren Materialien wie Alabaster und schwarzem Marmor gestaltet. Auffällig ist das Triumphbogenmotiv, das durch die unterschiedlichen Farben des Materials besonders hervorgehoben wird.

Im unteren Bereich erscheint das Landgrafenpaar in zwei annähernd lebensgroßen Figuren. Das Bildprogramm zeigt unten im Relief verschiedene Auferstehungsszenen, die Auferstehung Christi in der Mitte über dem Ziersarkophag, ferner die Auferweckung des Lazarus und der Tochter des Jairus. Über Philipp und Christine finden sich weitere biblische Szenen der Simson- und Judith-Geschichte. Die Kardinaltugenden, ein Atlant und eine Karyatide ergänzen das Figurenprogramm im oberen Bereich. In der Bekrönung befindet sich das farbige Wappenschild des Landgrafen, flankiert von zwei steigenden Löwen. Über allem triumphiert die Figur des Todes. Ursprünglich stand das Grabmal im Chorscheitel, einem Ort, der eigentlich den Hochaltären vorbehalten war. Die Martinskirche wurde 1943 bei der Bombardierung Kassels stark zerstört. Im Zuge der Auf- und Umbaumaßnahmen zwischen 1954 bis 1960 wurde das Grabmal in die Nordseite des Langhauses versetzt.

Das Grabmal hatte früher einen dominanten Standort im Chor.

KASSEL
Stadt Kassel

DENKMAL PHILIPPS DES GROSSMÜTIGEN

- ⊗ Martinsplatz, Südseite der Kirche
- ⬥ Evangelische Kirchengemeinde Kassel-Mitte
- ⬥ frei zugänglich, Kirche: täglich 9–17 Uhr
- ⬥ Kirchengemeinde, Tel. 0561 770267; www.ekkw.de/Kassel-Mitte

Im März 1890 rief ein Komitee auf, für ein Denkmal des Landgrafen Philipp des Großmütigen (1504–1567) zu spenden, das schon bei der Kasseler Lutherfeier 1889 aus Kreisen des politischen Protestantismus

Reliefs und Erinnerungstafel des Philippsdenkmals

gefordert worden war. Man gedachte an eine Gestalt zu erinnern, die – so der Kasseler Aufruf – „in deutschem Geiste gewirkt und gekämpft" und die „Grundlagen geschaffen" hätte, „auf denen unserem Volke die ihm gebührende Weltstellung wieder einnehmen" könne. Als Standort wurde die Südseite der Martinskirche vorgeschlagen, in der sich das Grab des Fürsten befindet. Die Spendenaufrufe blieben lange ohne Resonanz, sodass man sich erfolgreich an die Stadt, preußische Ministerien und Kaiser Wilhelm II. wandte. Die Stadt leistete die Fundamentierung, das Konsistorium bot organisatorische Hilfe, die Regierung in Kassel warb mit dem Vertrieb eines von Franz Treller verfassten Lebensbildes des Landgrafen unter der Schuljugend. Preußische Behörden und evangelische Kirchenverwaltung konnten sich mit diesem Denkmalprojekt wegen des Kulturkampfes mit der katholischen Kirche identifizieren. Im Januar 1898 wurde der Entwurf von Hans Everding (1876–1914) ausgewählt. Er sah einen Granitsockel mit Postament mit 4,75 Meter und ein Bronzestandbild von 5,80 Meter Höhe vor. Der Entwurf wurde überarbeitet, da das Komitee die Landgrafenfigur „kraftvoller und energischer", das Postament „fester und wuchtiger" wollte. Zwei Reliefs zeigten das Marburger Religionsgespräch 1529 und die Gefangennahme Philipps in Halle 1548. Beide Ereignisse schienen den Einsatz des Fürsten zu belegen, den Ausgleich unter den zerstrittenen Reformatoren herbeizuführen bzw. den Protestantismus gegen seine Gegner zu schützen. An der Einweihung der bei Gladenbeck in Friedrichshagen bei Berlin gegossenen Statue nahmen am 12. September 1899 Honoratioren aus Verwaltung, Militär und Kirche teil. Im Ersten Weltkrieg schon vom Einschmelzen bedroht, wurde das Denkmal 1942 widerspruchslos demontiert, seine Spur verliert sich nach seinem Abtransport. Geplant war ein neues Philippdenkmal, das den zeitbedingten Vorstellungen von politischer Kunst mehr entsprechen sollte. Eine von Paul Bronisch (1904–1989) entworfene Reiterstatue sollte vor dem Marstall Platz finden, was der Kriegsverlauf verhinderte.

gung weiblicher Adliger kein Damenstift gegründet, sondern ein Besitz zur Eigenverwaltung durch den hessischen Adel überlassen. Bis heute wird der Grund- und Kapitalbesitz des Stiftsvermögens unter der Aufsicht von drei ritterschaftlichen Obervorstehern betreut und im ursprünglichen Sinn sowie zu gemeinnützigen Zwecken verwendet. Zur „Althessischen Ritterschaft" gehört nur ein Teil des hessischen Niederadels, da die Zugehörigkeit an bestimmte historische Kriterien gebunden ist.

Das ursprüngliche Benediktinerinnenkloster Kaufungen besaß we-

KAUFUNGEN
Landkreis Kassel

STIFTSBEZIRK

- ⊗ Schulstraße
- ☁ Althessische Ritterschaft
- ❶ Stiftskirche: Pfingsten bis Mitte September: Sa 14–17 Uhr, So 11–17 Uhr; Führungen im Stiftsbezirk Mai bis September: Sa 15 Uhr
- ❶ Dekanat, Tel. 05605 6600

1532 übergab Landgraf Philipp der hessischen Ritterschaft die beiden 1527 säkularisierten Kanonissenstifte Kaufungen und Wetter als Stiftung zur Ausstattung „armer" heiratender Töchter des Adels. Anders als in anderen protestantisch gewordenen Territorien üblich, wurde hier aber zur Versorgung und Unterbrin-

Fachwerkbauten am Stiftshof und der Westturm der Kirche aus dem 11. Jahrhundert

gen seiner Gründung durch Kaiserin Kunigunde, die die ursprüngliche Königspfalz von ihrem Gemahl, Kaiser Heinrich II., im Jahr 1008 erhalten hatte, lange eine angesehene Stellung. Kunigunde war nach dem Tod des Kaisers 1024 selbst als einfache Nonne eingetreten und lebte bis zu ihrem Ende 1033 hier. Noch zu ihren Lebzeiten entstand die Stiftskirche, eine romanische Säulenbasilika mit Querhaus und mächtigem Westwerk, das die frühere Königsempore enthält. In dem mehrfach veränderten Bauwerk finden sich zwei besondere Denkmäler der hessischen Ritterschaft. In die drei Fenster des 1469 umgebauten Chores setzte man im Rahmen einer größeren Gebäudesanierung 1937/38 in Erinnerung an das 400jährige Jubiläum der Stiftsgründung die von dem bekannten Heraldiker Otto Hupp entworfenen Wappen der Angehörigen der „Althessischen Ritterschaft" ein. An den Stifter Landgraf Philipp erinnert dessen Wappen im mittleren Fenster.

Den im Ersten Weltkrieg gefallenen Angehörigen der Ritterschaft ist im nördlichen Querhaus ein pfeilerförmiges Monument mit bekrönendem Löwen gewidmet. Die Kirche und die anschließenden stattlichen Fachwerkbauten, insgesamt ein eindrucksvolles Bauensemble, werden vom Ritterschaftlichen Stift Kaufungen instand gehalten.

KORBACH
Landkreis Waldeck-Frankenberg

KILIANSKIRCHE

- ⊗ Kirchplatz
- ⌖ Evangelische Stadtkirchengemeinde
- ⏱ Di–So 10–16 Uhr; Führungen nach Anmeldung
- ℹ Tourist-Information, Tel. 05631 53232; www.evkirchekorbach.de

ALTE LANDESSCHULE

- ⊗ Klosterstraße 11
- ⌖ Teil der heutigen Berufsschule Korbach
- ⏱ nur von außen
- ℹ Tourist-Information, Tel. 05631 53232; www.korbach.de

Der Bau der an westfälischen Vorbildern angelehnten dreischiffigen Hallenkirche begann etwa 1335 und wurde 1450 vollendet. Sie war die Hauptkirche des älteren Stadtteils, während die Nikolaikirche Pfarrkirche der Neustadt wurde. Zahlreiche Altar- und Benefizienstiftungen bezeugen eine durch Handelsverbindungen reich gewordene Bürgerschaft der Hansestadt Korbach. Städtische Oberschicht und Klerus waren um 1500 eng miteinander verbunden, Rat und Bürgermeister bestanden freilich auf der Unterordnung des Klerus. Trotz zahlreicher Beschwerden über eine als unmoralisch empfundene Lebensführung von Klerikern und Konventualen hielt die

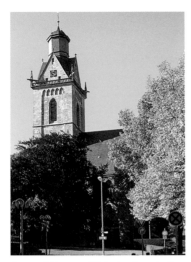

Erst nach längerem Widerstand wurde die Kilianskirche 1544 evangelisch.

Die an Stelle des Franziskanerklosters errichtete Landesschule

Stadt – trotz der Einführung der Reformation in Waldeck durch die Landesherrschaft ab 1525 – noch lange an der Glaubenspraxis der alten Kirche fest. Die katholisch gesinnte Bevölkerungsmehrheit fand Unterstützung im Franziskanerkloster. 1527 scheiterte ein Vorstoß, über die Neubesetzung der Pfarrstelle der Kili-

anskirche die Reformation einzuführen. Erst die Berufung des Adam Krafft, Superintendent und Professor an der Universität Marburg, durch die Waldecker Grafen brachte die Wende. Krafft gestaltete 1544 mit der Kastenordnung die Pfarr- und Kirchenarbeit in Korbach im Sinne der Reformation um. Das Vermögen der Kirchen verwalteten vier Kastenmeister, denen die Bezahlung des kirchlichen Personals oblag, karitative Aufgaben sowie Bau und Unterhalt der Gotteshäuser besorgten. Auch das Schulwesen wurde neu geregelt. 1546 schafften die Franziskanermönche Bibliothek und wichtige Teile ihrer Kirchen- und Ritualausstattung aus der Stadt. Damit kam das erst 1487 gestiftete Kloster an sein Ende. Die Einführung einer Kirchenordnung für die Grafschaft Waldeck gliederte 1556 Korbach in die landeskirchliche Organisation ein und vollendete den Übergang der Stadt zum protestantischen Glauben.

Mit dem Abzug der Franziskaner gingen deren Klosterbauten 1566 in landesherrlichen Besitz über. Die Grafen Josias und Wolrad II. bestimmten am 24. September 1577 diese für die Gründung einer Landesschule. Ähnlich wie die Universität Marburg wurde die Korbacher Landesschule mit Einkünften aus dem zum landesherrlichen Gut umgewandelten Klosters Berich fundiert. 1770–1774 wurde das niedergebrannte Klostergebäude durch den heutigen Bau ersetzt. •

KRONBERG IM TAUNUS
Hochtaunuskreis

STREITKIRCHE

- ⊗ Friedrich-Ebert-Straße 16
- ◉ Privatbesitz
- ◉ Museum Kronberger Malerkolonie: Mi 15–18 Uhr, Sa/So, Feiertags 11–18 Uhr
- ⓘ www.kronberger-malerkolonie.com

Kronberg gehörte zum Territorium Landgraf Philipps I. von Hessen, der 1526 die Reformation einführte. Die Beibehaltung der lutherischen Religion wurde als Bedingung in dem Vertrag festgehalten, der 1541 die Rückgabe an die Herren von Kronberg regelte. Zwei ihrer Versuche zur Rekatholisierung Kronbergs mussten rückgängig gemacht werden, zuletzt 1649: Nach den Regelungen des Westfälischen Friedens war Kronberg eine evangelische Stadt.

Seit 1650 wuchs durch das Personal des katholischen Kraft Adolf Otto von Kronberg ein katholischer Bevölkerungsanteil, Gottesdienste fanden in der Kapelle des Schlosses statt.

Nach dem Erlöschen der Familie von Kronberg 1704 übernahm der Kurfürst von Mainz die Herrschaft über die lutherische Stadt. In den folgenden Jahren gab es von Wortführern der evangelischen Gemeinde immer wieder Beschwerden über vermeintlich „religiöse Bedrängnis" durch den Landesherrn, denen allerdings eher weltliche Interessen zu Grunde lagen.

Zur heftigsten Auseinandersetzung führte der Versuch, den realen Gegebenheiten in der Stadt Rechnung zu tragen: Bereits 1709 war ein katholischer Pfarrer eingesetzt worden und nach Aufregungen in den ersten Jahren hatte sich das konfessionelle Zusammenleben beruhigt. 1737 ordnete der Kurfürst den Bau einer katholischen Kirche an. Die evangelische Gemeinde sagte finanzielle Unterstützung zu und beteiligte sich zunächst an den Arbeiten, bis sich Gegner innerhalb der Gemeinde formiert hatten und schließlich zur Vertretung der Gemeinde bevollmächtigt wurden. Der Protest begründete sich im rechtswidrigen Kirchenbau und wurde befeuert durch dessen Lage direkt neben der Johanniskirche. Durch Appelle und Eingaben bis zum Reichstag in Regensburg wurde der Streit über das Erzstift hinaus zum Politikum. Der Abbruch der Kirche wurde schließlich 1738 verfügt, als der Bau nahezu fertig-

Die Streitkirche inmitten der Altstadt, links hinter dem Gebäude der Turm der Johanniskirche

gestellt war. Auseinandersetzungen über den Abbruch zogen
sich hin, bis 1765 schließlich der
Kirchturm abgebrochen und 1768
die „Streitkirche" für alle Zeiten
zum Zivilgebäude erklärt wurde. ●

LAUBACH
Landkreis Gießen

SCHLOSS MIT BIBLIOTHEK

*Die Bibliothek enthält auch Werke aus dem
aufgelösten Kloster Arnsburg.*

❌ Schloss Laubach
🔶 Graf zu Solms Laubach'sche Rentkammer
🕐 Führungen Mitte April bis Ende
  Oktober: Mi 17 Uhr
ℹ️ Schloss Laubach, Tel. 06405 91040;
  www.schloss-laubach.de

Inmitten der historischen Altstadt
der mittelhessischen Kleinstadt
liegt das Schloss der Grafen zu
Solms-Laubach. Es befindet sich an
der Stelle einer seit 1278 errichteten
Burg, vermutlich einer Wasserburg.
Kuno von Solms erhielt 1475 die
Erlaubnis, Burg und Stadt weiter zu
befestigen. Der Ausbau der Festung
wurde erst 1559 unter Friedrich Magnus von Solms abgeschlossen. Ab
1548 diente die Anlage als Residenz
der Grafen von Solms-Laubach und
wurde sukzessive zum Schloss umgebaut. Noch heute wird das Schloss
von der Familie bewohnt.
In das dreiflügelige Kernschloss ist
ein Wehrturm des 13. Jahrhunderts
integriert. Ost- und Westflügel sind
ebenfalls im Kern mittelalterlich und

wurden im 18. und 19. Jahrhundert
u.a. durch den Bau des verbindenden
Mittelflügels und den hofseitigen
zweigeschossigen Arkadengang verändert. Die mit barocken Hauben versehenen, starken Rundtürme an den
Nordecken der beiden Flügelbauten
gehören gleichfalls noch zum Bestand der ehemaligen Burg. Am südlich anschließenden Vorhof liegen der
langgezogene, ehemalige Marstall
und der sogenannte Neue Bau, der im
19. Jahrhundert auf älteren Mauerresten errichtet wurde und heute die
wertvolle Bibliothek enthält.
1544 hatte Graf Friedrich Magnus
(1521–1561) in Laubach die Reformation eingeführt. Elf Jahre später (1555)
begründete er eine Lateinschule und
begann gleichzeitig mit der Anlage
einer umfangreichen Bibliothek, die
er später zu einer Landesbibliothek
mit verschiedenen fachlichen Schwer-
punkten ausweitete. Sie stand bis
1806 allen Landeskindern offen. Mit
insgesamt ca. 120.000 Bänden zählt
sie heute zu den größten deutschen

Privatbibliotheken. Sie enthält u.a. theologische Werke des 16. Jahrhunderts, dazu noch juristische, medizinische, naturkundliche und historische Literatur, die im Laufe der Zeit von den Grafen zusammengetragen wurden, sowie die Bestände des aufgelösten Klosters Arnsburg. Nach einem alten Familiengesetz darf sie nicht von Laubach entfernt werden; als Präsenzbibliothek steht sie deshalb weiterhin interessierten Nutzern zur Verfügung.

LICH
Wetteraukreis

MARIENSTIFTSKIRCHE

❌ Kirchenplatz
🍃 Evangelische Marienstiftsgemeinde
🕐 Mai bis September: 14.30–17 Uhr
ℹ️ Gemeindebüro, 06404 62849

Die Grafen zu Solms-Lich, die seit 1418 die Stadtherrschaft in der alten Siedlung an einer Furt über die Wetter ausübten, errichteten dort ab 1510 die Marienstiftskirche, eine siebenjochige spätgotische Hallenkirche, die erst 1594 vollendet wurde. Das Marienstift diente als Kollegiatstift der Ausbildung von Geistlichen.

Unter den bedeutenden Grabdenkmälern in der Kirche ist besonders das große 5,65 Meter breite und 2,54 Meter hohe Familienepitaph im Chorhaupt hervorzuheben. Dargestellt sind der Graf Philipp zu Solms-Lich (1468–1544) mit seiner Frau Adriana von Hanau sowie deren Söhne Reinhard (1491–1562) mit Marie von Sayn und Otto (1496–1522) mit Anna von Mecklenburg, der Mutter Landgraf Philipps des Großmütigen. Graf Reinhard, der sich selbst im Zentrum des Epitaphs darstellen ließ, hatte das farbig bemalte Denkmal 1544 bei dem Mainzer Bildhauer Dietrich Schro in Auftrag gegeben, fertiggestellt war es 1550. Die ungewöhnliche

Das große Renaissancegrabmal vereint drei Paare der gräflich Solms-Licher Familie.

89

Kombination der Wiedergabe dreier Ehepaare in einem Denkmal sollte vermutlich den engen Familienzusammenhalt verdeutlichen. In einem mit Renaissancemotiven verzierten Rahmen aus waagrechten Gesimsen und unterteilenden Pilastern präsentieren sich die Paare in würdevoller Haltung, die Männer raumgreifend in Rüstung mit Prunkhelm zu Füßen, die Frauen mit gefalteten Händen in züchtigen, hochgeschlossenen Kleidern mit Hauben bzw. Schleiern, die das Haar bedecken. Die Physiognomien sind realistisch ausgeführt und entsprechen den überlieferten Porträts. Die über den Personen angebrachten Wappenschilde dokumentieren den genealogischen Hintergrund der Familie.

Graf Philipp zu Solms-Lich war als Rat für den Kurfürsten Friedrich den Weisen von Sachsen tätig, deshalb dürfte er Luther persönlich begegnet sein. Bereits 1518–1520 sind drei Licher Studenten in Wittenberg bei Martin Luther zu finden. Darüber hinaus lässt ein Fourierzettel von 1521, der im Familienarchiv aufbewahrt wird, einen Besuch des Reformators in Lich auf der Rückreise von Worms wahrscheinlich erscheinen. Letztendlich führte aber erst Graf Ernst zu Solms-Lich 1566 die Reformation offiziell in seinem Territorium ein.

LIPPOLDSBERG
Gemeinde Wahlsburg
Landkreis Kassel

KLOSTER LIPPOLDSBERG

✖ Klosterhof 4
◈ Kirchengemeinde Lippoldsberg
❶ außen frei zugänglich; Kirche ganzjährig 9–18 Uhr
❶ Klosterpforte, Tel. 05572 7598; www.klosterkirche.de

Nachdem Landgraf Philipp 1527 die Auflösung der hessischen Klöster beschlossen hatte, bedeutete dies keineswegs das sofortige Ende des Klosterlebens. Klöster, die nicht ganz im landgräflichen Machtbereich lagen, blieben zunächst ausgenommen. Dies traf u. a. auf das an der Oberweser gelegene Kloster Lippoldsberg zu. Das Benediktine-

Das Kloster bestand aufgrund der Besitzverhältnisse noch bis 1569.

rinnenkloster hatte umfangreiche Besitzungen im Herzogtum Braunschweig-Calenberg, das von Erich I., der altgläubig geblieben war, regiert wurde.

Um Entfremdung vorzubeugen, ließ Landgraf Philipp 1532 die hessischen Besitzungen und die Einkünfte des Klosters inventarisieren. 1538 vereinbarten die beiden Landesherren eine Aufteilung des Besitzes. Die Güter des Klosters gingen an Herzog Ernst I., das Kloster und das Dorf verblieben unter der hessischen Hoheit. Gleichzeitig verpflichtete sich Landgraf Philipp, das Kloster bis zum Tod der letzten Nonne bestehen zu lassen. Die Ansiedlung eines evangelischen Pfarrers scheiterte zunächst am Widerstand der Nonnen, die die Einrichtung einer Pfarrerstelle erst nach dem Tod Erichs I. akzeptierten und sich 1543 verpflichteten, den Pfarrer aus den Klostereinkünften zu besolden. Ab 1545 wurde die Pfarrstelle zunächst vom Pfarrer des Nachbarorts Vernawahlshausen versehen. Um 1550 bezog der erste evangelische Pfarrer seinen Wohnsitz in Lippoldsberg. 1563 lebten noch drei der ursprünglich 20 Klosterinsassinnen in Lippoldsberg; hinzu kamen 42 Bedienstete. Um die Klosterwirtschaft den veränderten Verhältnissen anzupassen, wurden die Ländereien aufgeteilt und in Halbpacht an Bauern des Dorfes Lippoldsberg verliehen. Dies erlaubte eine deutliche Reduzierung des Klosterpersonals

und der Viehhaltung. Nach dem Tod der Äbtissin Lutrudis von Boyneburg 1569 ließ Landgraf Wilhelm IV. das Kloster schließlich einziehen. Die Klosterkirche wurde der evangelischen Gemeinde übertragen, das verpachtete Land in Eigenbewirtschaftung genommen und ein fürstliches Domänengut eingerichtet, das bis zur Auflösung 1913 bestand. Heute ist die genaue Lage der Klostergebäude nur noch zu erahnen. Die weitgehend im ursprünglichen Zustand erhaltene dreischiffige Gewölbebasilika aus der ersten Hälfte des 12. Jahrhunderts vermag jedoch eindrucksvolles Zeugnis von der ehemaligen Anlage zu geben.

LÜDERBACH
Werra-Meißner-Kreis

BEWEINUNGSALTAR

⊗ Eichenbergstraße

◉ Kirchengemeinde

◉ außen frei zugänglich; Kirche April bis Oktober: 9–18 Uhr

ⓘ www.kirchenkreis-eschwege.de

Nach der Einführung der Reformation in der Landgrafschaft Hessen wurden zwar Bildwerke aus Kirchen entfernt, ein systematischer Bildersturm jedoch unterblieb, so dass viele vorreformatorische Ausstattungsgegenstände erhalten blieben. Dies war nicht zuletzt Martin Luther zu verdanken, der durch die gewaltsame Entfernung die kirch-

Der spätgotische Altar blieb wohl wegen der besonderen kirchlichen Verhältnisse erhalten.

liche Ordnung gefährdet sah und in seinen Invokavit-Predigten die Ansicht vertrat, dass Bilder durchaus der Andacht nützlich seien, solange sie nicht angebetet würden.

Nach dem Übertritt von Landgraf Moritz zum Calvinismus Anfang des 17. Jahrhunderts wurde das Thema Bilder wieder aktuell. Der Lehre des Schweizer Reformators Johannes Calvin folgend, zu deren Kernelementen ein strenges Bilderverbot für Gotteshäuser gehörte, sollten Gemälde, Statuen, Altäre und Grabmäler aus den Kirchen entfernt werden. Allerdings gab es Widerstand gegen die von Landgraf Moritz 1605 verfügten „Verbesserungspunkte", mit denen das reformierte Bekenntnis in der Landgrafschaft Hessen-Kassel eingeführt wurde, was heute auch als „Zweite Reformation" bezeichnet wird. In Marburg wurde der vom

Landgrafen mit der Entfernung und Zerstörung der Bildwerke beauftragte Kasseler Superintendent Gregorius Schönfeld von der Bürgerschaft tätlich angegriffen und schwer verletzt. Vergleichbaren Widerstand gab es auch in anderen Orten und auch in der Adelslandschaft an der Werra. Anschauliches Zeugnis hiervon geben die zahlreichen Konflikte, die der reformierte Eschweger Superintendent Johannes Hütterodt noch Mitte des 17. Jahrhunderts mit den am lutherischen Bekenntnis festhaltenden adeligen Patronatsherren in seinem Amtsbezirk auszufechten hatte. Ein besonders wunder Punkt war das Dorf Lüderbach, das einen lutherischen Prediger hatte, da das Recht zur Besetzung der Pfarrstelle dem Herzog von Sachsen-Eisenach zustand, was zur Folge hatte, dass nicht nur die ortsansässige Adelsfamilie von Capellan, sondern auch die Dorfbewohner lutherisch blieben. Zwar ist nicht bekannt, wann der spätgotische Beweinungsaltar aus dem Kirchenraum entfernt wurde, doch ist zu vermuten, dass seine Erhaltung den besonderen konfessionellen Verhältnissen Lüderbachs zu verdanken ist. Anfang des 20. Jahrhunderts wurde er auf dem Dachboden der Lüderbacher Kirche wiederentdeckt. Der wohl um 1500 von einer Eisenacher Werkstatt geschaffene Altar zeigt in der Mitteltafel die Beweinung Christi, links und rechts jeweils flankiert von Heiligenfiguren. Auf den Seitenflügeln sind, jeweils in Dreiergruppen

angeordnet, die zwölf Apostel dargestellt. Auf den Außenseiten befinden
sich Szenen aus dem Garten Gethse-
mane sowie eine Darstellung der Gei-
ßelung Christi.

MARBURG
Landkreis Marburg-Biedenkopf

ELISABETHKIRCHE

- ❌ Altstadt, Elisabethstraße 3
- ⬥ Evangelische Elisabethkirchen-
  gemeinde
- ⏱ täglich 10–17 Uhr; Führungen
  Sa 15 Uhr
- ℹ www.marburg.de;
  www.elisabethkirche.de

Im Bewusstsein der Marburger ist
eine Frau besonders stark verankert,
die nur drei Jahre in dieser Stadt

zugebracht hat: Elisabeth von Thüringen (1207–1231). Sie zog, nachdem ihr Mann Landgraf Ludwig IV.
1227 verstorben war, 1228 an den
Wohnort ihres Beichtvaters Konrad
von Marburg und errichtete nach
Beilegung der Streitigkeiten um
ihre Witwenversorgung mit ihrer
Entschädigung ein Hospital auf
dem Gebiet der heutigen Elisabethkirche. Hier wirkte sie bis zu ihrem
Tod 1231 in der Armen- und Krankenpflege. Begraben wurde sie vor
dem Altar der Kapelle ihres Franzis-
kushospitals, das zügig von den
Deutschordensherren übernommen wurde. Nach ihrer bereits 1235
erfolgten Heiligsprechung wurde
unter Einbeziehung ihrer Grabstätte die erste rein gotische
Hallenkirche in Deutschland erbaut. Vom Deutschen Orden zum

Elisabethschrein in Form einer Kirche mit Langhaus, Querschiff und vier Portalen

Ruhm seiner Schutzpatronin als Marienkirche gedacht und 1283 geweiht, wurde dennoch die heute im nördlichen Chor befindliche Grabstätte der heiligen Elisabeth zu einer Namen gebenden Pilgerstätte.

Nach der Heiligsprechung wurden Elisabeths Gebeine am 1. Mai 1236 in Anwesenheit Kaiser Friedrichs II. gehoben und in einem provisorischen Schrein auf dem Altar aufgestellt. Zwischen 1235/36 und 1249 fertigte man in Gestalt einer Kirche aus vergoldetem Kupfer über einem Eichenholzkern den heute in der Sakristei stehenden Schrein zur Aufnahme der übrigen Reliquien an. Schon bevor Landgraf Philipp der Großmütige in Ablehnung des Heiligenkults und zur Unterbindung des Wallfahrtswesens anlässlich der ersten evangelischen Predigt in der Elisabethkirche am 18. Mai 1539 den Schrein aufbrechen und die Gebeine entfernen ließ, hatten sich die sterblichen Überreste Elisabeths durch Reliquienentnahmen stark dezimiert. Philipps Statthalter Georg von Kolmatsch jedoch verbarg sie auf seinem Wasserschloss in Wommen und gab sie erst nach der Niederlage der Protestanten im Schmalkaldischen Krieg 1548 an den Deutschen Orden zurück. Im Elisabethinen-Kloster in Wien erhielt der Kopf Elisabeths im selben Jahr einen neuen Schrein. Dort ruht er bis heute.

MARBURG
Landkreis Marburg-Biedenkopf

LANDGRAFENSCHLOSS

- ⊗ Schlossberg
- ⬥ Universität Marburg
- ⓘ April bis Oktober: Di–So 10–18 Uhr, Führungen So 15 Uhr; November bis März: Di–So 10–16 Uhr
- ⓘ Tourist-Info, Tel. 06421 9912-0; www.marburg.de

Anfang Oktober 1529 wurde Marburg Austragungsort eines fundamentalen Streitgesprächs. Der Zwist über die symbolische oder tatsächliche Präsenz des wahren Leibes und wahren Blutes Christi im Abendmahlsritus war das größte Hindernis zur von Philipp von Hessen hartnäckig verfolgten Einung aller protestan-

Das Schloss war Ort des Marburger Religionsgesprächs 1529.

tischen Kräfte im Reich in der Zeit zwischen der sich seit Ende 1528 anbahnenden Verständigung von Kaiser und Papst einerseits und dem Augsburger Reichstag von 1530 andererseits. Protagonisten des Streits waren Martin Luther, der die reale Anwesenheit bejahte, und Ulrich Zwingli, der sie negierte. Mit dem Religionsgespräch versuchte Philipp einen Ausgleich unter den Reformatoren herbeizuführen und die politische Einung voranzubringen. Stätte des Religionsgesprächs war der Ende des 13. Jahrhunderts errichtete Festsaal Landgraf Heinrichs I. von Hessen im Marburger Schloss. Dieser im Nordtrakt gelegene Fürstensaal ist mit einer Grundfläche von ca. 420 qm der größte gotische Profansaal Deutschlands und war ausschließlich für weltliche Zwecke gedacht.

Den Einzug der Reformatoren stellen die Wandgemälde in der alten Aula der Philipps-Universität dar. Zwischen den Kontrahenten Zwingli aus Zürich und dem Wittenberger Luther wurde vor allem am Sonntag, dem 3. Oktober 1529 vor illustren Mitstreitern und Zuhörern kontrovers diskutiert, doch ohne Ergebnis. Dennoch wurden – wohl auf Initiative des Landgrafen – fünfzehn Marburger Artikel verabschiedet, die die Abendmahlsfrage an den Schluss stellten und den Konflikt nur mit einem Nebensatz würdigten. Die Konzentration auf das in vierzehn Artikeln niedergelegte Verbindende spiegelte einen reformatorischen Lehrkonsens

vor, der Hoffnungen auf die politische Zusammenarbeit der protestantischen Seite nährte. Hoffnungen, die sich nicht erfüllten, dennoch war das Interesse an diesem Unionsbekenntnis groß.

Eine Kopie des die Vorgänge darstellenden Gemäldes, das der Darmstädter Hofmaler August Noack 1867 anfertigte, ist im Marburger Schloss ausgestellt.

MARBURG

Landkreis Marburg-Biedenkopf

WOHNHAUS ADAM KRAFFT

- ⊗ Barfüßerstraße 3
- ☻ privat
- ◍ nur von außen zugänglich
- ⓘ Tourist-Info, Tel. 06421 9912-0; www.marburg.de

In den ersten Dezennien der Reformation in Hessen ist der 1493/94 geborene Adam Krafft der für die Landgrafschaft wichtigste Theologe. Während seiner Studienzeit in Erfurt hatte der aus einer angesehenen Fuldaer Familie Stammende Zugang zu humanistischen Kreisen gefunden. Unter diesem Einfluss wandte er sich ab 1519 den Lehren Luthers zu. Im August 1525 berief Landgraf Philipp Krafft in seine Dienste, nachdem er ihn in Hersfeld hatte predigen hören. Der Theologe wurde Prediger, Visitator und Gesandter des Landgrafen. Im Zuge des Aufbaus der Universität Marburg kam 1527 noch die

Ein Geschenk des Landgrafen

Krafft wirkte in den Folgejahren an der Umgestaltung des hessischen Kirchenwesens mit. Als Visitator besuchte er mit weiteren hohen Amtsträgern der Landgrafschaft die Kirchengemeinden, ordnete Pfarrstellen und Finanzverwaltung in einem konfliktträchtigen Prozess neu. Als 1531 mit Einführung der „Kirchendienerordnung" sechs Superintendanturen entstanden, wurde der Marburger Bezirk Krafft zugewiesen.

Ungeachtet wiederholter Konflikte mit dem Landgrafen starb mit Adam Krafft am 9. September 1558 in Marburg jener Mann, der die Kärrnerarbeit der Reformation in Hessen geleistet hat. Im Jahr seines Todes wies ihn die Marburger Universitätsmatrikel als einen Großen aus, als „summus episcopus sive visitator gravissimus".

Lehre hinzu. Krafft war einer der Gründungsprofessoren der theologischen Fakultät. Der Schwerpunkt seiner Tätigkeit verlagerte sich daher nach Marburg, wo er an der Marienkirche predigte, die von Philipp zur lutherischen Pfarr- und Universitätskirche bestimmt worden war. Mit Frau und Kind bezog Krafft im Mai 1527 das Pfarrhaus neben der Kirche. Im Jahr darauf schenkt ihm Landgraf Philipp den ehemaligen Hof des Zisterzienserklosters Arnsburg in der Barfüßerstraße 3. Im Kern ist das heutige Wohnhaus ein gotischer Steinbau aus dem 14. Jahrhundert. Aufstockung und Fassade stammen aus dem 16. Jahrhundert. Unweit von diesem Gebäude, in der Barfüßerstraße 48, lag der Gasthof zum Bären, der 1529 Quartier Martin Luthers war.

MENGERINGHAUSEN
Stadt Bad Arolsen
Landkreis Waldeck-Frankenberg

EVANGELISCHE KIRCHE
Nicolaihaus

- ⊗ Nicolaistraße
- ◉ Evangelische Kirchengemeinde
- ◉ Besichtigung nach Vereinbarung
- ❶ Pfarramt, Tel. 05691 3562

Die ehemalige Kirche St. Georg, die mit ihrem markanten schiefen, in sich gedrehten Turmhelm das Stadtbild von Mengeringhausen bestimmt, wurde 1347–1423 als dreischiffige gotische Hallenkirche errichtet. Die

Der Reformator auf der Brüstung der Kanzel von 1598

Bemerkenswert ist die mit der Jahreszahl 1598 versehene, farbig gefasste Kanzel aus Külter Sandstein mit hölzernem Schalldeckel am nördlichen Chorbogen, die heute noch benutzt wird. Sie stand allerdings früher, der protestantischen Gepflogenheit folgend, an einer Säule im Mittelschiff. Unter den Brüstungsreliefs befindet sich neben Darstellungen von Moses, Christus und Paulus ein Ganzfigurenporträt Martin Luthers im gängigen Habitus, der eine große Bibel in den Händen hält – ein eindrucksvolles Bekenntnis zur Reformation. Der beigefügte Spruch „Pestis eram vivus moriens ero mors tua papa" (Lebend war ich deine Plage, sterbend werde ich dein Tod sein, Papst) zitiert einen Ausspruch Luthers, den Johannes Bugenhagen am Ende seiner Grabpredigt zitierte.

1529 säkularisierte Kirche erhielt 1552 einen neuen Chor, der 1572 durch Friedrich Thorwart mit ornamentalen und figürlichen Motiven ausgemalt wurde. Unter den figürlichen Szenen an den Wänden fällt an der Nordwand eine Darstellung auf, die Graf Johann von Waldeck (1521/22–1567) im Totenhemd zwischen Moses und Luther zeigt. Die eindeutige Hinneigung zu Luther, zum neuen Glauben, symbolisiert die Hinwendung des Grafen, der an der Seite Landgraf Philipps d. Großmütigen am „Schmalkaldischen Krieg" beteiligt war, zum protestantischen Glauben. An Graf Johann den Frommen, der in der Kirche beigesetzt ist, erinnert ein Sandsteinepitaph im Chor.

Die in der zweiten Hälfte des 17. Jahrhunderts eingebaute hölzerne Empore zeigt ein weiteres Mal ein Luther-Bildnis neben Darstellungen von Melanchthon und Zwingli. Hier findet sich auch ein Bildnis des aus Mengeringhausen gebürtigen evangelischen Kirchenlieddichters Philipp Nicolai (1556–1608) von dem u. a. der bekannte Choral „Wachet auf, ruft uns die Stimme" stammt. Im unweit gelegenen Nicolaihaus befindet sich ein kleines Museum, das über sein Leben und Werk Auskunft gibt.

MERXHAUSEN
Gemeinde Bad Emstal
Landkreis Kassel

HOHES HOSPITAL

⊗ Landgraf-Philipp-Straße
☁ Landeswohlfahrtsverband Hessen/
   Vitos Kurhessen
🕐 außen frei zugänglich, innen
   an Sonntagen und auf Anfrage,
   Klostermuseum Merxhausen jeden
   zweiten Sonntag, 14–17 Uhr
ℹ Tel. 05624 600;
   www.vitos-kurhessen.de

Die heutigen sozialen Einrichtungen gehen auf das 1213 durch die Herren von Blumenstein gegründete Augustinerinnenchorfrauenstift zurück. Dieses wurde in der zweiten Hälfte des 15. Jahrhunderts wegen „Sittenverfalls" durch einen Konvent von Augustinerchorherren abgelöst. Im Zuge der Reformation hob Landgraf Philipp der Großmütige 1527 das Stift auf. Parallel zu Haina stiftete der Landesherr am 26. August 1533 das Hohe Hospital Merxhausen für arme, alte und kranke Frauen. Im 16. Jahrhundert wurden über 300 Hospitalitinnen in Merxhausen versorgt, nach Zerstörung und Vertreibung im Dreißigjährigen Krieg waren es stets unter 200 Pfleglinge. Aufgenommen wurden durch landgräflichen Entscheid sowohl körperlich Versehrte als auch Gemütskranke und Epileptikerinnen. Sie lebten in Räumlichkeiten des alten Kon-

ventsgebäudes sowie in dem im 16. Jahrhundert errichteten „Weberhaus" und im „Pensionat" für zahlende Kranke aus dem frühen 19. Jahrhundert. Auch die Kirche im romanischen und gotischen Stil mit Epitaphen und einer Stiftertafel ist erhalten. Das Altarfragment des Credo-Altars von Merxhausen befindet sich heute im Landesmuseum Kassel. Seit 1810 gehörte Merxhausen zum Regierungsbezirk Kassel. Im Laufe des 19. Jahrhunderts entwickelte sich das Landeshospital zur psychiatrischen Einrichtung. Unter preußischer Herrschaft entstanden seit 1880 zahlreiche Neubauten nach medizinisch-hygienischen Gesichtspunkten. Eine Pavillonanlage wurde in erhöhter Lage auf dem „Roten Feld" vor dem Ersten Weltkrieg fertig gestellt. Das 1904 angebrachte Relief im Eingangsbereich erinnert an den Stifter des Hohen

Ehrung des Hospitalsgründers zum 400. Geburtstag

Hospitals Philipp den Großmütigen. Die Parkanlage geht auf das 19. Jahrhundert zurück. Im Klostermuseum, das im ehemaligen Gutshof untergebracht ist, erinnert der Kultur- und Geschichtsverein Bad Emstal an die Geschichte des Ortes. Die Anlage in Merxhausen steht heute für das besondere soziale Engagement der Reformation in Hessen.

MICHELSTADT
Odenwaldkreis

NICOLAUS-MATZ-BIBLIOTHEK

- Marktplatz 1
- Stadt Michelstadt
- nach Absprache
- Tel. 06061 979800;
  www.michelstadt.de

Die Einführung der Reformation in der Grafschaft Erbach erstreckte sich über einen Zeitraum von etwa 40 Jahren und fand ihren Abschluss mit dem Erscheinen der gedruckten Kirchenordnung im Jahre 1560.

Die aktiven und bestimmenden Kräfte in diesem Prozess waren der 1532 in den Grafenstand erhobene Eberhard XIII. (I.) und seine Söhne Georg III. (I.), Eberhard XIV. (II.) und Valentin II.

Als Erbschenken und später Grafen der pfälzischen Kurfürsten waren sie in vielfältige Weise in deren Politik involviert. Zudem erforderte das Amt häufige Präsenz in Heidelberg und bot unter anderem die Möglich-

Ein Schatz aus der Michelstädter Nicolaus-Matz-Bibliothek

keit, die eigenen Kinder dort erziehen zu lassen.

Vorteilhaft wirkte sich dabei die Bekanntschaft mit Philipp Melanchthon aus, und zwar sowohl ganz allgemein auf die Bildung der begabten drei Söhne, als auch für die Beurteilung der Druckfassung der neuen Kirchenordnung 1560. Ein Exemplar davon, auf Pergament gedruckt, ausgemalt und mit handschriftlichen Teilen versehen, befand sich im gräflichen Archiv, wurde aber 1930 verkauft und gehört heute in den Bestand der Universitäts- und Landesbibliothek Darmstadt.

Den Entwurf zu dieser Kirchenordnung schickten die Grafen 1557 an Philipp Melanchthon und Johannes Brenz nach Worms, um deren Einwilligung zu holen. Bis auf wenige

99

Änderungsvorschläge fand das Papier deren Zustimmung. In der Folgezeit breitete sich die Lehre Luthers im Erbacher Land ohne heftige Auseinandersetzungen oder gar Gewalt aus. Literatur, die in diesem Zusammenhang erworben wurde und teilweise durch Besitzeinträge kenntlich ist, befindet sich heute in der Michelstädter Kirchenbibliothek, einer Stiftung des Michelstädter Gelehrten Nicolaus Matz aus dem Jahr 1499. Insgesamt sind dort etwa 4.000 Drucke des 16. und 17. Jahrhunderts versammelt.

Eine Besonderheit darunter ist die gedruckte Widmung Melanchthons zu Ehren von Graf Georg, die er 1533 einer Lobrede Lukians auf Demosthenes voranschickte. Sie zeigt die außerordentliche Wertschätzung, die Melanchthon dem Grafen entgegen brachte.

MÖRFELDEN-WALLDORF
Kreis Groß-Gerau

WALDENSERKIRCHE

- ⊗ Langstraße 63
- ☁ Evangelische Kirchengemeinde
- ⊙ auf Anfrage
- ⓘ Tel. 06105 946257; www.kirchengemeinde-walldorf.gross-gerau-evangelisch.de

Landgraf Ernst Ludwig von Hessen-Darmstadt hatte 1699 aus Savoyen vertriebene Waldenser in seinem Land aufgenommen und ihnen Privilegien zuerkannt. Einige Familien fanden zunächst Unterkunft auf dem hessischen Gundhof bei Mörfelden und bekamen dort Gelände zugeteilt. Pfarrer Papon entwickelte dann aber einen provisorischen Grundriss entlang des „grand chemin", der heutigen Langstraße, mit Anordnung der 15 Hofreiten, die bis 1715 errichtet waren, sowie der Kirche mit Pfarrhaus. 1717 erhielt die Siedlung den Namen Walldorf, aus der heute die einwohnerstärkste der damals gegründeten Waldensergemeinden geworden ist.

Bei der ersten Kirche, dem 1706 eingeweihten reformierten „Temple", handelte es sich um ein kleines Gotteshaus aus Fachwerk, das bereits 1729 als baufällig, später sogar als einsturzgefährdet bezeichnet wird. Doch durch finanzielle Nöte konnte erst 1803 mit dem Neubau durch den Darmstädter Baumeister Friedrich Schuhknecht begonnen werden. Unterstützung fand der Bau durch zahlreiche reformierte Gemeinden sowie Einzelpersonen. Es handelte sich hierbei um das einzige Gebäude der Siedlung, das nicht in Fachwerk errichtet war. Es bot 200 Personen Platz und besaß eine Holzausstattung ohne Farbanstrich. Im Zentrum standen Altar und Kanzel. 1805 wurde eine kleine Stubenorgel angeschafft.

1857 erfolgte ein Umbau, der durch den Anstrich in Ölfarbe und den Einbau des Orgelprospekts sowie die

Verlegung der Kanzel das heutige Innere schuf. Die für reformierte Kirchen übliche Nüchternheit aber blieb. Nach der Behebung von Kriegsschäden wurde die Kirche 1949 renoviert. 1963 folgte, da sie zu klein geworden war, die Errichtung des Neubaus sowie eines Gemeindezentrums im dahinter liegenden Pfarrgarten durch die Architektengemeinschaft Romero und Willius aus Darmstadt. Die alte, seit 1963 unter Denkmalschutz stehende Waldenserkirche wurde 1982 bis 1984 renoviert und wird seither vor allem für Taufen und Trauungen genutzt. Sie ist neben dem Gebäude des Heimatmuseums das einzige Zeugnis der alten waldensischen Siedlung Walldorf.

Die Kirche der waldensischen Siedlung

NEUWEILNAU

Gemeinde Weilrod
Hochtaunuskreis

SCHLOSS NEUWEILNAU

- ⊗ Schlossstraße
- ◆ Forstamt Weilrod
- ❶ nach telefonischer Absprache, Hof während der Bürozeiten offen
- ❶ Tel. 06083 91320; www.weilrod.de

Weithin sichtbar dominiert das Schloss Neuweilnau mit seinem dreigiebeligen Torhaus das Weiltal. Auf dieser Nebenresidenz der Grafen von Nassau-Weilburg wurde 1504 einer der engagiertesten Anhänger der Lehren Luthers in Hessen, Philipp III. Graf von Nassau-Weilburg geboren. Er übernahm mit 19 Jahren die Landesherrschaft von seinem Vater Ludwig I. und betrieb gemeinsam mit seinem Vetter Philipp I., Landgraf von Hessen, energisch die Einführung der Reformation. 1525 ließen sie Inventare der Klöster und Stifte erstellen und legten die Steuern für die bisher abgabefreien kirchlichen Güter fest. In ihren gemeinsam verwalteten Landesteilen, den Ämtern Hüttenberg und im Lahngebiet, führten sie 1526 die Reformation ein. Gleichzeitig setzte Philipp III. gegen den Widerstand der Trierer und Mainzer Erzbischöfe, des Weilburger Stiftes und des Klosters Pfannenstiel – einem Wallfahrtsort östlich von Weilburg – den ersten reformierten

Pfarrer Eberhard Schnepf in Weilburg ein. Nachdem dieser 1528 an die von Philipp I. gegründete Universität Marburg berufen wurde setzte der Hofprediger in Weilburg, Heinrich Stroß, die Einführung der Reformation in der Grafschaft weiter fort. Im Jahr 1533 veröffentlichte er eine Kirchenordnung und 1536 führte er die erste Visitation der Grafschaft durch.

1537 trat Philipp III. dem Schmalkaldischen Bund bei, einem Bündnis der protestantischen Städte und Länder gegen den Kaiser. 1538 löste er den kleinen Johanniterkonvent Pfannenstiel auf und verkaufte den Kirchenschatz des Stiftes Weilburg. Aus dem Kirchenvermögen gründete er wie viele reformierte Landesherren 1540 eine Lateinschule in Weilburg, das heutige Gymnasium. Nach einer Unterbrechung durch den Schmalkaldischen Krieg und die folgende katholische Gegenreformation ließ er 1550 die Kirche Pfannenstiel abbrechen und 1555 das

Hofansicht Schloss Neuweilnau, dem Geburtsort von Philipp III.

Stift Weilburg auflösen. Philipp III. verstarb 1559 in Weilburg. An den einstigen Wallfahrtsort Pfannenstiel erinnert heute ein Johanniterkreuz im Ortsteil Hirschhausen.

OFFENBACH AM MAIN
Stadt Offenbach

ISENBURGER SCHLOSS

- ❌ Schlossstr. 66
- 🍃 Land Hessen
- ⊙ Hochschule für Gestaltung, tagsüber zugänglich
- ⓘ Sekretariat Hochschule, Tel. 069 80059120

Auf den Fundamenten einer im 15. Jahrhundert erbauten Burg errichtete Graf Reinhard von Isenburg 1556 bis 1559 das Isenburger Schloss, weil er seine Residenz von Birstein nach Offenbach verlegte. Das Schloss brannte 1564 aus, 1565 begann der Wiederaufbau. Nach dem Tod Graf Reinhards 1568 führte sein Bruder, Graf Ludwig III., die Arbeiten weiter und gab die herausragende Renaissancefassade – zur Stadt hin von Bogengängen zwischen den beiden Treppentürmen geprägt – in Auftrag.

Reinhard von Isenburg, der im Schmalkaldischen Krieg auf der Seite von Landgraf Philipp von Hessen gegen die katholische Liga kämpfte, hatte bereits 1542 den evangelisch gesinnten Pfarrer Wolfgang Müller in Offenbach eingesetzt. Um 1550 waren fast alle Pfarreien der Grafschaft luthe-

*Das Isenburger Schloss war Sitz einer
protestantischen Dynastie.*

risch. 1556 verkaufte das Mainzer Pe-
tersstift seine Kollaturrechte und den
Zenten an Graf Reinhard, sodass dieser innerhalb seines Territoriums in
kirchenrechtlichen Fragen selbst entscheiden konnte. Sein Nachfolger, Graf
Ludwig, legte 1568 aus dynastischen
Gründen sein Amt als Domherr in
Mainz nieder, heiratete und nahm das
evangelische Bekenntnis an.
1596 trat Graf Wolfgang Ernst I. von
Isenburg die Regierung an. Er hatte in
Straßburg studiert und war dort zum
reformierten Glauben übergetreten,
weshalb er in Offenbach – zunächst
gegen den Widerstand der Bevölkerung – den Calvinismus einführte.
Doch schon 1598 bekannten sich nur
noch wenige Familien zur lutherischen
Lehre. Graf Wolfgang Ernst I. und sein
Nachfolger Johann Philipp von Isenburg nahmen französische und niederländische Glaubensflüchtlinge auf.

Sie sollten der Grafschaft zu wirt-
schaftlichem Aufschwung verhelfen
und die durch den Dreißigjährigen
Krieg stark dezimierte Bevölkerungs-
zahl erhöhen. Das reformierte Bekenntnis blieb bis 1699 gültig – mit
Ausnahme der Jahre 1635 bis 1642: In
dieser Zeit war die Grafschaft dem lutherischen Landgrafen Georg II. von
Hessen-Darmstadt unterstellt. 1642
schloss dieser mit den Isenburgern
einen Vertrag, der sie wieder in ihre
Rechte einsetzte.

OFFENBACH AM MAIN
Stadt Offenbach

KIRCHHOF ST. PANKRATIUS
Epitaph der Familie von
La Roche

⊗ Stiftstraße 5
⊛ Katholische Pfarrgemeinde
❂ Anmeldung über das Pfarrbüro
ⓘ Pfarrbüro, Tel. 069 865043

Erst seit 1908 gehört Bürgel zur
Stadt Offenbach am Main. In der Reformationszeit war seine ländliche
Bevölkerung durch die Bindung an
das Erzbistum Mainz katholisch geblieben, während sich das nahege-
legene Offenbach unter der Herrschaft der Isenburger zum neuen
Glauben bekannte. Cuius regio, eius
religio – wessen Region, dessen Religion, wie es der Augsburger Religionsfrieden von 1555 für das gesamte Reich geregelt hatte. Die damaligen Weichenstellungen sollten

für Jahrhunderte das Leben bestimmen, vor allem auch im privaten Bereich.

Sophie von La Roche (1730–1807), erfolgreichste in deutscher Sprache schreibende Frau des 18. Jahrhunderts, Großmutter von Clemens und Bettine Brentano, hatte sich im Jahr 1786 in Offenbach niedergelassen. Die isenburgische Residenzstadt mit knapp 6.000 Seelen, beschaulich vor den Toren Frankfurts gelegen, war ihr Altersdomizil. Bestattet wurde die Protestantin 1807 jedoch im katholischen Bürgel. Dort hatte ihr Ehemann Georg Michael Frank von La Roche – ehemals kurtrierischer Kanzler und katholischer Konfession – bereits knapp zwanzig Jahre zuvor, 1788, seine letzte Ruhestätte gefunden. In Offenbach existierte nämlich keine katholische Gemeinde und somit auch kein entsprechender Friedhof. Erst 1828 sollte in der Stadt die katholische Sankt Paulskirche geweiht werden. In den Jahren 1896/97 wich das Kirchenschiff der Bürgeler Kirche einem vergrößerten Neubau. Dafür wurde der Friedhof aufgelassen, das Grabmal der Familie von La Roche wenige Meter zum 1492 errichteten Kirchturm umgesetzt. Seit 1928 gibt es sogar zwei Grabmale: Zum Schutz vor Witterungsschäden wurde das Epitaph am Kirchturm durch eine Kopie ersetzt, das Original im Arkadengang des Isenburger Schlosses in der Innenstadt aufgestellt.

Die gemeinsame Bestattung der Eheleute und eines Sohnes bedeutete – bevor es kommunale Friedhöfe und standesamtliche Trauungen gab – eine seltene Überwindung durch die Reformation hervorgebrachter konfessioneller Schranken. Diese Barmherzigkeit war der stattgefundenen Eheschließung nach katholischem Ritus geschuldet. •

Epitaph: Denkmal mit Gedenkinschrift zur Erinnerung an die Familie von La Roche

ROD AN DER WEIL
Hochtaunuskreis

KIRCHE
Johannes Hell, ein Papist im reformierten Hessen

- ✖ Am Kirchberg 4
- ⬡ Evangelische Kirchengemeinde
- ◷ nach Vereinbarung
- ⓘ Tel. 0608 3356; www.evangelisch-weilrod.evangelisch-hochtaunus.de

Der Turm der neoromanischen Kirche ist im Kern aus gotischer Zeit, neben der Kirche steht die 1884 gepflanzte Luther-Linde.

Unter den Ortschaften im Weiltal waren Neuweilnau und der alte Pfarrort Rod an der Weil Schauplätze der Reformation in der Grafschaft Nassau-Weilburg. Der junge Graf Philipp III. öffnete sich nach der Übernahme der Regierung 1523 früh den reformatorischen Ideen. Entscheidend voran kamen diese durch die Berufung Erhard Schnepfs, Schüler des Luther-Lehrers Bartholomäus Arnoldi aus Usingen und Begleiter Luthers bei der Heidelberger Disputation 1518. In Neuweilnau fand er durch den Hofkaplan Henricus Romanus einen Unterstützer und Romanus war es, der 1527 in Usingen die erste evangelische Predigt hielt. Er setzte die Arbeit Schnepfs fort, erließ 1533 eine neue Kirchenordnung und wurde zum Visitator der Pfarreien bestellt. Auch in Rod an der Weil sah er nach dem Rechten und musste feststellen, dass nicht überall die neue Lehre auf fruchtbaren Boden gefallen war. Der Pfarrer Johannes Hell in Rod an der Weil predigte auch in dem zu dreiviertel kurtrierischen Hasselbach, trat dort aber noch „als Papist" auf und versah die Gemeinde auf deren Wunsch mit den vertrauten katholischen Diensten. Romanus stellte dem Pfarrer frei, entweder an beiden Orten evangelisch zu predigen oder die Pfarrstelle zu verlassen. Der Pfarrer folgte zunächst den Anweisungen und blieb. Aber es war kein Zustand auf Dauer. Der nassauische Graf erwarb 1544 das Patronat in Hasselbach und teilte die Pfarrei auf. Hell wurde katholischer Pfarrer in Hasselbach, Rod an der Weil blieb protestantisch und bekam mit Wigand Beirheim einen evangelischen Pfarrer.

ROTENBURG AN DER FULDA
Landkreis Hersfeld-Rotenburg

EHEMALIGES LANDGRAFEN-SCHLOSS

- ⊗ Landesfinanzschule, Schlossgasse
- ◈ Land Hessen
- ➊ außen frei zugänglich
- ➊ Tourist-Information, Tel. 06623 5555

Schon im 12. Jahrhundert hatten die Landgrafen von Thüringen vermutlich eine Burg zum Schutze des Fuldaübergangs und der sich dort ansiedelnden Bevölkerung errichtet. Ob diese allerdings an der Stelle des ab 1470 durch Landgraf Ludwig II. errichteten Schlosses am linken Ufer der Fulda gelegen hat, ist nicht erwiesen. Durch einen großen Brand bereits 1478 zerstört, wurde die Anlage schon bald wieder aufgebaut. Am 4. März 1540 wurde in diesem Schloss in Anwesenheit von Melanchthon und Bucer die morgana-tische Ehe von Landgraf Philipp dem Großmütigen mit Margarethe von der Saale geschlossen. Unter der Voraussetzung der Geheimhaltung hatte auch Martin Luther zu dieser Zweitehe, die dem Landgrafen politisch schwer schaden sollte, seine Einwilligung gegeben.

Landgraf Wilhelm IV. begann 1570 mit einem grundsätzlichen Neubau, der auch die Anlage eines großen Lustgartens umfasste und erst 1607 unter Landgraf Moritz vollendet wurde. Die vierflügelige, stattliche Anlage mit Treppentürmen in den Hofecken enthielt im fuldaseitigen Nordflügel im Anschluss an den dreigeschossigen Parkflügel eine zweigeschossige Schlosskapelle, in der noch vor dem Bau in Schmalkalden der neue protestantische Typus mit Emporen sowie übereinander angeordnetem Altar und Kanzel an der nördlichen Langseite umgesetzt wurde. Die obere Empore war dabei dem Landgrafen vorbehalten, der

Das an der Fulda gelegene ehemalige Landgrafenschloss

einen direkten Zugang besaß. Über dieser Kapelle lag noch ein großer Speisesaal.

Im Dreißigjährigen Krieg wurde das Schloss, das seit 1627 Residenz der Kasseler Nebenlinie Hessen-Rotenburg war („Rotenburger Quart"), mehrfach geplündert, aber nicht zerstört. Der Westflügel wurde 1750–1756 durch einen barocken Bau ersetzt, der Nordflügel nach Plänen von F. I. Mangin ab 1790 erneuert, wobei die Kapelle entfernt wurde. Bei dieser Gelegenheit wurde auch der Ostflügel abgebrochen, so dass sich die Anlage heute als Dreiflügelbau zum Park hin öffnet. Nach dem Erlöschen der Nebenlinie Hessen-Rotenburg 1835 fiel das Schloss an das Kurfürstentum Hessen, später an Preußen. Heute beherbergt es die Landesfinanzschule Hessen.

SCHLÜCHTERN
Main-Kinzig-Kreis

EHEMALIGES BENEDIKTINER-KLOSTER

❌ Im Kloster

🔺 Evangelische Kirche Kurhessen-Waldeck

🅐 außen frei zugänglich, innen nur mit Führung

ℹ️ Büro für Touristik, Tel. 06661 85360; www.schluechtern.de

Der Abt Petrus Lotichius des Schlüchterner Benediktinerklosters beschritt in seiner Amtszeit 1534 bis

Der Grabstein für Petrus Lotichius wurde 1571 in Fulda gefertigt.

1567 einen reformationsgeschichtlich besonderen Weg. Hintergrund dafür waren schwierige territoriale Verhältnisse, denn das Kloster lag in der seit 1528 reformierten Grafschaft Hanau-Münzenberg, gehörte aber zum Bistum Würzburg. Der 1501 in Niederzell geborene Peter Lotz lebte seit 1517 im Schlüchterner Kloster. Als dessen Abt ging es Lotichius vor allem darum, die Existenz des Klosters zu sichern und eine Säkularisierung abzuwenden. Zunächst gewann er erfolgreich Konventualen bzw. Prediger für die zahlreichen Klosterpfarreien und richtete im Kloster eine humanistisch geprägte Schule ein, um qualifizierten Nachwuchs für die seelsorgerischen Aufgaben zu gewinnen. 1543 legte Lotichius eine eigene Kirchenordnung für die Abtei und deren Pfarreien vor. Diese Schrift folgte dem Vorbild des Fuldaer Fürstabtes Philipp Schenk zu Schweinsberg, widersprach aber der Haltung des Würzburger Bistums. Nach der neuen Regelung sollten unter anderem der Gottesdienst in deutscher Sprache abgehalten, beim Abendmahl der Laienkelch gestattet und den als Pfarrer tätigen Konventualen die Heirat erlaubt werden. Das Klosterleben sollte in veränderter Form weitergeführt werden, jedoch konnte Lotichius nicht verhindern, dass viele der im Kloster ausgebildeten Pfarrer sich zur evangelischen Lehre bekannten. Lotichius' langjährige Bestrebungen um den Erhalt des Klosters wurden schließlich zunichte gemacht, als nach seinem Tod 1567 die Hanauer Grafen stärkere Macht über das Kloster gewannen und die neu gewählten evangelischen „Äbte" nur noch als Schulleiter und Pfarrer dienten. Das steinerne Grabmal für Lotichius entstand im Auftrag seines Nachfolgers, des Schlüchterner Pfarrers Siegfried Hettenus, und wurde 1571 in der Schlüchterner Klosterkirche gesetzt. Der stark beschädigte Stein befindet sich heute in der Katharinenkapelle, in der Lotichius einst seine Morgenandacht hielt. An Lotichius' Wirken erinnert zudem die 1548 gegossene Schulglocke im Ostturm des ehemaligen Klosters.

SCHMILLINGHAUSEN
Stadt Bad Arolsen
Landkreis Waldeck-Frankenberg

KIRCHE

❌ Holzhäuser Straße
☁ Evangelische Kirche
🔒 auf Anfrage
ℹ Pfarramt, Tel. 05691 59518

Die Geschichte der Kirche beginnt im Jahr 1312 mit ihrem Gründer Theoderich von Mederike. Die Kirche zum hl. Kreuz wird 1481 von den Waldecker Grafen den Antonitern in Grünberg übergeben, gehört wenig später zum Kloster Arolsen und ist mit der Einführung der Reformation 1526 wieder im Besitz der Waldecker Grafen. Über einem mittelalterlichen Mauerrest erhebt sich ein

Luther mit dem Schwan

Turm, an den sich die einschiffige Saalkirche mit einem polygonalen Abschluss im Osten anschließt. Der Kirchenbau entstand von 1717 bis 1721 aus Anlass des „evangelischen lutherischen Jubel Jahrs" zum Jubiläum der Reformation. Neben aufwändigen Portalen wurde mit der Holztonne, dem Gestühl, den Emporen und dem Orgelprospekt ein einheitlicher und stimmiger sakraler Ort geschaffen.

Das Tonnengewölbe schmückt in zwölf Feldern eine Malerei zu Ehren der Reformation. Über dem Altar finden sich die Doppelwappen des Stifterpaares, Fürst Friedrich Anton Ulrich von Waldeck und Pyrmont (1676–1728) und seiner Gemahlin, Fürstin Louise (1678–1753). Daneben im linken Feld ist Christus als guter Hirte dargestellt; in der Kartusche darunter werden die zehn Pfarrer, die seit der Reformation bis 1740 in der Kirche wirkten, verzeichnet. Im rechten Feld ist der Reformator Martin Luther selbst mit Bibel und Schwan dargestellt. In der zugehörigen Kartusche darunter wird die Dedikation mitgeteilt: „Anno 1717 als in dem anderen evangelischen lutherischen Jubel Jahr ist diese Kirche zu Gottes ehre und der Zuhörer Heyl und Seeligkeit, von Grund auff biß an den Thurm neu erbauet worden. Gottes Wort und Luthers Lehr vergehen nun und nimmermehr."

In weiteren Feldern werden in einem Himmel aus Sonne und Sternen die Heilige Dreifaltigkeit und Trompete blasende Engel präsentiert. Auf Wolken sitzend erscheinen der Evangelist Johannes, Christus, die Evangelisten Lukas und Matthäus, Moses mit den Gesetzestafeln und der Evangelist Markus. Auf dem Buch des Matthäus findet sich mit der Inschrift 1721 die Datierung der Ölmalerei. Reformatorischen Vorstellungen gemäß tritt neben das Bild der Dargestellten eine Erläuterung in aufwändiger barocker Schrift.

SPANGENBERG
Schwalm-Eder-Kreis

STADTKIRCHE ST. JOHANNIS
Grabmal der Margarethe von der Saale

- ⊗ Rathausstraße
- ⬙ Evangelische Kirchengemeinde
- ⊙ April bis Oktober: täglich 9–18 Uhr
- ⓘ Pfarramt, Tel. 05663 346

Die im März 1540 in Rotenburg geschlossene Nebenehe Landgraf Philipps mit Margarethe von der Saale wurde trotz der beabsichtigten Geheimhaltung schnell bekannt und rief weithin Unverständnis, Ablehnung und Empörung hervor. Der Vorgang entwickelte sich zu einem moralischen und politischen Problem, das die Position des Landgrafen zunehmend beeinträchtigte und schließlich zu schwerwiegenden Folgen für das Land wie auch den Fortgang der Reformation führte.

Der gleichzeitige Aufenthalt Margarethes und der ersten Gemahlin Philipps, Landgräfin Christine, in der Residenzstadt Kassel erschien undenkbar, so dass für die jüngere ein eigener Ort gefunden werden musste. Sie wurde im Schloss Spangenberg untergebracht, ein von den hessischen Fürsten häufig zu Jagden aufgesuchter und auch als Witwensitz von Landgräfinnen genutzter Besitz. Landgraf Philipp hatte ihn ab etwa 1520 zudem stark befestigen lassen. Margarethe von der Saale, die neun Kinder gebar, blieb bis zu ihrem Tod 1566 in Spangenberg. 1565 kaufte Philipp ihr den am nordöstlichen Rande der Stadt gelegenen Lehensbesitz des Balthasar Philipp von Boyneburg und ließ das dortige Wohnhaus umbauen. Die angeblich ab 1540 erfolgte Nutzung eines anderen, am Rande des Marktplatzes stehenden und mit einer kleinen Gedenktafel versehenen Hauses ist hingegen nicht belegbar.

Das Grabmal der „Nebenfrau" mit getilgten Wappen

Nach Margarethes Tod gab Landgraf Philipp ein Bildnisgrabmal aus Merxhausener Sandstein zur Aufstellung in der Stadtkirche in Auftrag. Von Groteskenfeldern gerahmt, zeigt es die künstlerisch nicht sonderlich anspruchsvolle Standfigur der Verstorbenen mit Gebetsgestus in zeitüblicher Kleidung aus plissiertem Rock, Pelerine und Haube. In der oben anschließenden großen Inschriftentafel wird an „die tugentsame Fraw Margretha Landtgraff Philipsen des Eltern andere eheliche Gemhall" erinnert. Die Inschrift und vor allem die beiden Wappen auf dem Grabstein stießen bei den Söhnen Philipps aus der ersten Ehe auf heftige Ablehnung, so dass sie bereits 1572 erwogen, das Monument zu beseitigen. Die Wappen der Toten und des Landes wurden abgearbeitet, der Grabstein aber blieb. ●

SPIESKAPPEL
Gemeinde Frielendorf
Schwalm-Eder-Kreis

JOHANNESKIRCHE

⊗ Am Glockenrain 27
◈ Evangelische Kirchengemeinde
◔ nach Vereinbarung
ⓘ Tel. 05684 421;
www.kloster-spieskappel.de

Landgraf Philipp lud – politisch motiviert – 1529 führende evangelische Theologen zu Religionsgesprächen in das Marburger Schloss ein, um eine Einigung der beiden protestantischen Richtungen herbeizuführen. Jedoch konnten die lutherischen und die reformierten Vertreter, wie Ulrich Zwingli aus Zürich, in der Auffassung der Gegenwart Christi im Abendmahl keine Übereinstimmung erzielen.

Der zu den Religionsgesprächen gebetene Martin Luther war mit Philipp Melanchthon und anderen am 15. September 1529 in Wittenberg aufgebrochen, um durch das Kurfürstentum Sachsen in die Landgrafschaft Hessen zu reisen. Über Netra, Waldkappel, Spangenberg und Homberg erreichte die mittlerweile auf über 40 Personen und 36 Pferde angewachsene Reisegruppe am 28. September 1529 das Kloster Spieskappel. Dieses im 12. Jahrhundert gegründete Prämonstratenserstift war 1527 aufgehoben worden, jedoch wohnten hier noch der letzte Abt Johannes Werner und einige Mönche. In welchen Klostergebäuden Luther und seine Reisegefährten nächtigten, ist unbekannt. Die ehemaligen Bauten auf dem Klostergelände sind heute weitgehend verschwunden, nur große Teile der Mauer, ein Teich und die teilweise abgetragene Kirche St. Johannes erinnern noch an die Klosterzeit.

Am 29. September 1529 zog die Gruppe mit Luther und Melanchthon weiter nach Treysa, um über Kirchhain am 30. September ihr

Reisestation Luthers 1529

Reiseziel zu erreichen. Auf der Rückreise von den Marburger Religionsgesprächen legte die Reisegruppe auf dem Weg nach Wittenberg am 6. Oktober 1529 in Spieskappel wieder eine längere Rast ein, bei der die ca. 40 Pferde gefüttert wurden. Übernachtet wurde diesmal aber nicht in dem ehemaligen Kloster, sondern in Waldkappel.

Bis heute dient die aus Tuffstein erbaute romanische Klosterkirche, deren Chor und Ostteile des Langhauses sowie das südliche Seitenschiff im 16. Jahrhundert niedergelegt wurden, als evangelische Pfarrkirche von Spieskappel. Eine Bronzetafel neben dem Eingang erinnert an die Aufenthalte Martin Luthers 1529 an diesem Ort.

SPRENDLINGEN
Stadt Dreieich
Landkreis Offenbach

LATEINSCHULE

- ⊗ Tempelstraße 2 (Lindenplatz)
- ◉ Evangelische Kirche in Hessen und Nassau
- ◑ außen frei zugänglich, innen nach Voranmeldung
- ❶ Pfarramt, Tel. 06103 67263

In der Westfront der Sprendlinger Kirche sieht man heute noch das Portal der mittelalterlichen Kirche, in der Erasmus Alberus predigte. Diese alte Kirche, dem heiligen Laurentius geweiht, war geostet und wurde 1716 in den Bau der heutigen Kirche integriert. Von 1528 bis 1539 war sie Wirkungsstätte von Erasmus Alberus, der von hier aus die Dreieich reformierte, nachdem ihn Landgraf Philipp von Hessen berufen hatte. Alberus begann seine seelsorgerische Tätigkeit sehr vorsichtig. So beließ er die alten Bilder in der Sprendlinger Kirche und beim Gottesdienst trug er den bunten Chorrock. Außerdem hielt er die bisherigen Feiertage bei und an der Liturgie änderte er nur wenig. Er ließ lateinische Lieder und den vierstimmigen Chor zu. Neben seiner Pfarrtätigkeit gründete er in Sprendlingen eine Lateinschule. Hier konnten Schüler auch wohnen und so hatte er im Jahre 1535 bereits 12 Schüler. Leider musste die Schule 1535 we-

gen einer Seuche wieder schließen. Ein Problem für Alberus war, dass der Kirchsatz für Sprendlingen und seiner Filialkirche Götzenhain zwar beim lutherisch denkenden Landgrafen Philipp lag, die Feudalherren aber waren die Grafen von Isenburg. Im Hayn der Dreieich wurde bis 1549 katholischer Gottesdienst gehalten. Besonders der Pfarrer vom Hayn, Konrad Rheinbruckher, war Alberus gegenüber nicht sehr freundlich gesinnt. Alberus musste aber den Hayn passieren, wenn er zu seiner Filialkirche wollte. Rheinbruckher galt als sehr grober und rabiater Zeitgenosse und auch Alberus verglich ihn aufgrund seiner Bewaffnung mit Schwert, Beil und Bleikugel mit einem Mörder. Rheinbruckher verwehrte ihm mehr als einmal mit kör-

Die Kirche mit ihrem mittelalterlichen Portal

perlicher Gewalt die Passage durch den Ort Hayn.

Ob Alberus auch an der Lateinschule im Hayn unterrichtet hat, wie von mehreren Autoren berichtet wird, scheint fraglich. Nicht nur, weil die Sprendlinger Schule als evangelisches Gegenstück zur katholischen im Hayn gedacht war, sondern auch weil Rheinbruckher ganz sicherlich seinen Einfluss geltend gemacht hätte, den Lutheraner in seinem Ort nicht tätig werden zu lassen.

TANN
Landkreis Fulda

SCHLOSS

❌ Schlossstraße
🐚 privat
🔵 Gelbe Schloss: bei Führungen
ℹ️ Tann'sche Forstverwaltung, Tel. 06682 228

Stadtseitiger Schlossturm mit Genealogie der Familie von der Tann

Das kleine Städtchen Tann in der hessischen Rhön ist eng mit der Geschichte des gleichnamigen Adelsgeschlechts verbunden. Besonders Eberhard von der Tann (1495–1574), ein Freund und Mitstreiter Luthers, prägte Entwicklungsgeschichte und Erscheinungsbild Tanns. 1534 führte er in der Stadt und dem kleinen Herrschaftsgebiet die Reformation ein, was zu langwierigen Konflikten mit den Äbten von Fulda führte. Eberhard, der über Jahrzehnte am zunächst kurfürstlichen, später herzoglichen Hof der sächsischen Wettiner bedeutende politische Ämter inne hatte, konnte auf seinen zahlreichen diplomatischen Missionen zu Reichstagen und Religionsgesprächen auch den Respekt der kaiserlichen Partei erringen. So verlieh Kaiser Karl V. im Jahre 1541 als Zeichen der Wertschätzung Eberhards dem kleinen Städtchen Tann die Marktrechte. Parallel zu dieser wirtschaftlichen Aufwertung initiierte Eberhard von der Tann zahlreiche Bauprojekte, die die städtische Entwicklung Tanns maßgeblich beförderte. Hierzu zählen u. a. der Neubau einer evangelischen

Kirche, die Errichtung einer zeitgemäßen Befestigungsanlage und der Ausbau der mittelalterlichen Burg zu einer repräsentativen Schlossanlage. Auch wenn der evangelische Kirchenbau von 1564 im 19. Jahrhundert durch einen Brand zerstört und durch einen Neubau ersetzt wurde, zeugen die Reste der Fortifikationsanlage mit dem imposanten zweitürmigen Stadttor von 1557 und Teile des später zu einer Vierflügelanlage ausgebauten Schlosses von der regen Bautätigkeit zur Zeit Eberhards von der Tann. Das ab 1558 im Auftrag Eberhards errichtete sogenannte Rote Schloss zeigt über dem Eingang des hofseitigen Treppenturms das Wappen des Erbauers und das seiner Ehefrau, Anna von Schweinsberg.

Auch der sich nordöstlich anschließende Schlossflügel, das sogenannte „Blaue Schloss" wurde im Kern im 16. Jahrhundert von Christoph von der Tann, einem Bruder Eberhards errichtet und zwischen 1680 bis 1716 barock umgestaltet. Aus der Entstehungszeit stammt noch der zur Stadt ausgerichtete polygonale Eckturm, an dem Wappen und unter den Fenstern befindliche Inschriftfelder die Genealogie der Familie des Christoph von der Tann aufzeigen. Dieses genealogische Programm, mit dem Christoph von der Tann sich und seiner Familie ein steinernes Denkmal setzte, ist in Hessen einmalig. ●

TREBUR
Kreis Groß-Gerau

SANKT LAURENTIUSKIRCHE
Lutherstatue

❌ Obere Pforte 24
⛪ Evangelische Kirchengemeinde
🕐 auf Anfrage
ℹ️ Tel. 06147 3177; www.gg-online.de

Obwohl in Trebur relativ früh die Reformation eingeführt wurde, der erste lutherische Prediger ist 1528 nachweisbar, behielt die Kirche den Namen Sankt Laurentius-Kirche.
Hier befindet sich eine annähernd lebensgroße Statue, die Luther mit einem Schwan zeigt und aus der Werkstatt des Frankfurter Bildhauers J. D. Schnorr von 1752 stammt. Darstellungen Luthers mit Schwan gehen zurück auf eine Legende um

Luther weist auf den Altar.

den Vorreformator Jan Hus, dessen Familienname auf Deutsch Gans bedeutet. Er soll bei seiner Hinrichtung 1415 gesagt haben: „Heute bratet ihr eine Gans, aber aus der Asche wird ein Schwan aufstehen." Später bezog dies Luther auf seine Person und nach seinem Tode entwickelte sich der Bildtypus „Luther mit Schwan".

Noch unbekannt ist der erste Urheber dieses Motives und wann es zum ersten Mal aufkam. Einzelne Beispiele stammen vermutlich noch aus dem späten 16. Jahrhundert. Im 17. und 18. Jahrhundert spielte es eine große Rolle bei der Verklärung Luthers, seines Lebens und seines Werkes. Es gilt als formales Bindeglied zwischen den Darstellungen Cranachs und den Lutherdenkmalen des 19. Jahrhunderts. Heute gilt der Schwan als allgemeines Symbol Luthers.

Plastische Darstellungen von Luther mit Schwan sind selten. Die Statue in der Kirche in Trebur gilt als einzigartig nicht nur in Hessen. Sie steht, angebracht auf Höhe der Empore, auf einem flachen Sockel. Der wuchtige Körper wird von einem filigran herausgearbeiteten Überrock umhüllt, der ein Wams und einen Kragen teilweise sichtbar lässt. Der Oberkörper ist leicht nach hinten geneigt, das Gesicht der Gemeinde zugekehrt. Mit seiner rechten Hand weist Luther auf die Orgel im Altarraum, in seiner linken hält er die Bibel. In die zwischen 1748 und 1754 von Lichtenberg grundlegend erneuerte Kirche wurde die Lutherstatue bewusst einem hölzernen Kruzifix mit Corpus Christi gegenübergestellt. Unter anderem damit entsprach die Innenraumgestaltung den Empfehlungen des protestantischen Architekturtheoretikers Ludwig Christian Sturm.

USINGEN
Hochtaunuskreis

LAURENTIUSKIRCHE
Bartholomäus Arnoldi aus Usingen

- ⊗ Kirchgasse 10
- ⬡ Evangelische Kirchengemeinde
- ⊙ nach Anmeldung im Gemeindebüro
- ⓘ Tel. 06081 3022; www.usingen. evangelisch-hochtaunus.de

In der Usinger Laurentiuskirche hatte einst die Familie des Ratsherrn und Webers Mebes Arnold nach dem allein selig machenden katholischen Bekenntnis ihre Weihen empfangen. Zur Familie gehörte auch der um 1465 geborene Bartholomäus, den der Vater zum Studium nach Erfurt schickte. Dort brachte er es bis zum Professor für Philosophie. Arnoldi, wie er latinisierend genannt wurde, lehrte Aristoteles und die auf diesem fußende Scholastik. Dabei war er dem Nominalismus verpflichtet, der unter anderem den platonischen Ideen und Universalien nicht den Charakter realer

Entitäten zubilligte, sondern diese auf ihr begriffliches Wesen beschränkte. Er hinterließ naturphilosophische Arbeiten und Schriften zur Logik. Zu seinen Studenten gehörte auch Martin Luther. 1501 war dieser in die Universität eingetreten und wurde vier Jahre später Magister Artium. Als Professor wird Arnoldi nicht ohne Einfluss auf die akademische und weltanschauliche Entwicklung Luthers gewesen sein, aber die Forschung geht auch von einem freundschaftlichen Verhältnis zwischen Lehrer und Schüler und gegenseitiger Beeinflussung aus. So soll Arnoldi seinerseits unter dem Einfluss Luthers 1512 in den Augustinerorden eingetreten sein. Zwei Jahre später promovierte Arnoldi auch in Theologie. Nach der Veröffentlichung der Thesen wandte sich Arnoldi aber von Luther ab und wurde zu einem eifrigen Gegner der Reformation. Er verfasste Streitschriften auch gegen Melanchthon, den zweiten großen Reformator neben Luther. Am 9. September 1532 starb Arnoldi in Erfurt.

WEILBURG
Landkreis Limburg-Weilburg

EHEMALIGES GYMNASIUM PHILIPPINUM

- ⊗ Mauerstr. 1
- ⌂ Stadt Weilburg
- 🛈 außen frei zugänglich
- 🛈 Kreis- und Stadtbibliothek, Tel. 06471 30339

Bereits für 1231 ist eine Schule am Weilburger Walpurgisstift bezeugt. Nachdem Graf Philipp III. von Nassau-Weilburg (1504–1559) Eberhard Schnepf 1525/26 zum ersten evangelischen Prediger in Weilburg berufen hatte, setzte sich die Reformation auch in der Herrschaft durch. Die Gründung der ersten freien, das heißt von Stiftern und Klöstern unabhängigen Schule im Nassauer Land, in der heutigen Bogengasse in Weilburg, geschah ganz im Sinne Luthers und unter strenger Kontrolle des protestantischen Landesherrn. Die Urkunde Philipps vom

Die barockisierte Laurentiuskirche stammt noch aus vorreformatorischer Zeit.

15. Oktober 1540 ermöglichte erstmals die Unterrichtung nicht nur für den kirchlichen, sondern auch für den weltlichen Dienst. Schnell erlangte die Freischule eine erste Blüte. Bereits 1559 besuchten 62 einheimische und 59 fremde, von außerhalb Nassaus stammende Schüler die Schule. Während des Dreißigjährigen Krieges war sie vermutlich geschlossen, doch erfuhr sie danach große Aufmerksamkeit der Grafen. Seit 1761 wurde der Druck von Schulprogrammen bewilligt, sodass seit dieser Zeit genaue Angaben vorliegen. 1764 vollzog sich die Erhebung der alten Gelehrtenschule zu einem Gymnasium und 1780 bezog man ein neues Schulgebäude in der Mauerstraße.

Die schulische Tradition in Weilburg ist seit 1231 bezeugt.

Anlässlich der 400-Jahr-Feier wurde die Schule nach ihrem Gründer Gymnasium Philippinum benannt. Der zweigeschossige palasthafte Bau wurde von Friedrich Ludwig Gunkel 1776 entworfen und Johann Ludwig Leidner nahm Veränderungen zu einem steil anlaufenden Mansardwalmdach vor. Der Hauptbau gliedert sich in 13 Achsen, die sich bis in die Dachgauben fortsetzen. Die Hauptfassade wird von zwei Seitenrisalten mit schönen Portal- und Fensterausschmückung im Louis-Seize-Stil eingefasst. Die Eingangstüren führten einst zu den Wohnungen von Rektor und Konrektor. Zentral im schmucklosen Mittelbau findet sich über dem Portal in den eigentlichen Schulbau die Inschrift „Gymnasium". Nach etlichen Umbauten im Innern des Gebäudes beherbergt es heute unter anderem die Kreis- und Stadtbücherei.

WETZLAR
Lahn-Dill-Kreis

DOM

- ❌ Domplatz
- ⛪ Katholische Domgemeinde/Evangelische Kirchengemeinde Wetzlar
- 🕐 April bis September: 9–19 Uhr; Oktober bis März: 10–16.30 Uhr
- ℹ www.wetzlar.de; www.dbv-wetzlar.de

Die Wetzlarer Stiftskirche wird – obwohl sie nie Bischofssitz war – als Marienpatrozinium auch Dom Unserer Lieben Frau genannt und ist

Der Dom wird seit 1561 von beiden Konfessionen genutzt.

hauses durch die katholischen Stiftsherren und die nunmehr evangelischen Wetzlarer Bürger. Das Kirchenschiff wurde Heimstatt der lutherischen Gemeinde, Chorraum und Kapellen beherbergten die Katholiken. Jahrhunderte lang diente dabei der Lettner als Chorschranke – bis er 1945 durch einen Bombentreffer zerstört wurde.

Auseinandersetzungen blieben auf dem Weg der Simultannutzung nicht aus. So verboten die Stiftsherren kurz nach dem Übertritt zur Reformation den Lutheranern das Betreten der Kirche, diese besetzten daraufhin 1567 das Kirchenschiff. Doch bei wichtigen Entscheidungen war man zum Kompromiss verpflichtet. Beispielsweise bestritt man den Unterhalt des lutherischen Pfarrers, der als kirchenhistorische Kuriosität von der Bürgerschaft gewählt, aber vom Stiftsdekan bestätigt und offiziell eingesetzt wurde, aus einer Stiftspfründe.

Nach dem Zweiten Weltkrieg wurde der Gottesdienst am selben Altar gefeiert. Nach Jahrhunderten des Streits wurde der Weg friedlicher Koexistenz beschritten, man wuchs in Nutzungsfragen und Verantwortung für das Bauwerk zusammen.

Heute stehen mit Ausnahme der Sakristeien alle Räume des Doms beiden Konfessionen offen. Ein ökumenisches Gemeindeleben mit gemeinsamen Veranstaltungen ist fast 600 Jahre nach der Reformation Alltag im Wetzlarer Dom.

der größte Sakralbau der Stadt. Im Wesentlichen bestimmen drei Auf-, Um- und Ausbauphasen die Errichtung der Kirche, die von der Romanik bis in die Spätgotik reichen und der dreischiffigen Hallenkirche mit Rippengewölbe sowie Doppelturmfassade ihr charakteristisches Aussehen verleihen. Finanzieller Bankrott der Stadt, Pestepidemien und Streitigkeiten mit den Solmser Grafen ließen das Bauwerk Torso bleiben.

1542 bekannte sich Wetzlar zum neuen Glauben, doch das unter Reichsschutz gestellte Marienstift blieb davon zunächst unbeeinträchtigt. 1561 entschloss man sich zur gemeinsamen Nutzung des Gottes-

WIESBADEN
Stadt Wiesbaden

LUTHERBRIEFE
Hessisches Hauptstaatsarchiv

- ⊗ Mosbacher Straße 55
- ◔ Land Hessen
- ◕ Mo–Fr 9–17.30 Uhr
- ⓘ Tel. 0611 8810;
  www.hauptstaatsarchiv.hessen.de

„Gott der allmechtig gebe yhm seinen heiligen geist, das er viel frucht schaffe ynn dem Evangelio zu vieler leute trost und heil Amen." Mit diesen Worten schloss Martin Luther am 17. August 1538 einen Empfehlungsbrief für Johann Beyer an Graf Philipp III. von Nassau-Weilburg. Vorausgegangen war offenbar die Bitte des Grafen an den Reformator, ihm einen geeigneten Prediger zu nennen, mit dem er die Pfarrstelle in Weilburg besetzen könnte. Philipp III. befand sich in einer misslichen Situation, da er die Reformation in seinem Herrschaftsgebiet nur sehr schleppend umsetzen konnte. Vor allem mangelte es an ausgebildeten Pfarrern, die in der Lage waren, die Lehren Luthers zu predigen. In Weilburg, dem Hauptort der Grafschaft, herrschte eine hohe Fluktuation, sodass innerhalb weniger Jahre schon der vierte neue Pfarrer gesucht wurde. Insbesondere das Fehlen von Gehilfen beziehungsweise die schlechte Bezahlung erschwerte deren Arbeit. Hinzu kam wohl noch, dass ein Geistlicher gesucht wurde, der wie der erste evangelische Prediger in Weilburg, Eberhard Schnepf, eine gewisse politische Wirkmächtigkeit besaß. Aller-

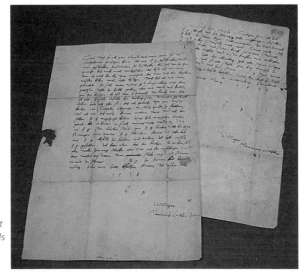

Luther empfiehlt Johann Beyer als Pfarrer für Weilburg.

dings konnte auch Luther in seinem Brief nur einen ehemaligen katholischen Stiftsherrn benennen, den er für geeignet hielt als Kaplan zu wirken. Die Ausbildung evangelischer Pfarrer von der Pike auf befand sich zu dieser Zeit noch im Aufbau. Notgedrungen stimmte Philipp III. Luthers Vorschlag zu. Er schickte 20 Taler Reisegeld, sodass Johann Beyer mit Frau und Kind den weiten Weg von Sachsen nach Weilburg antreten konnte. Doch auch er blieb nur drei Jahre in Weilburg. Dann beklagte Beyer sich beim nassauischen Oberamtmann Friedrich von Reifenberg über seine schlechte wirtschaftliche Lage und kündigte an, mit seiner Familie wieder zurück nach Sachsen zu gehen. Um Beyer zumindest in seinem Territorium zu halten, ernannte ihn Philipp III. daraufhin zum Pfarrer von Usingen, wo er 1567/68 auch verstarb. ◉

WIESBADEN
Stadt Wiesbaden

LUTHERKIRCHE

❌ Sartoriusstraße 16
☁ Lutherkirchengemeinde
🕐 Mo–Fr 16–18 Uhr, So 15–17 Uhr
ℹ Tel. 0611 8906730;
www.lutherkirche-wiesbaden.de

Die Einführung der Reformation in Wiesbaden verlief, aufs Ganze betrachtet, eher ruhig. Sie wurde durch die Ernennung von Wolf Denthener, genannt Evander zum ersten lutherischen Pfarrer der Mauritiuskirche im Jahre 1543, also relativ spät im Vergleich zum hessischen Nachbarterritorium, vollzogen. Der regierende nassauische Graf Philipp I., der Altherr, war weiterhin katholisch geblieben und hatte bereits in den 1520er und 30er Jahren hinsichtlich der Reformation eine distanzierte Haltung eingenommen. Diese Indifferenz des Grafen zeigte sich auch in den Jahren 1546/47, in denen Philipp sich mittlerweile zwar offen zum Augsburger Bekenntnis stellte, dem Schmalkaldischen Bund jedoch

In memoriam Martin Luther – die Lutherkirche in Wiesbaden

nicht beitrat. Auch widersetzte er sich nicht dem Augsburger Interim von 1548, das die katholische Lehre weithin restituierte, berief aber nach dessen Beseitigung im Passauer Vertrag von 1552 den Lutheraner Gompe als Hofprediger nach Idstein und betraute ihn auch mit der Leitung des Kirchenwesens in der Grafschaft. Gompe war es auch, der 1553 für die Herrschaft Wiesbaden eine vorläufige Kirchenordnung entwarf. Die 1907 bis 1910 nach Plänen des Darmstädter Architekten Friedrich Pützer erbaute Lutherkirche erinnert heute in Wiesbaden an den Reformator. Das bedeutendste Werk Pützers, dessen Ausmalung und Ausstattung ganz dem Jugendstil verpflichtet sind, wird als Meilenstein des Kirchenbaus im frühen 20. Jahrhundert gewertet. Konsequent wurde das liturgische Grundkonzept des „Wiesbadener Programms" weiterentwickelt, wie es erstmals bei der Ringkirche (1892–1894) angewandt worden war, gleichzeitig wagte man den Schritt vom reinen Sakralraum zum modernen Kirchenzentrum, denn in den Kirchenbau wurden auch ein Gemeindesaal samt Nebenräumen für alltägliche Anlässe integriert und die Pfarrhäuser baulich direkt angebunden.

Der Erinnerung an die Reformation dient aber auch die östliche Vorhalle der oben erwähnten Ringkirche, die Standbilder der vier großen Reformatoren Luther, Calvin, Zwingli und Melanchton schmücken.

WORMS
Rheinland-Pfalz, Stadt Worms

LUTHERDENKMAL

⊗ Lutherplatz
⬡ Stadt Worms
🕐 jederzeit frei zugänglich
ℹ Tourist-Information

Hier stehe ich, ich kann nicht anders, Gott helfe mir! Amen! Dieser Satz, der unterhalb der Lutherstatue zu lesen ist, fasst die lange Rede zusammen, mit der Martin Luther am 18. April 1521 beim Reichstag zu Worms vor Kaiser Karl V. seine Weigerung begründete, seine kritischen Schriften zu widerrufen. Daran und an die Entwicklung der Reformation mit Wirkung auf die ganze Welt soll dieses Denkmal erinnern. Im Auftrag des 1856 gegründeten Denkmalvereins von Ernst Rietschel und seinen Mitarbeitern Donndorf, Kietz und Schilling und dem Architekten Nikolai erstellt, wurde es im Juni 1868 feierlich eingeweiht. Rietschel entwarf, angeregt von Luthers Choral „Eine feste Burg ist unser Gott", eine burgartige Anlage, die sich zu einer Seite bühnenartig öffnet. Zwölf überlebensgroße Bronzefiguren besetzen die Architektur. In der Mitte steht hoch aufragend Martin Luther mit der rechten Faust auf der geschlossenen Bibel. Darunter weisen vier Vorreformatoren auf die vorausgegangenen

Das größte Reformationsdenkmal der Welt

Bemühungen um eine Kirchenre-
form in Europa hin. Es sind Petrus
Waldus aus Frankreich, der Begründer der Glaubensgemein-
schaft der Waldenser, John Wyclif,
Philosoph aus England, Jan Hus,
Theologe aus Böhmen, und der
strenge Dominikanerpater Girola-
mo Savonarola aus Italien. Auf
den Eckzinnen der Umfassungsmauer stehen vorne zwei Vertreter der weltlichen Macht, Kurfürst
Friedrich der Weise von Sachsen,
Landesherr und Beschützer Luthers und Landgraf Philipp von
Hessen. Hinten stehen die Humanisten Johannes Reuchlin, Professor der alten Sprachen, und sein
Großneffe Philipp Melanchthon,
der engste Mitstreiter Martin Luthers. Drei sitzende Frauenfiguren
mit Stadtkronen, symbolisieren
Ereignisse und Auswirkungen
nach 1521. Die „Augsburg" mit
Palmwedel erinnert an den Augsburger Religionsfrieden 1555, die
„protestierende Speyer" an den
Reichstag 1529 und die „Magdeburg" trauert um die Opfer der
Belagerung und Plünderung der
Stadt 1631. Vier große Reliefs am
Mittelsockel zeigen Szenen aus
Luthers Leben und Wirken. Weitere Medaillons und Inschriften
verdeutlichen das komplexe Geschehen Reformation, das in
Worms einen entscheidenden Impuls erhielt.

ZIEGENHAIN
Stadt Schwalmstadt
Schwalm-Eder-Kreis

SCHLOSS
Ziegenhainer Kirchenzuchtordnung (1539)

❌ Paradeplatz

🍃 Land Hessen

ℹ️ nicht zugänglich (Justizvollzugsanstalt)

ℹ️ Museum der Schwalm,
   Tel. 06691 3893;
   www.museumderschwalm.de

Die Kirchenzuchtordnung wurde im Schloss von Ziegenhain erarbeitet.

Im November 1538 trafen sich im Fürstensaal des Ziegenhainer Schlosses ein Gremium von zehn Theologen sowie die Räte Philipps des Großmütigen und die Gesandten der Städte. Vorausgegangen waren diesem Treffen in Ziegenhain Gespräche Martin Bucers mit den Wiedertäufern, deren Bewegung zu dieser Zeit immer mehr an Zuspruch in der Bevölkerung gewann. Um dieser Entwicklung entgegenzuwirken, suchte man das Gespräch mit den Täufern. Mit dieser Vorgehensweise bewies Philipp eine für diese Zeit ungewöhnliche Toleranz. Der Landgraf hatte auch die Notwendigkeit erkannt, eine Evangelische Gemeindeordnung einzuführen. In Ziegenhain sollte nun über den Entwurf einer solchen „Kirchenzuchtordnung" beraten werden. Die Festung Ziegenhain wurde als Ort für das Treffen gewählt, damit dieses möglichst geheim blieb. Man wollte großes Aufsehen vermeiden, um bei einem Scheitern nicht wieder, wie in Marburg 1529, blamiert dazustehen. Gleichzeitig bot die militärische Situation in Ziegenhain die Gewähr, dass nichts nach draußen dringen konnte. Fest, und damit auch dicht, wie Ziegenhain, das galt auch für diese Gespräche. Anfang 1539 trat die Kirchenordnung in Kraft und wurde zum Vorbild für viele andere evangelische Landeskirchen. Die Ziegenhainer Kirchenzuchtordnung hatte nicht nur eine theologische, sondern auch eine soziale Relevanz. Sie konnte regelnd und auch strafend in die Gesellschaft eingreifen. Die wichtigsten Einführungen waren das Amt der gewählten Kirchenältesten und die Konfirmation. Beides kam den Forderungen der

Wiedertäufer als Kompromiss entgegen. Mit den Kirchenältesten wurden Laien stärker in die Kirche eingebunden. Die Kindertaufe wurde beibehalten, jedoch führte man mit der Konfirmation die Bestätigung des Taufbekenntnisses im beginnenden Erwachsenenalter ein. Um die dazugehörige „Unterweisung im Glauben" für die Konfirmanden zu gewährleisten, wurden Schulen eingerichtet, was das umfangreiche Bildungsprogramm ergänzte, das Philipp in Hessen nach der Reformation begonnen hatte.

Der historische Ort, an dem die Ziegenhainer Kirchenzuchtordnung beschlossen wurde, ist heute nicht mehr öffentlich zugänglich, da das Schloss zur Justizvollzugsanstalt gehört. Dennoch kann sich die Stadt Ziegenhain damit rühmen, dass hier die Konfirmation „erfunden" wurde und von hier aus um die Welt ging.

ZIEGENHAIN
Stadt Schwalmstadt
Schwalm-Eder-Kreis

WASSERFESTUNG

ℹ Museum der Schwalm,
Tel. 06691 3893;
www.museumderschwalm.de

Landgraf Philipp musste die Einführung der Reformation in Hessen auch militärisch absichern, deshalb begann er bald mit dem Ausbau von Festungen an strategisch wichtigen Punkten (v. a. Kassel, Gießen, Rüsselsheim und Ziegenhain). Diese „Aufrüstung" war eine Reaktion auf die veränderte Kriegsführung durch neue Waffentechnik und leistungsfähigere Geschütze. Ziegenhain nahm dabei eine Sonderrolle ein, da hier nicht nur ein Schloss, sondern ein ganzer Stadtkern zur Festung umgewandelt wurde. Die Entscheidung für die Befestigung Ziegenhains lag sicher zum einen in der zentralen Lage an wichtigen Verkehrswegen begründet. Zum anderen sollte Ziegenhain, in der landwirtschaftlich fruchtbaren Schwalmgegend gelegen, als eine Art zentrales Versorgungsdepot dienen. Der Ausbau der Festung erfolgte 1537 bis 1546, vermutlich nach Plänen des Festungsbaumeisters Hans Jakob von Ettlingen und unter der Leitung des ersten Festungskommandanten Heinz von Lüder sowie den Baumeistern Jost Riemenschneider und Balthasar von Germersheim.

Der ovale Stadtkern wurde mit einer Wallanlage in der Form eines unregelmäßigen Vierecks umschlossen, gesichert von einem Erdwall, vier Erdrondellen an den Ecken und einem doppelten Wassergrabensystem. Von zwei Armen der Schwalm umflossen, konnte man die Umgebung der Anlage durch ein Schleusensystem zusätzlich weiträumig fluten. Das brachte ihr den Ruf als uneinnehmbare Festung ein und prägte den Spruch „So fest wie Zie-

Form und Größe der Festung sind aus der Luft noch gut erkennbar.

genhain". Nach der Niederlage der protestantischen Fürsten im Schmalkaldischen Krieg und der Gefangennahme Philipps mussten alle landgräflichen Festungen geschleift werden, Ziegenhain blieb jedoch erhalten.

Der innere Wallgraben ist fast vollständig erhalten, ebenso ein Teil des äußeren Wassergrabens, sie können zu Fuß erwandert werden. Als Ausgangspunkt für einen Rundgang bietet sich das Modell der historischen Festung am Paradeplatz gegenüber vom Museum der Schwalm an. Das Museum beherbergt interessante Exponate zur Geschichte der Festung, u. a. ein detailliertes Modell.

Das Schloss und die meisten anderen noch erhaltenen Festungsgebäude sind heute Teil der Justizvollzugsanstalt und deshalb nicht öffentlich zugänglich.

THEMENBEITRÄGE

BAUERNKRIEG IN NORDWESTTHÜRINGEN

Vom Sommer 1524 bis zum Sommer 1526 erschütterten zahlreiche Aufstände weite Gebiete des Heiligen Römischen Reiches Deutscher Nation. Vom Schwarzwald und dem Bodenseegebiet ausgehend, breitete sich der Bauernkrieg – wie dieses Phänomen noch immer gemeinhin genannt wird, obgleich lange bekannt ist, dass es sich nicht allein um ein bäuerliches Aufbegehren gegen die Obrigkeit handelte – ab dem Frühjahr 1525 mit schier unglaublicher Schnelligkeit in den deutschen Landen aus.

Die thüringische Region lag dabei an der nördlichen Peripherie und hatte gleichsam eine Sonderstellung inne, da – anders als in vielen anderen Landstrichen – direkte Kontakte zu den Aufstandszentren im Süden und Südwesten eher die Ausnahme waren, was jedoch Ähnlichkeiten in Strukturen und Abläufen nicht ausschloss. Dennoch bestanden lediglich südlich des Thüringer Waldes engere Verbindungen zu den Aufständischen in den Stiften Hersfeld und Fulda oder dem Bildhäuser Haufen in Unterfranken.

Ein großer Unterschied zu anderen Aufstandsgebieten bestand – von wenigen Ausnahmen abgesehen – darin, dass es in Thüringen 1525 keine Leibeigenschaft gab. Somit entfielen hier auch entsprechende Forderungen, die in den Beschwerdelisten Oberdeutschlands immer wieder auftauchten. Auch hatten sich in Thüringen zahlreiche Städte offen oder eher verdeckt auf die

Auf Schloss Allstedt hielt Müntzer seine „Fürstenpredigt".

Seite der Aufständischen geschlagen. Neben Erfurt und Nordhausen, Frankenhausen und Neustadt/Orla betraf dies insbesondere die Reichsstadt Mühlhausen. Hier wirkte seit dem Sommer 1524 der um das Jahr 1490 in Stolberg am Harz geborene Reformator Thomas Müntzer. 1506 an der Leipziger Universität und 1512 an der Viadrina in Frankfurt/Oder nachgewiesen, war Müntzer nach mehreren Zwischenstationen Pfarrer in Zwickau. Ab 1523 erhielt er eine Anstellung in Allstedt. In jenen 17 Allstedter Monaten entstanden sieben seiner neun

Bronzeplastik für Heinrich Pfeiffer vor der Allerheiligenkirche in Mühlhausen (Detail)

Druckschriften und fast ein Drittel seines überlieferten Briefwechsels. Vermutlich lernte er in dieser Zeit die ehemalige Nonne Ottilie von Gersen kennen, heiratete sie und wurde zum ersten Mal Vater. In Allstedt setzte er seelsorgerische Akzente durch die Einführung des täglichen Gottesdienstes in durchgängig deutscher Sprache und schrieb sein Deutsches Kirchenamt und seine Deutsche evangelische Messe. Sehr bald kamen seine Zuhörer nicht mehr nur aus der Stadt selbst, sondern auch aus der gesamten Umgegend.

Durch sein Wirken in Allstedt verschlechterte sich Müntzers Verhältnis zu seinem einstigen Förderer Luther, welches bereits durch Müntzers Auftritt in Zwickau sehr angespannt gewesen war, noch weiter. Nach seiner berühmten „Fürstenpredigt" vor Herzog Johann von Sachsen und dessen Sohn Johann Friedrich im Allstedter Schloss am 13. Juli 1524 war zudem Müntzers Bruch mit seinen Landesherren endgültig absehbar und seine Flucht nach Mühlhausen im August 1524 nur die logische Konsequenz, um einer Festnahme zu entgehen. In der thüringischen Reichsstadt avancierte Müntzer neben dem ehemaligen Zisterzienser Heinrich Pfeiffer aus dem Eichsfelder Kloster Reifenstein bald zum wichtigsten theologischen Kopf der innerstädtischen Oppositionsbewegung. Spätestens seit diese mit der Einsetzung des „Ewigen Rates" im März 1525 die Macht in der Reichsstadt übernommen hatte, war Mühlhausen immer mehr zum Zentrum des Aufstandes in Thüringen geworden. So wurden die Plünderungen der Eichsfelder Bauern im Zisterzienserinnenkloster Anrode und bei den Benediktinerinnen in Zella, die für die letzte Aprilwoche des Jahres 1525 überliefert sind, stark vom Geschehen im benachbarten Mühlhausen beeinflusst.

Die erste – allerdings nur minder erfolgreiche – militärische Aktion eines Mühlhäuser Aufgebotes unter der Ägide des „Ewigen Rates" hatte am 26. April 1525 nicht auf das kurmainzische Eichsfeld, sondern vor die benachbarte albertinische Amtsstadt Langensalza geführt. Der dortige Rat verweigerte den Mühlhäusern jedoch den Einlass in die Stadt, und die rund 600 Mann mussten ihren Zug vorerst beenden. In den folgenden Tagen plünderten Absplitterungen des am 27. April nach Görmar vor den Toren Mühlhausens zurückgekehrten Haufens im Kloster Volkenroda, in Schlotheim und in Allmenhausen. Zu den in Görmar Lagernden stieß in diesen Tagen erstmals eine mit etwa 400–600 Männern etwas größere Gruppe aufständischer Eichsfelder.

Am 29. April 1525 brach der Haufen von Görmar nach Ebeleben auf. Bei der Plünderung des Ortes wurde reiche Beute gemacht. Erst bei einer Beratung, die wahrscheinlich am Abend desselben Tages stattfand, scheint Müntzer seinen Einfluss nachweisbar für die Ausrichtung auf ein militärisches Ziel eingesetzt zu haben. So war festgelegt worden, mit den unter Waffen stehenden Aufständischen ins Mansfelder Land aufzubrechen. Nach einer Nordhäuser Abordnung traf schließlich eine Gesandtschaft aus dem Eichsfeld ein. Kniefällig baten deren Wortführer den Haufen, ins Eichsfeld zu kommen.

Thomas Müntzer in der Entscheidungs-schlacht des Bauernkrieges bei Frankenhausen (Ausschnitt aus dem Monumantalgemälde im Panorama Museum Bad Frankenhausen)

Denn nachdem von den Eichsfelder Aufständischen bereits einige Klöster geplündert worden waren, befürchteten sie nun Racheakte des Eichsfelder Adels. Schließlich wurde den wiederholt vorgetragenen Bitten der Eichsfelder nachgegeben und der Haufen zog über Keula und Deuna nach Niederorschel. Über Reifenstein und Beuren, wo die Klöster, die bereits wenige Tage zuvor von den Bauern der Umgegend heimgesucht worden waren, nochmals geplündert und schließlich in Brand gesteckt wurden, erreichte der Haufen am 2. Mai Heiligenstadt. Auf dem Weg dorthin wurde die Burg Scharfenstein geplündert und ausgebrannt.

Bei der Ankunft der Aufständischen vor den Toren Heiligenstadts wurden zuerst nur Heinrich Pfeiffer und einige Hauptleute zu Verhandlungen mit dem Rat eingelassen, Müntzer hingegen blieb beim vor den Stadttoren lagernden Haufen. Erst am folgenden Tag fand auch er Einlass. Möglicherweise hatten die Stadtväter die Folgen seiner Predigt vor der Marienkirche vorhergesehen. Denn nach dieser brachen in der bisher noch relativ ruhigen Stadt Tumulte aus und die Kirchen wurden gestürmt. Am Morgen des 4. Mai marschierte der Haufen, flankiert von bren-

Thomas-Müntzer-Denkmal in Stolberg

nenden Adelssitzen, in Richtung Duderstadt. Außerdem wurde auf dem Weg dorthin das Zisterzienserinnenkloster Teistungenburg in Brand gesteckt. Bei Gerblingerode wurde das Nachtlager aufgeschlagen. Über Worbis, wo das Zisterzienserinnenkloster völlig zerstört wurde, und Kirchworbis marschierten die Aufständischen in Richtung Breitenworbis. Zwischen den beiden letztgenannten Orten trennten sich viele Eichsfelder vom Haufen, nachdem Pfeiffer und Müntzer sich verabschiedet und erklärt hatten, sie wollten sich in Mühlhausen neu aufstellen und nach Frankenhausen ziehen. In Frankenhausen wurden die Aufständischen am 15. Mai 1525 von den vereinigten Fürsten von Sachsen und Hessen vernichtend geschlagen. 6000 – und damit etwa Dreiviertel – der auf dem Hausberg oberhalb der Stadt versammelten Aufständischen verloren auf dem Schlachtfeld ihr Leben. Rund 600 weitere wurden gefangen genommen, unter ihnen auch Thomas Müntzer, dem jedoch zuvor noch die Flucht bis nach Frankenhausen gelungen war. Nach Folter und Verhör auf der Burg Heldrungen ließen die siegreichen Fürsten ihn schließlich am 27. Mai 1525 gemeinsam mit Heinrich Pfeiffer vor den Toren der Stadt Mühlhausen hinrichten.

Martin Luther begrüßte deren Hinrichtung ausdrücklich, hatte er doch schon in seiner Schrift „Wider die räuberischen und mörderischen Rotten der Bauern" gefordert: „Drumb sol hie zuschmeyssen, wurgen und stechen heymlich odder offentlich, wer da kan, und gedencken, das nicht gifftigers, schedlichers, teuffelischers seyn kan, denn eyn auffrurischer mensch, gleich als wenn man eynen tollen hund todschlahen mus, schlegstu nicht, so schlegt er dich und eyn gantz land mit dyr." •

GEGENREFORMATION IM EICHSFELD

Als Gegenreformation werden die von der katholischen Kirche zwischen 1555 und 1648 in Deutschland und Europa in Reaktion auf die Ausbreitung des Protestantismus durchgeführten Aktionen zur Rekatholisierung der Bevölkerung bezeichnet. Die führende Kraft der von Spanien ausgehenden Gegenreformation war der von Ignatius von Loyola in den Jahren 1534 bis 1539 aufgebaute und 1540 vom Heiligen Stuhl bestätigte Orden der Gesellschaft Jesu.

Exemplarisch lässt sich das Vorgehen der katholischen Kirche anhand des bis 1802 dem Kurfürst-Erzbischof von Mainz zugehörigen Eichsfeldes betrachten. Jene Region, die als Exklave ohne Verbindung zum Kurmainzer Hauptland schon immer von hessischen, sächsischen und braunschweigischen Territorien sowie dem ausgedehnten Landgebiet der nahen Reichsstadt Mühlhausen umschlossen war, erlebte im zweiten Viertel des 16. Jahrhunderts, wie nach und nach alle Nachbarn die Reformation einführten. Dies blieb nicht ohne Folgen für die eichsfeldische Bevölkerung. Wenngleich diese Entwicklung von Mainz aus bereits länger mit Missfallen beobachtet worden war, so begannen die ersten ernsthaften Versuche einer Gegenreformation für das seit den 1520er Jahren schleichend protestantisch gewordene Eichsfeld erst mit der Visitation des von 1555 bis 1582 amtierenden Mainzer Erzbischofs Daniel Brendel von Homburg im August des Jahres 1574.

Auf seiner Reise wurde der Kurfürst-Erzbischof von seinem jesuitischen Beichtvater und dem Provinzial der Rheinischen Ordensprovinz der Jesuiten, Pater Hermann Thyraeus, begleitet. Seine Visite führte ihn in die drei Eichsfelder Städte Heiligenstadt, Worbis und Duderstadt, aber auch in zahlreiche Dörfer. Dabei musste er feststellen, dass vielerorts schon seit einiger Zeit evangelische Pastoren wirkten und oftmals schon länger kein katholischer Gottesdienst mehr gehalten worden war. Noch im Dezember 1574 schickte der Erzbischof zwei Jesuiten zur Gründung einer Niederlassung nach Heiligenstadt. Von dort aus sollte in den nächsten Jahrzehnten die Rückgewinnung der Bewohner des Eichsfelder Landes für den Katholizismus betrieben werden. Während dies in Heiligenstadt und den Obereichsfelder Landesteilen durch die Einrichtung eines jesuitischen Gymnasiums und damit der Ausbildung einer streng katholisch ausgerichteten klerikalen wie laikalen Intelligenz nach und nach gelang, widersetzte sich vor allem die Stadt Duderstadt den Rekatholisierungsversuchen mit Nachdruck.

Nach mehreren Aufforderungen, den im Jahre 1574 vom Rat angestellten evangelischen Prediger aus der Stadt zu weisen, wurde gegen Duderstadt

Im ehemaligen Jesuitenkolleg in Heiligenstadt befindet sich heute das Eichsfelder Heimatmuseum.

am 1. April 1575 ein vollständiges Bierausfuhrverbot erlassen. Davon wirtschaftlich schwer getroffen, suchte der Rat nach mehreren vergeblichen Gesuchen Unterstützung bei protestantischen Fürsten und sogar bei Kaiser Maximilian. Das Bittgesuch des Rates, den Predikanten behalten zu dürfen, wurde nach Maximilians Tod noch zweimal an seinen Nachfolger, Kaiser Rudolf II., gerichtet. Dieser verfügte schließlich am 25. Juni 1579 in einem Mandat an die Stadt, sich den Anordnungen des Mainzer Erzbischofs zu fügen. Wenig später wurde die Duderstädter Cyriakuskirche, nachdem sie zwanzig Jahre im Besitz der Protestanten gewesen war, an eine kurfürstliche Gesandtschaft übergeben und der letzte evangelische Prediger musste die Stadt verlassen.

Währenddessen konnten durch die Arbeit der in Heiligenstadt mit ihrem neuen Kolleg bald fest etablierten Jesuiten nach und nach fast alle Dörfer der Region rekatholisiert werden. Eine Ausnahme bildeten dabei einige Adelsherrschaften, wie zum Beispiel die der Herren von Wintzingerode oder von Hanstein. Dies führte regelmäßig zu Spannungen, die durchaus auch politische Dimensionen annehmen konnten, so im Falle des am 22. September 1575 in Mainz hingerichteten Barthold von Wintzingerode.

Wintzingerode, Burg Bodenstein

Worbis, Franziskanerkloster

Schnell wurden jedoch von den evangelischen Gläubigen mögliche „Schlupf-
löcher" entdeckt und so begaben sich die Untereichsfelder Protestanten
ebenso heimlich wie regelmäßig zu den Gottesdiensten in die benachbarten
wintzingerödischen Dörfer Teistungen, Tastungen und Wehnde, wo noch
immer protestantische Pfarrer ihre Arbeit versahen. Andere Marktflecken
und Dörfer wie Dingelstädt, Lengenfeld unterm Stein oder Geismar konnten
recht schnell rekatholisiert werden. Nicht selten trug hierzu die Wiederbele-
bung des Wallfahrtswesens bei, insbesondere zum Hülfensberg.

Ein Aufflammen der Streitigkeiten zwischen Gegenreformatoren und
Protestanten ist verstärkt während des Dreißigjährigen Krieges zu ver-
zeichnen. Dabei kam es im Dezember des Jahres 1624 sogar zu offenen
Tumulten, bei denen mehrere Jesuiten mit dem Tode bedroht wurden.
Nachdem während des Krieges immer wieder Besatzungsmacht und Re-
ligion gewechselt hatten, setzte 1651 der Eichsfelder Oberamtmann
Christoph von Griesheim den Westfälischen Frieden durch, verwies in
seinem Machtbereich die letzten protestantischen Geistlichen aus den
Pfarrhäusern und untersagte ihnen das Predigen.

In Heiligenstadt hatte die Gegenreformation vor allem durch die ständige
Präsenz der hervorragend ausgebildeten Jesuiten sehr schnell zu sichtbaren
Erfolgen geführt. In enger Verbindung standen diese auch mit den im 17.

Klosterkirche auf dem Hülfensberg

Jahrhundert nach Worbis gekommenen Franziskanern, die dort nicht nur einen Wallfahrtsort betreuten, sondern auch intensiv gegenreformatorisch tätig wurden. Nicht zu unterschätzen für den Erfolg der Gegenreformation im Eichsfeld sind aber auch die umfangreichen Reformen des Erzbischofs Johann Philipp von Schönborn. 1669 erließ er zum Beispiel für das gesamte Erzbistum Mainz eine neue Kirchenordnung, die unter anderem wöchentlichen Religionsunterricht für alle Kinder und Jugendlichen vorsah. Für die Gottesdienste wurde neben dem lateinischen Choralgesang der deutsche Liedgesang fortan nicht nur empfohlen, sondern sogar ausdrücklich vorgeschrieben.

Erst nach der Inbesitznahme des Eichsfeldes durch Preußen im Jahre 1802 und quasi als Machtdemonstration der neuen Herren erhielten die knapp zwei Dutzend noch in Heiligenstadt beheimateten Protestanten die mit Abstand bedeutendste Kirche des Eichsfeldes, die Stiftskirche „St. Martin", zugewiesen. In Worbis und allen anderen Eichsfeldorten, die nicht zu einem Adelsgericht gehörten, dauerte die Einrichtung eines evangelischen Gotteshauses jedoch deutlich länger. Heute leben Katholiken wie Protestanten im Eichsfeld in ökumenischer Verbundenheit und es ist inzwischen durchaus nicht unüblich, dass evangelische Pfarrerinnen und Pfarrer an der von Jesuiten begründeten Heiligenstädter Palmsonntagsprozession teilnehmen. •

EVANGELISCHER KIRCHENBAU

Die Reformation war ein historisches Ereignis mit weitreichenden Folgen auch für den Kirchenbau. Seit etwa 1520 lässt sich an zahlreichen Orten ein deutlicher Rückgang in der kirchlichen Bautätigkeit verzeichnen. Diese bis weit in das 16. Jahrhundert anhaltende Flaute steht in krassem Gegensatz zur Fülle an überlieferten Sakralbauten aus den Jahrzehnten zuvor. Die Ursachen für dieses Erlahmen des Baueifers waren vielfältig. Im Allgemeinen fehlte zunächst die Notwendigkeit, neue Kirchen zu errichten. Mehr noch aber war es der durch die Reformation ausgelöste tiefgreifende Umbruch im religiösen Leben. Luthers Verurteilung des Heiligenkultes hatte zu einer Krise des damit verbundenen Stiftungs-, Spenden- und Ablasswesens geführt. So blieben die bisher reichlich fließenden Zuwendungen der Gläubigen aus; es fehlte an Aufträgen für Bildschnitzer, Maler und Bauleute. Auch zog ein mehr pragmatischer, auf Sparsamkeit und Nützlichkeit bedachter Umgang mit dem Kirchenbau ein. Das Gotteshaus war nicht mehr der geheiligte Ort des

eucharistischen Mysteriums, sondern lediglich ein praktisch eingerichteter Raum, der den liturgischen Erfordernissen der neuen Konfession entsprach.

Infolge der Reformation wandelte sich aber nicht nur die Bedeutung des Kirchenbaus, sondern auch das Verhältnis von Bild und Wort im kirchlichen Gebrauch. Gegenüber der Bildgläubigkeit des späten Mittelalters mit seinem Bedürfnis nach Schau des Göttlichen trat nun eine auf die Verkündigung des biblischen Wortes orientierte Gottesdienstpraxis. Dementsprechend

Die von Luther 1544 geweihte Schlosskapelle auf Schloss Hartenfels in Torgau war der erste evangelische Kirchenbau in Deutschland. Luthers Vorstellungen über einen Gottesdienstraum prägen die Kapelle und ließen sie zum Vorbild des evangelischen Kirchenbaues werden.

erhielt die Kanzel als Ort der Predigt einen privilegierten Platz im Kirchenraum, bevorzugt in der Nähe des Altars.

Das Verhältnis von Altar und Kanzel als wichtigste liturgische Handlungs-
orte zum einen und ihr Bezug zur Gemeinde als Empfänger der Sakramente
und der christlichen Botschaft zum anderen wurde das Hauptthema des
protestantischen Kirchenraums. Von Bedeutung für dessen Gestaltung war
darüber hinaus der Einbau von Gestühl und Emporen, Logen und Ständen.
Sie verhalfen der Gemeinde nicht nur zu einem erträglichen Verweilen bei
den nunmehr üblichen langen Predigtzeiten, sondern sie ordneten das
Kirchenvolk im Sinne der herrschenden Ordnung nach Stand, Geschlecht
und Alter. Dementsprechend befanden sich Herrschaftsstände und -logen
bevorzugt in der Nähe des Altarraumes. Die Männer saßen auf den Emporen, auf den unteren die älteren, auf den oberen die jüngeren. Das Gestühl
zu ebener Erde war den Frauen vorbehalten. Gelegentlich noch heute er-
kennbare Ziffern am Gestühl verweisen auf die bis ins 19. Jahrhundert gebräuchliche Praxis der Verlosung, das heißt der Vermietung der Stühle an
Gemeindeglieder. Zur Grundausstattung evangelischer Kirchen gehörte
selbstverständlich der Taufstein oder das Taufgestell, seit dem 17. Jahrhundert im Allgemeinen auch die Orgel. Da bis ins 19. Jahrhundert in der
evangelischen Kirche die Einzelbeichte geübt wurde, gab es in vielen Kirchen auch einen Beichstuhl. Beispiele hierfür finden sich noch heute in
→ Bendeleben, → Breuberg und → Mechterstädt.

Die evangelische Predigtkirche

Für die Entstehungsgeschichte der evangelischen Predigtkirche waren die
Schlosskapellen in den Residenzen der evangelischen Landesherren von
besonderer Bedeutung. Diese Vorbildfunktion gründete nicht zuletzt in der
mit der Reformation dem Landesherrn übertragenen Funktion des Landes-
bischofs und obersten Geistlichen (summus episcopus). Für Thüringen und
Hessen waren es namentlich die 1544 von Luther selbst geweihte Kapelle
von Schloss Hartenfels in Torgau und die 1585/90 errichtete Kapelle des
→ Schlosses Wilhelmsburg in Schmalkalden, die den evangelischen Kirchenbau der kommenden Jahrhunderte bestimmen sollten. Sie wurden maßgebend nicht nur für die Herausbildung des Emporensaals als Prototyp der
protestantischen Predigtkirche, sondern auch für die Anordnung der beiden
wichtigsten liturgischen Ausstattungstücke – Altar und Kanzel. Die in Torgau
gegebene getrennte Aufstellung von Altar und Kanzel war bis weit in das

17. Jahrhundert die übliche, und blieb es danach noch vor allem bei den groß-
en Stadtkirchen. Anders liegen die Verhältnisse im Falle der Schlosskapelle von
→ Schmalkalden. Dort sind Altar, Kanzel und Orgel übereinander in eine Achse
gestellt und dadurch optisch miteinander verbunden. Zudem ist der Altar zugleich Taufstein. Während diese Doppelfunktion fast keine Nachfolge gefunden hat und die Anordnung der Orgel über der Kanzel nur regional begrenzt
(etwa in Weilburg und Umgebung oder in Südwestthüringen), war die axiale
Disposition von Altar und Kanzel von weitreichenden Folgen. Wie kaum ein
anderes Ausstattungsstück hat der in Schmalkalden vorgebildete Kanzelaltar,
also die vertikale Verknüpfung von Altar und Kanzel durch einen gemeinsamen
architektonischen Rahmen, die Geschichte des protestantischen Kirchenbaus
bis in das 19. Jahrhundert hinein maßgebend bestimmt.

Der Emporensaal als Grundmuster der protestantischen Predigtkirche
schlechthin hat seine Verwirklichung in unterschiedlicher Form gefunden.
Sämtliche Typen aber haben ihre Wurzeln im mittelalterlichen Kirchenbau.
Häufig vertreten und bis in das 18. Jahrhundert durchgängig rezipiert, ist
der Saal mit östlichem Chorpolygon. Der durch die gebrochene Umrissform
markierte Altarbereich kann dabei die Breite des Gemeindesaals haben
oder aber auch schmaler sein, wie z. B. die um 1600 errichtete Kirche in
→ Bendeleben zeigt.

Der Zentralbau, der in der theoretischen Diskussion um den evangelischen
Kirchenbau eine große Rolle spielte, wurde in Hessen und Thüringen nur
selten verwirklicht. Für Hessen ist auf die Wiesbadener Ringkirche, ein für die
Geschichte des modernen evangelischen Kirchenbaus programmatisches
Werk von Johannes Otzen aus den Jahren 1892/94, und für Thüringen auf die
gern als Vorläufer der Dresdener Frauenkirche apostrophierte, 1713/23 errichtete Gotteshilfkirche in → Waltershausen zu verweisen. Auch der Quer-
saal, bei dem Altar und Kanzel auf dem Endpunkt der Quer-, nicht der Längs-
achse liegen, ist nur selten, vor allem im Klassizismus, realisiert worden. Als
Beispiele seien die Kirchen in Mönchspfiffel bei Artern (1835) und Wißmar bei
Gießen (1828/30) genannt; ersteres ist ein Werk des Weimarer Hofbaumeister Clemens Wenzeslaus Coudray (1775–1845), letzteres eines des
Schinkelschülers Friedrich Louis Simon (1800–1877).

Im Zeitalter der Romantik und des Historismus wurden im evangelischen Kirchenbau wieder, nun aber als reflektierte stilistische Entscheidung, mittelalterliche Bautypen, wie zum Beispiel die kreuzförmige Basilika oder der gotische
Kapellenkranz, aufgegriffen. Ein wichtiges Dokument dieser Neuorientierung
ist das Eisenacher Regulativ von 1861. In dieser insgesamt 16 Punkte umfassenden Richtlinie zum protestantischen Kirchenbau werden unter anderem

der geostete Längsbau mit Westturm und Eingang im Westen sowie eine Trennung von Altar- und Gemeinderaum empfohlen. Damit wurde der Kanzelaltar als bisher in Hessen und Thüringen allgemein gebräuchliches Ausstattungsstück der evangelischen Predigtkirche grundsätzlich in Frage gestellt. Zu den letzten Kanzelaltären gehört der um 1850 entstandene in der Kirche von → Großenehrich.

Mit der allgemeinen Krise des Historismus um 1900 haben nicht nur Jugendstil und Reformkunst auch im Kirchenbau ihren Widerhall gefunden, sondern es gab auch eine theoretische Neuorientierung. Das 1891 in der Deut-

Waltershausen, Gotteshilfkirche (1723)

schen Bauzeitung veröffentlichte sogenannte Wiesbadener Programm, das die theoretische Begründung für die schon genannte Wiesbadener Ringkirche lieferte, forderte mit Blick auf das lutherische Wort vom Priestertum aller Christen die Einheit von Altar und Kanzel (sowie Orgel) und stellte die 1861 noch von der Kirchenkonferenz postulierte Vorbildlichkeit historischer Bautypen und -stile in Frage. Die Rückbesinnung auf die eigenen Wurzeln des protestantischen Kirchenbaus hatte unter anderem auch ein Revival des Kanzelaltars zur Folge. Aus dieser kritischen, die eigene Geschichte reflektierenden Grundhaltung sollte der evangelische Kirchenbau des 20. Jahrhunderts maßgebliche Impulse erhalten.

Kunstgeschichtlicher Überblick

Die Architektur des frühen evangelischen Kirchenbaus stand anfänglich noch ganz im Zeichen der Spätgotik. Dieses als Nachgotik bezeichnete Phänomen betrifft sowohl Bautypen als auch Einzelformen, wie Spitzbogen und Maßwerk. Ausstattung und Ausschmückung des Innenraums folgten indes schon bald den künstlerischen Leitformen ihrer Zeit. Erste Neubauten

Eisenberg, Schlosskirche (1687)   *Darmstadt, Pauluskirche (1907)*

entstanden um die Mitte des 16. Jahrhunderts, so in Illeben bei Bad Langensalza (1555). Doch erst nach 1600 nimmt deren Zahl zu; auch sind Neuausstattungen aus dieser Zeit häufiger überliefert. Hierzu gehören die Renaissancesäle südthüringischer Kirchen wie Herpf (1611/20), Obermaßfeld (1612/34) und → Rohr (1617/18). Bedeutende Ausstattungsensembles des Manierismus finden sich in → Altenburg (Schlosskirche, 1645/49), Arnstadt (Oberkirche, 1625/41) und → Rudolstadt (Stadtkirche, 1634/36). Auch die seit 1692 in Gräfentonna befindliche, um 1646 geschaffene Ausstattung der Schlosskapelle von Schloss Friedenstein in Gotha zählt hierzu. Den Übergang zum Frühbarock markiert die mit Bildern der Rubensschule ausgestattete Unionskirche in → Idstein (1668/77). Hochbarocke Räume von besonderer künstlerischer Qualität sind mit den Schlosskirchen in Eisenberg (1683/87) und → Weilburg (1707/13) überliefert. Auch Dorfkirchen, etwa in → Mechterstädt (bei Gotha, 1716/17) oder Elxleben (südlich von Erfurt, 1722/25) bestechen durch künstlerische Geschlossenheit. Insgesamt aber bleibt festzustellen, dass die Ausgestaltung der evangelischen Gotteshäuser selbst im Barock im Vergleich zum zeitgenössischen katholischen Kirchenbau schlicht bleibt. Entscheidend hierfür waren nicht allein finanzielle Belange, sondern auch eine konfessionelle Ethik, die unter anderem durch Verzicht auf übermäßigen Prunk bestimmt war. Für die Spätform des Barock, den Rokoko, sei auf die eleganten Kirchenräume in Kirschkau (1751/53) und Suhl (St. Marien, 1757) verwiesen. Mit der Aufklärung sollte auch eine Versachlichung des Stils

Bad Homburg, Erlöserkirche (1903)   *Erfurt, Lutherkirche (1927)*

einsetzen. Den um 1800 vorherrschenden Klassizismus kennzeichnet eine gewisse Nüchternheit, in der sich der Einfluss der Aufklärungstheologie zu erkennen gibt. Seit etwa 1840 war für die nächsten Jahrzehnte auch im Kirchenbau der Historismus tonangebend. Ein frühes und bedeutendes Zeugnis ist die neugotische Stadtkirche in Sonneberg (1843/45; Carl Alexander v. Heideloff), ein spätes die in der Neuromanik wilhelminischer Prägung gestaltete Erlöserkirche in Bad Homburg (1903; Franz v. Schwechten). Mit der nur wenig später entstandenen Pauluskirche in Darmstadt (1905/07; Friedrich Pützer) ist ein Werk des Jugendstils genannt. Der Architekt Friedrich Pützer gilt als ein Wegbereiter des modernen Kirchenbaus und hat mit der 1907/10 errichteten Lutherkirche in → Wiesbaden ein weiteres bedeutendes Werk der Reformarchitektur in Hessen hinterlassen. In den 1920er Jahren waren auch im evangelischen Kirchenbau Art Deco und Expressionismus stilbestimmend, wie die Lutherkirche in Erfurt (1926/27; Peter Jürgensen) verdeutlicht. Nach dem Zweiten Weltkrieg waren zahlreiche Kirchen neu- bzw. wieder aufzubauen. So entstanden die nach einem Typenentwurf von Otto Bartning gefertigten Notkirchen in Gießen (1949) und Nordhausen (1949), aber auch die im Inneren modern gestaltete Martinskirche in Kassel (1954/58; Heinrich Otto Vogel). Während in Hessen auch in den 1960er und 1970er Jahren zahlreiche Kirchenbauten der Moderne entstanden, gehört die Stephanuskirche in Weimar-Schöndorf (1964/66; Klaus Kaufmann) zu den wenigen modernen Kirchenbauten der DDR.   ●

REFORMATION UND MUSIK

Kaum ein Ereignis hat auf die Musikgeschichte so nachhaltig eingewirkt wie die Reformation. Umgekehrt war für die Ausbreitung der Reformation die Musik bzw. der Liedgesang fast genauso wichtig wie der Buchdruck. Lieder trugen reformatorische Ereignisse mündlich weiter. Zu erinnern wäre hier an Luthers Moritat oder Ballade „Ein neues Lied wir heben an" von 1523, in dem über den Märtyrertod der Augustinereremiten Heinrich Vos und Johannes van der Eschen in Brüssel berichtet wird. Prägnante Texte transportierten die neue Lehre und konnten von den Menschen leicht behalten und weitergegeben werden, wie dies an Luthers Weihnachtslied für Kinder „Vom Himmel hoch da komm ich her" (1534/35) deutlich wird. Beispielsweise überliefert die Magdeburger Chronik, dass ein Tuchmacher im Mai 1524 am Grabe Kaiser Ottos I. im Magdeburger Dom den dort versammelten Menschen die Lieder „Aus tiefer Not schrei ich zu dir" und „Es wolle Gott uns gnädig sein" vorsang, daraufhin verhaftet wurde und sich letztlich Bürger für seine Freilassung eingesetzt haben. Andernorts wie in Hildesheim erkannte man die Wirkung des Liedes und verbot kurzerhand das Singen reformatorischer Lieder und den Besitz reformatorischer Flugschriften. Lieder dienten der Propaganda und wurden so entsprechend von den verschiedenen Interessengruppen eingesetzt oder bekämpft.

Je weiter die Reformation voranschritt, desto mehr wurden sich die Reformatoren der großen Bedeutung neuer Lieder bewusst. Der Gothaer Reformator Friedrich Myconius schlug beispielsweise nach der Visitation des Amtes Tenneberg 1526 vor (→ S. 151/152), dass die neuen Lehren schneller durchgesetzt werden könnten, wenn in den Dörfern ein geschickter Kirchner der Jugend die zehn Gebote, das Glaubensbekenntnis vorlesen sowie „deutsche Lieder und Psalmen" vorsingen würde. Dadurch sollte „das Volk wiederum an Gottes Wort gewöhnt und ihnen dieses mit Singen und Lesen ins Herz getrieben" werden.

Viel zitiert ist Luthers Hoch- und Wertschätzung der Musik, die seiner Meinung nach gleich nach der Theologie anzusiedeln sei. Vorbilder waren ihm die Personen der Bibel, die gern gesungen hätten oder wie König David Lieder dichteten. Auch wusste Luther darum, dass Musik die menschlichen Gefühle anspricht und Traurigkeit in Fröhlichkeit wandeln kann. Gerade das gesungene Wort Gottes sollte mit Luthers Wirken – neben der Predigt – zu einer zentralen Form der Verkündigung werden, zur Verinnerlichung und Verbreitung des Glaubens dienen. Gern wird deshalb im Zusammenhang von Musik und Reformation von einer „Singebewegung" gesprochen.

Die mittelalterliche Kirche kannte eine solche Bedeutung des Liedes nicht. Zwar gab es Wallfahrtsgesänge oder einzelne Lieder für die Andacht. Sie waren aber für die Feier der Messe ohne Bedeutung. Dies änderte sich entschieden durch die Reformation.

Gesangbuch von Johann Walter, 1551

Luther und andere Reformatoren dichteten lateinische Texte auf Deutsch nach oder formten biblische Psalmen zu Psalmliedern um. Aber auch neue freie Dichtungen entstanden zu den einzelnen Festen des Kirchenjahres. Dafür wurde auf bekannte Melodien zurückgegriffen oder es entstanden Lieder mit neuen, zeitgemäßen Melodien. Der aus → Kahla stammende Johann Walter wird in dem Zusammenhang stets als Begründer der protestantischen Kirchenmusik genannt und erhielt den Beinamen „Urkantor". Als erster veröffentlichte Walter ein mehrstimmiges Choralbuch, sein „Geystlich gesangk Buchleyn", welches mit einem Vorwort Luthers 1524 in Wittenberg erschien.

Zentrale Bedeutung erlangte die Musik im Kontext der Wittenberger Reformation vor allem in Form von Liedern, die in den lutherischen Gottesdienst integriert und damit zu einem wichtigen Element für die aktive Beteiligung der Gemeinde am liturgischen Vollzug und der Andacht wurden. Mit seinem musikalischen Berater Johann Walter entwickelte Luther 1525 die Deutsche Messe, einen für die breite Masse verständlichen Gottesdienstablauf, der bis heute dem evangelischen Gottesdienst als ein Konzept zugrunde liegt. 1526 wurde in vielen Gemeinden des damaligen Kurfürstentums Sachsen die Deutsche Messe verbindlich eingeführt (→ Abb. S. 224).

Die Lieder, die nicht nur in den Gottesdiensten gesungen wurden, sondern genauso in Hausandachten der eigenen Frömmigkeit dienten, waren ein wichtiges Medium geworden. In der Folge entstanden Gesangbücher, die das neue Liedgut sammelten. So wurde 1524 in Erfurt eines der ersten

Der Kantor. Kupferstich, 1699

Gesangbücher, das sogenannte Erfurter Enchiridion, mit 26 Liedern gedruckt, von denen noch einige bis heute in Gesangbüchern stehen. Zu erinnern ist beispielsweise an „Es ist das Heil uns kommen her" von Paul Speratus oder „Nun komm, der Heiden Heiland" von Luther. Offensichtlich bedienten Gesangbücher ein großes Bedürfnis. Allein Walters Gesangbuch erschien zwischen 1524 und 1551 in sieben Auflagen, wobei zwei lediglich Nachdrucke waren. Innerhalb von fast dreißig Jahren schuf Walter in den unterschiedlichen Auflagen Choralbearbeitungen für die evangelischen Kantoren: Während die 1. Auflage insgesamt 38 deutsche und 5 lateinische

Sätze enthielt, stieg die Zahl in der letzten Auflage auf 80 deutsche und 47 lateinische Sätze. Da der Gesang weithin erlernt und gepflegt werden musste, erhielten die Kantorate bzw. der Kantor eine wichtige Funktion. Dessen Berufsbild wurde vor allem durch das Wirken von Johann Walter geschärft – als Musiker, Lehrer und Komponist sowie als Amt und Institution. Kantoreien waren zumeist freie, aus Schülern und Bürgersleuten gebildete Sängervereinigungen, die zu Hauptpflegestätten der kirchlichen Tonkunst nach der Reformation avancierten.

Musik gehörte nun verstärkt zum Unterrichtsplan an den Schulen und der Kantor zum Lehrerkollegium. Stundenpläne des 16. Jahrhunderts zeigen, dass der Kantor neben Musik auch andere Fächer unterrichtete und er in größeren Schulen nicht der alleinige Gesangslehrer war. Dort gab es neben dem „Cantor choralis", der den Choralgesang lehrte, noch den „Cantor figuralis", der den Kunstgesang unterrichtete. Für Luther gab es zwei Gründe für eine geordnete Musikpflege an den Schulen: Zum einen hatte die Musik eine hohe pädagogische, ästhetische wie auch ethische Bedeutung für die Jugend und zum anderen wurden geschulte Sängerchöre gebraucht, die die geplanten liturgischen Reformen verwirklichten, welche auf Popularisierung der kirchlichen Kunstmusik abzielten. Im Musikunterricht wurden Regeln und Gesetze der Musik (Musiktheorie) als praktischer Lehrstoff vermittelt, Gesänge für den sonntäglichen gottesdienstlichen Gebrauch einstudiert (z.

B. Psalmen, Responsorien, polyphone Kunstmusik) und der theoretische Lehrstoff aus den Musikkompendien der Zeit vermittelt. Auch die Orgel wurde fester Bestandteil des gottesdienstlichen Ablaufes. Der Organist unterstand dem Kantor und begleitete den kirchlichen Kunstgesang.

Neben dem deutschen wurde auch weiterhin der lateinische Gesang in Mitteldeutschland gepflegt. Vor allem Adjuvanten- oder Schülerchöre waren im Gottesdienst dafür zuständig, das Liedgut vorzutragen, da es im 16. Jahrhundert noch keine Orgeln zur Liedbegleitung gab. Diese Funktion entwickelte sich erst allmählich. Auch in Kirchenordnungen, wie in der für alle hessischen Landgrafschaften von 1662, wurde neben der Pflicht des Gottesdienstbesuches, wiederholt das Singen der Lieder „in teutscher und bekandter Sprach" angemahnt.

Michael Praetorius (1571–1621)

In Folge der Wittenberger Reformation entstanden ein vielfältiges protestantisches Liedgut, eine facettenreiche protestantische Kirchenmusik, Kantorate nach Torgauer Vorbild sowie Gesangbücher. Diese sind bis heute ein sich im Wandel befindliches Medium im gottesdienstlichen wie häuslichen Gebrauch. Komponisten wie Michael Praetorius (→ Creuzburg), Heinrich Schütz (→ Bad Köstritz), Johann Sebastian Bach begannen einst als Kapellknaben oder Kurrendesänger bevor sie zu den Komponisten wurden, die unser Verständnis protestantischer Kirchenmusik mit Motetten, Kantaten, Historien, Oratorien, Messen oder Orgelkompositionen prägten. Für Martin Luther war die Musik eine der schönsten und herrlichsten Gottesgaben und bis heute hat sich dies im kirchlichen Musizieren erhalten können. ●

Heinrich Schütz (1585–1672)

Johann Sebastian Bach (1685–1750)

EVANGELISCHES PFARRHAUS

Als im Mittelalter an zahlreichen Orten Kirchen errichtet wurden, entstanden auch weitere Gebäude, die verschiedenen kirchlichen Aufgaben dienten: Wohnhäuser für Priester und Wirtschaftsgebäude wie Scheunen und Ställe für die Lagerung der Zehnten oder Frohneinnahmen. Vor allem Pfarrhäuser gehören seit Beginn des Kirchenbaus zu den kirchlichen Gebäuden vor Ort. In der Reformationszeit wurde häufig festgestellt, dass das Leben im Pfarrhaus nicht den Idealen entsprach, die man mit diesem verband. Manche Priester hatten sogar Kinder, die sie gemäß dem Zölibat nicht haben durften. Andere wohnten nicht vor Ort, sondern ließen sich in ihren Aufgaben vertreten. An diesen Punkten setzte die Reformation an. Reformatoren wie Martin Luther kritisierten den Zölibat als Zwang der Kirche, der durch eine biblische Begründung nicht zu rechtfertigen sei. Diesen theologischen Einsichten folgten zahlreiche Pfarrer, indem sie heirateten und damit neues Leben in die alten Pfarrhäuser brachten. Als erster Priester heiratete am 24. August 1521 Bartholomäus Bernhardi in Kemberg. Luther folgte diesem Beispiel vergleichsweise spät: Am 27. Juni 1525 nahm er die ehemalige Nonne Katharina von Bora zur Frau (→ Abb. S. 328). Dadurch wurde er zum oftmals idealisierten Vorbild für das evangelische Pfarrhaus, in dem die Frau die Wirtschaft führte und der Mann sich der Theologie widmen konnte. Jedenfalls war durch die Reformation ein neuer Typ des Pfarrhauses entstanden – das evangelische Pfarrhaus.

Das evangelische Pfarrhaus, in dem ein Pfarrer mit seiner Familie lebte, setzte sich bald in allen reformatorischen Gebieten durch. Durch die kirchliche Aufsicht wurde fortan sehr genau darauf geachtet, dass es im Pfarrhaus „ordentlich" zuging. Spätestens seit den 1527/28 flächendeckend in Kursachsen durchgeführten Visitationen wurden alle Pfarrer aufgefordert, dem Vorbild Luthers zu folgen, insofern sie bereits mit einer Frau zusammenlebten. Sie sollten ihre unehelichen Beziehungen durch Heirat legalisieren. Luther reflektierte sehr genau, dass eine Frau an der Seite eines Pfarrers viele Vorteile haben könne. Sie sei ihm in allen Belangen des Alltags eine Stütze und ermögliche ihm erst die Freiräume, die eine Konzentration auf das Wort Gottes und seine Verkündigung nötig habe. Eine geordnete Beziehung zwischen Mann und Frau wehre aller Unzucht. Im Laufe der Zeit entwickelten sich diese Argumentationslinien zu Stereotypen, die in Pietismus und Aufklärung, aber auch im Biedermeier moralisch überhöht wurden.

Nach der Reformation entwickelte sich das Pfarrhaus in kleineren Städten und vor allem in den Dörfern zu einem herausgehobenen und besonderen

Luther im Kreise seiner Familie, Gemälde von Gustav Adolph Spangenberg, um 1870

Ort. Der Pfarrer stammte oft nicht aus dem Ort, sondern war zugezogen. Aber er unterschied sich noch durch andere Eigenschaften von seiner Gemeinde: Er hatte im Gegensatz zu Handwerkern, Bauern oder Tagelöhnern studiert, hatte vielleicht sogar etwas mehr von der Welt gesehen. Er konnte lesen und schreiben, besaß vielleicht sogar Bücher, Musikinstrumente, Bilder oder astronomische Geräte. Außerdem vertrat der Pfarrer die Obrigkeit vor Ort, indem er von der Kanzel im jährlich wiederkehrenden Rhythmus Mandate verlas. Schließlich mussten dem Pfarrer Abgaben entrichtet werden, die zu seinem Einkommen gehörten. Bauern gaben den Zehnten an Getreide, Gemüse, Obst oder auch Vieh. Die Berichte darüber, dass der Pfarrer dabei übervorteilt wurde, finden sich regelmäßig. Das Pfarrhaus war für die Gemeinde zumeist eine Baulast, die sie zu tragen hatte. Gerade nach der Reformation wurde festgestellt, dass die vorhandenen Häuser zu klein oder zu baufällig waren. Sie waren in der Regel ja nie für eine Familie konzipiert worden. Ständig finden sich ab der zweiten Hälfte des 16. Jahrhunderts Klagen in den Visitationsakten: Entweder klagte der Pfarrer über den schlechten Zustand seines Hauses oder die Gemeinde beschwerte sich wegen überzogener Ansprüche. Auch mit dem Lehrer, der am Sonntag die Orgel spielen oder den Adjuvanten- oder Schülerchor (die Kurrende) leiten musste, konnte es zu Spannungen kommen, weil der Pfarrer die Schulaufsicht innehatte und seine Lehre prüfte. Die obrigkeitlichen Verwaltungsaufgaben wurden erst am Ende des 19. Jahrhunderts abgelöst und gingen an den Staat über.

Im evangelischen Pfarrhaus entstanden nicht nur die Predigten für die verschiedenen Gottesdienste. Hier gab es eine, wenn auch manchmal nur kleine Bibliothek und ein Archiv. Manche Pfarrer wurden zu Chronisten ihres Ortes. Sie hielten Geschichten aus dem Gemeindeleben fest und schufen so im Pfarrhaus ein Gedächtnis des Ortes. Gerade nach der Aufklärung im 18. Jahrhundert wurde manches evangelische Pfarrhaus zu einem Träger moderner Gedanken: Bienenzucht, Düngung der Felder, Verbreitung von Bildung, die Pflege von Kunst und Musik, philologische Auseinandersetzungen mit klassischen Texten oder die Einführung von Impfungen waren Themen, die manche Pfarrer beschäftigten. Durch den regelmäßigen Austausch untereinander, im Konvent oder in Lesevereinen, brachten sie sich auf den neuesten Stand gesellschaftlicher Diskussionen. Pfarrer wurden zu Volksaufklärern.

Bauern liefern dem Pfarrer ihre Zehnten ab. Bild des Pfarrersohns Gustav Resch (1847–1930) im Pfarrhaus zu Tschirma (Thüringen, Landkreis Greiz) an die Wand gemalt, um 1870

Christian Ludwig Brehm, Pfarrer in Renthendorf, in seinem Studierzimmer

Im Pfarrhaus von Apfelstädt bei Neudietendorf hat sich bis heute eine Bibliothek erhalten, die auf einen Zeitschriften-Lesezirkel um 1800 zurückgeht und nach 1841 von Pfarrer Friedrich Ernst Heinrich Kuntz zu einer Dorfbibliothek ausgebaut wurde. Dazu wurde vielfältige Literatur angeschafft, die die Bereiche Religion und Ökonomie betraf (z.B. Obst- und Gartenbau oder Gesundheitspflege),

Apfelstädt, geschlossenes Ensemble von Kirche und Pfarrhof

aber auch aktuelles Wissen vermitteln oder der Belehrung und Unterhaltung dienen sollte (z.B. Kinder- und Jugendschriften). Neben der Gründung von Volksbibliotheken wurden von Pfarrern in ihren Gemeinden auch soziale Einrichtungen wie Waisenhäuser ins Leben gerufen.

Der Geist des evangelischen Pfarrhauses ging durch die Erziehung auf die Kinder des Pfarrhauses über. Wenn sie nicht Pfarrer wurden, blieben sie den Idealen des Pfarrhauses doch treu. Zu erinnern ist beispielsweise an Christian Ludwig Brehm (1787–1864), Pfarrer im thüringischen Renthendorf, der an seinen Sohn Alfred (1829–1884) die Begeisterung für Vögel weitergab. Alfred Brehm wurde zum Schöpfer von „Brehms Tierleben". Der Pädagoge und Aufklärer Christian Gotthilf Salzmann (1744–1811), der in einem Pfarrhaus in Sömmerda geboren wurde, gründete in Schnepfenthal die noch heute existierende Schule, in der er im weitesten Sinne reformpädagogische Anliegen umzusetzen suchte.

Mit der Veränderung des Berufsbildes des Pfarrers bzw. der Pfarrerin sowie der Einsparrung von Pfarrstellen ändert sich in der Gegenwart auch das Leben im Pfarrhaus. Persönliche Freiräume werden von den Pfarrhausbewohnern gesucht, die sich nicht immer mit einem offenen Haus vertragen, in dem die Gemeinde ein- und ausgeht. Dies hat Folgen für das evangelische Pfarrhaus, das jedoch auch unter veränderten Bedingungen ein besonderer Ort bleiben wird.

VISITATIONEN IM DIENSTE DER REFORMATION

Die Praxis von Visitationen, der Erkundung der Verhältnisse an der kirchlichen Basis und in den Pfarreien, begleitete die Geschichte des Christentums seit der Spätantike bis zum späten Mittelalter. Dass Visitationen nur in seltenen Fällen durchgeführt wurden, war in vielfachen Veränderungen begründet, zu denen auch die Umgestaltungen des Amtes der Bischöfe im hohen Mittelalter gehörten. Schon längst hatten sie ihre Aufgabe als Visitatoren Vertretern übergeben. Diese, häufig von anderen Intentionen geleitet, nutzten Visitationen, wenn sie schon stattfanden, zur Durchsetzung eigener sachfremder Interessen.

Im Zuge der sich rasch ausbreitenden Reformationsbewegung wurden schon früh die Notwendigkeit wie die Chancen von Visitationen erkannt. Bereits Anfang Mai 1523 wies der Adel anlässlich des sächsisch-ernestinischen Landtags in Altenburg dringend auf die Notwendigkeit hin, sich den anstehenden Problemen zuzuwenden, die im Gefolge der Wittenberger Reformationsbewegung entstanden waren. Die Verfolgung der Anhänger der Reformation, so warnten die Landstände, verschärfe die gesellschaftlichen Spannungen und beschwöre die Gefahr des Aufruhrs und des Ungehorsams der Untertanen herauf, die Hinwendung von Klöstern und Geistlichen zur Reformation lasse die Entfremdung kirchlicher Finanzen befürchten, die zu beobachtende Auflösung von Klöstern infolge des Austritts von Ordenspersonen hinterlasse zusätzlich gravierende finanzielle Probleme. Damit drohte die Gefahr, dass den Landesherren die Regierbarkeit der Untertanen entglitt.

Martin Luther äußerte sich im Herbst 1524 zunächst zu solchen Gedanken. Er befürchtete, dass mögliche Aktivitäten der obrigkeitlichen Institutionen zur Einmischung in kirchliche Belange führen und den Gang der Reformation beeinflussen könnten. Dass Jakob Strauß, Pfarrer in Eisenach, die Initiative zu einer Visitation in Westthüringen ergriff, erschien hinsichtlich der Art und Weise, wie diese geschah, nicht als hilfreich. Die Unruhen des Frühjahrs 1525, der sogenannte Bauernkrieg, verschärften die Situation allerdings so, dass Luther sich im Oktober mit der Durchführung von Visitationen zurückhaltend einverstanden erklärte. Er wollte sie als Notmaßnahme verstanden wissen und legte Vorschläge für ihre Durchführung vor: Das Gebiet des Kurfürstentums Sachsen sollte in vier bis fünf Bezirke aufgeteilt werden, in denen die geplanten Erkundungen unter Begleitung kurfürstlicher Amtleute durchzuführen und die visitierten Geistlichen im Sinne der Reformationsbewegung zu unterweisen seien.

Visitatoren im Auftrag des sächsischen Kurfürsten im
Jahre 1526: Friedrich Myconius (1490–1546) und
Johannes Draco (1494–1566)

Adam Krafft (1493–1558),
ab 1525 Visitator der
Landgrafschaft Hessen

Zur Durchführung kamen diese Vorstellungen im Frühjahr 1526 in Form zweier territorial zwar eng begrenzter, inhaltlich jedoch gezielter Probevisitationen im Amt Borna (südlich von Leipzig) und im Amt Tenneberg (westlich von Gotha). Zu beiden Visitationen wurde je eine aus Theologen und zwei weiteren Fachleuten zusammengesetzte Kommission beauftragt. Letztere hatten ihren Blick auf finanzielle und juristische Gesichtspunkte zu richten. Durch die Ergebnisse der Probevisitationen ermutigt, ordnete Kurfürst Johann eine flächendeckende Visitation des Kurfürstentums im östlichen Thüringen zwischen Saale, Orla und Elster an, die im Hochsommer 1527 stattfand und ihren Abschluss nach der Erntezeit des gleichen Jahres fand. Philipp Melanchthon dämpfte den Elan des Kurfürsten bezüglich weiterer Visitationen und plädierte für eine gründliche Auswertung der bisherigen Ergebnisse. Denn es erwies sich als notwendig, den Visitatoren eine Handreichung mit auf den Weg zu geben, mit deren Maßstäben sie zur Urteilsbildung hinsichtlich der ermittelten Ergebnisse angeleitet werden sollten. Der Text dieser Anleitung, „Unterricht der Visitatoren" genannt und auch eine Zusammenfassung der theologischen Grundlagen der Wittenberger Reformation enthaltend, erschien im Frühjahr 1528 im Druck. Er erwies sich für lange Zeit als so grundlegend, dass er mehrfach nachgedruckt wurde. Das Werk war einerseits klar an die theologischen Überzeugungen der Wittenberger Reformation gebunden, an Anleitung zur Buße, zum Glauben und zu guten Werken – waren doch die Visitatoren immer wieder auf ein Verständnis von christlicher Freiheit gestoßen, das sich gestattete, alle Bindungen zu missachten. Andererseits trat der „Unterricht" Erwartungen am

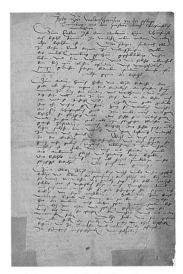

*Visitationsprotokoll, Amt Tenneberg,
Autograph Friedrich Myconius 1526*

kurfürstlichen Hofe entgegen, einen wichtigen, in den biblischen Berichten wurzelnden, im Mittelalter verlorengegangenen gottesdienstlichen Vollzug sofort verpflichtend durchzusetzen: den Empfang des Heiligen Abendmahls unter gesegnetem Brot und Wein durch alle Gläubigen. Diese durch die Wittenberger Reformation geforderte Praxis war zwar das wichtigste öffentlich wahrnehmbare Zeichen für die Zustimmung zur Reformation. Jedoch wollten die Theologen, dass mit der sofort verpflichtenden Annahme dieser Änderung sensibel umgegangen war, um die Teilnehmer am Gottesdienst nicht zu überfordern. Die „Schonung der schwachen Gewissen" war ein Grundsatz der neuen kirchlichen Praxis.

Auf dieser Grundlage ordnete der Kurfürst eine Visitation aller thüringisch-ernestinischen Gebiete an. Sie fanden während des Winters 1528/29 bzw. im Mai/Juni 1529 (für den bereits 1527 visitierten ostthüringischen Bereich) statt. Visitatoren der mittelthüringischen Region zwischen Weimar und Eisenach waren der Gothaer Geistliche Friedrich Myconius und Justus Menius, Pfarrer an der St. Thomaskirche in Erfurt, sowie Philipp Melanchthon und Christoph von der Planitz. Für die übrigen Gebiete fungierten neben den kurfürstlichen Beamten Theologen, die der jeweiligen Region entstammten und bereits Einblicke in die Situation gewonnen hatten.

Erst allmählich stellte sich der wirkliche Umfang der anstehenden bzw. übernommenen Probleme heraus. Die weitgehende Destabilisierung der Verhältnisse war keineswegs erst durch den Einzug der Veränderungen durch die Reformation eingetreten, sondern ein Erbe des spätmittelalterlichen Kirchentums. Sie betraf die Sicherheit des Lebensunterhalts der Geistlichen ebenso wie die organisatorische Struktur der Pfarreien hinsichtlich ihres Umfangs und ihrer Leistungsfähigkeit. An vielen Orten stellten die Visitatoren fest, dass die entsprechenden Unterlagen, die finanzielle oder materielle Stiftungen beurkunden konnten, verschwunden waren. Auf der anderen Seite wurden beträchtliche Kapitalsummen frei, die dadurch entstanden, weil sich die Klöster entleerten und die Ordensleute sie verließen. Mit diesen Zuständen war ein weiterer großer Problembereich noch gar nicht berührt, der die personellen Probleme betraf. Wenn auch nicht alle, so waren doch die meisten Seelsorgepriester nach dem Urteil der Visitatoren „ungebildet". Nun sollten sie lernen, über den christlichen Glauben Auskunft zu geben. Da die Heranbildung eines Klerus, dem diese Fähigkeit mitgegeben wurde, noch viele Jahre in Anspruch nehmen würde, war von Fall zu Fall zu entscheiden, welche von Verantwortung getragene Lösung angemessen erschien. Eine weitere, nicht nur Personen betreffende Entscheidung stand mit der Aufhebung des Priesterzölibats an. Auch der flächen-

Unterricht der Visitatoren, Titelblatt, 1528

deckende Aufbau eines geordneten Schulwesens gehörte zum Ziel der Neuordnung. Es war absehbar, dass diese Aufgaben in einem einzigen Durchlauf nicht zu erledigen waren. Die ernestinischen Gebiete erfuhren im Jahre 1533 eine weitere Visitation. Alsbald begann die Arbeit der sogenannten Sequestrationskommissionen, die für den Vollzug der von den Visitatoren getroffenen Regelungen zu sorgen hatten. Für die nichternestinischen Hoheitsgebiete Thüringens begannen die Visitationen, sobald durch deren Landesherren der Anschluss an die Wittenberger Reformation festgestellt war. Die Übernahme der Leitung des Kirchenwesens in den Reichsstädten Mühlhausen und Nordhausen durch deren Magistrate erübrigte dort das Instrument der Visitationen. In der Landgrafschaft Hessen war seit 1525 Adam Krafft, der Hofprediger des Landgrafen Philipp, der erste „Visitator" gewesen, bevor 1531 eine Visitationsordnung sechs Superintendenten mit der Aufsicht über die Pfarrer in festgelegten Bezirken bestimmte. Die mit den Visitationen erreichten Änderungen lagen im Interesse sowohl der Theologen als auch der jeweiligen Landeshoheit. Dass es zwischen beiden Polen bald zu Spannungen kommen würde, lag in der Natur der Sache. Allerdings hinterließen die Visitationen tiefe Spuren bis in die folgenden Jahrhunderte: Das Muster der geistlich-weltlichen Zusammensetzung ihrer Kommissionen wurde das Organisationsmuster der künftigen Konsistorien. ●

STÄTTEN DER REFORMATION
IN THÜRINGEN

⊗ Lage
◈ Träger
➊ Zugänglichkeit
ℹ Infos

→   siehe auch
OT   Ortsteil

ALTENBURG
Landkreis Altenburger Land

STADTKIRCHE ST. BARTHOLOMÄI

- ⊗ Burgstraße
- ⬥ Evang.-luth. Kirchgemeinde
- ⊙ Mai bis Oktober: Di–So 10–16 Uhr
- ⓘ Büro Offene Kirche, Tel. 03447 513795

Die Bartholomäikirche gehört neben der Nikolaikirche zu den ältesten Gotteshäusern der Stadt. Architektonisch sind in ihr die romanische Krypta, das um 1443 vollendete gotische Kirchenschiff sowie der barocke Turm mit der aus dem 19. Jahrhundert stammenden Unterkunft für den Türmer vereint. Um 1500 wurde das noch heute in der Kirche befindliche Altarretabel gestiftet. Die spätmittelalterliche Orgel wurde im 16. Jahrhundert sowie abermals nach 1772 durch einen Orgelneubau ersetzt.

Vor und während der Reformation war die Bartholomäikirche die Hauptkirche der Altenburger Bürgerschaft. In ihr wirkte 1522 als erster evangelischer Prediger Gabriel Zwilling. Der Altenburger Stadtrat hatte sich im Frühjahr 1522 mit der Bitte an Luther gewandt, ihm einen tüchtigen Prediger vorzuschlagen. Der Reformator empfahl Zwilling, obwohl dieser während Luthers Wartburgaufenthalt zu den radikalen Anhängern Karlstadts in Wittenberg gehört hatte.

Zwilling war in der Frühphase der Reformation einer der wortgewaltigsten Prediger. Wohl vor allem wegen des hartnäckigen Widerstandes der Stiftsherren vom Georgenstift verließ Zwilling bereits gegen Ende des Jahres 1522 Altenburg Richtung Torgau. Nach seinem Weggang wirkte der Reformator Wenzeslaus Linck vom Januar 1523 bis zum Frühjahr 1525 an der Kirche. Er war 1483 als Sohn eines Ratsherrn im nahen Colditz geboren worden und hatte vermutlich zusammen mit Luther seine Schulzeit in Magdeburg verbracht. Als Waldheimer Augustiner-Eremit schrieb sich Linck 1503

Bartholomäikirche

an der Universität Wittenberg ein. Neben dem Erfurter Johannes Lang gehörte er zu den engsten Vertrauten Luthers. Linck war es auch, der das Zusammentreffen von Luther und Karl von Miltitz 1519 in Altenburg anbahnte. Im April 1525 wechselte er an die Sebalduskirche nach Nürnberg. Die Altenburger Bürgerschaft verabschiedete ihn in großen Ehren; sein Nachfolger wurde Georg Spalatin (→ Schlosskirche Altenburg).

ALTENBURG
Landkreis Altenburger Land

BRÜDERKIRCHE

❌ Brüdergasse
🔷 Evang.-luth. Kirchgemeinde
🕐 Ostern bis Oktober: täglich 10–18 Uhr,
   November bis Ostern: täglich 10–16 Uhr
ℹ️ Büro Offene Kirche, Tel. 03447 513795

Die Brüderkirche steht auf dem Terrain des alten Franziskanerklosters und trägt ihren Namen nach den Minderen Brüdern (Franziskaner), die sich in Altenburg nach 1270 niedergelassen hatten. Vor der Reformation beherbergte es acht Brüder. Dem Konvent kamen Zuwendungen des Kurfürsten Friedrich des Weisen zugute, so dass die Klosterkirche zwischen 1501 und 1512 erweitert werden konnte. 1522 predigte Luther in ihr. Infolge der Reformation verließen die franziskanischen Brüder 1529 die Stadt. Die verlassenen

Klostergebäude wurden fortan von Stadt und Bürgerschaft genutzt, so auch die Klosterkirche, die Ende des 18. Jahrhunderts erneut erweitert wurde. Im Juli 1901 erfolgte der Abbruch der inzwischen baufälligen Kirche. An ihrer Stelle erwuchs im Stile der Neugotik unter Hinzufügung von Jugendstilformen ein quadratischer Zentralbau aus rotem Backstein mit einem über siebzig Meter hohen Glockenturm. Der eklektizistisch anmutende Bau ist das Werk des Architekten Jürgen Kröger. Die Weihe der neuen Brüderkirche erfolgte am 7. Mai 1905. An Luthers Predigt vom April 1522 erinnert ein von Richard Grüttner geschaffenes übergroßes Standbild des Reformators an der östlichen Fassade; neben

Brüderkirche

dem Reformator sind Reliefbilder zu sehen, die Wenzeslaus Linck und Georg Spalatin zeigen.

Weitere Hinweise auf die Reformation finden sich in einem dreiteiligen Fenster bei der Orgelempore, die Luther sowie Paul Gerhard und Johann Sebastian Bach zeigen. Die historistischen Entwürfe der Glasfenster, die unter anderem auch König Gustav II. Adolf von Schweden zeigen, stammen von Paul Gathemann.

Wirkungsort Georg Spalatins

ALTENBURG
Landkreis Altenburger Land

SCHLOSSKIRCHE

- ❌ Schloss Altenburg
- 🔺 Stadt Altenburg
- 🕐 Di–So 9.30–17 Uhr
- ℹ️ Tel. 03447 512712;
  www.residenzschloss-altenburg.de

Die dem Heiligen Georg geweihte Schlosskapelle der alten Kaiserpfalz erfuhr gegen Ende des 14. Jahrhunderts einen ersten Umbau, bei dem das Langhaus Richtung Osten erweitert wurde. Der Ausbau der Georgenkapelle verlief parallel zu den Bemühungen Markgraf Wilhelms II., ein Kollegiatstift mit zwölf Kanonikaten und einer Propstei einzurichten. Die Weihe des Kollegiatstifts erfolgte 1413. Die Stiftsherren lebten nach der Augustinerregel und unterlagen einer Anwesenheitspflicht. Ausnahmen gestattete der Stifter, Markgraf Wilhelm II., nur seinen „täglichen Dienern" oder jenen, die zu Studienzwecken eine Universität besuchten. Bis zur Reformation entwickelte sich das Georgenstift zu einem bedeutenden geistlichen Mittelpunkt. Es gehörte neben dem benachbarten Marienstift (Bergerkloster) zu den größten Grundherren des Altenburger Landes. Seine überaus reiche Ausstattung verdeutlicht die herausragende Stellung des Altenburger Schlosses. In der Schlosskirche hat sich eine Seccomalerei aus dem späten 15. Jahrhundert erhalten. Das Chorgestühl stammt aus der Zeit um 1500, die Kanzel vom Ende des 16. Jahrhunderts. Mitte des 17. Jahrhunderts erfuhr die Kirche eine barocke Neugestaltung und diente als Grablege ernestinischer Fürsten. Sicherlich der berühmteste der Stiftsherren war der 1484 im fränkischen Spalt geborene Georg Spalatin, dem 1511 in Altenburg ein Kanonikat zugewiesen wurde. Spalatin, welcher die Universitäten Erfurt und Wittenberg besucht hatte und enge Kontakte zu den im Lande wirkenden Humanisten unterhielt, wurde vom führenden Kopf des Erfurter Humanismus, Conrad Mutian, an den Hof des Kurfürsten Friedrich des Weisen vermittelt. Dort wirkte er als Prinzenerzieher sowie später als Geheimsekretär und Bibliothekar. Ohne Spalatin, der bis zum Tode Friedrichs des Weisen im Mai 1525 der „intellektuelle und kommunikative Transmissionsriemen" zwischen dem Kurfürsten und Luther war, ist die Frühzeit der Reformation schwer vorstellbar. Nach dem Tod des Kurfürsten und dem Weggang Wenzeslaus Lincks nach Nürnberg folgte er diesem ins Pfarramt der → Bartholomäikirche. Spalatin, der die Tochter eines Altenburger Bürgers heiratete, war somit der erste Stiftsherr, der sich der Reformation anschloss und sie im Georgenstift vorantrieb. Bis zu seinem Tode 1545 wirkte er in Altenburg als Pfarrer, kursächsischer Visitator und Superintendent.

Im Georgenstift wurde seit dem Sommer 1525 das Chorgebet nur noch gelesen, nicht mehr gesungen. Die Totenämter fielen aus. 1528 folgte die erste Visitation und 1531 wurde das Stiftsvermögen eingezogen. Die meisten Stiftsherren ließen sich abfinden und traten in den Ehestand. Zwischen 1537 und 1543 wurde das Stift schließlich säkularisiert.

ARNSTADT
Ilm-Kreis

MARKTPLATZ

- ⊗ Stadtzentrum
- ⊙ Rathaus: Mo/Do/Fr 9–12 Uhr, Di 9–12, 13.30–18 Uhr; Bachkirche: Mo–Sa: 10–16 Uhr, So 11–15.30 Uhr
- ⓘ Tourist-Info, Tel. 03628 602049

Der dreieckige Arnstädter Marktplatz liegt auf einer hochwassersicheren Geländestufe im Zentrum der Altstadt. Neben einigen schönen Bürgerhäusern des 16. bis 18. Jahrhunderts wird er von den Bauten des Rathauses, der Tuchgalerie und der Bachkirche bestimmt. Das Rathaus wurde unter Verwendung des mittelalterlichen Vorgängerbaues von 1582 bis 1586 in Formen der niederländischen Renaissance umgebaut. Für den Arnstädter Rat lässt sich ein frühes reformatorisches Interesse nachweisen. Bereits 1521 war der Erfurter Reformator Johannes Lang zu Besuch im Rathaus. In diesem Jahr traf der Rat auch Vorkehrungen für einen „Pfaffensturm".

Am 8. September 1522 wurde auf dem Marktplatz die erste evangelische Predigt der Stadt gehalten.

„Eine Schüssel gesottener Krebse, garniert mit Petersilie" (Martin Luther) – die Arnstädter Altstadt mit Oberkirche (links), Bachkirche (Mitte), Rathaus und Liebfrauenkirche (hinten)

Der durchreisende Eislebener Augustinermönch Kaspar Guettel wurde von Bürgern der Stadt gebeten, zu predigen. Guettel selbst beschreibt die Arnstädter, die sich „in großen Haufen" auf dem Platz eingefunden hatten, als nach „evangelischer Wahrheit hungrig und ganz gierig". Er widmete diese Predigten, die sich in erster Linie gegen das System der Werkgerechtigkeit wandten und für Nächstenliebe sprachen, dem regierenden Grafen Günther XXXIX., der in diesen Tagen allerdings nicht in der Stadt weilte.

Die benachbarte Bachkirche (Name seit 1935) ist nach dem großen Stadtbrand von 1581 auf den Mauern der gotischen Pfarrkirche St. Bonifatius errichtet worden. Hier wirkte Johann Sebastian Bach von 1703 bis 1707 als Organist. Am 17. Oktober 1707 heiratete er im benachbarten Dornheim seine Cousine Maria Barbara Bach aus der Arnstädter Linie der Familie. Ein Denkmal auf dem Marktplatz von 1985 zeigt den jungen, noch sehr „lässigen" Bach.

Im „Haus zum Falkenstein" in der benachbarten Kohlgasse (Nr. 4) fand vermutlich die Arnstädter Tagung des Schmalkaldischen Bundes im Herbst 1539 statt. Ein Portal im Haus aus diesem Jahr erinnert an Graf Heinrich XXXII., der die Reformation in Arnstadt ab 1531 eingeführt hatte.

ARNSTADT
Ilm-Kreis

SCHLOSS NEIDECK

- ⊗ Schlossgarten
- ◉ Stadt Arnstadt
- ◷ Mo–Do 9–15, Fr 9–12,
  Sa/So 14–16 Uhr
- ⓘ Tourist-Info, Tel. 03628 602049

Zur Zeit der Reformation war Arnstadt die Hauptresidenz der Herrschaft Schwarzburg-Arnstadt. Zu dieser Herrschaft gehörte umfangreicher Besitz im Vorland des Thüringer Waldes und im Thüringer Becken. Die offizielle Einführung der Reformation in der Stadt wie in der gesamten Herrschaft verhinderte Graf Günther XXXIX. bis zu seinem Tode 1531.

Das Schloss geht auf eine Wasserburg des Klosters Hersfeld zurück, zu dessen ausgedehnten Besitzungen Arnstadt im Hochmittelalter gehörte. Nach der vollständigen Übernahme der Stadt durch die Schwarzburger 1332 setzte eine umfangreiche Bautätigkeit ein, von der der Bergfried (heutige Schlossturm) zeugt. In den Jahren von 1553 bis 1560 wurde die Burg durch einen niederländischen Baumeister zu einem Renaissanceschloss mit vier Flügeln umgebaut. Heute zeugen noch einige Ruinen, der große begehbare Schlossturm, die Anlage der Vorburg und ein Modell des Renaissanceschlosses von dem beeindruckenden Bau.

Im Bauernkrieg floh Graf Günther vor dem Bauernhaufen der Schwarzburger Oberherrschaft mit den Paulinzellaer Klosterkleinodien in das Schloss. Der Rat der Stadt drohte, die Stadttore zu öffnen und das Schloss nicht vor den Bauern zu beschützen. Mit dieser Erpressung erreichte er die Erfüllung verschiedener Forderungen durch den Grafen. Durch die Unterstützung des wettinischen Kurfürsten gewann der Schwarzburger die Kontrolle zurück und am 21. Mai 1525 wurden die Anführer der Aufständischen im Schloss verhört. Nach Ankunft des Kurfürsten Johann in Arnstadt wurden am 17. Juni neun Hauptverantwortliche des Bauern-

Schlossturm mit Teilen der Vorburg

haufens auf dem Marktplatz hingerichtet.

Die Ereignisse des Bauernkrieges verfestigten die katholische Haltung des Grafen, der sich auch durch einen Brief des Kurfürsten nicht zur Anstellung eines evangelischen Predigers in der Stadt bewegen ließ. Nach seinem Tod 1531 übernahm sein Sohn Heinrich XXXII., „der Reformator", das Regiment und begann sofort mit der Umsetzung der Reformation. 1533 kam es zur ersten Visitation im schwarzburgischen Gebiet, wobei sich die Pfarrer der umliegenden Dörfer zum Verhör im Schloss einfinden mussten. Hauptverantwortlicher bei der kirchlichen Neuorganisation und wichtigster Visitator des Landes war Johannes Lang, der „Reformator Erfurts".

Oberkirche

ARNSTADT
Ilm-Kreis

OBERKIRCHE

- ⊗ Pfarrhof 2
- ☁ Stadtkirchenamt Arnstadt
- ◐ Sa/So 11–15 Uhr und nach Vereinbarung
- ⓘ Tel. 03628 740960; www.oberkirche-arnstadt.de

Die Arnstädter Oberkirche wurde Ende des 13. Jahrhunderts als Klosterkirche des hiesigen Franziskanerklosters errichtet. In ihren schlichten Formen folgt sie den Grundlinien der Bettelordensarchitektur. Der Glockenturm an der Nordseite stammt von 1461. Die Kirche wird bis voraussichtlich 2017 saniert.

Mit Einführung der Reformation 1531 hatten auch im Schwarzburgischen die Klöster ihre Bestimmung verloren. Das Benediktinerinnenkloster an der Liebfrauenkirche in Arnstadt wurde bereits 1533 aufgehoben, das Franziskanerkloster bestand bis 1538, wenngleich der Eisenacher Guardian des Ordens bereits 1523 die hessische Landgräfin Anna um Beistand für die Arnstädter Brüder gebeten hatte. Die Klostergebäude wurden anschließend zunächst als gräfliche, dann als städtische Schule genutzt. Teile der Klosteranlage sind erhalten geblieben, beispielhaft hierfür stehen die Reste des Kreuzganges. Die Kirche wurde zur Hauptpfarrkirche der Stadt und zur Predigtkirche der Superintendenten. Stammen auch noch einige Ausstattungsstücke aus vorreformatorischer Zeit – so das Relief einer Gregorsmesse auf einem Epitaph von 1505 –, ist der Innenraum der Kirche jedoch vorwiegend nachreformatorisch einzuordnen: Epitaphe, Emporen und Fürstenstände. Die manieristischen Ausstattungsstücke aus den Jahren 1625 bis 1640 – Altar, Kanzel, Taufe – sind von Burkhardt Röhl gefertigt worden. Hervorzuheben ist weiterhin das Epitaph für Graf Günther den Streitbaren († 1583) mit Gemälden von Frans Floris.

Im Jahre 1506 weilte Martin Luther als junger Mönch von Erfurt aus zu Besuch im Kloster. In der Bibliothek des Klosters ist in einem Kirchenbuch zum Jahr 1593 der Tod des Arnstädter Fuhrmanns Wolff Essiger vermerkt. Er soll Luthers Wagen zum Reichstag nach Worms gefahren haben.

BAD FRANKENHAUSEN
Kyffhäuserkreis

PANORAMA MUSEUM

- ✖ nördlich des Stadtzentrums, Am Schlachtberg 9
- ☁ Panorama Museum e.V.
- ◷ November–März: Di–So 10–17 Uhr, April–Oktober: Di–So 10–18 Uhr
- ℹ Tel. 034671 6190; www.panorama-museum.de

Schon von weitem kommt dem Besucher der Kleinstadt ein zylindrischer Bau in das Blickfeld, der sich aus der Landschaft des Kyffhäusergebirges heraushebt. Der Zweckbau beherbergt mit dem 1976 bis 1987 von Werner Tübke (1929–2004) geschaffenen Monumentalgemälde „Frühbürgerliche Revolution in Deutschland" eines der spektakulärsten Auftragsprojekte jüngerer Kunstgeschichte. In Form einer Rotunde offenbart sich dem Betrachter ein geschichtsträchtiges Welttheater von zeitlos-universalem Anspruch. Das 14 mal 123 Meter große Monumentalgemälde erinnert am authentischen Ort an eine der letzten großen Schlachten im Deutschen Bauernkrieg 1525. Unter den insgesamt über 3000 Einzelfiguren des Monumentalgemäldes sind im Vordergrund der szenischen Arrangements auch Martin Luther und Thomas Müntzer zu erkennen.

Das von Müntzer angeführte aufständische thüringische Bauernheer wurde am 15. Mai 1525 hier auf dem „Schlachtberg" von der Übermacht der vereint handelnden

Der Museumsbau auf dem Schlachtberg

Brunnen der Unsterblichkeit. Detail aus dem Monumentalbild von Werner Tübke. Zu sehen sind von links nach rechts: Hans Hut, Melchior Rinck, Hans Sachs, Peter Vischer d. Ä., Adam Krafft, Tilman Riemenschneider, Jörg Ratgeb, Albrecht Dürer, Martin Luther, Lucas Cranach d. Ä., Sebastian Brant, Philipp Melanchthon, Erasmus von Rotterdam, Ulrich von Hutten, Nicolaus Copernicus, Theophrastus Bombastus von Hohenheim (genannt Paracelsus), Christoph Columbus, Johannes Gensfleisch zu Gutenberg, Jakob Welser, Jakob Fugger.

fürstlichen Truppen vernichtend geschlagen. „Man straft dermaßen, dass ich besorgt bin, das Land zu Thüringen und die Grafschaft (Mansfeld) werde es nur langsam verwinden. [...] Hier wird nichts gesucht denn Raub und Mord", beschreibt Luthers Schwager Johann Rühel von Eisleben aus die Situation nach der Schlacht, die auf Seiten der Bauern 6000 Tote forderte. Luther begrüßte die blutige Niederschlagung des Aufstandes durch die fürstliche Obrigkeit. Schon wenige Jahre später übernahm er allerdings in einer seiner Tischreden Mitverantwortung für den Tod der Bauern. „Aber ich schiebe es auf unsern Herrgott; der hat mir befohlen, solches zu reden."

In der Staatsideologie, Geschichtsschreibung und Kunst der DDR, in welcher die Stätten des Lebens und Wirkens von Müntzer lagen, wurde der Bauernführer als Revolutionär und Vorkämpfer des Arbeiter- und Bauernstaates gesehen und propagiert.

BAD FRANKENHAUSEN
Kyffhäuserkreis

REGIONALMUSEUM

- ❌ Schloßstraße 13
- 🔼 Stadt Bad Frankenhausen
- 🕐 Di–So und an Feiertagen 10–17 Uhr
- ℹ Tel. 034671 62086;
  www.bad-frankenhausen.de

Die über Jahrhunderte von der Salzgewinnung und der Herstellung von Knöpfen geprägte Stadt ist aus den um 1300 planmäßig zusammen geschlossenen Stadtkernen Angersiedlung, Oberstadt und Unterstadt

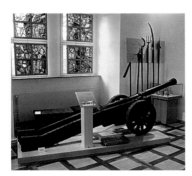

Blick in die Ausstellung „Reformation & Bauernkrieg"

gewachsen. 1533 ließ Graf Heinrich XXXIV. die alte Niederungsburg zu einem Schloss ausbauen. Das darin seit 1922 einladende Museum präsentiert in seiner Dauerausstellung und in Sonderschauen auch das lokale Geschehen im Umfeld des Bauernkrieges und dessen Entscheidungsschlacht vor den Toren der Stadt im Mai 1525. In den 1970er Jahren wurde bei Sanierungsarbeiten im zweiten Obergeschoss des Schlosses ein auf drei Seiten mit Männerköpfen profilierter Stein freigelegt. Die Darstellung eines Mönchs, dem porträtähnliche Züge Martin Luthers zugesprochen wurden, gab dem Stein schließlich den Namen „Lutherstein"; die beiden anderen Bildnisse könnten Schwarzburger Grafen darstellen. Ob sich in dem Raum, in dem der Stein rund 440 Jahre nach seinem Einbau wiederentdeckt wurde, die ursprüngliche Schlosskapelle befand, bleibt vorerst eine Vermutung.

Wegen zahlreicher Großbrände kann das am Fuße des Schlachtberges sich ausbreitende Städtchen nur auf wenige Spuren der Reformation und des Bauerkrieges verweisen. Das 1215 von Friedrich von Beichlingen gestiftete Zisterzienser-Nonnenkloster mit Marienkirche wurde während des Bauernkrieges gestürmt und weitgehend zerstört. Überbleibsel davon sind im Umfeld des Gymnasiums in der Klosterstraße zu sehen. An den Resten der Stadtmauer, deren fünf Tore im 19. Jahrhundert geschleift wurden, macht in Höhe Anger/Zinkestraße eine Gedenktafel darauf aufmerksam, dass hier das Haus gestanden hat, in welchem sich Thomas Müntzer bis zu seiner Gefangennahme verstecken konnte. Von hier aus wurde er nach Heldrungen und nach schweren Folterungen weiter nach Mühlhausen gebracht, wo er vor den Toren der Stadt hingerichtet wurde.

BAD KÖSTRITZ
Landkreis Greiz

HEINRICH-SCHÜTZ-HAUS

- ⊗ Heinrich-Schütz-Str. 1
- ◈ Landkreis Greiz
- ◷ Di–Fr 10–17 Uhr, Sa/So 13–17 Uhr
- ⓘ Tel. 036605 2405;
  www.heinrich-schuetz-haus.de

Eine „Meile Weges von Gera" der Weißen Elster folgend, liegt der Ort Bad Köstritz. Hier wurde 1585 Heinrich Schütz geboren, ein bedeutender Vertreter der protestantischen Kirchenmusik im 17. Jahrhundert. Im Jahre 1985 wurde im Geburtshaus des Komponisten eine Forschungs- und Gedenkstätte eingerichtet. Zu sehen gibt es neben der Dauerausstellung zu Leben und Werk von Heinrich Schütz sowie zu seinem historischen Umfeld auch eine umfangreiche Instrumentensammlung. Ergänzt wird das Angebot durch Sonderausstellungen in der Schütz-Haus-Galerie.

In Köstritz bewirtschafteten die Eltern von Schütz die „Oberschenke", die auch der „Urausschank" des Köstritzer Bieres gewesen ist. Seine Kindheit und Jugend verbrachte Schütz in Weißenfels, wo sein musikalisches Talent im elterlichen Gasthof „Zum Goldenen Ring" von Landgraf Moritz von Hessen entdeckt wurde. Dieser ließ den Knaben in Kassel ausbilden und gewährte ihm ein Orgel- und Kompositionsstudium bei Giovanni Gabrieli in Venedig. Seine Lebensstellung fand Schütz als kursächsischer Hofkapellmeister am Dresdner Hof. Im Alter zog sich der Komponist nach Weißenfels zurück. Er starb 1672 in Dresden und wurde in der Alten Frauenkirche bestattet.

Bereits zu Lebzeiten wird der Köstritzer als „Vater der modernen Musik" gerühmt, dessen vor allem wortgebundene Musik ihre Kraft insbesondere aus der Eindringlichkeit des Bibelwortes zieht. Ab 1619 veröffentlichte er seine kirchenmusikalischen Großwerke und Werksammlungen wie „Psalmen Davids", „Kleine geistliche Konzerte", „Symphoniae sacrae", „Geistliche Chormusik" sowie „Weihnachtshistorie". Bereits im Jahr seiner Bestallung zum Hofkapellmeister (1617) fand in Dresden die mit großer Prachtentfaltung begangene Jahrhundertfeier der lutherischen Reformation statt. Schütz komponierte dafür unter anderem eine fünfchörige Motette über den Lutherchoral „Ein feste Burg ist unser Gott" mit Trompeten und Heerpauken. Leider ist die Musik verloren gegangen.

Das jährlich stattfindende „Heinrich Schütz Musikfest" verbindet die drei mitteldeutschen Schütz-Orte Köstritz, Weißenfels und Dresden, um den Komponisten zu feiern und in zahlreichen Konzerten sein musikalisches Erbe zu präsentieren.

Heinrich-Schütz-Haus, Ausstellungssraum

BAD LANGENSALZA
Unstrut-Hainich-Kreis

AUGUSTINERKIRCHE
Stadtmuseum

⊗ Wiebeckplatz 6/7

🖐 Stadt Bad Langensalza

🕐 Di–Fr 10–12, 14–16 Uhr,
Sa 13–17 Uhr, So 10–12, 13–17 Uhr

ℹ Tel. 03603 813002;
www.badlangensalza.de

Als die in thüringischen Städten sich ansiedelnden Augustinereremiten im Jahre 1280 nach Salza kamen, übereignete ihnen Günther von Salza ein großes, zwischen zwei Flurwegen vor der Stadtmauer gelegenes Grundstück, auf dem sie rasch eine langgestreckte einschiffige Kirche und an ihrer nördlichen Seite die Konventsgebäude errichteten. Das ganze Areal umgaben sie mit einer Mauer, an deren Pforte sie das Standbild des heiligen Augustinus aufstellten. Bald belebte sich die Gegend um das Kloster, die zwei Flurwege entwickelten sich zur Holzgasse und zu der nach ihnen, den Mönchen, genannten Brüdergasse, schließlich umzog die erweiterte Stadtmauer auch den neuen Stadtteil.

Außer den Augustinereremiten gab es in der Stadt nur die Marienmagdalenerinnen; erst im späteren 15. Jahrhundert kamen Franziskaner und Augustinerchorherren. Dem Ansehen der Augustinereremiten tat das keinen Abbruch, zumal sie sich einer Reform unterworfen hatten und wieder streng nach der Ordensregel lebten. Als im Frühjahr 1516 der Distriktsvikar, Martin Luther, zu den Augustinereremiten

Stadtmuseum mit Turm und Ostflügel der ehemaligen Klosteranlage

kam, um sie zu visitieren, hatte er nichts zu beanstanden. Wenig später öffneten sich die Mönche den neuen, von Wittenberg ausgehenden Gedanken einer Kirchenreformation, denen die Augustinerchorherren und die Franziskaner, erst recht die Nonnen in der Stadt sich verschlossen. Sie lasen die Schriften ihres Ordensbruders Luther und die seiner Gesinnungsgenossen, verbreiteten sie unter den Bürgern und sprachen mit ihnen über ihren Inhalt, ehe sie im Sinne dieser Schriften in der Kirche zu predigen begannen. Ihr Prior, Johann Oppenheim, tat sich besonders hervor. Wenn er nicht predigte, ließ er einen Bruder, der unlängst ins Eislebener Kloster versetzt worden war, gastweise predigen. Die scharfe Kritik an der Kirche und ihren Geboten zog die Salzaer an, begeisterte sie und ließ sie erste Änderungen verlangen. Die Ratsherrn und der Amtmann fürchteten Aufruhr; während sie den Mönch aus Eisleben verhafteten und verhörten, wurden sie des Priors nicht habhaft. So nährte der Konvent in der Brüdergasse die reformatorische Bewegung in Salza. Als diese nach den Kämpfen im Frühjahr 1525 erstickt wurde, waren die evangelisch gewordenen Mönche bereits ausgetreten, die verbliebenen aber lebten nach alter Weise fort, bis im Jahre 1539 der neue Landesherr die Reformation verordnete und ihnen freistellte, ob sie das Kloster verlassen oder in ihm bleiben wollten. Die Kirche bestimmte der Rat fürs erste Jahre zur Pfarrkirche, einige Konventsgebäude zur Lateinschule, den Klostergarten zum neuen Friedhof. Später wurde die Kirche abgetragen, die anderen Klostergebäude verheerte im 18. Jahrhundert ein Feuer. Erhalten blieben nur der Turm, Reste des Kreuzgangs und die Sakristei. Sie beherbergen heute das Stadtmuseum.

BENDELEBEN

Kyffhäuserkreis

KIRCHE ST. PANKRATIUS

- ⊗ Kirchenstraße 2
- ☁ Evang.-luth. Kirchgemeinde
- ❶ außen frei zugänglich, innen nach Voranmeldung
- ❶ Pfarramt, Tel. 034671 62587

Zu den ersten evangelischen Pfarrern der am westlichen Ausläufer des Kyffhäusergebirges gelegenen Gemeinde gehörte Johannes Clajus (Klag) (1535–1592), dessen Grabstein im Chor der Kirche aufbewahrt wird. Clajus hat den Kleinen Katechismus Luthers ins Hebräische übersetzt, war ein zu Lebzeiten sehr beachteter Verfasser lateinischer Gedichte und einer deutschen Grammatik, in der er Luthers Bibelübersetzung als unbedingtes sprachliches Vorbild bezeichnet. In seine Amtszeit fällt auch der Neubau der Kirche, der 1588 begonnen und 1623 mit dem Aufsetzen der Turm-

Ein evangelischer Kirchensaal der Renaissance

haube vollendet wurde. Es ist einer der ersten vollständigen nachreformatorischen Kirchenneubauten in Nordthüringen. Im Äußeren noch spätgotisch, ist das Innere ganz der Renaissance verpflichtet und ein charakteristisches Beispiel des evangelischen Predigtsaals. Die liturgischen Hauptstücke – Altar, Kanzel und Taufstein – sind im Altarraum konzentriert; ihnen gegenüber befindet sich auf der Westempore die Orgel, deren Prospekt aus den Jahren 1661/62 stammt und damit eines der ältesten erhaltenen Werke in Thüringen ist. Gestalterische Mitte des großzügigen Chorraums ist der von Brigita von Bendeleben zum Andenken an ihren Gatten, Jacob von Bendeleben, 1590 gestiftete Epitaphaltar. Wie im Falle des Weimarer Cranach-Altars sind hier zwei Funktionen in einem Bild vereint, nämlich Gedächtnismal und Altarretabel. Die mit Reliefs des Abendmahls und der Auferstehung geschmückte Bilder-

wand wird von zwei, einst mit Wappen gezierten Freisäulen flankiert, auf denen die Figuren der Stifterin und ihres Gemahls knien. Nördlich des Altars steht die 1611 von Egel Wolf von Bendeleben gestiftete Kanzel. Entgegen der Gewohnheit ist sie nicht an der Wand befestigt, sondern steht frei im Raum. Bemerkenswert ist auch der 1614 gefertigte, mit Bildern des Alten und Neuen Testaments geschmückte Taufstein. In unmittelbarer Nähe zum Altarraum befindet sich an der Nordseite eine hohe, bis zur Decke reichende Bilderwand. Sie rahmt seit 1661 den Zugang zu der Bendelebenschen Grabkapelle, in der einige schöne Epitaphien des 17. Jahrhunderts aufbewahrt werden. Zum protestantischen Bildprogramm der Kirche gehören nicht zuletzt die Gemälde an dem 1674 errichteten Uckermannischen Stand, den Emporen und dem 1673 gestifteten Pfarrstuhl.

BERKA / WERRA
Wartburgkreis

GASTHAUS ZUM STERN

- ⊗ Kirchstraße 5
- ☁ Stadt Berka / Werra
- ❶ Führung auf Anfrage
- ❶ Heimat- und Geschichtsfreunde,
  Tel. 036922-28345

Berka liegt in der thüringisch-hessischen Grenzregion an einem wichtigen Kreuzungspunkt zweier alter Handelsstraßen (Frankfurt/Main – Leipzig bzw. Göttingen – Nürnberg). In diesem Zollort überquerte die alte Handelsstraße Via Regia als „kurze Hessen" die einzige große Brücke über die Werra zwischen Vacha und Creuzburg. Auf der Rückreise vom Reichstag in Worms predigte Luther am 1. Mai 1521 noch am frühen Morgen auf Einladung des ihm freundlich gesonnenen Abtes Krato in der → Hersfelder Klosterkirche und erreichte bereits am Mittag in Berka an der Werra kursächsisches Gebiet. In Berka kehrte er im Gasthaus „Zum Stern" ein, wo er zum Abschied vom Kanzler des Hersfelder Abtes bewirtet wurde. Vielleicht erreichte ihn hier eine geheime Nachricht, die ihn veranlassen sollte, zwei Tage später die Hohe Straße zu verlassen und seine Verwandten in Möhra zu besuchen. Im Wissen darum, dass Kurfürst Friedrich der Weise Vorberei-

tungen getroffen hatte, ihn in Sicherheit zu bringen („Ich lasse mich einthun und verbergen, weiß selbst noch nicht wo …"), reiste er unter Begleitung seines Freundes Nikolaus von Amsdorf und seines Mitbruders Petzensteiner weiter nach Eisenach. Während einer der zwei Reisewagen am 3. Mai die alte Reichsstraße ostwärts weiterfuhr, bog Luthers Wagen bei dem alten Fuhrmannshof Rothenhof, der Vorspanndienste leistete, nach Südwesten ab und erreichte über die Hohe Sonne und den Kamm des Thüringer Waldes → Möhra.
Am Tage darauf, dem 4. Mai (→ Steinbach), befand sich Luther bereits auf der Wartburg, wo er zehn Monate als Schutzgefangener des Kurfürsten weilen sollte. Wenige Tage später wurde mit dem Wormser Edikt die Reichsacht über ihn

Hier kehrte Luther 1521 ein.

verhängt. Der Gasthof nahe der St. Laurentius Kirche aus dem 15. Jahrhundert überdauerte die Wirren des 30jährigen Kriegs und der folgenden Zeiten.

Das wohl älteste Fachwerkhaus des Ortes, das um 1490 als symmetrisch geordneter Stockwerkbau unter hessisch-fränkischem Einfluss errichtet wurde, ist ein besonderes Zeitzeugnis der Ereignisse von 1521 und wird heute ehrenamtlich unterhalten. Um dieses Haus als Stätte der Erinnerung an Luthers Aufenthalt kenntlich zu machen, wurde bereits im Luther-Jubiläumsjahr 1883 in einen Stein des Gebäudesockels die Jahreszahl 1521 eingemeißelt.

Kursächsisches Haus

BÖRTHEN

Stadt Neustadt an der Orla
Saale-Orla-Kreis

KURSÄCHSISCHES HAUS

- ⊗ Hauptstraße
- ◉ privat
- ❶ außen frei zugänglich
- ❶ Tel. 036481 85121;
    www.neustadtanderorla.de

Der nördlich von Neustadt an der Orla gelegene Ortsteil Börthen wurde 1922 in die Stadt eingemeindet. Das Dorf besaß seit Mitte des 16. Jahrhunderts das Marktrecht sowie das Kirchrecht in Neustadt; das Recht, Erb- und Lehngerichte auszuüben, besaß es schon früher.

Das wohl herausragendste Gebäude im Ortsteil ist das sogenannte Kursächsische Haus am Dorfplatz. Für seine Entstehung und Bezeichnung gibt es verschiedene Deutungen. Es soll 1551 vollendet worden sein und der kursächsischen Fürstenfamilie als Unterkunft gedient haben, beispielsweise 1552, als Kurfürst Johann Friedrich nach seiner Freilassung aus kaiserlicher Gefangenschaft auf dem Weg zum Schloss „Fröhliche Wiederkunft" in → Wolfersdorf war. Zum Andenken an diesen Tag soll er eine jährliche Stiftung hinterlassen haben, in deren Tradition noch im 20. Jahrhundert ein Fest begangen wurde.

Eine andere Lesart sieht das Haus in Zusammenhang mit der Geburt eines fürstlichen Nachkommen. Fest steht, dass die Fürstenfamilie in der hiesigen Gegend der Jagd nachgegangen ist. Bei einer dieser Jagden soll ein fürstlicher

Spross das Licht der Welt in Börthen erblickt haben, da man den Weg zum Schloss Arnshaugk nicht mehr schaffte. Um welchen Nachkommen es sich handelte, ist nicht nachweisbar. Theorien gehen seit Jahrhunderten von einem Nachkommen Johann Friedrichs I. aus oder gar von Nachkommen der natürlichen Söhne Friedrichs des Weisen, Bastl oder Fritz von Jessen.

Am Gebäude lässt sich Bausubstanz aus dem 16. und 17. Jahrhundert nachweisen. 1720 wird der Bau als Haus des Gemeinderichters bezeichnet. Noch um 1890 war am Haus ein Stein mit einer Inschrift vorhanden, die neben den Kurschwertern die Inschrift „Joannes Fridericus Elector Dux Sax E.S.A. SV Æ 48" (Johann Friedrich, Kurfürst, Herzog von Sachsen, seines Alters im 48. Jahr) und neben der Lutherrose mit Kreuz die Inschrift „Doctr M. n. Lutherus verae doctrinae straurator [sic!] obiit anno 46" (Doktor Martin Luther, der Hersteller der wahren Lehre, er starb im Jahre 1546) zeigte. Der Stein ist Ende des 19. Jahrhunderts verkauft worden. Sichtbar ist noch heute an der östlichen Straßenseite ein Postament des 18. Jahrhunderts mit einer Rosette im Pfeilerstumpf. Ein gern gesehener Zusammenhang zur Lutherrose kann allerdings ausgeschlossen werden.

BREITUNGEN

Landkreis Schmalkalden-Meiningen

BASILIKA UND SCHLOSS

- ⊗ Schloss 3
- ⊗ privat
- ⊕ Basilika: Mai–Okt. Mi/Fr 10–12, 13–16 Uhr; 1./3. Sonntag 14–17 Uhr
- ⊕ Tourist-Info, Tel. 036848 88221; www.schloss-breitungen.de

Für das Jahr 1048/49 begegnet erstmals in einer Urkunde der Name des Klosters (Herren-)Breitungen am rechten Ufer der Werra. In der ersten Hälfte des 12. Jahrhunderts waren die Pfalzgrafen von Orlamünde Vögte dieses Klosters, die auch die Klosterkirche stifteten. Danach übten dieses Amt die Landgrafen von Thüringen die Herren von Frankenstein, die Herren von Salza und seit 1337 die Grafen von Henneberg aus. Die geistliche Führung des Klosters, insbesondere bei der Abtwahl, beanspruchte der Abt von Hersfeld. Es lassen sich jedoch auch Verbindungen des Klosters zur Hirsauer und später zur Bursfelder Reform nachweisen. Bereits im 12. Jahrhundert erhielt das Kloster die pfarreilichen Rechte im Ort und in den ihm unterstellten Ortschaften Trusen und Fambach.

Nach dem Bauernkrieg erlaubte Graf Wilhelm von Henneberg den Mönchen, die vor Plünderung und

Seit der Reformation Gemeinde- und Schlosskirche

Zerstörung geflohen waren, in das vom „Breitunger Haufen" verwüstete Kloster zurückzukehren. 1545 erreichte das Kloster Breitungen die Aufforderung des Grafen, den Anordnungen der Visitatoren zur Reformation Folge zu leisten. Als das Henneberger Land 1553 durch die Kriegshandlungen der „Braunschweigischen Völker" in Mitleidenschaft gezogen wurde, verließ der letzte Abt Kilian Vogel das Kloster unter Mitnahme der Akten und liturgischen Geräte und begab sich ins Peterskloster nach Erfurt.

In der Folge der Visitation von 1555 wurde die Klosterkirche, die damals schon nicht mehr für den Gottesdienst genutzt wurde, der Gemeinde zugewiesen, da sie geräumiger als die Pfarrkirche St. Michael war. 1560 erhielt Graf Poppo XII.

von Henneberg nach dem Tode des Vaters zusätzlich zum Amt Ilmenau das (halbe) Amt Schmalkalden, das Amt Hallenberg und die Vogtei Herrenbreitungen mit dem Kloster als Wohnsitz zugesprochen. Poppo begann mit dem Umbau, auf den das Schloss in seiner heutigen Gestalt zurückgeht. Nach dem Tod seiner ersten Frau heiratete Poppo 1562 Sophia, die Großnichte Friedrichs des Weisen. Die Basilika war bis zu deren Tod 1631 Schlosskirche und mit eigenen Geistlichen versehen. Durch großen Einsatz der örtlichen Bevölkerung vor dem Verfall gerettet, dient die Kirche heute als Ort für Konzerte und standesamtlichen Trauungen.

BUTTSTÄDT
Kreis Sömmerda

ALTER FRIEDHOF
Camposanto

- ⊗ Am Alten Friedhof
- ◉ Evang.-luth. Kirchgemeinde
- ❶ innen nach Voranmeldung
- ❶ Förderverein Historischer Friedhof Buttstädt e.V., Tel. 036373 90196

Der Camposanto von Buttstädt ist ein seltenes Zeugnis der frühneuzeitlichen Sepulkralkultur in Thüringen. In seiner Geschichte spiegelt sich der grundlegende Wandel im Bestattungswesen wider, der sich im Jahrhundert der Refor-

Ein neuer Friedhofstyp: der Camposanto

mation vollzieht und einen ersten Schritt zu einer säkularen Friedhofskultur bedeutete. Waren bis ins späte Mittelalter Kirche und Friedhof eine untrennbare Einheit, so wurde es seit dem 16. Jahrhundert üblich, die Toten nicht mehr in den Städten, sondern vor deren Toren zu bestatten. Ihren Platz fanden die neuen Gottesacker oft bei den alten Vorstadtkirchen, wie es z. B. in Weimar (Jakobskirche) und Bad Langensalza (Gottesackerkirche) der Fall war. Auch in Buttstädt verlegte man im Jahre 1538 den Friedhof von der Stadtkirche St. Michael an die Johanneskirche in der Wendenvorstadt. Zwei Jahre zuvor waren die einst selbständigen Gemeinden Buttstädt und Wendenvorstadt vereinigt worden. Anlass für die Verlegung des Friedhofs boten die bauliche Vergrößerung der Stadtkirche seit 1510, zu der ein Teil des alten Friedhofs benutzt wurde, und das Bevölkerungswachstum in der wirtschaftlich florierenden Ackerbürgerstadt. Doch auch der neue Gottesacker wurde alsbald zu klein; so kaufte die Stadt 1591 mehrere benachbarte Grundstücke an und ließ den Friedhof nach Abbruch der Bebauung erweitern. Zwischen 1592 (Jahreszahl am Schlussstein des Eingangsportals) und 1603 (Widmungsinschrift) entstand eine nach italienischem Muster als Camposanto gestaltete Anlage, bei der zwei Säulenhallen die Begräbnisfläche im Norden und Osten begrenzen. Den an der Nordostecke zur Stadt hin gelegenen Eingang versah man mit einem Turmaufsatz.

Für die nächsten Jahrhunderte ließen sich die Bürger hier bestatten; zahlreiche, oft künstlerisch bedeutende Grabmäler von der Renaissance bis zum Klassizismus zeugen davon. Die alte, für Trauergottesdienste genutzte Johanneskirche überdauerte jedoch nicht: sie brannte im Jahre 1684 nieder und wurde nicht wieder aufgebaut. Die letzte Bestattung fand am 2. Juni 1861 statt. Noch im selben Jahr wurde der neue Friedhof an der Oberwendenstraße eröffnet. Seither ist der Camposanto in Buttstädt auch in historischem Sinne zu einem Ort der Erinnerung geworden.

COBURG
Bayern, Stadt Coburg

KIRCHE ST. MORIZ

- ⊗ Pfarrgasse 7
- ⬦ Evang.-luth. Kirchengemeinde
- ⓘ Mo–Fr 8–18 Uhr, Sa 10–18 Uhr, So
  nach den Gottesdiensten bis 18 Uhr
- ⓘ Tel. 09561 871424;
  www.morizkirche-coburg.de

Während das Mauritius-Patrozinium eine Datierung ins 10. Jahrhundert nahelegt, reichen sichere archäologische Belege für einen Sakralbau an der Stelle der Stadtkirche St. Moriz nicht vor das 13. Jahrhundert zurück. Um 1380/1400 entstand eine fünfjochige Hallenkirche. Das Langhaus wurde 1520 vollendet, der Westbau 1529. Das Innere erhält seinen prägenden Eindruck durch den 1740 erfolgten Umbau unter Johann David Steingruber.

Die älteste Kirche der Stadt

In Stadt und Amt Coburg, die seit dem Ende des 15. Jahrhunderts der ernestinischen Linie der sächsischen Wettiner unterstanden, fasste die reformatorische Bewegung frühzeitig Fuß. Dies lag zu einem wesentlich Teil an der positiven Haltung Herzog Johanns des Beständigen (ab 1525 Kurfürst) zur Reformation. Der Reformator der Residenzstadt war Balthasar Düring (1466–1529), der seit 1521 eine Predigerstelle an der Stadtkirche St. Moriz innehatte. Der Erlass einer neuen Gottesdienstordnung 1524, die sich an die Deutsche Messe Luthers anlehnte, markiert den Durchbruch des evangelischen Glaubens in der Stadt Coburg. 1529 wurde Düring zum ersten Superintendenten Coburgs berufen, starb aber noch im selben Jahr. An ihn erinnert eine Gedenktafel in der Kirche.

Der Chorraum wird durch das Epitaph Herzog Johann Friedrichs des Mittleren (1529–1595) und seiner Familie dominiert. Das von Nikolaus Berger geschaffene Grabdenkmal für den nach den „Grumbachschen Händeln" (1567) inhaftierten sächsischen Landesherren versteht sich gleichermaßen als Denkmal des Bekenntnisses zur lutherischen Lehre wie zu dynastischen Ansprüchen. Dem entspricht sein in Standort und Aufbau altararitiges Erscheinungsbild. ●

COBURG

Bayern, Stadt Coburg

VESTE COBURG

- ⊗ östlich des Stadtzentrums
- ◒ Coburger Landesstiftung
- ◉ April–Oktober: täglich 9.30–17 Uhr, November– März: Di–So 13–17 Uhr
- ⓘ Tel. 09561 8790; www.kunstsammlungen-coburg.de

Die Erwähnung einer „Koburg" im Jahre 1056 weist auf die Existenz einer Burganlage hin, in der sich für das 11./12. Jahrhundert die Propstei des Benediktinerklosters Saalfeld mit der Kirche St. Peter und Paul lokalisieren lässt. Nach der Verlegung der Propstei in die Stadt erfolgte ab Mitte des 13. Jahrhunderts ein weiterer Ausbau der Befestigungsanlagen unter den Grafen von Henneberg. 1353 diente die Burg als politische und militärische Stütze der Wettiner, seit 1485 war sie in Besitz der ernestinischen Linie. Das bis heute prägende Erscheinungsbild erhielt die Veste durch die Umbauten nach einem Brand im Jahre 1499 und den Ausbau zu einer frühneuzeitlichen Festungsanlage. Seit dem 18. Jahrhundert militärisch bedeutungslos erfolgte ab 1838 eine „Restaurierung" im Sinne eines dynastischen Denkmals für das Herzoghaus Sachsen-Coburg und Gotha.

Ein halbes Jahr – vom 23. April bis 5. Oktober 1530 – hielt sich Martin Luther, der unter päpstlichem Bann und kaiserlicher Acht stand, auf der Veste Coburg auf. Die kursächsische Landesfestung war gleichermaßen der sicherste und den Verhandlungen des Reichstages in Augsburg nächstgelegene Ort des Kurfürstentums Sachsen. Luthers Aufenthalt spiegelt sich in zahlreichen hier entstandenen Streitschriften wie auch Briefen wider.

Die Lutherkapelle an der Südseite des Fürstenbaus geht auf einen spätmittelalterlichen Sakralbau zu-

Die Veste erhebt sich hoch über der Stadt.

rück, der von 1912 bis 1925 im Sinne der Luther-Memoria umgebaut wurde. In den turmartigen Baukörper wurden spätgotische Bauteile (Maßwerkfenster, Sterngewölbe) einbezogen. Die Buntverglasungen zeigen die dynastischen Bezüge des Herzoghauses. In der Kemenate lassen sich Räumlichkeiten lokalisieren, in denen sich Luther 1530 aufhielt, so beispielsweise eine 1501/04 entstandene Bohlenstube. Unter Einbeziehung älterer Bauteile erfolgte um die Mitte des 19. Jahrhunderts nach Plänen Carl Alexanders von Heideloff und zuletzt 1921 durch Bodo Ebhardt eine Restaurierung der Kemenate.

CREUZBURG
Wartburgkreis

NICOLAIKIRCHE
Michael Praetorius

- ✕ Michael-Praetorius-Platz
- ✆ Evang.-luth. Kirchgemeinde
- ◷ täglich geöffnet
- ℹ Pfarramt, Tel. 036926 82459; www.creuzburg-online.de

Die Stadtkirche St. Nicolai, erbaut als romanische Kirche ab 1215 von den Thüringer Landgrafen, war eine der ersten evangelischen Stadtkirchen in Thüringen. Bis zur Reformation oblagen die Patronatsrechte dem Augustinerchorfrauenkloster zu Creuzburg, welches eines der bedeutendsten Klöster der Thüringer Landgrafschaft war, aber mit der Reformation aufgehoben wurde. Aus seinen Einkünften wurden späterhin die Pfarrbesoldung und die Schule bezahlt. Im Herbst 1523 kam der radikale Pfarrer Hisolidus von Mühlhausen nach Creuzburg, der die erste evangelische Predigt in der Stadtkirche St. Nicolai hielt und ein Anhänger der Bilderstürmerei war. Dieser fielen die gut ausgestattete Bibliothek der Kirche und weitere Kunstschätze zum Opfer. Auch das Kircheninnere wurde von religiösen Eiferern demoliert. Als zwei Jahre später die Unruhen des Bauernkrieges die Werrastadt erreichten, fand der Adel der Region auf der gut befestigten Creuzburg Unterschlupf, während sich viele Bauern der umliegenden Dörfer und auch etliche Creuzburger Bürger an der Erhebung in der Werrastadt beteiligten.

Stadtkirche St. Nicolai

Gedenktafel für Michael Praetorius (1921)

Nach deren Niederschlagung wurden vier der Creuzburger Anführer öffentlich auf dem Marktplatz hingerichtet.

Als Ende September 1529 Martin Luther auf der Reise von Wittenberg nach Marburg in Creuzburg übernachtete, hat er wohl auch in der Stadtkirche gepredigt. Luther wollte am Marburger Religionsgespräch teilnehmen, zu dem Landgraf Philipp von Hessen eingeladen hatte.

Zur Erinnerung an den großen Sohn der Stadt, den deutschen Hofkapellmeister, Komponisten und Gelehrten an der Schwelle von der Renaissance- zur Barockzeit, Michael Praetorius (1571 Creuzburg – 1621 Wolfenbüttel), wurde im Jubiläumsjahr 1921 eine Gedenktafel an der Kirchenfassade angebracht. Praetorius' Vater, Michael Schultheiß (Praetorius ist die latinisierte Form des Familiennamens Schultheiß), war in Creuzburg kurzzeitig als Pfarrer tätig gewesen, bevor die Familie nach Torgau ging. Nach eigener Aussage fand Praetorius erst spät zur Musik, dafür aber bereits 18jährig bis zum Tode des Wolfenbütteler Herzogs Heinrich Julius von Braunschweig-Wolfenbüt-

tel (1613) eine Anstellung zunächst als Hoforganist und ab 1604 als Hofkapellmeister. Praetorius komponierte kirchenmusikalische Gebrauchsmusik, wie das 1244 Liedbearbeitungen umfassende Sammelwerk „Musae Sioniae" (1605), aber auch Tänze (Sammlung „Terpsichore") und verfasste das dreibändige musiktheoretische Werk „Syntagma musicum" (1615/19). Darin lieferte er Beschreibungen alter und neuer Instrumente und befasste sich mit Problemen der Kompositions- und Aufführungspraxis seiner Zeit. Die lutherische Lehre verkündete er durch seine Lieder eindrücklich. Die Lieder „Den die Hirten lobeten sehre", „Es ist ein Ros entsprungen" oder „Der Morgenstern ist aufgedrungen" stehen noch heute im Evangelischen Gesangbuch.

CREUZBURG
Wartburgkreis

LIBORIUSKAPELLE

⊗ Ortseingang in Richtung Eisenach

◉ Stadt Creuzburg, Evang.-luth. Kirchgemeinde

❶ nach Voranmeldung

❶ Pfarramt, Tel.036926 82459; www.liboriuskapelle.de

Am Standort der spätgotischen Liboriuskapelle in Creuzburg überquert die älteste Steinbrücke nördlich des Mains die Werra (um 1120). Diese günstige Lage führte dazu,

Liboriuskapelle

dass bereits in vorreformatorischer Zeit eine Dankkapelle am südlichen Brückenkopf entstand. Der Heilige Liborius wurde in der Kapelle angerufen und um Hilfe gebeten, besonders bei der Linderung von Steinleiden. Die nahe gelegene Saline und der damals bereits vorhandene Solebrunnen wurden genutzt, um ein linderndes Getränk darzubieten.

Um 1400 in der Zeit gesteigerter Volksfrömmigkeit und der damit verbundenen Zunahme von Wallfahrten konnte das Creuzburger St. Jakobskloster zusätzliche Einnahmen der Gläubigen aus Besuchen in der Kapelle erwarten. Daher wurde im Jahre 1499 der noch heute erhaltene einschiffige Kapellenbau mit drei den Chorraum zierenden Maßwerkfenstern errichtet. Die in Creuzburg noch sehr lebhafte Erinnerung an das Le-

ben der Heiligen Elisabeth führte dazu, dass bereits wenig später eine Innenbemalung der Kapellenwände erfolgte. Conrad Stebel aus Rotenburg an der Fulda stellte in 44 Wandbildern die Passionsgeschichte und das Leben der Heiligen Elisabeth dar. Dieses in Thüringen einzigartige Bildprogramm kann nur in der Zunahme religiöser Heiligenverehrung verstanden werden, die sich vor allem in den Wallfahrten ausdrückte. Aber schon wenig später waren diese Zeiten vorüber. Luthers reformatorische Lehre fiel in Westthüringen auf fruchtbaren Boden. Der dem Eisenacher Kartäuserkloster entlaufene Mönch Albert von Kempen predigte am 1. September 1523 in der Liboriuskapelle auf lutherische Art. Die Versuche der Priorin des St. Jakobklosters, dies zu verhindern, scheiterten, und mit dem damaligen Bürgermeister Hase und dem Schullehrer Weiffert erhielt der Prediger starke Unterstützung. Im Herbst 1523 kam der radikale Pfarrer und Bilderstürmer Hisolidus von Mühlhausen nach Creuzburg (→ Stadtkirche St. Nicolai). Schon kurz danach müssen die Fresken der Liboriuskapelle übermalt worden sein, die bis 1938 verborgen blieben. Nach umfangreicher Restaurierung können die Fresken heute wieder besichtigt werden. Zur 800-Jahrfeier der Stadt Creuzburg im Juli 2013 wurde die Liboriuskapelle unter großer Anteilnahme der Bevölkerung wieder geweiht.

EISENACH
Stadtkreis Eisenach

GEORGENKIRCHE

- ✖ Marktplatz
- ⬤ Evangelische Kirche in Mitteldeutschland
- 🕐 April bis Oktober: täglich 10–12.30 Uhr, 14–17 Uhr, November bis März: täglich 10–12 Uhr, 14–16 Uhr
- ℹ Tel. 03691 732620; www.eisenach.de

Die Georgenkirche ist die größte Kirche Eisenachs. Bis zum 1. Januar 2009 war sie Bischofskirche der evangelisch-lutherischen Kirche in Thüringen. Gegründet im 12. Jahrhundert von Ludwig III., heiratete hier im Jahre 1221 Landgraf Ludwig IV. die ungarische Königstochter Elisabeth. Das Jahr 1515 markiert den Umbau zur spätgotischen Hallenkirche. In den Zeiten von Reformation und Bauernkrieg wurde sie verwüstet, später mit mehreren Emporen wiederaufgebaut. Nach verschiedenen Umbauten der Kirche in den darauffolgenden Jahrhunderten wurde erst 1902 der Kirchturm eingeweiht. Zuvor befanden sich die Glocken an der alten Stadtmauer.

In ihrem Inneren bietet das den Markt dominierende Gotteshaus die einzigartige Möglichkeit vom Standpunkt unter der Kanzel, von der Martin Luther predigte, den Taufstein Johann Sebastian Bachs im Auge zu haben. Vermutlich dürften sowohl der Lateinschüler Luther wie auch Bach vor dem um 1500 entstandenen Altar an der Kommunion teilgenommen haben. Martin Luther predigte hier nach der Verhängung der Reichsacht am 2. Mai 1521. Johann Sebastian Bach wurde hier am 23. März 1685 getauft.

Mit der Kirche ist auch das Wirken des Theologen und Reformators Jakob Strauß (um 1480 – vor 1530) verbunden. Martin Luther hatte den aus Basel stammenden Mann zunächst dem Grafen Georg von Wertheim empfohlen. Von diesem aber nach kurzer Zeit wegen seines stürmischen Wesens wieder entlassen, kam er nach Eisenach. Hier wies er sich als drängender Schriftsteller, Prediger und Reformator aus. Er schaffte die Messe ab, bekämpfte die

Wirkungsstätte von Jakob Strauß

Lehre vom Fegefeuer und befürwortete die Priesterehe. Gleichzeitig nahm er die sozialen Forderungen der Zeit auf und predigte gegen Zins und Wucher.

Am 11. Mai 1525 wurden vor der Georgenkirche auf dem Eisenacher Marktplatz fünf gefangene Bauernführer mit dem Schwert gerichtet. Es handelte sich um Hans Sippel aus Vacha, Hermann Stock aus Eisenach, Jacob Töpfer aus Berka/Werra, Jochen Hain aus Witzelroda und Jung Heinz Bittemer aus Nesselröden. Ein weißes Kreuz im Straßenpflaster und eine Gedenktafel am Brunnenkeller erinnern an dieses blutige Ereignis. Am 24. Juni wurden Hans Schnabel und der Diakon Paulus als Führer des Bauernkrieges enthauptet.

EISENACH
Stadtkreis Eisenach

LUTHERHAUS

⊗ Lutherplatz 8
◈ Stiftung Lutherhaus Eisenach
❶ Wiedereröffnung September 2015
❶ Tel. 03691 29830;
www.lutherhaus-eisenach.de

Eines der auffälligsten und schönsten Bürgerhäuser im historischen Zentrum Eisenachs ist das sogenannte Lutherhaus. Es gilt als eines der ältesten nicht-kirchlichen Fachwerkgebäude Thüringens. Das auf einem steinernen Unterbau ruhende mehrgeschossige Fachwerk-

haus entstand in seinem Kern vermutlich um 1480 aus zwei Bauten. Die damit einhergehende Verschachtelung der Räume und Etagen erschwerte bislang die museale Nutzung. In der Gewölbetonne des Hauses befand sich der älteste Brauhof Eisenachs. Zur Gaststätte wurde das Haus 1898.

Zum Ende des Zweiten Weltkrieges teilweise beschädigt, wurde es danach rasch wieder aufgebaut. Von der Evangelischen Kirche Thüringen initiiert, wird das Haus seit 1956 als museale Erinnerungsstätte an Martin Luthers Aufenthalte in Eisenach und auf der Wartburg genutzt. Ein hier aufbewahrtes, 1872 von Ferdinand Pauwels geschaffenes Ölgemälde, erhellt den Hintergrund der Nutzungsidee: Es zeigt „Luther als Kurrendesänger vor Frau Cotta". Luther wusste das Singen vor den Türen der Leute (und zuweilen

Erinnerungsstätte an Luthers Eisenacher Zeit

auch in deren Wohnungen) später in einer Predigt zu würdigen. „Ich bin auch ein solcher Partekenhengst gewesen und habe das Brot vor den Häusern genommen, besonders zu Eisenach." Um 1500 befand sich der gesamte Häuserkomplex im Besitz der einflussreichen Patrizierfamilie Cotta. Sie hatte den Schüler Martin Luther von 1498 bis 1501 bei sich aufgenommen.

Zum ersten Mal in seiner Geschichte wird das Lutherhaus seit 2013 umfassend denkmalgerecht saniert. Durch einen Funktionsbau auf einem Nachbargrundstück mit Empfangsbereich, Museumsshop und einer neuen Sonderausstellungsfläche können in dem Fachwerkgebäude zusätzliche Räume für die neue Dauerausstellung gewonnen werden. ◦

Nikolaikirche und Nikolaitor

EISENACH
Stadtkreis Eisenach

NIKOLAITOR
NIKLOLAIKIRCHE
LUTHERDENKMAL

❌ Karlsplatz
🔺 Evangelische Kirche in Mitteldeutschland
🔵 Kirche: Mai bis September: Mo–Sa 15–17 Uhr, Oktober bis April: geschlossen
ℹ️ Tel. 03691-876709; www.eisenach.de

„In Eisenach sitzt nämlich fast meine ganze Verwandtschaft, und ich bin daselbst bei ihr wohlangesehen, da ich dort vier Jahre lang den Wissenschaften oblag; keine andere Stadt kennt mich besser", erinnert sich Luther an die Stadt seiner Schulzeit und späterer Jahre sowie an die Wartburg, auf der er 1521/1522 die Bibel übersetzt hatte. Kam er von Erfurt in die Stadt oder verließ er sie in diese Richtung, musste er den östlichen Durchlass durch die Stadtmauer, das Nikolaitor, passieren. Der in Nähe des Georgentores stehende Hellgrevenhof mit → Storchenturm war hingegen der westlichste Punkt des damaligen Ortes. Das an der Stadteingangsfassade mit einem steinernen Löwen und einem Mann mit Bart (Ludwig der Bärtige?) ausgestattete Nikolaitor ist seit 1890/1915 um zwei Durchgänge erweitert und seither optisch auch mit dem weitgehend spätromanischen Turm von St. Nikolai verbunden.

Die Nikolaikirche wurde 1180 im romanischen Stil erbaut. Sie diente von Anbeginn als Pfarrkirche für die Eisenacher, aber auch als Klosterkirche des angrenzenden Benediktinerinnenklosters. Beeindruckend ist die gestalterische Nähe zur Wartburg. Das Langhaus prägen je sechs sich gegenüberstehende Arkadenbogen, deren Stützen und Säulen Kapitelle krönen, wie sie in ihrer faszinierenden Ornamentik auch im Palas der Wartburg zu finden sind. Dass hier wie da dieselben Baumeister und Steinmetzwerkstätten gearbeitet haben könnten, liegt nahe. Im Bauernkrieg wurde die Nikolaikirche stark in Mitleidenschaft gezo-

gen. Im Chorraum steht ein Schnitzaltar aus den Jahren um 1520. Er zeigt die Grablegung Jesu. Einer der Kustoden der Nikolaikirche war mit Konrad Hutter ein weitläufiger Verwandter Luthers.

Das nahe Nikolaitor und Nikolaikirche stehende Lutherdenkmal wurde von Adolf von Donndorf geschaffen und Anfang Mai 1895 zu „dem Erinnerungstage von Luthers Ankunft auf der Wartburg" enthüllt. Unter der überlebensgroßen Figur zeigen Reliefs Szenen aus dem Leben Luthers in Eisenach und auf der Wartburg.

EISENACH
Stadtkreis Eisenach

PREDIGERKIRCHE

Lutherdenkmal auf dem Karlsplatz

❌ Predigerplatz 2

🔺 Stadtverwaltung Eisenach, Thüringer Museum Eisenach

🕐 Di–So 11–17 Uhr, Führungen nach Anmeldung

ℹ Tel. 03691 784678; www.eisenach.de

Als Thüringer Museum oder Lutherschule ist Einheimischen und Besuchern Eisenachs der am Schlossberg liegende frühere Klosterkomplex geläufig. Dessen um 1240 geweihte Kirche gilt als erste „Elisabethkirche" des Landes Thüringen. Glaubt man der Legende, so sollen Landgraf Konrad und Heinrich Raspe, die beiden Schwager der Landgräfin Elisabeth, dieses Kloster aus Reue darüber gestiftet haben, dass

Die ehemalige Kirche der Dominikaner präsentiert heute mittelalterliche Kunst aus Thüringen.

sie ihrer Schwägerin nach dem Tod ihres Mannes schwer zugesetzt haben. Noch während sich Kloster und Kirche im Bau befanden, übergab Heinrich Raspe die Anlage den Dominikanermönchen zur Nutzung und stattete sie reich aus.

Heute wartet die im Klostersturm von 1525 verwüstete, seit 1899 museal genutzte Predigerkirche mit einer Sammlung sakraler mittelalterlicher Schnitzplastik auf – darunter zahlreiche Werke, die Goethe im Auftrag seines Herzogs für ein angedachtes „Antiquitätenkabinett" auf der Wartburg zusammengetragen hatte. Aus dem reichen Fundus von mittelalterlichen Schnitzplastiken, Altären, Bildtafeln und Steinbildwerken schöpfen die hier gezeigten Sonderausstellungen.

Eine im ehemaligen Kloster zu sehende Luther-Figur aus dem 19. Jahrhundert und eine Gedenktafel suggerieren, dass Luther in diesem Gebäude, dem seit Jahrzehnten nach ihm benannten Gymnasium, zur Schule gegangen sei. Die seinerzeitige Georgenschule befand sich allerdings auf einem Areal hinter der Stadtkirche St. Georg.

Nur wenige Fußminuten entfernt erinnert am Haus Obere Predigergasse 1 eine Gedenktafel an den zeitweilig in Eisenach wirkenden Theologen des Reformationszeitalters Justus Menius (1499–1558). Für die von ihm verfasste Hauslehre „Oeconomia Christiana" schrieb Martin Luther ein 13 Seiten langes Vorwort.

EISENACH
Stadtkreis Eisenach

STORCHENTURM
Hellgrevenhof

- ⊗ Georgenstraße 43a
- ⬙ Stadt Eisenach
- ◔ außen frei zugänglich, Führungen auf Anfrage
- ⓘ Tel. 03691-733265; www.gasthof-am-storchenturm.de

Das angesehene Geschlecht der Hellgrafe stellte in Eisenach mehrfach Bürgermeister und Ratsherren. Mitglieder dieser Familie führten auch das im Gast- und Herbergsgewerbe erste Haus am Platze. Als

„Hellgrevenhof" hat sich der Name bis in die Gegenwart erhalten. Zurück bis ins 15. Jahrhundert reicht die Entstehungszeit einiger Gebäude auf diesem Grundstück. Als ob sie eines zusätzlichen Haltes bedürfen, scheinen sich zwei der Häuser direkt an die hier noch vorhandene Stadtmauer zu lehnen.

Als Erinnerungsort der Reformation ist auf diesem Areal der einst 18 Meter, jetzt nur noch sechs Meter hohe vormalige Pulverturm wichtig. Seinerzeit mit roten Ziegeln gedeckt, hat nach einem Chronisten des Jahres 1663 dessen Spitze „weder Gott noch Engel, noch Teufel gemachet, sondern ein Vogel, nehmlich ein Storch, der hat sein Neste darauf gebauet." Der so zu seinem geläufigen Namen gekommene Turm war in der Zeit der Reformation Verlies. In dem Kerker – daran erinnert eine Gedenktafel – saß der Wiedertäufer Fritz Erbe (1500–1548) aus Herda bei Eisenach ein. Der wohlhabende Bauer war ein aufrichtiger Anhänger der damals populären Täuferbewegung. Die Weigerung, sein Kind taufen zu lassen und das trotz Folter letztlich nicht widerrufene öffentliche Bekenntnis dazu, musste er mit den letzten 15 Jahren seines Lebens in Gefangenschaft büßen – sieben davon im Storchenturm, den Rest auf der Wartburg. Dorthin brachte man ihn, weil der Storchenturm zu einem wahren Pilgerort, einem Platz solidarischer Bekundung mit Fritz Erbe geworden war.

Im Zuge archäologischer Untersuchungen auf dem unterhalb der Wartburg liegenden „Elisabeth-Plan", fand man u. a. Reste von drei menschlichen Skeletten. Eines davon ist sehr wahrscheinlich das von Fritz Erbe. Eine schlichte Grabplatte an der Stelle verweist darauf.

EISENACH
Stadtkreis Eisenach

WARTBURG MIT LUTHERSTUBE

- ⊗ Auf der Wartburg
- ⬙ Wartburg-Stiftung
- ⏰ April – Oktober: 8.30–17 Uhr,
  November – März: 9–15.30 Uhr
- ⓘ Tel. 03691 2500; www.wartburg.de

Unter den vielen Sehenswürdigkeiten, welche die 1999 zum UNESCO-Welterbe erklärte Wartburg zu bieten hat, ist die Lutherstube in der Vogtei bis heute die populärste. Dabei wirkt der mittelalter-

Der Storchenturm diente als Verlies.

*Burgtor mit Ritter-
haus, Wehrgängen
und Bergfried*

liche Raum überraschend karg: ein Stuhl vor dem schweren Kastentisch, auf dem die aufgeschlagene Lutherbibel liegt, an der Wand darüber das Cranachsche Porträt des „Junker Jörg". Vom ursprünglichen Inventar blieb lediglich der als Fußschemel dienende Walwirbel übrig, die wenigen anderen zusammengetragenen Stücke sind jünger. Das Lokal allerdings bürgt für seine Echtheit, war doch in entsprechenden Akten bereits 1574 von „Dr. Martins Stube" die Rede, hatten schon wenig später die ersten Lutherpilger Namen und Daten in die Bohlenwände geschnitzt und beschrieb man gegen Ende des 17. Jahrhunderts erstmals auch den (ruß)schwarzen „Tintenfleck" an der verputzten Nordwand, der alsbald zum beliebten Souvenir wurde. Von Besuchern stückchenweise immer wieder abgekratzt und bis um 1900 bei Be

darf immer wieder erneuert, ist er als Fehlstelle im Wandputz noch heute auszumachen.

Nach Luthers todesmutiger Verweigerung vor dem Wormser Reichstag hatten seine Anhänger keinen anderen Weg gesehen, als den mit Bannfluch und Reichsacht

*Luther als Junker Jörg, Holzschnitt von
Lucas Cranach d.Ä., 1522*

Lutherstube

belegten Theologieprofessor in Sicherheit zu bringen. Der Kreis der Eingeweihten war klein, selbst Sachsens Kurfürst Friedrich der Weise wusste nicht, wo sich das auserkorene Refugium befand. Ob Martin Luther in der Nacht des 4. Mai 1521 die Wartburg zum ersten Mal betrat, ist ungewiss; auf jeden Fall kannte er die über Eisenach thronende Feste aus seiner Schulzeit. Ihrer Residenzfunktion längst ledig war sie zum Sitz des hiesigen Verwaltungsamtes geworden, dessen Räumlichkeiten sich hauptsächlich in der Vorburg befanden. Hinter der Zugbrücke sicherten drei Tore den Eingang. Das Kavaliersgefängnis, das der Amtmann Hans von Berlepsch seinem Schutzbefohlenen zuwies, muss ein recht annehmliches Quartier gewesen sein, worin ihm neben der Stube auch eine Schlafkammer zur Verfügung stand. Spätestens nachdem

Bart, Haartracht und Kleidung den Mönch unkenntlich und sein Pseudonym glaubhaft gemacht hatten, konnte sich Luther auch außerhalb der Burgmauern frei bewegen. Gefallen fand er an den neuen Lebensumständen indes nicht, fühlte sich vielmehr als Deserteur, verurteilt zum Nichtstun, geplagt von Anfechtungen. Weder vermochte jener seltsame „Junker" dem ritterlichen Jagdvergnügen etwas abzugewinnen, noch vertrug er die üppig derbe Kost. Solche Details sind den erhaltenen 38 Briefen aus dem Exil, das er darin sein „Pathmos", „Region der Vögel" oder „Einsiedelei" nannte, zu entnehmen. Zudem offenbaren sie Luthers Kenntnis von aktuellem Geschehen und informieren in etwa darüber, wann er an welcher der 13 Schriften arbeitete, die auf der Wartburg entstanden sind. So teilte er am 18. Dezember 1521 seinem

Ordensbruder Johannes Lang mit, er werde noch bis Ostern hier bleiben, wolle weiter an der Postille schreiben und das Neue Testament ins Deutsche übersetzen. Jene, die auch den Namen „Wartburgpostille" trägt und von Luther im Gedenken an die einst am selben Ort lebende Heilige mit dem Vermerk „ynn der wusten am tage sanct Elisabeth 1521" versehen wurde, erachtete er als eines seiner besten Werke, dieses ist sein bekanntestes und im Volksmund schlechthin zur „Bibelübersetzung" geworden. Allen 18 früheren, den Text der Vulgata verdeutschenden Bibeln, oft prachtvoll gestaltet, blieb der einzigartige Widerhall des Lutherschen Werkes versagt, kam dieses doch allerorten so klar verständlich und eingängig daher wie keines zuvor. Nur am Rande sei angefügt, dass damit nach Landgraf Hermanns I. Protektion der deutschen Nationalliteratur um 1200 nunmehr auch der entscheidende Impuls für das Neuhochdeutsche von der Wartburg ausgegangen ist.

Am 1. März 1522 verließ Luther seinen Zufluchtsort, im Gepäck das hier verfasste Manuskript, das nach dem Erscheinungstermin als „Septembertestament" bezeichnet wird. Auf der Leipziger Herbstmesse angeboten und sofort zum Bestseller avanciert, erfuhr es noch im selben Jahr die Zweitauflage, während die komplette Lutherbibel weitere zwölf Jahre in Anspruch nahm.

EISFELD
Landkreis Hildburghausen

GOTTESACKERKIRCHE

- ⊗ Coburger Straße/Bahnhofstraße
- ◉ Evang.-luth. Kirchgemeinde
- ⊙ frei zugänglich
- ⓘ Tel. 03686 300124;
  www.kirchengemeinde-eisfeld.de

Die Stadt Eisfeld war frühzeitig ein Stützpunkt der reformatorischen Bewegung in der ernestinischen Pflege Coburg. Der aus Hildburghausen stammende Nikolaus Kindt (1490–1549) gehörte zu den Kanonikern im Bistum Würzburg, die sich bereits 1523 zur lutherischen Lehre bekannten und vertrieben wurden. Von Wittenberg aus wurde Kindt auf Veranlassung Philipp Melanchthons in seine fränkische Heimat entsandt, wo er in Eisfeld 1525 die vakante Pfarrstelle übernahm. Von Anfang an gestaltete er Predigt und Gottesdienst im Sinne der neuen Lehre. Nach der kursächsischen Kirchenvisitation 1528 wurde er zum ersten Superintendenten in Eisfeld ernannt, ein Amt, das er bis zu seinem Tode 1549 versah. Die relativ große und gut dotierte Pfarrei Eisfeld wurde 1553 für kurze Zeit die Wirkungsstätte des Theologen Justus Jonas (1493–1555), einem der engsten Wegbegleiter Luthers.

Mit Kindt und Jonas stand Eisfeld, das über eine der wichtigsten Nord-

Süd-Straßen Deutschlands ins Netzwerk der theologisch-politischen Kommunikation eingebunden war, im Fokus der Reformation. Ein Zeugnis dieser Zeit ist die Ruine der Friedhofskapelle St. Salvator auf dem alten Friedhof. Die Kapelle wurde 1661 um einen Chor erweitert und 1901 teilweise abgebrochen. Erhalten blieben das spitzbogige Eingangsportal und eine 1565 gestiftete Gedenktafel, die an die Reformatoren Nikolaus Kindt und Justus Jonas erinnert. Die seit einigen Jahren durch eine Kopie ersetzte Tafel zeigt den Gekreuzigten, zu dessen Seite Kindt und Jonas knien.

Eingangsportal mit Epitaph für Nikolaus Kindt und Justus Jonas

ERFURT
Landeshauptstadt

ANDREASKIRCHE

⊗ Andreasstraße 14
◌ Evang.-luth. Andreasgemeinde
◔ Karfreitag bis 31. Oktober:
  13 bis 17 Uhr
ⓘ Tel. 0361 2115239;
  www.andreasgemeinde-erfurt.de

Zu den ältesten, bereits im späten 12. Jahrhundert erwähnten Erfurter Pfarrkirchen gehört die dem Apostel Andreas geweihte Kirche, deren gegenwärtige Gestalt sich weithin einem Umbau des 14. Jahrhunderts verdankt. Älter ist lediglich das Untergeschoss des Turms, der nachmals eine Uhr und eine Schlagglocke erhielt. Wie alle Pfarrkirchen umgab auch sie ein Friedhof, der heute verschwunden ist. Im ausgehenden 15. Jahrhundert wurde die Kirche mit dem damals in den Schutz der Ummauerung verlegten Nonnenkloster des hl. Cyriakus verbunden. Die Westfassade der Kirche zeigt noch die Baunaht des großen Schwibbogens, der über der zum Stadttor führenden Straße den Zugang vom neu errichteten Klostergebäude zur Kirche vermittelte. Diese ist in ihrem Innern ein saalartiger, flach gedeckter, an drei Seiten von zweigeschossigen Emporen umzogener Raum; nur über der Orgelempore ist die einstige Spitztonne erhalten geblieben. Ihr gegenüber, an der Ost-

Das älteste bekannte Lutherdenkmal, 1548

seite, steht der Kanzelaltar aus dem frühen 18. Jahrhundert, ihm zur Seite eine Beweinung Christi aus der Mitte des 15. Jahrhunderts und ein Relief mit dem Bildnis Martin Luthers aus dem Jahre 1548. Die mehr als zwei Meter hohe und mehr als einen Meter breite Tafel wurde von einem unbekannten, wahrscheinlich Erfurter Meister aus Lindenholz geschnitzt; als Vorlage dürfte ihm ein von Lucas Cranach geschaffenes Porträt des Reformators gedient haben. Luther steht barhäuptig, angetan mit der Schaube, in den Händen hält er die Bibel, links oben ist das Wappen mit Rosenblüte, Herz und Kreuz. Die beiden lateinischen Inschriften im Rahmen und über dem Kopf beziehen sich auf seinen Tod. Das Relief war gedacht als Modell für

die bronzene Grabplatte in der Wittenberger Schlosskirche, mit deren Guss der weithin bekannte Erfurter Gießer Heinrich Ziegler von Kurfürst Johann Friedrich beauftragt worden war. Tatsächlich gelangte die Bronzeplatte 1549 nach Wittenberg, dann ins Weimarer Schloss und 1571 nach Jena in die Michaeliskirche; erst im späten 19. Jahrhundert wurde ein Abguss für die Wittenberger Schlosskirche erstellt. Das Modell für die Grabplatte blieb in Erfurt. Inschriften bezeugen, dass es in den Jahren 1672 und 1727 renoviert wurde; erst zu Pfingsten 1727 kam es als private Stiftung an die seit den frühen Jahren der Reformation evangelische Andreasgemeinde. •

ERFURT
Landeshauptstadt

AUGUSTINERKLOSTER
AUGUSTINERKIRCHE

✖ Augustinerstr. 10
⬢ Landeshauptstadt Erfurt
◐ Mo–Fr 8–18 Uhr, Sa/So 8–16 Uhr
ⓘ Tel. 0361 576600;
   www.augustinerkloster.de

Erfurt besitzt zwei Stätten der Weltkultur: das Dominikanerkloster, in dem Meister Eckhart wirkte, und das Augustinerkloster, in dem Martin Luther lebte. Nachdem die ersten Augustinereremiten im Jahre 1266 in die Stadt gekommen, aber wegen Streitigkeiten wieder weggegangen

Augustinerkirche mit Nordportal und Kirchturm

AETHERNA IPSE SVAE MENTIS SIMVLACHRA LVTHERVS
EXPRIMIT AT VVLTVS CERA LVCAE OCCIDVOS
· M · D · X X ·

Luther als Mönch, Kupferstich von Lucas Cranach d.Ä., 1520

waren, kehrten sie nach zehn Jahren zurück und begannen, auf einem im Norden der Stadt ihnen überlassenen, durch Kauf und Schenkung bald erweiterten Grundstück Kirche und Kloster zu errichten. Zu den ältesten, heute noch erhaltenen Gebäuden gehören der Chor der Kirche und das Hospiz des Klosters aus dem späten 13. Jahrhundert. In den nächsten Jahrzehnten entstanden die anderen Gebäude, ehe in der Mitte des 15. Jahrhunderts der Glockenturm und im frühen 16. Jahrhundert die Bibliothek gebaut wurden. In der Stadt hatten die Mönche einen guten Ruf; nicht wenige Bürger bedachten sie mit Stiftungen, traten einer Bruderschaft bei oder ließen sich in der Kirche begraben. Das Ansehen der Mönche stieg noch, nachdem sie in den Jahrzehnten vor der Reformation ihr Le-

ben nach den ursprünglichen Regeln erneuert hatten.

Im Sommer 1505 bat Luther bei ihnen um Aufnahme. Zuerst wohnte er im Hospiz neben der Klosterpforte, dann, im September, wurde er in die mehr als fünfzig Brüder zählende Gemeinschaft aufgenommen und bekam im Obergeschoss des Kreuzganges eine Zelle zugewiesen. Nach einem Jahr leistete er Profess, gelobte Gehorsam, Armut und Keuschheit. Die Oberen bestimmten ihn zum Priester, als der er im Frühjahr 1507 geweiht wurde, und dann zum Studium der Theologie, das er im Kloster, in dem sich die zentrale Studienstätte der thüringisch-sächsischen Provinz des Ordens befand, aufnehmen konnte. Schon im Herbst 1508 wurde er in den Wittenberger Konvent versetzt; nach einem Jahr kehrte er zwar ins Erfurter Kloster zurück, wechselte aber im

Kreuzgang

ERFURT
Landeshauptstadt

COLLEGIUM MAIUS

- ⊗ Michaelisstr. 39
- ◉ Evangelische Kirche
  Mitteldeutschlands
- ◉ außen frei zugänglich
- ℹ Tel. 0361 66400;
  www.erfurt-tourismus.de

Herbst 1511 erneut nach Wittenberg. Das Erfurter Kloster sah er nur noch besuchsweise, als er im April 1521 auf der Reise zum Wormser Reichstag hier übernachtete und in der überfüllten Kirche eine sogleich mehrfach nachgedruckte Predigt hielt. Vier Jahre später wurde die Kirche evangelisch, während das Kloster, in das niemand mehr eintreten durfte, allmählich ausstarb.

Nach dem Tode des letzten Mönchs im Jahre 1560 nutzte es der Erfurter Rat als Gymnasium und später auch als Waisenhaus. Schon damals wurde Fremden die Zelle gezeigt, die Luther bewohnt haben soll, zur Erinnerungsstätte aber wurde das Kloster erst im frühen 19. Jahrhundert. Heute, da die letzten Zerstörungen des Zweiten Weltkrieges beseitigt sind, dient es unter anderem als Tagungsheim und Begegnungsstätte. ●

Als im Jahre 1392 die ältere Erfurter Universität gegründet wurde, übereignete ihr der Rat ein großes, an drei Seiten von Straßen und im Osten vom Gerafluss begrenztes Grundstück, auf dem die „Domus universitatis" stand. Deren Neubau veranlasste die Universität im Jahre 1435. Damals hatte sich die Bezeichnung „Collegium maius", Großes Kolleg, schon eingebürgert, um das Haus von den andern, kleineren Kollegien in der Nachbarschaft zu unterscheiden. Das „Collegium maius" war der Amtssitz des Rektors, dessen Siegel und andre „clenodia" hier ebenso verwahrt wurden wie die Matrikel. In sie trug Rektor Jodokus Trutfetter im Frühjahr 1501 Martin Luther ein, nachdem er den gewöhnlichen Eid, dem Rektor und den Statuten der Universität gehorsam zu sein, geleistet hatte. Der Eintrag „Martinus Ludher ex Mansfeldt" mit dem Zusatz, dass die Inskriptionsgebühr gezahlt worden war, ist das erste urkundliche Datum in Luthers Leben. Erst jetzt konnte sich der neue Student in der

Philosophischen Fakultät einschreiben lassen, deren eigentliches Domizil das Große Kolleg war. In dessen Räumen fanden Vorlesungen und Disputationen statt, auch die großen Quodlibeta-Disputationen am Ende des Semesters und natürlich die Examen.

Die alte „Domus universitatis", in der Luther immatrikuliert worden war und Vorlesungen und Disputationen besucht hatte, steht nicht mehr. Das Haus wurde, als er schon im Kloster war, während eines Streits zwischen Studenten und Bürgern schwer verwüstet, sodass die Fakultät im Sommer 1510 einen Neubau beschloss. Dieser wurde in den nächsten Jahren als ein steinsichtiges, zweigeschossiges Gebäude mit Eckquaderung, kunstvoll profilierten Portalen und

Portal des Hauptsitzes der alten Universität

Maßwerkfenstern errichtet. Die von dem Humanisten Eobanus Hessus stammenden Verse über dem Hauptportal verkünden, dass das Haus sich selbst gebaut habe, das heißt allein aus Mitteln der Universität. Das ganze Obergeschoss beansprucht der für die großen Disputationen und für Promotionen genutzte reich geschmückte Saal. In späterer Zeit wurden das Große Kolleg und die anderen auf dem mit einer Mauer umgebenen Grundstück gelegenen Gebäude sowie der Brunnen mehrfach baulich verändert, ehe der Zweite Weltkrieg das ganze Gelände weithin zerstörte. Nach teilweiser Rekonstruktion anlässlich des Lutherjubiläums im Jahre 1983 erfolgte seit 1998 der vollständige Wiederaufbau des Großen Kollegs, das seit 2011, zusammen mit einem Neubau, Sitz der landeskirchlichen Verwaltung der Evangelischen Kirche Mitteldeutschlands ist.   •

ERFURT
Landeshauptstadt

COLLEGIUM MARIANUM

- ✖ Mainzerhofstraße 11
- ⬢ Landeshauptstadt Erfurt
- ❶ außen frei zugänglich
- ❶ Tel. 0361 66400;
  www.erfurt-tourismus.de

Im Frühjahr 1518, als Rom über den Wittenberger Mönch schon unwillig geworden war, reiste Martin Luther zu Fuß zum Kapitel der sächsischen Re-

Gedenktafel am Haus Mainzerhofstraße 11

formkongregation nach Heidelberg. Dort wurden in einer von ihm geleiteten öffentlichen Disputation etliche seiner theologischen und philosophischen Thesen so überzeugend verteidigt, dass er namentlich von jungen Studenten der Theologie sofort Zustimmung erfuhr. Auf dem Rückweg, nunmehr im Wagen, besprach er sich mit den Erfurter Ordensbrüdern, die ihn in ihrem Kloster auch beherbergten. Sie dachten wie er, abgesehen von dem betagten Bartholomäus Arnoldi aus Usingen, der an der Universität sein Lehrer gewesen war und sich erst spät zum Eintritt ins Kloster entschlossen hatte. Im Reisewagen gelang es Luther nicht, Arnoldi zu überzeugen, wohl aber, ihn sehr nachdenklich zu machen. Ehe er nach Wittenberg weiterfuhr, wollte er mit dem andern hochbedeutenden Lehrer, dem Philosophen und Theologen Jodokus Trutfetter, sprechen. Dieser hatte viel beachtete philosophische Lehrbücher geschrieben, einst auch in Wittenberg gelehrt; Kurfürst Friedrich der Weise schätzte ihn. Trutfetters

Stimme hatte Gewicht. Seit Langem war er Kollegiat, zeitweise auch Dekan des Juristenkollegs, das hinter den beiden Stiftskirchen St. Mariae und St. Severi am Breitstrom des Geraflusses lag. Hier suchte ihn Luther am 9. Mai 1518 auf. Aber er wurde nicht vorgelassen. Vermutlich fürchtete Trutfetter, Luther werde es ihm gegenüber an Ehrerbietung fehlen lassen. Daher schrieb Luther einen Brief, in dem er beteuerte, seinen einstigen Lehrer nie verunglimpfen zu wollen, und bedauerte, dass diesem überhaupt solch ein Verdacht gewachsen war. Nachdem Trutfetter den Brief gelesen hatte, fand er sich doch noch bereit zu einem Gespräch mit Luther, den er einst immatrikuliert hatte. Aber die Gegensätze waren unüberwindlich. Trutfetter sah in der Verbindung zwischen Philosophie und Theologie ein Unterpfand für deren Wissenschaftlichkeit, Luther hingegen sah dadurch das eigentliche Anliegen der Theologie, die Erkenntnis Christi, verstellt. Ihm erschien allein das Studium der Bibel und der Kirchenväter notwendig. Das Haus in der Mainzerhofstraße 11, in dem dieses von einer überzeitlichen Grundfrage beherrschte Gespräch stattfand, steht heute nicht mehr. An seiner Stelle wurde später ein zweigeschossiger klassizistischer Bau errichtet, in dem heute die evangelische Stadtmission sitzt. Doch erinnert eine Gedenktafel an die Begegnung zwischen dem Lehrer und seinem einstigen Schüler.

ERFURT
Landeshauptstadt

HAUS ZUR ENGELSBURG

⊗ Allerheiligenstr. 20

☁ Landeshauptstadt Erfurt

➊ außen frei zugänglich

ℹ Tel. 0361 66400;
www.erfurt-tourismus.de

Als im Februar 1537 die Mitglieder des Schmalkaldischen Bundes zusammenkamen, um über die Teilnahme an dem vom Papst ausgeschriebenen Konzil zu beraten, fuhr auch Martin Luther nach → Schmalkalden. Mit sich führte er das von Kurfürst Johann Friedrich erbetene Schriftstück mit den bekenntnisartig formulierten wichtigsten theologischen Grundsätzen: die später so oft berufenen Schmalkaldischen Artikel. Der Kurfürst wünschte, dass sie von den Predigern seines Landes und möglichst auch von denen aus

Einst Sitz des Erfurter Humanistenkreises

Erfurt unterschrieben würden. Das geschah; aus Erfurt kam Luthers früher Freund und Klosterbruder Johannes Lang und unterschrieb auch für die anderen Prediger der Stadt. Unterdes konnte Luther aus gesundheitlichen Gründen kaum an den Verhandlungen teilnehmen. Als die Kunst der Ärzte im Gefolge der Fürsten versagte, wurde aus Erfurt der mit Lang und Luther befreundete Arzt Doktor Georg Sturtz gerufen, der zur Abreise riet. Über → Tambach und → Gotha ging es zunächst nach Erfurt. Am 4. März 1537, dem Sonntag Oculi, kam er in Erfurt an, wo ihm Sturtz in seinem Hause „Zur Engelsburg" das Krankenlager bereitete. Ratsherrn eilten herbei und verehrten Wein und Bier. Der Kurfürst aber wünschte, dass Luther rasch weiterreise. Am übernächsten Tag, wieder von Sturtz begleitet, fuhr er über Weimar und Altenburg zurück nach Wittenberg.

Das Haus, in dem Luther für kurze Zeit eingekehrt war, erstreckte sich längs der Allerheiligenstraße neben dem großen, den Zugang zum Grundstück vermittelnden Tor mit den beiden alten Familienwappen. Sie verweisen auf den in kurmainzischen Diensten stehenden Johann von Allenblumen, der Mitte des 15. Jahrhunderts das Anwesen erworben und einiges hatte neu- und umbauen lassen, unter anderem die beiden im 12. Jahrhundert errichteten Steinhäuser an der Kirchgasse, von denen das eine die erkerartig hervorragende Holzstube mit dem Pultdach erhielt. An diesem Haus „Zum schwarzen Ross" mit der Holzstube und ihrer erst im späten 16. Jahrhundert angebrachten Kassettendecke haftet die Überlieferung, in ihr habe sich der Freundeskreis um den Humanisten Eobanus Hessus zusammengefunden. Tatsächlich traf er sich im Hause „Zur Engelsburg", das Mitte des letzten Jahrhunderts abgebrochen wurde. Es hatte dem Schwiegervater von Eobanus gehört und war nach seinem Tode von Sturtz gekauft worden. Auch dieses von Eobanus als „Musaeum Sturtianum" besungene Haus hatte eine mit den Bildern von Musen und berühmten Ärzten ausgemalte Holzstube. Den Namen „Engelsburg" trägt nunmehr das ganze Grundstück, das seit den 1960er Jahren als Studentenklub mit Gastronomie genutzt wird.

Georgenburse

ERFURT
Landeshauptstadt

GEORGENBURSE

❌ Augustinerstr. 27
🏛 Landeshauptstadt Erfurt
🕐 außen frei zugänglich
ℹ Tel. 0361 5766094

Die ältere Erfurter Universität zählte im späten Mittelalter zu den besuchtesten reichsweit. Daher entstanden im Umkreis des Hauptgebäudes, des Großen Kollegs, mehrere weitere Kollegs; die kleineren unter ihnen nannte man Burse. Jeder Student musste in einem Kolleg oder einer Burse leben. Martin Luther wohnte höchstwahrscheinlich in der Georgenburse, einem kleineren, unweit der Lehmannsbrücke am Gerafluss gelegenen Haus, zu dem ein Weg zwischen den an der Straße stehenden Häusern „Zum güldnen Schaf" und „Zum Pflocken" führte. Wie jede Burse wurde auch diese von einem Magister geführt, der die sich ihm anvertrauenden Studenten sowohl gemäß den Statuten unterrichtete als auch mit Speise und Trank sowie mit einem Bett versorgte. Dafür hatten sie ihm zu zahlen, von dem Geld lebte der Magister. Der von ihm erlassenen, von der Universität gebilligten Ordnung hatten sich die Studenten zu unterwerfen. In ihr war alles bis ins Einzelne geregelt. Der Tag begann mit der gemeinsamen Andacht, nach der die Studenten sich auf den Unterricht vorbereiteten, der sommers um sechs, winters um sieben begann. Am späten Vormittag wurde gemeinsam und schweigend an langer Tafel gegessen, danach der

Unterricht fortgesetzt, bevor er am späten Nachmittag mit der zweiten Mahlzeit endete. Am Abend wurde das Haus geschlossen, die Studenten hatten zu Bett zu gehen. Sonntags und zu andern Gelegenheiten gingen sie gemeinsam, gewandet mit Talar und Kappe, in die nahe Georgenkirche zur Messe, hinterdrein der Bursenleiter. Sein Name ist für die Zeit, als Luther Student war, nicht bekannt, ebensowenig sind es die Namen von Bursalen, mit denen er zusammenlebte. Da seit der Reformation die Zahl der Studenten sank, gab der Rat die „Jorgenburs", wie man sie nannte, wieder in private Hand. Zum Lutherjubiläum im Jahre 1983 wurde das Haus, dessen einstige Nutzung kaum noch bekannt war, gründlich rekonstruiert. Seit Herbst 2010 sitzt in ihm die „Evangelische St. Georgs Bruderschaft"; im Erdgeschoss gibt es Ausstellungsräume, im Dachgeschoss Schlafräume für Pilger.

Gasthaus zur Hohen Lilie

ERFURT
Landeshauptstadt

GASTHAUS ZUR HOHEN LILIE

- ✖ Domplatz 31
- ⬢ Landeshauptstadt Erfurt
- ◉ Restaurant: täglich 10–24 Uhr
- ❶ Tel. 0361 6021730

Das „Haus Zur hohen Lilie" liegt an der Südseite des freien, seit früher Zeit als Markt genutzten Platzes, von dem die große Treppenanlage zu den beiden Kirchen St. Mariae und St. Severi hinaufführt. Auf diesem Platz ist es eines der ältesten und schönsten Häuser. An ihm haftete das sogenannte Biereigenrecht, das dem Besitzer erlaubte, Bier zu brauen und auszuschenken. Das war die Voraussetzung für die Einrichtung eines Gasthauses, das jahrhundertelang eine der ersten Adressen in der Stadt war und daher viele prominente Besucher verzeichnete.

Einer im Kern nicht unwahrscheinlichen Überlieferung nach kehrte der mit der Reichsacht belegte Martin Luther im März 1522, auf der Reise von der Wartburg nach Wittenberg, im Haus Zur hohen Lilie ein und aß zu Mittag. Dabei geriet er, der sich wohlweislich nicht zu erkennen gegeben hatte, mit dem Gegenüber, einem Pfaffen, in ein Wortgefecht über den Wittenberger Mönch und dessen lästerliche Lehren. Der Pfaffe schickte sich an, die hundert und mehr Irrtümer in Luthers Schriften samt und sonders aufzuweisen und zu widerlegen, erlebte aber, dass ihm der fremde Junker bei jedem Punkt Paroli zu bieten wusste.

Die heutige Gestalt erhielt das Haus erst im Jahre 1538 durch den Ratsherrn und Goldschmied Johann Ludolf. Er sorgte dafür, dass der dreigeschossig aufragende, massiv steingemauerte Putzbau einen Schweifgiebel und eine reich verzierte, farblich gefasste Fassade bekam. Die Schmuckformen der ädikulaverzierten Fenster dürften Vorlagen von Hans Brosamer verpflichtet sein. Das profilierte, in rechteckigen Rahmen gesetzte Portal zeigt in den Zwickeln die Medaillons der Köpfe von Christus und Paulus, wie sie auch sonst an den Eingangstüren mancher in jener Zeit errichteten stattlichen Häuser evangelischer Bürger sich finden. Über dem Portal beseitet die stilisierte Lilie das Psalmwort, dass ein Haus umsonst gebaut wird, wenn es der Herr nicht baut. In neuerer Zeit verlor die Hohe Lilie die rückwärtigen, zum Grundstück gehörenden Gebäude, während das Vorderhaus innen umgestaltet und außen nach dem Befund renoviert wurde. Auch heute ist die Hohe Lilie ein Gasthaus.

ERFURT
Landeshauptstadt

KAUFMANNSKIRCHE
LUTHERDENKMAL

- ✖ Anger
- 🍃 Evang.-luth. Kaufmannsgemeinde
- 🕐 Mo–Sa 10–17 Uhr
- ℹ Tel. 0361 5620818;
  www.kaufmannsgemeinde.de

Als Luther im Herbst 1522 für wenige Tage nach Erfurt kam, predigte er auch in der Kaufmannskirche auf dem Anger. Sie war im frühen 14. Jahrhundert in ihrer heutigen Gestalt als ein dreischiffiger, sandsteingefügter basilikaler Bau mit zwei Türmen zwischen dem weit nach Osten heraustretenden Chor neu errichtet worden. Chor und Langhaus trennt im Innern ein tief herabgezogener Triumphbogen. Hier bekam im späten 16. Jahrhundert die neue Kanzel ihren Platz. Zusammen mit dem zeitgleich entstandenen Taufstein und dem Altar setzt sie protestantische Theologie ebenso beredt wie prächtig ins Bild. Geschaffen wurden die Werke von dem in der Gemeinde ansässigen Künstler Paul Friedemann. Aus nachreformatorischer Zeit stammen auch die für eine gewachsene Gemeinde notwendig gewordenen Emporen.

Seit jeher wohnten in der Gemeinde viele Bürger, die durch die Verarbeitung und den Handel mit der Färbepflanze Waid zu Wohlstand gelangt waren und als Ratsherrn die Politik mitbestimmten. Einige dieser Männer dürften es gewesen sein, deren „sondere und grosse bith" Luther bewog, am 22. Oktober 1522 vormittags und nachmittags in der Kirche zu predigen. Beide Predigten wurden mitgeschrieben, aber nur die erste gelangte sofort zum Druck, wurde in mehreren Städten nachgedruckt und auf diese Weise im ganzen Reich bekannt. Das große Interesse erklärte sich vor allem aus der Empfehlung, die Luther sowohl den Bürgern als den politisch Verantwortlichen in einer Situation gab, in der Papst und Kaiser Gehorsam gegenüber der Kirche verlangten: Man sollte die Gebote der Kirche und die Priester ignorieren, nur evangelische Prediger anstellen und ihrer Predigt folgen, so werde ohne Aufruhr dem Evangelium zum Siege verholfen.

Außen erinnert eine kleine Gedenktafel an die beiden Predigten. Auf seine Weise tut dies auch das im Jahre 1889 von Fritz Schaper geschaffene Denkmal auf der dem Anger zugewandten Seite; denn es zeigt nicht den Mönch, sondern den Reformator. Indes beziehen sich die Reliefs am Sockel auf Luthers Erfurter Jahre. Wie andernorts war auch in Erfurt die Errichtung des Denkmals getragen von den Gedanken des im „echten Luthergeist" geführten Kampfes gegen Ultramontanismus, Darwinismus und Sozialdemokratismus.

ERFURT
Landeshauptstadt

MICHAELISKIRCHE

- ❌ Michaelisstraße/Allerheiligenstraße
- 🔺 Landeshauptstadt Erfurt
- ❶ Mai–September: 10–18 Uhr, Oktober–April: 10–16 Uhr
- ❶ Tel. 0361 6422090; www.erfurt-michaeliskirche.de

Zu den wenigen mittelalterlichen privat gestifteten Kirchen, deren Gemeinde das Recht besaß, ihren Pfarrer zu wählen, gehört die Michaeliskirche, deren Anfänge ins späte 12. Jahrhundert zurückreichen. Die älteste, heute erhaltene

Kaufmannskirche mit Lutherdenkmal

Baugestalt zeigt die im ausgehenden 13. Jahrhundert errichtete zweischiffige, mit hohem Satteldach gedeckte Halle auf unregelmäßigem, rechteckigem Grundriss. An sie wurde im frühen 15. Jahrhundert, nachdem die schräg gegenüberliegende Universität gegründet worden war, das nördliche Seitenschiff angebaut, dessen profiliertes Portal den Zugang zur Kirche vermittelt. An der Südseite, etwas zurückgesetzt, steht der Glockenturm. Zwischen ihm und dem benachbarten Haus „Zum güldenen Krönbacken" stiftete im Jahre 1500 der Weihbischof Johann Bonemilch von Lasphe die Dreifaltigkeitskapelle, einen zweigeschossigen, schmalen Bau mit überwölbter Passage zum Kirchhof und kleiner Kapelle im Obergeschoss. Die Reliefs unter den Erkerfenstern stellen, von Heiligen flankiert, Maria im Strahlenkranz und den anbetenden Stifter dar. Dieser war zugleich Pfarrer der Kirche, zeitweise Dekan der philosophischen Fakultät sowie Rektor der Universität.

Da die Philosophische Fakultät zu Beginn des Semesters ihre Gottesdienste in der Michaeliskirche zu feiern pflegte, hatte Martin Luther diese Kirche als Student kennengelernt. Ihre Gemeinde war eine der kleinsten, aber auch wohlhabendsten in der Stadt. Bereits im Jahre 1520 öffnete sie sich den mit Luther verbundenen reformato-

Michaeliskirche

rischen Vorstellungen. So lag es nahe, dass Luther im Oktober 1522, als er mit Philipp Melanchthon in die Stadt kam, von der Gemeinde um eine Predigt gebeten wurde. Sie war ein heftiger Angriff auf die Scholastik und auf die durch sie beherrschte Theologische Fakultät. Deren Doktoren, da sie das Evangelium verstellt hätten, sprach er jegliche Gelehrsamkeit ab. Diese besäßen alle, die vom Geist Christi sich leiten ließen. Sie sollten auf die Scholastiker mit ihren falschen Ansichten nichts geben, sondern unverdrossen das Evangelium lauter und rein predigen. Denn das wirke den wahren Glauben an Christus als den einzigen Mittler zwischen Gott und den Menschen, und wer diesen Glauben habe, sei ein „geistlich mensch" und urteile alle Dinge, selbst wenn es eines Müllers

Magd oder ein Kind sei. Die Predigt, von unbekannter Hand mitgeschrieben, wurde sofort in der Stadt gedruckt und wenig später in andern Städten nachgedruckt. Drei Jahre später wurde die Michaeliskirche evangelisch. Als Pfarrkirche wurde sie bis in die 1970er Jahre genutzt, heute verwaltet sie die evangelische Stadtmission.

FRANKENRODA
Wartburgkreis

PROBSTEIZELLA
THOMAS-MÜNTZER-KANZEL

Thomas-Müntzer-Kanzel

❌ Einzelgehöft 2,5 km werraabwärts Richtung Falken, Kanzel weitere 300 m

🅟 privat

🅐 außen frei zugänglich

ℹ️ www.zella.de

Im Jahre 1104 ursprünglich als Ausgangspunkt für ein neues Kloster durch den Erzbischof von Mainz begründet, wurde die neue Zelle schließlich als Propstei genutzt, als ein dem Erfurter Peterskloster unterstellter Wirtschaftshof. Im 16. Jahrhundert veränderte die Reformation die Situation in Probsteizella grundlegend. Der mainzische Wirtschaftshof wurde geplündert und die wenigen Mönche verließen den Ort. Im April 1525 sollen sich der Überlieferung nach an einem Felsen an der Werra unweit der Propstei aufständische

Bauern aus Falken, Frankenroda und Ebenshausen sowie aus weiteren Dörfern versammelt haben, um den Bauernführer Thomas Müntzer zu hören, der zu ihnen von der heute noch so bezeichneten „Bauernkanzel" gesprochen haben soll. Dies ist nicht zwar nicht nachweisbar, vorstellbar ist allerdings, dass der Müntzer nahestehende Pfarrer aus Falken, Lips König, hier Anhänger versammelte und zur Teilnahme am Bauernkrieg aufrief. Belegt ist auch, dass viele Bauern der genannten Dörfer mit Müntzer nach Frankenhausen zogen und dort in der Entscheidungsschlacht am 15. Mai 1525 den Tod fanden.

Die Überlebenden mussten ein furchtbares Strafgericht der siegreichen Fürsten und Adligen über sich ergehen lassen. Während die umliegenden Orte rasch zum neuen Glauben übergingen, wurde Probsteizella wieder in ein Wirtschaftsgut umgewandelt und blieb als Lehen des Erfurter Petersklosters bestehen. Versuche der Weimarer Herzöge diese katholische Exklave ihrem Gebiet anzugliedern, scheiterten. Erst mit den Napoleonischen Kriegen und den Grenzregelungen des Wiener Kongresses 1815 entstand das Kammergut Probsteizella, welches vom Weimarer Großherzog verpachtet wurde.

FRAUENSEE
Wartburgkreis

KLOSTER FRAUENSEE

- ❌ Platz der Freundschaft 3
- ☁ Gemeinde Frauensee
- ❶ außen frei zugänglich, Führungen auf Anfrage
- ❶ Museum, Tel. 03695 824907

Das 1189 auf einer Insel im Frauensee gegründete und 1202 in einem Schutzbrief Landgraf Hermanns I. von Thüringen erstmals urkundlich erwähnte Zisterzienserinnenkloster zählte in seiner Blütezeit mehr als sechzig zumeist adlige Konventualinnen. Bei seiner Auflösung lebten jedoch nur noch wenige Nonnen im Kloster St. Maria, wie die geringe Zahl an Abfindungen belegt. 1527 wurden die Äbtissin und vier adlige Nonnen, 1532 eine weitere Nonne abgefunden. Grund für den Nieder-

gang waren die Ereignisse im Bauernkrieg zwei Jahre zuvor. Während die Landgrafschaft Hessen und die hessischen Klöster nur marginal vom Aufstand der Bauern betroffen waren kam es in Thüringen an vielen Orten zu Erhebungen und Unruhen, in deren Verlauf die Aufständischen insbesondere gegen die Klöster, deren Enteignung sie unter Berufung auf Martin Luther forderten, gewaltsam vorgingen. Hiervon betroffen waren die Klöster im Werratal. So nahm ein von Vacha her kommender, etwa 5000 Mann starker Bauernhaufen unter Führung der Hauptleute Michael Sachs, Melchior Wenke und Hans Schippel um Ostern 1525 herum die Klöster Frauensee, Allendorf bei Salzungen sowie die Breitunger Klöster Herren- und Frauenbreitungen ein, plünderte Vorräte und Einrichtung, verbrannte Zinsbücher und Urkunden und verjagte die Nonnen.

Nach der Niederschlagung des Bauernaufstandes besetzte Landgraf Philipp 1526 das zum Stift Hersfeld

Amtshaus mit Museum

gehörende Frauensee und erhielt in der Folge vom Hersfelder Abt die Hälfte des Klosters als Ersatz für seine Ausgaben im Bauernkrieg verpfändet. Der eingesetzte Vogt Michael Flach führte nicht nur die Säkularisierung des Klosters durch, sondern übernahm als landgräflicher Amtmann die Verwaltung des nunmehr hessischen Amtes Frauensee sowie die Bewirtschaftung des aus den ehemaligen Klosterländereien gebildeten Domänenguts. 1595 beliefen sich die hauptsächlich aus bäuerlichen Grundzinsen und der Forstwirtschaft resultierenden Einnahmen des Amtes und der etwa 300 Acker großen Gutswirtschaft auf jährlich rund 1200 Gulden.

Nachdem 1627 bei einem Großfeuer große Teile der ehemaligen Klosteranlage zerstört wurden, ließ Landgraf Hermann von Hessen-Rotenburg, der Frauensee von seiner Mutter, der Landgräfin Juliane, geerbt hatte, eine neue Kirche auf dem Klostergelände errichten (1854 abgerissen). Zudem ließ er das baufällige Klosterhaus zum repräsentativen Herrenhaus im Renaissancestil umbauen, das zugleich als Amtssitz und Wohnhaus für die herrschaftlichen Beamten diente und heute Sitz der Gemeindeverwaltung ist. 1648 kam das Amt Frauensee schließlich ganz an Hessen. 1736 wurde es an Sachsen abgetreten, 1742 aber wieder zurückgekauft. 1816 erfolgte die endgültige Abtretung an das Herzogtum Sachsen-Weimar-Eisenach. ●

GEORGENTHAL
Landkreis Gotha

KLOSTERRUINE

- ⊗ Kurpark Georgenthal
- ⬥ Stiftung Thüringer Schlösser und Gärten
- ➊ Gelände frei zugänglich
- ➊ Tourist-Info, Tel. 036253-380; www.thueringerschloesser.de

Das Zisterzienserkloster Georgenthal gehörte zu den frühen Lebensstationen eines der Hauptakteure des Wittenberger Reformkreises. Der Geheimsekretär von Kurfürst Friedrich dem Weisen und spätere Pfarrer und Superintendent in Altenburg Georg Spalatin (1484–1545) hatte zwischen 1505 und 1508 im Kloster als Novizenlehrer gewirkt. Nach juristischen Studien an der Universität Erfurt hatte er auf den Rat seines Mentors Conradus Mutianus Rufus hin eine geistliche Laufbahn eingeschlagen, die günstigere Erwerbsaussichten versprach. Mutian, der neben Erasmus von Rotterdam und Johannes Reuchlin zu den führenden Geistesgrößen des deutschen Humanismus im frühen 16. Jahrhundert zählte, war selbst Kanoniker in Gotha und lebte gut von seinen Pfründen. Er vermittelte dem damals 21jährigen Spalatin die Lehrerstelle in dem wenige Fußstunden von Gotha entfernten Kloster Georgenthal über seinen Freund Henricus Urbanus, der für die Verwaltung der Klosterfinanzen zuständig war. Die drei Freunde standen in einem regen brieflichen wie mündlichen Austausch miteinander und sorgten für die Anschaffung von Büchern zur Förderung der humanistischen Studien im Kloster. Dabei knüpften sie Kontakte zum venezianischen Drucker Aldus Manutius, der seit Ende des 15. Jahrhunderts handliche und wissenschaftlich hochwertige Ausgaben antiker griechischer und lateinischer Autoren produzierte. 1508 vermittelte Mutian seinem Schützling eine einflussreichere Stelle als Erzieher des Kurprinzen Johann Friedrich von Sachsen. Am Hof von Kurfürst Friedrich dem Weisen wurde Spalatin eng in die politischen Verhandlungen der frühen

Reformationszeit einbezogen. Ebenso wie das benachbarte Kloster Reinhardsbrunn wurde das um 1140 von Graf Sizzo III. von Schwarzburg-Käfernburg gegründete Kloster Georgenthal 1525 infolge des Bauernkriegs schwer beschädigt und aufgelöst. Die Klostergüter wurden säkularisiert und die altgläubig gebliebenen Mönche erhielten einen bis zum Lebensende gesicherten Unterhalt und dauerhafte Aufnahme im Augustinereremitenkloster in Gotha. Nach dem Einsturz des Daches der Klosterkirche 1551 diente dieses bedeutende romanische Bauwerk als Steinbruch. Aus Spalatins Zeit sind heute noch die Klosterruine mit Fundamenten der Basilika und ein zweigeschossiges Kornhaus erhalten, das eine historische Ausstellung beherbergt.

GERA
Stadt Gera

ST. TRINITATIS
Konfessionsbild

❌ Stadtmitte, Talstraße/Heinrichstraße
🌀 Evang.-luth. Kirchgemeinde
   Gera-Stadt
🕐 Mo–Fr 10–17 Uhr
ℹ Pfarramt, Tel. 0365 26843

Aus Anlass der Hundertjahrfeier des Augsburger Bekenntnisses, das die protestierenden Reichsstände 1530 Kaiser Karl V. übergeben hatten, ließ Heinrich Posthumus Reuß (1572–

Ruine der Klosterkirche

St. Trinitatis,
Konfessions-
bild

1635) für die 1611 fertig umgebaute Trinitatiskirche ein monumentales Konfessionsbild anfertigen (309 x 348 cm ohne Rahmen). Den Auftrag erhielt der Geraer Maler Johann Dobenecker (1596–1670), der als Vorlage für das Ölbild einen Kupferstich des Augsburger Künstlers Wilhelm Peter Zimmer aus dem Jahre 1630 wählte.

Im Zentrum des Bildes ist ein Altar dargestellt, an dem das Abendmahl gefeiert wird. Dahinter stehen die vier Evangelisten am Fuße des Kruzifixes, die Worte aus der Bibel in Händen halten, die die Grundlage für dieses Sakrament bilden. Neben dem Altar stehen links Martin Luther und rechts Philipp Melanchthon, die Heinrich Posthumus und seiner zweiten Frau Magdalene, geb. Gräfin von Schwarzburg-Rudolstadt (1580–1652), das Abendmahl reichen. So trat das regierende reußische Herrscherpaar in die historische Szene

ein und legte ein Bekenntnis zur reformatorischen Theologie ab. Das Geschehen wird umringt von sechs Fürsten zur Linken: Johann von Sachsen, Georg von Brandenburg, Philipp von Hessen, Ernst von Lüneburg, Wolfgang von Anhalt, Franz von Lauenburg, und sechs Reichsstädten zur Rechten: Nürnberg, Reutlingen, Windsheim, Heilbronn, Weißenburg, Kempten, die 1530 das Augsburger Bekenntnis unterschrieben hatten. Im Hintergrund des fiktionalen Kirchenraums sind gottesdienstliche Vollzüge der lutherischen Kirche dargestellt (von links nach rechts): Beichte, Predigt, Taufe, Hochzeit und Kirchengesang.

Unter dem Bild sind Portraits der sieben Geraer Superintendenten zwischen 1565 und 1682 angebracht, die als Zeugen für die gewissenhafte Weitergabe reformatorischer Theologie fungieren: Simon

Musaeus, Martin Faber, Jesaja Krüger, Friedrich Glaser, Heinrich Amelung, Christoph Richter, Johann Caspar Zopf. Die ersten Superintendenten waren offensichtlich nicht gemalt worden, so dass ihre Bilder nicht angebracht werden konnten. Da Simon Musaeus ein Mitverfasser des Landesbekenntnisses war, der Reußischen Konfession von 1567, ist seine Stellung als Erster in dieser Reihe von Bedeutung: Er begründete das konfessionelle Sonderbewusstsein mit, das Heinrich Posthumus durch die erneute Drucklegung der Reußischen Konfession im Jahre 1599 unterstrich.

GÖRMAR
Stadt Mühlhausen
Unstrut-Hainich-Kreis

DORFKIRCHE ST. MARTIN

- ❌ Ortszentrum
- ⬢ Evang.-luth. Kirchgemeinde
- ⊖ nach Absprache
- ❶ Tel. 03601 889494

Die Pfarrkirche St. Martin ist eine der sogenannten Urpfarrkirchen des ehemaligen Archidiakonats Jechaburg im mittelalterlichen Bistum Mainz. Zur Baugeschichte der kleinen Saalkirche mit einem Ostturm sind keine vorreformatorischen Daten überliefert. Eine klangreine Glocke aus dem 14. Jahrhundert scheint zu ihrem mittelalterlichen Geläut gehört zu haben.

Görmar selbst war der namengebende Hauptort der karolingerzeitlichen Germar-Mark zur Sicherung der Grenze gegen die Sachsen.

Am 17. September 1524 beschwerte sich der Pfarrer Bernhard Schiel bei den mainzischen Amtleuten auf dem Eichsfeld über seine Vertreibung aus der Pfarre durch seine Pfarrkinder. Diese hätten vergeblich von ihm die Predigt des reinen Wortes Gottes gefordert und ihn aufgefordert, sich von den reformatorischen Predigern Heinrich Pfeiffer, Köhler und Rothemeler auf seine Eignung als Prediger prüfen zu lassen. Der aus dem Mühlhäuser Barfüßerkloster ausgetretene Köhler war es wohl auch, der in Görmar erstmals reformatorisch predigte.

Zeuge der dramatischen Ereignisse des Jahres 1525

Am 26. April 1525 schlug der aus Langensalza zurückgekehrte Mühlhäuser Haufen auf dem Kirchhof der dem Deutschen Orden zugehörigen Nikolaikapelle westlich des Ortes sein Lager auf. Ein Zug nach Schlotheim und Allmenhausen wurde am 28. April unternommen. Am Morgen des 29. April zog der durch Zuzug Aufständischer aus Südthüringen und dem Eichsfeld verstärkte Haufen unter Thomas Müntzers Führung auf das Eichsfeld.

Nach der Schlacht bei → Frankenhausen schlugen die siegreichen Fürsten ihr Feldlager zwischen Mühlhausen und Görmar auf. Hier wurden Thomas Müntzer und Heinrich Pfeiffer am 27. Mai 1525 hingerichtet. Die Lage des fürstlichen Feldlagers und damit der Hinrichtungsort von Müntzer und Pfeiffer ist nicht nachweisbar. Auch der Ort der Spießung des Müntzer-Kopfes am Rieseninger Berg bei Görmar ist nicht zu lokalisieren.

Die schon lange wüst stehende Nikolaikapelle wurde 1562 abgebrochen. An ihren ungefähren Standort erinnert der Straßenname „Alte Pfarrei". Ihre Steine wurden zum Bau des evangelischen Gymnasiums in Mühlhausen verwendet. Hans von Görmar, evangelischer Landkomtur des Deutschen Ordens in der Ballei hatte den Bau im Gegenzug zur Einrichtung einer katholischen Schule am ehemaligen Barfüßerkloster initiiert. •

GOTHA
Landkreis Gotha

AUGUSTINERKLOSTER

⊗ Jüdenstraße 27

◉ Evang.-luth. Kirchgemeinde

◉ Mai–Oktober: Mo–Fr 10–12, 14–16 Uhr; Sa/So 14–16 Uhr

ⓘ Tel. 03621 302910; www.augustinerkloster-gotha.de

In Gotha wurde 1258 ein Kloster der Augustinereremiten gegründet, des Ordens, zu dem seit 1502 auch Martin Luther gehören sollte. An Einzelheiten der Gebäude, beispielsweise dem Kreuzgang, ist die Beziehung des Klosters zum Augustinerkloster in Erfurt zu erkennen. Martin Luther gewann seine Beziehung zu dem Gothaer Kloster vor allem über seine Funktion als Provinzialvikar seines

Augustinerkloster, Kreuzgang

Ordens, die er in Visitationen wahrzunehmen hatte. Am 1. Mai 1515 hielt er vor dem Provinzialkapitel – der Delegiertenversammlung aller Klöster der Ordensprovinz Sachsen – eine Predigt in der Augustinerkirche, deren Text überliefert ist. In Auslegung von Psalm 112 handelte die Predigt von den tödlichen Folgen, die Verleumdungen nach sich ziehen – vielleicht eine Bezugnahme auf Gerüchte über ihn, von denen er aus Erfurt erfahren hatte. Die Predigt scheint Aufsehen innerhalb seines Ordens erregt zu haben, wie aus einzelnen brieflichen Reaktionen ihm gegenüber zu schließen ist. Während einer Visitationsreise im Mai 1516 suchte er den Konvent auf und äußerte großes Lob im Blick auf die geordneten Verhältnisse im Kloster. Falls Martin Luther auch im April 1521 auf der Durchreise in Gotha eine Predigt gehalten hat, dürfte sie ebenfalls in der Kirche der Augustinereremiten stattgefunden haben. Der Gothaer Augustinereremitenkonvent in Gotha scheint durch die Entwicklungen, die zur Wittenberger Reformation geführt haben, nicht unmittelbar bewegt worden zu sein. Prior und Konvent räumten seit 1523 dem Rat der Stadt mehr und mehr Rechte über Gebäude und Liegenschaften ein, bis ab 1525 das Kloster und sein Eigentum Schritt für Schritt an den Rat übergingen. Es erhielt jedoch alsbald eine neue Funktion als Ort einer in Nachfolge der inzwischen untergegangenen Stiftsschule neu ins Leben gerufenen Schule für Söhne von Bürgerfamilien aus Gotha und Umgebung. Friedrich Myconius als neu berufener Stadtpfarrer sorgte dafür, dass durch die verbleibenden Wohnrechte der ehemaligen Mönche die Möglichkeiten für den Schulunterricht nicht beschnitten wurden. So erhielten die Schüler eine Grundausbildung, die die Voraussetzungen für das Universitätsstudium einer neuen Elite schuf.

Zur gleichen Zeit wurde auf landesherrliches Geheiß in den Gebäuden des Klosters eine ansehnliche Anzahl von Mönchen untergebracht, die aus aufgelösten Klöstern in Georgenthal, Reinhardsbrunn und anderswo hierher verlegt wurden. Diese Maßnahme führte bis um 1540 – solange hielten sich hier Mönche bis zu ihrem Lebensende auf – immer wieder zu erheblicher Raumnot im Kloster. •

GOTHA
Landkreis Gotha

PFARRHAUS AN DER AUGUSTINERKIRCHE
Friedrich Myconius

⊗ Klosterplatz 6
◉ Evang.-luth. Kirchgemeinde
◉ außen frei zugänglich
ⓘ Tel. 03621 302915;
   www.kirchengemeinde-gotha.de

Die Reformationsbewegung in Gotha hatte wie auch anderswo ihre Wurzeln in wachsender Unzufrie-

Pfarrhaus, Wohnhaus von Friedrich Myconius

Leben in der Stadt zu gewinnen. Es handelte sich um einen franziskanischen Ordensgeistlichen, der auf Grund seiner Sympathien zur Wittenberger Reformation in Konflikt mit seinem Orden geraten war: Friedrich Mekum (griech. Myconius), geboren 1490 in Lichtenfels in Oberfranken. Er wurde zum Vermittler der Reformation in Gotha und alsbald auch in Westthüringen. Denn seit 1526 wuchs ihm schrittweise die Aufgabe zu, in diesem Gebiet die Aufsicht über 86 Pfarreien zu übernehmen. So wurde er der erste Pfarrer im Bereich der Wittenberger Reformationsbewegung, der die Amtsbezeichnung „Superintendent" trug – ein Titel, der die Übertragung der ursprünglich griechischen Bezeichnung „Bischof" in die lateinische Sprache bedeutete.

Myconius (Abb. → S. 151) wohnte zusammen mit seiner Ehefrau, einer gebürtigen Gothaerin, bis zu seinem Tode 1546 im Hause neben der Augustinerkirche. Viel Aufmerksamkeit erforderte der Neuaufbau der Schule in den angrenzenden Räumen des Klosters. Schon bald wurde er vom Kurfürsten zusätzlich zu auswärtigen Diensten herangezogen.

Von Anfang an stand er in lebhaftem Kontakt mit den Wittenberger Theologen und mit Philipp Melanchthon. Er brauchte sie immer wieder als Berater in den schwierigen Aufgaben der Konsolidie-

denheit unter Teilen der Bevölkerung mit den kirchlichen Verhältnissen seit Anfang des 16. Jahrhunderts. Es waren vor allem die Zustände in dem einflussreichen und begüterten Marienstift, das am Berg nordwestlich des heutigen Schlosses seinen Sitz hatte. Das Verhalten der Stiftskanoniker führte am Pfingstfest 1524 zu tätlichen Übergriffen auf das Stift, so dass die Gefahr bestand, dass der Rat der Stadt die Kontrolle verlor. Im Zusammenwirken mit dem Weimarer Landesherrn Herzog Johann gelang es, einen Geistlichen als Prediger in die Stadt zu berufen, der die Fähigkeit besaß, nachhaltig Einfluss auf das kirchliche rung eines Kirchenwesens, das auf gute Kräfte angewiesen war. Mit Melanchthon arbeitete er eng bei den Visitationen zusammen. Als Martin Luther am 27. Februar 1537 auf der Rückreise von Schmalkalden nach Wittenberg auf den Tod krank im Haus „Löwenburg" (heute Hauptmarkt 42) für sechs Tage bei dem alten Schosser Johann Löwe (Lebe) Aufnahme fand, besuchte Myconius ihn und widerstand seinem Wunsch, sich in Gotha begraben zu lassen. Er solle sich in der Kirche in Wittenberg bestatten lassen, „von der das Wasser des Lebens in den ganzen Erdkreis geflossen war". Als Myconius Anfang 1541 so schwer erkrankte, dass er Freunden brieflich mitteilte, er wolle nun endlich sterben, antwortete Luther ihm, er wünsche dringend, dass Myconius ihn überlebe und wolle mit ihm zusammen Christus darum bitten, dass dies geschehe und Myconius nicht vor ihm den Weg zum Himmel antrete. Myconius verstand seine gesundheitliche Erholung als eine Erhörung von Luthers Gebet und erinnerte sich in seiner letzten Krankheitsphase im Frühjahr 1546 an diesen Brief von 1541. Er starb wenige Wochen nach Luther am 7. April 1546 in dem Hause, in dem er 22 Jahre gewohnt hatte. Sein Grabdenkmal hat seinen Platz in der Augustinerkirche gefunden. •

GOTHA
Landkreis Gotha

LUCAS-CRANACH-HAUS

- ⊗ Hauptmarkt 17
- ⬙ Stadt Gotha
- ⊕ außen frei zugänglich
- ⓘ Tourist-Info, Tel. 03621 50785712

Das Lucas-Cranach-Haus ist ein Ort der Erinnerung an die engen Verbindungen zwischen den ernestinischen Städten Gotha und Wittenberg vor und im Laufe der Reformation, die nicht nur Friedrich Myconius zu verdanken sind. Der Kanoniker Conradus Mutianus Rufus, der Gotha zu einer Anlaufstelle für solch illustre Humanisten wie den neulateinischen Dichter an der Universität Erfurt, Helius Eobanus Hessus, und den späteren Geheimsekretär und Historiographen am ernestinischen Hof, Georg Spalatin, gemacht hatte,

Eingangsportal

Allianzwappen

vermittelte Lucas Cranach d. Ä. 1505 die Stelle als Maler am Hofe Kurfürst Friedrichs des Weisen in Wittenberg. Über Mutian soll Cranach auch seine Ehefrau Barbara, Tochter des Gothaer Ratsherrn Jost Brengebier, kennengelernt haben. Die Hochzeit fand vermutlich um 1512 in Gotha statt. Das Haus am Markt war lange im Besitz der Familie Brengebier, gelangte aber 1536 durch Erbschaft in Cranachs Besitz. Nach dem Schmalkaldischen Krieg 1547 übersiedelten seine Tochter Ursula und deren Ehemann Georg Dasch von Wittenberg nach Gotha. Hier hatte Dasch das Amt des Bürgermeisters eine Zeitlang inne. Die Allianzwappen der Familien Dasch und Cranach mit Tasche und geflügelter Schlange sind rechts neben dem Portal zu sehen. Dieser in die Außenmauer eingelassene Stein gehört neben dem Portal und dem Keller mit Kreuzgewölbe zu den wenigen noch erhaltenen Teilen des damaligen Hauses. Im 17. Jahrhundert brannte es ab und an seiner Stellte wurde das zweigeschossige Barockgebäude errichtet.

Als Herzog Johann Friedrich der Mittlere den Grimmenstein (1567 ge-schleift) zu seiner Hauptresidenz ausbaute, übersiedelte auch Kanzler Christian Brück 1555 nach Gotha. Brück war mit Barbara, der ältesten Tochter Cranachs, verheiratet. Aufgrund seiner Verwicklung in die sogenannten Grumbachschen Händel wurde er am 18. April 1567 auf dem Markt geviertelt. Heute erinnert eine in das Straßenpflaster eingelassene Tafel an das Datum. Infolge von Erbteilungen kamen im 17. Jahrhundert bedeutende Gemälde und ein umfangreicher Bestand an Grafiken des älteren und jüngeren Cranach nach Gotha in die herzoglichen Sammlungen auf Schloss Friedenstein.

GOTHA
Landkreis Gotha

SCHLOSS FRIEDENSTEIN FORSCHUNGSBIBLIOTHEK

- ⊗ Schloss Friedenstein
- ☁ Stiftung Schloss Friedenstein Gotha, Universität Erfurt
- ❷ Schlossmuseum/Herzogliches Museum: April bis Oktober: täglich 10–17 Uhr, November bis März: 10–16 Uhr (Schlossmuseum Mo geschlossen)
  Forschungsbibliothek: Führungen April bis Oktober: Mi 15 Uhr, jeden zweiten Di/Monat 17 Uhr
- ❶ Museen: Tel. 03621 823451, www.stiftungfriedenstein.de; Forschungsbibliothek: Tel. 0361 7375530, www.uni-erfurt.de/bibliothek/fb/

Schoss Friedenstein

Ernst der Fromme, Gründer des Herzogtums Sachsen-Gotha, erbaute Schloss Friedenstein zwischen 1643 und 1656 als seine neue Residenz. Dieses die Stadt überragende barocke Schloss steht auf Fundamenten der früheren Festung Grimmenstein, die in der Reformationszeit die wichtigste militärische Schutzstätte im westlichen Teil des ernestinischen Territoriums gewesen war. Der massive Ausbau der Befestigungsanlage in den 1530er Jahren hing unmittelbar mit der Gründung des Schmalkaldischen Bundes zusammen, eines protestantischen Verteidigungsbündnisses unter Führung von Kurfürst Johann Friedrich I. von Sachsen und Landgraf Philipp von Hessen gegen die katholische Übermacht. Nach der Niederlage des Kurfürsten im Schmalkaldischen Krieg 1547 und dem damit einhergehenden Verlust der sächsischen Kurwürde und der Kurlande wurde ein Teil der Festung symbolisch geschleift. Unmittelbar nach seiner Rückkehr aus der kaiserlichen Gefangenschaft 1552 begann Johann Friedrich mit dem Wiederaufbau der Befestigung und des Schlosses sowie mit der Errichtung einer neuen Schlosskapelle mit Renaissance-Elementen. Sie gilt nach

Brustbild von Johann Friedrich dem Großmütigen am Ostturm

213

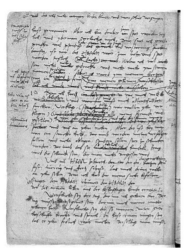

Forschungsbibliothek, Blatt aus Luthers Coburger Jeremias-Übersetzung

der 1544 von Luther eingeweihten Schlosskirche in Torgau als der zweite Neubau einer protestantischen Schlosskirche und als einer der frühesten lutherischen Sakralbauten überhaupt. Mit diesem großen Bauprojekt unter der Leitung des Hofbaumeisters Nikolaus Gromann kompensierte der „geborene Kurfürst" den kriegsbedingten Verlust von Schloss Hartenfels in Torgau.

Sein Sohn Herzog Johann Friedrich II. baute den Grimmenstein in den 1560er Jahren weiter aus, um seine Residenz aufgrund des Bündnisses mit dem reichsgeächteten fränkischen Reichsritter Wilhelm von Grumbach militärisch abzusichern. Grumbach schmiedete Pläne für einen Aufstand von Grafen, Herren und Rittern, der mit Hilfe des Kai-

sers und des Ernestiners die Territorialverfassung des Reichs sprengen sollte. Johann Friedrich II. hoffte, bei einem positiven Ausgang des Unterfangens die Kurwürde zurückzugewinnen. 1565 richtete er eine Hofkantorei in Gotha ein, die an die berühmte Kantorei in Torgau unter der Leitung von Johann Walter und somit auch an die frühere Glanzzeit der Dynastie erinnern sollte. Die abenteuerlichen Pläne des Herzogs wurden durch eine Reichsexekution im Keim erstickt. Nach einer mehrmonatigen Belagerung von Stadt und Festung kapitulierte der Herzog am 14. April 1567. Grumbach wurde auf dem Marktplatz von Gotha geviertelt, der Grimmenstein dem Erdboden gleichgemacht.

Herzog Ernst ließ in programmatischer Art und Weise erhaltene Reliefs des Grimmensteins, die an den letzten Kurfürsten seiner Dynastie erinnern, in sein neues Schloss integrieren. So befinden sich Tafeln mit Brustbildern von Johann Friedrich an der Ost-, Süd- und Westfassade. Die Inschrift des wohl von Simon Schröter angefertigten Renaissance-Portals der Schlosskapelle unter den Nordarkaden verweist ebenfalls auf den „geborenen Kurfürsten" Johann Friedrich I. und auf das Baujahr 1553. Unterhalb des von zwei Engeln gehaltenen Schildes mit dem Namen „IESVS" und den Kurschwertern stehen die Initialen der ernestinischen Devise „Verbum Domini manet in æternum" (Das Wort des Herrn bleibt in Ewigkeit). Durch Erbteilungen und eine gezielte Erwerbsstrategie wurde Schloss Friedenstein unter Herzog Ernst und seinen Nachfolgern zur ernestinischen Schatzkammer der Reformationsüberlieferung. Deren Entstehung verdankt sich dem Selbstverständnis der Dynastie als Schutzherrin des Luthertums. Heute besitzt die Forschungsbibliothek Gotha im Ostflügel eine der vielfältigsten und umfangreichsten Sammlungen von Reformationshandschriften und -drucken weltweit, darunter ein Viertel der überlieferten Briefe aus der Korrespondenz Luthers als Original oder in Abschrift und die größte Sammlung von Tischreden. Die hervorragende Flugblatt-, Münz- und Medaillensammlung im Schlossmuseum zeugen eindrucksvoll von theologischen wie politischen Entwicklungen des 16. Jahrhunderts. Schließlich wird im Herzoglichen Museum eine bedeutende Sammlung von Cranach-Gemälden mit reformatorischen Motiven gezeigt. Hervorzuheben ist das dogmatische Lehrbild „Verdammnis und Erlösung" aus dem Jahr 1529. Es gilt als Prototyp der von Cranach entwickelten und in vielfältigen Fassungen verbreiteten bildlichen Darstellung von Luthers zentraler Lehre der Rechtfertigung des Sünders allein durch Glaube, Gnade und Christus.

GRÄFENTHAL
Landkreis Saalfeld-Rudolstadt

SCHLOSS WESPENSTEIN

- ⊗ Am Schloßberg
- privat
- Führungen Sa/So 15 Uhr und nach Vereinbarung
- www.schloss-wespenstein.de

Durch die Erhebung Leipzigs zur Messestadt erhielt die durch Gräfenthal führende Handelsstraße nach Nürnberg eine noch größere Bedeutung und verhalf den Gräfenthaler Einwohnern durch Vorspanndienste zu einem gesicherten Einkommen. Es entstanden mehrere Gasthäuser, die Reisenden vor oder nach Überschreiten der Rennsteig-Region Unterkunft

Schloss Wespenstein

gewährten. Bei seinen Fahrten nach Süddeutschland machte auch Martin Luther von dieser Möglichkeit Gebrauch. Als er nach Augsburg zum Gespräch mit Kardinal Cajetan reiste, übernachtete Luther vom 1. auf den 2. Oktober 1518 erstmals in Gräfenthal. Auf der Rückreise ist sein Aufenthalt für die Nacht vom 26. zum 27. Oktober 1518 bezeugt.

Die Reise der kursächsischen Delegation zum Reichstag nach Augsburg im Jahre 1530 führte Martin Luther, der sicherheitshalber nur bis Coburg mitreiste, erneut nach Gräfenthal. Angeführt von Kurfürst Johann logierte die große Reisegesellschaft aber nicht in einem Gasthaus, sondern auf Schloss Wespenstein, das sich hoch über der Stadt erhebt. Man erreichte die Stadt von Saalfeld kommend am 13. April nachmittags. Am Mittwoch predigte Martin Luther in der Schlosskirche, am 15. April (Gründonnerstag) reiste die Gesellschaft nach Neustadt bei Coburg weiter.

Der zu dieser Zeit auf Schloss Wespenstein residierende Sebastian von Pappenheim hatte 1517 begonnen, die orlamündische Burg Wespenstein in ein Renaissanceschloss umzubauen. Dadurch war er in der Lage, 1530 seinen Lehnsherrn Kurfürst Johann den Beständigen und dessen Gefolge samt Luther zu beherbergen. Der Schlossherr stand der Reformation nahe. Im Bauernkrieg hatte er einen lokalen Bauernhaufen besänftigen können, indem er sich die Forderungen der Aufständischen anhörte und sie auf dem Schloss bewirtete. Sie zogen nach Franken ab, ohne in der Stadt und der örtlichen Saigerhütte Schaden angerichtet zu haben. Mehr zu leiden hatte Gräfenthal indes, als das Heer Kaiser Karls V. am Ende des Schmalkaldischen Krieges 1547 auf dieser Handelsstraße wieder nach Süddeutschland zurück zog.

Schloss Wespenstein ist nach langen Zeiten des Verfalls von seinem jetzigen Besitzer in vorbildlicher Weise restauriert worden.

GREIZ
Landkreis Greiz

OBERES SCHLOSS

- ✕ Stadtzentrum
- ⚓ Museen der Schloss- und Residenzstadt Greiz
- 🕐 Di–So 10–17 Uhr
- ℹ Tel. 03661 703411; www.greiz.de/museen

Als am 16. September 1533 die Visitatoren unter Leitung des Magisters Georg Spalatin in Greiz eintrafen, mussten sie mit erheblichem Widerstand der Greizer Herrschaft rechnen. Heinrich XIII., Reuß von Plauen und Herr zu Greiz, bekannte sich im Gegensatz zu seinem Lehnsherrn, Kurfürst Johann Friedrich von Sachsen, weiter zum alten

Oberes Schloss

Glauben. Er befürchtete Einschränkungen seiner landesherrlichen kirchlichen Rechte, aber auch die Unruhen in den reußischen Gebieten während des Bauernkrieges 1525 dürften zur ablehnenden Haltung Heinrichs XIII. gegenüber den Lehren Martin Luthers beigetragen haben. In den benachbarten wettinischen Landen, etwa in Plauen und Weida, war es hingegen schon 1528 zu erfolgreichen Visitationen gekommen,

Da den Visitatoren der Zutritt zum Schloss verwehrt wurde, mussten die Verhandlungen und Verhöre im Greizer Rathaus stattfinden. Neben der Aufforderung an Ritterschaft, Priester, Bürger und Bauern vor der Kommission zu erscheinen, erhielten auch Heinrich XIII. und sein ältester Sohn Einladungen. Die ersten Visitationshandlungen führten bereits zu einschneidenden Veränderungen im kirchlichen Leben. Die weithin bekannte Wallfahrtskapelle St. Adelheid in der Schönfelder Flur wurde aufgegeben. Ihr Inventar erhielt die Stadtkirche St. Maria und das zugehörige Lehen ging in den Greizer Kirchkasten ein, aus dem man fortan Pfarrer und Lehrer besoldete und Almosen vergab. Der Greizer Pfarrer Georgius Engelschalk, den man „halsstarrig und ganz ungeschickt" befand, musste sein Amt aufgeben. An seiner Stelle beriefen die Visitatoren Jacob Coler zum Stadtpfarrer. Dieser hielt in der Stadtkirche am Sonntag nach Michaelis, also am 3. Oktober 1533, die erste evangelische Predigt. Auch die Reußen bestätigten den neuen Pfarrer, er wurde zum Superintendenten ernannt und übte dieses Amt 26 Jahre lang aus.

Mit dem Tode Heinrichs XIII. am 8. Juni 1535 änderten sich die Verhältnisse im Herrscherhaus. Sein Nachfolger, Heinrich XIV., der Ältere, empfing schon zum Osterfest 1536 in der Schlosskapelle mit seiner Gattin das Abendmahl nach reformatorischem Verständnis. Mit diesem öffentlichen Bekenntnis zum protestantischen Glauben in der Kapelle des Greizer Schlosses setzte sich der neue Glauben im Herrschaftsbereich Heinrichs XIV., dem Stifter von Reuß Älterer Linie, durch. Gleichzeitig fungierte der Landesherr nun im Sinne des Landeskirchentums als oberster Kirchenherr. Die nach den Tode Luthers 1546 zu Tage tretenden theologischen Streitigkeiten führten auch in den reußischen Herrschaftsbereichen zu Zerwürfnissen. Im Zusammenhang mit weiteren Erbteilungen entstanden zwischenzeitlich in Reuß-Obergreiz und Reuß-Untergreiz zwei Superintendenturen, welche wegen theologischer Differenzen untereinander stritten. Insbesondere das Bekenntnis des Obergreizer Herrn zur Lehre des Matthias Flacius und die scharfe Ablehnung dieser Auffassungen durch Heinrich den Älteren von Untergreiz führten zu weitreichenden Auseinandersetzungen. Auf der Grundlage der reußisch-schönburgischen Konfession von 1567 setzten sich letztendlich stabile konfessionelle Verhältnisse in den reußischen Herrschaften durch.

GROSSENEHRICH
Kyffhäuserkreis

KIRCHE ST. CRUCIS

⊗ Ortsmitte
⬗ Evang.-luth. Kirchgemeinde
➊ außen frei zugänglich, innen nach Absprache
ⓘ Pfarramt Großenehrich, Tel. 036370 40353

In der Kirche von Großenehrich, einer kleinen, nur etwa 2500 Einwohner zählende Landstadt im Kyffhäuserkreis, befindet sich einer der letzten Kanzelaltäre Thüringens. Er wurde bei der grundlegenden Restaurierung der alten, aus dem Mittelalter stammenden Kirche in den Jahren 1846–1851 errichtet und besteht aus einem

St. Crucis, Innenraum

Unterbau, der Chor und Sakristei voneinander abgrenzt, und einem Auszug in der Mitte, an dem die Kanzel als Ort der Predigt ihren Platz hat. Vor der Kanzelwand steht der hölzerne Altartisch. Dessen Seitenfronten zieren Reliefs christlicher Symbole, wie Kelch, Kreuz und Buch. Kniebänke seitlich des Altarpodestes dienten dem in der lutherischen Gottesdienstpraxis üblichen Niederknien beim Empfang des Abendmahls. Die in Großenehrich gegebene, im evangelischen Kirchenbau seit dem 17. Jahrhundert allgemein gebräuchliche Synthese von Altar und Kanzel symbolisierte die Einheit von Wort und Sakrament im lutherischen Glaubensverständnis. Zu Beginn des 19. Jahrhunderts geriet diese Form zunehmend in die Kritik des konservativen Neuluthertums. Daher wurde sie seit etwa 1850 selbst in den traditionellen Verbreitungsgebieten des Kanzelaltars nicht mehr benutzt. Ein zentrales Dokument dieser Neuorientierung im evangelischen Kirchenbau ist das Eisenacher Regulativ von 1861. In diesem wurden nicht nur die getrennte Aufstellung von Kanzel und Altar empfohlen, sondern auch eine Orientierung an mittelalterlichen Stilen, namentlich der Gotik. Diese Begeisterung der Zeit für das Mittelalter war für die Zeit typisch und zeigt sich auch in den formalen Einzelheiten des Großen-

ehricher Kanzelaltars, etwa bei den mit Krabben besetzten Spitzbögen oder den gotisierenden Maßwerkgittern der Kniebänke, der damit ein frühes Werk kirchlicher Neugotik in Thüringen ist. ●

HELDBURG
Stadt Bad Colberg-Heldburg
Landkreis Hildburghausen

KIRCHE UND PFARRHAUS

⊗ Stadtzentrum, Kirchgasse
🍃 Evang.-luth. Kirchgemeinde
🜨 außen frei zugänglich; innen nach Absprache
ℹ Pfarramt Tel., 036871 21326

Erster evangelischer Pfarrer in der Amtsstadt Heldburg war Friedrich Schwalb aus Lichtenfels in Oberfranken. Als Pfarrer von Schney (OT von Lichtenfels) predigte er vermutlich schon 1526 lutherisch. Als Schwalb deshalb 1528 bestraft werden sollte, wandte er sich nach Heldburg. Bei der dortigen Visitation im Dezember des gleichen Jahres wurde er examiniert und erhielt, wie auch 1535 und 1545, „allzeit ein besonders gutes Lob". Im Visitationsprotokoll heißt es, dass „er gegen das Stift Bamberg, nachdem er ehelich geworden und das Heilige Evangelium frei gepredigt, viel Gefahr und Wagnis hat ausstehen müssen". Schwalb blieb bis zu seinem Tod 1553 Pfarrer und Superintendent von Heldburg. Seinen

Pfarrhaus

altgläubigen Vorgängern musste er von seinen Einkünften eine lebenslange Rente überweisen, so dass ihm jährlich lediglich 35 Gulden übrigblieben, die er vermutlich aus dem Vermögen seiner Familie, die in Heldburg begütert war, aufstocken konnte. Ein kunstvoll gearbeiteter Taufstein (vermutlich von ihm selbst gestiftet) mit Schwalbs Wappen stammt von 1537, dem Jahr der Fertigstellung des 1502 begonnen Kirchenbaus. Die Ausstattung der Kirche ist zum größten Teil späteren Renovierungen zum Opfer gefallen. Heute bietet sich das Kircheninnere in neugotischer Gestalt dar, zusammen mit einem Orgelwerk (1827) des aus Heldburg stammenden Orgelbauers Lorenz Conrad Adam Heybach.

1606 wurde der in Quedlinburg geborene Johann Gerhard (1582–1637) zum Pfarrer und Superintendenten nach Heldburg sowie zum Ephorus (Aufseher) des 1605 neu gegründeten Gymnasiums Casimirianum in Coburg berufen. In dieser Zeit vollendete Gerhard neben einem Handbuch zur Tröstung Leidender und Sterbender und einer Betrachtung des Leidens und Sterbens Christi auch die ersten Bände seiner Schrift „Loci theologici", einer neunbändigen systematischen Theologie, die noch im 18. und 19. Jahrhundert Neuauflagen erfuhr. 1615 wurde Johann Gerhard zum Generalsuperintendenten (heute Landesbischof) des Herzogtums Coburg berufen, wo er die Coburgische Kirchenordnung schuf. Schon 1616 folgte er allerdings dem Ruf an die Universität Jena. Eine Gedenktafel am Pfarrhaus erinnert an seinen einstigen Bewohner.

Gedenktafel für den Theologen Johann Gerhard

HELDRUNGEN
Kyffhäuserkreis

WASSERBURG MIT „MÜNTZERTURM"

✖ Schloßstraße 13

🍃 Deutsches Jugendherbergswerk

🕐 außen täglich von 8–18 Uhr,
   Führungen nach Anmeldung

ℹ Tel. 034673 91224;
   www.wasserburg-heldrungen.de

In der wegen seiner Tradition im Anbau und der Verarbeitung von Zwiebeln bis heute bekannten Kleinstadt befindet sich ein bedeutendes Denkmal der mitteleuropäischen Festungsbaukunst. Die von zwei Befestigungsringen umgebene mächtige Wasserburg wurde zur Sicherung der Handelsstraße von Frankenhausen nach Querfurt gebaut. Den besitzenden Herren von Mansfeld und anderen Adeligen diente die Anlage während des Bauernkrieges im Jahr 1525 als wichtiger Stützpunkt. Eine Tafel am 1805 gekappten Turm des Südflügels hält fest: „Bauernführer Thomas Müntzer in Kerkerhaft auf Schloss Heldrungen vom 17.–23. 5. 1525." Hierher gebracht worden war er nach seiner Gefangennahme während der Entscheidungsschlacht des Bauernkrieges bei Frankenhausen. Unter Folter wurde er in Heldrungen verhört. Auf Geheiß seines Erzfeindes, Ernst II. von Mansfeld, wurde er schließlich nach Mühlhausen verbracht, wo er am 27. Mai 1525 hingerichtet wurde. „Müntzer ging voll

Wasserburg mit Müntzerturm (links)

Zittern in den Tod und behauptete, indem er die Bibel hastig ergriff, er glaube alles, was in diesem Buch enthalten sei. Aber das genügt nicht", berichtete Luther Jahre danach. Im großzügigen Hof der Burg erinnert ein Denkmal an das Geschehen vom Mai 1525.

Die zu Teilen als Jugendherberge genutzte Burg bietet als sogenannter „Lernort der Geschichte" Einblicke in die Zeit von Reformation und Bauernkrieg. Seit Jahren wird die einst vier-, später nur noch dreiflügelige Burganlage aufwändig saniert und umgebaut. Am Ende aller Maßnahmen soll auch der „Müntzerturm" öffentlich zugänglich sein.

HELLINGEN
Landkreis Hildburghausen

SCHLOSS

⊗ westlicher Ortsrand, Schloßstraße
⬥ privat
ℹ Besichtigung von außen möglich
ℹ Gemeinde, Tel. 036871 29507

In Hellingen war Ritter Hans Schott ansässig, der als kurfürstlicher Beamter und Befehlshaber der Pflege Coburg frühzeitig in Verbindung mit der Reformation trat. 1521 begleitete er Martin Luther zum Reichstag nach Worms. Seitdem bestand eine enge private Verbindung des Reformators zur Familie Schott, wie mehrere Briefe und die Hans Schott 1524 gewidmete Schrift „Das Eltern die Kinder zu der Ehe nicht zwinge noch hindern" belegen. Für die enge Bindung Schotts zu Luther spricht auch die Vermittlung eines Predigers durch den Reformator für die Kirche in → Oberlind bei Sonneberg, wo Schott ebenfalls begütert war. Das Schloss in Hellingen war 1515 unter Hans Schott an Stelle einer spätmittelalterlichen Wasserburg in Renaissanceformen errichtet worden. Ursprünglich umschloss eine vierflügelige Anlage mit Ecktürmen einen Innenhof. Nachdem 1853 Teile des Schlosses abgebrochen worden waren, blieben Ost- und Südflügel sowie ein massiver Flankierungsturm erhalten.

Schloss
Hellingen

HÖRSELGAU
Landgemeinde Hörsel
Landkreis Gotha

PFARRBIBLIOTHEK

❌ Kirchplatz 9
◈ Evang.-luth. Pfarramt
🕐 Mo/Do 10–13 Uhr und nach
Vereinbarung
ℹ️ Tel. 03622 902816

Die Pfarrei Hörselgau gehörte am
Anfang des 16. Jahrhunderts politisch zum ernestinischen Amt Tenneberg. Aus Anlass einer Visitation,
die im Frühjahr 1526 stattfand, waren im Auftrag des Kurfürsten Johann des Beständigen Johannes
Draco, Pfarrer in Waltershausen,
Friedrich Myconius, Prediger in Gotha und der Amtmann von Tenneberg, Diezmann Goldacker, in diesem Amt unterwegs. Die Visitatoren
luden die Pfarrer je einzeln nach
Waltershausen vor. Dort hatten sie
öffentlich eine Predigt zu halten,
deren Predigttext ihnen die Visitatoren vier Tage zuvor mitgeteilt hatten. Im Anschluss daran wurde jeder
Pfarrer über seine theologischen
Kenntnisse und über seine Lebensführung befragt, wobei seine Ver-
ehelichung oder Nichtverehelichung
eine besondere Rolle spielte. War
doch die Frage der Priesterehe eine
der brennenden Fragen, die durch
die Wittenberger Reformation besonders dringlich gestellt wurde. In
einem von Myconius erstellten Ab-

Blick in die historische Pfarrbibliothek

schlussbericht wurden die Ergebnisse der Erkundungen nochmals
gründlich zur Sprache gebracht.
Im Mittelpunkt dieser Visitation
standen also Personalfragen, nicht
finanzielle Probleme oder Verwal-
tungsentscheidungen wie bei späteren Visitationen. So gewähren die
Aufzeichnungen relativ deutliche
Einblicke in Kenntnisse und Lebensführung in der ersten Generation
einer Pfarrerschaft, die sich den
Maßgaben der Wittenberger Reformation unterstellte.
Die von den Visitatoren notierten
Eindrücke über den ersten Pfarrer
von Hörselgau dieser neuen Genera-

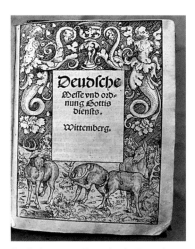

Häufig benutztes Exemplar der Deutschen Messe (1526)

sche Messe, das heißt für einen deutschsprachigen Gottesdienst im Sinne der Wittenberger Reformation. Dieser Druck hat sich in der Pfarrbibliothek von Hörselgau erhalten – ein für eine dörfliche Pfarrbibliothek außerordentlich seltener Fall. Das Druckexemplar lässt deutliche Gebrauchsspuren erkennen. Das lässt darauf schließen, dass Cyriax Zahn bereits im Frühjahr 1526 den Sonntagsgottesdienst nach Luthers Deutscher Messe gefeiert hat.

Eine solche verborgene Spur für die frühe Wirkung der Reformation in der dörflichen Umgebung von Gotha gibt für die Geschichte der Reformation eine sehr konkrete Auskunft.

tion sind insofern interessant, weil sie zumindest teilweise durch Befunde nachgeprüft werden können, die noch heute vorhanden sind. Im Visitationsprotokoll wird über den Pfarrer Cyriax Zahn in Hörselgau berichtet, er sei „gelehrt" – das heißt, dass man bei ihm einen hinreichenden Einblick in die Grundlagen des Glaubens wahrgenommen hat, die er auch weiter vermitteln konnte; denn von ihm heißt es auch, er „tue Fleiß bei dem Evangelium". Den Aufzeichnungen der Visitatoren ist zu entnehmen, was der Hintergrund dieser positiven Beurteilung war, die in dieser Weise im Vergleich zu seinen Kollegen keineswegs selbstverständlich war. Denn von ihm heißt es, er besitze „viel der neuen Bücher". Zu den „neuen Büchern" gehörte im Jahre 1526 auch Luthers gedruckter Entwurf für eine Deut-

ILFELD

Gemeinde Harztor
Landkreis Nordhausen

KLOSTERSCHULE

❌ Neanderplatz 4
🏥 Neanderklinik Harzwald GmbH
🕐 Besichtigung auf Anfrage
ℹ️ Kliniksekretariat, Tel. 036331 35102

Am Ort der Klinik standen bis zur Mitte des 19. Jahrhunderts Gebäude, die ursprünglich zu einem 1198 gegründeten Prämonstratenserstift gehört hatten, in dem mit Auflösung des Klosters 1546 eine Stiftsschule gegründet worden war. In der Nähe der Klinik befindet sich ein Denkmal, das einen wichtigen Leiter dieser Schule darstellt, an den auch der

Name der Klinik erinnert: Michael Neander.

Neander stammte aus Sorau in Niederschlesien. Als 1525 geborener Sohn eines Kaufmanns wurde er von seinen Eltern 1544 zum Studium nach Wittenberg geschickt. Dort trat er in näheren Kontakt zu Martin Luther und Philipp Melanchthon. 1547 wurde er zunächst Lehrer an der Stadtschule von Nordhausen, ging im Juni 1550 auf Veranlassung von Melanchthon als Rektor an die bereits bestehende Stiftsschule Ilfeld. Sie war vom letzten Abt der Klosters Thomas Stange gegründet worden. Die ersten Jahre des neuen Rektors gestalteten sich ausgesprochen schwierig, weil es starke Kräfte gab, die es auf den Grundbesitz des Klosters abgesehen hatten, der wei-

Neander-Denkmal vor der Neander-Klinik

terhin von Thomas Stange mustergültig und uneigennützig verwaltet worden war, nun aber dem Rektor zur Verwaltung anvertraut wurde. Neander wandte sich an die Grafen von Stolberg mit der Bitte, seine Gesundheit und sein Leben zu schützen. 1562 wurde er offiziell als Rektor der Ilfelder Stiftsschule bestellt. So führte er die Schule zu hoher Blüte mit Ausstrahlungskraft auf ganz Thüringen und darüber hinaus und wurde einer der angesehensten Pädagogen seines Jahrhunderts.

Michael Neander hatte bei Melanchthon im Sinne humanistischer Ideale eine solide Grundlage für eine Bildung in den klassischen antiken Sprachen erhalten. Für seine Schüler verfasste er Lehrbücher, die auch im 17. Jahrhundert noch Interesse fanden und neben den alten Sprachen Geschichte, Geographie, Grammatik, Ethik, hebräische Sprachlehre, Pädagogik und Rhetorik betrafen. Eng verbunden mit dieser seiner Arbeit war die Unterweisung der Schüler im christlichen Glauben und in den Grundlagen der Theologie. Er schrieb auch eine Trostschrift für Eltern, die ein Kind frühzeitig durch den Tod verlieren.

Neander starb am 26. April 1595 und wurde in Ilfeld bestattet. Sein Grabdenkmal – wie auch das des Abtes Thomas Stange – befindet sich in der als Feierraum genutzten Krypta. Der Ilfelder Rektor gehört zu der Gruppe der Pädagogen, die von humanistischer Gelehrsamkeit geprägt aus der Wittenberger Reformation hervorgegangen sind und eine ganze Generation von Pädagogen und Pfarrern beeinflusst haben.

JENA
Stadt Jena

BIBLIOTHECA ELECTORALIS
Thüringer Universitäts- und Landesbibliothek

- ❌ Bibliotheksplatz 2
- 🍃 Thüringer Universitäts- und Landesbibliothek
- ❶ Auskünfte und Führungen auf Anfrage
- ❶ Tel. 03641 940085; www.urmel-dl.de/Projekte/BibliothecaElectoralis

Nach der Einrichtung der Universität in Wittenberg 1502 kümmerte sich seit 1514 Georg Spalatin als Hofhistoriograph und Bibliothekar um den Aufbau einer Universitätsbibliothek und legte 1536 einen Bibliothekskatalog vor. Nach der Niederlage bei Mühlberg 1547 musste Kurfürst Johann Friedrich überstürzt Wittenberg verlassen, rettete aber die kostbare Bibliothek über Weimar nach Jena, wo sie 1549 im → Collegium Jenense untergebracht wurde. Diese sogenannte „Bibliotheca Electoralis" (= Bibliothek des Kurfürsten) wurde um 1570 katalogisiert und ihre Herkunft in den meisten Exemplaren mit einem eigens dazu angefertigten „Exlibris" dokumentiert. Dieses ist als Brustbild Kurfürst Johann Friedrichs mit einem Widmungsgedicht gestaltet und jeweils auf der Innenseite des Vorderdeckels eingeklebt.

Zwischen 1502 und 1547 sind drei Sammelschwerpunkte der Wittenberger Bibliothek auszumachen: Bis 1514 bestand dieser vor allem in theologischer und juristischer Lehr- und Gebrauchsliteratur. Seit 1514 versuchte Spalatin, „erstklassige" Bücher aus Italien, Frankreich und Basel anzukaufen, um dem Humanismus in Wittenberg den Weg zu bereiten.

Schauwand: Bände der „Electoralis"

Dazu gehörten Schriften der Kirchenväter und antiker Autoren in Latein und Griechisch, zugehörige Kommentare, alle Werke des Erasmus, Bibelausgaben, Wörterbücher, naturwissenschaftliche, medizinische, historische und astrologische Werke. Nachdem Spalatin zu Beginn der 1530er Jahre beim Kurfürsten den Mangel an Lutherdrucken moniert hatte, widmeten sich der Kurfürst und die Universität verstärkt dem Erbe des lutherischen Schaffens.

Seit etwa 1600 kaum mehr benutzt, wurde die Bibliothek als Erbe des Luthertums angesehen und unter Goethe als zuständigem Minister um 1825 in den allgemeinen Bibliotheksbestand eingegliedert. Die jüngst bewerkstelligte Internetpräsentation der knapp 1500 Druckbände und Handschriften schafft einen virtuellen Erinnerungsort.

Großes Ernestinisches Staatswappen (1557)

JENA

Stadt Jena

COLLEGIUM JENENSE

- ⊗ Stadtzentrum, Kollegiengasse 10
- ⬡ Friedrich-Schiller-Universität Jena, Universitätsklinikum
- ⏱ wochentags frei zugänglich
- ℹ www.kollegienhof.uni-jena.de

Das heutige Collegium Jenense wurde ursprünglich als Dominikanerkloster St. Pauli 1286 an der südwestlichen Seite der Stadt gegründet. In den Unruhen des Bauernkriegs wurde es am 25. Mai 1525 von Bewohnern der Vorstädte und Bauern der Umgebung geplündert. Als Verantwortlichen für die Übergriffe beschuldigte der Rat den Jenaer Bürger Christoph Enderlein. Bereits am 30. April hatten sich bei Lobeda in Zusammenhang mit den im Saalegebiet aufflammenden Unruhen ca. 3000 Aufständische versammelt, Anfang Mai war bereits das Karmeliterkloster gestürmt worden.

Die Dominikanermönche (bis auf drei) verließen ihr Kloster. In einer Klageschrift an den sächsischen Kurfürsten von Ende August 1525 beschwerte sich der Orden darüber, dass die Aufständischen dem Kloster unüberwindlichen Schaden zugefügt hätten und der Jenaer Rat zudem ihre Güter konfisziert habe und ihre Weinberge ablesen lasse. 1526 wurde der klösterliche Besitz auf kurfürstlichen Befehl erfasst und einige sehr wertvolle Kleinodien in kurfürstliche Verwahrung genommen. Große Teile der klösterlichen Einkünfte und Erlöse aus verkauften Kleinodien ordneten die Beamten im Zuge der Visitationen 1529 dem Gemeinen Kasten zu. Von diesen Einnahmen wurden unter anderem evangelische Geistliche sowie Bedürftige und Schulkinder unterstützt. Das Kloster blieb unter landesherrlicher Aufsicht, die Stadt nutzte Teile der Gebäude in den nachfolgenden Jahren als Schüttboden für Getreide. Als nach dem verlorenen Schmalkaldischen Krieg 1547 die Kurwürde und damit auch Wittenberg mit der Universität an die albertinische Linie des Hauses Wettin überging, mussten die Ernestiner Ersatz schaffen. Bereits am 19. März 1548 wurde die Hohe Schule in den leerstehenden Gebäuden des Dominikanerklosters feierlich eröffnet. Das von Herman W. von Freibergk 1557 geschaffene ernestinische Wappen am Treppenturm und die darunter befindliche Inschrift aus der Feder des Poeten und Professors Johann Stigel künden vom Selbstbewusstsein und den Hoffnungen der Gründergeneration.

Bis zur Mitte des 19. Jahrhunderts blieb das Collegium Jenense der zentrale Standort der Jenaer Universität. Das Kloster wurde durch Bombentreffer 1945 schwer beschädigt, die Reste der Kollegienkirche wurden abgerissen. Der in der Nachkriegszeit überbaute bzw. wiederhergestellte Gebäudekomplex wird noch heute von der Universität genutzt. Er zählt zu den ältesten, erhalten gebliebenen Universitätsbauten.

JENA
Stadt Jena

MARKTPLATZ

❌ Stadtzentrum
❓ frei zugänglich
ℹ Tourist-Info, Tel. 03461 498050, www.jena.de

Markt und Rathaus bildeten in der Reformationszeit, neben der unweit gelegenen Stadtkirche, das Zentrum der Stadt. Hier wurden mehrmals wöchentlich Markttage gehalten. Im Rathaus tagte der Rat, hier wurde Recht gesprochen. Seit 1858, dem Jahr des 300. Universitätsjubiläums, ziert das monumentale Denkmal des Stifters der Hohen Schule, Johann Friedrich I. von Sachsen, den Marktplatz. Es wurde von Friedrich Drake geschaffen und in Lauchhammer gegossen. Die Initiative ging von einem durch den Verein für Thüringische Geschichte und Altertumskunde initiierten Komitee unter Leitung des Universitätskurators

*Denkmal für Johann Friedrich I. den
Großmütigen*

Ichtershausen, Reinhardsbrunn und Georgenthal in das Saaletal. Am 22. Juni 1525 wurde in Jena Gericht gehalten und wohl mehr als zwanzig Aufständige wurden auf dem Marktplatz enthauptet. Der flüchtige Christoph Enderlein, der den Sturm auf das Dominikanerkloster der Stadt angeführt haben soll, wurde erst Jahre später gefasst und auf kurfürstlichen Befehl am 22. Januar 1533 ebenfalls in Jena enthauptet.

Seit der Visitation von 1527 verfolgten die Obrigkeiten im Saaletal auch sogenannte Schwärmer und Sektierer, die als Anhänger Karlstadts (→ Orlamünde) galten und hinter denen man sogenannte Wiedertäufer auszumachen suchte. Im Mai 1535 wurde dem Schösser der Leuchtenburg über eine in Kleineutersdorf bei Kahla ansässige Täufergruppe berichtet. Im November wurden bei einer Zusammenkunft zahlreiche Täufer, von denen einige sogar aus dem Vorharz stammten, verhaftet und vier von ihnen nach Jena verbracht. Hier wurden sie im Beisein von Philipp Melanchthon, Caspar Cruciger, dem Jenaer Pfarrer Anton Musa und Vertretern des Jenaer Rats verhört. Drei der Täufer wurden 1536 in der Saalestadt auf der Landfeste, unweit der heutigen neuen Camsdorfer Brücke, hingerichtet. Die Skelette der Enthaupteten wurden beim Bau der Brücke im Jahre 1912 aufgefunden.

Moritz von Seebeck aus. 1525 war der Marktplatz Ort eines grausamen Geschehens. Nach der Niederschlagung der Aufstände in Thüringen brach Kurfürst Johann im Beisein seines Sohnes Johann Friedrich und anderer Vertreter der Obrigkeit Ende Mai von Mühlhausen aus auf, um die Huldigung seiner Untertanen einzuholen, vor allem aber um sich ihres Gehorsams zu versichern. Der Strafzug führte sie über Meiningen, Coburg,

JENA
Stadt Jena

STADTKIRCHE ST. MICHAEL

- ⊗ Stadtzentrum, Kirchplatz 1
- ◈ Evang.-luth. Kirchgemeinde
- ⏰ Montag bis Samstag 12–16
  Tel. 03641 57380;
- ⓘ www.stadtkirche-jena.de

Die Stadtkirche St. Michael ist nicht nur der größte Sakralbau in der Universitätsstadt, sie ist ein bedeutender Erinnerungsort der lutherischen Reformation. Die ursprünglich für das Grab Luthers in der Schlosskirche zu Wittenberg vorgesehene Deckplatte ist das bedeutendste reformatorische Erinnerungsstück der Stadtkirche. In → Erfurt gefertigt, war sie in den Wirren des Schmalkaldischen Krieges und nach dem Übergang Wittenbergs an die Albertiner nicht an ihren eigentlichen Bestimmungsort gelangt und 1572 der Universität Jena übergeben worden.

Die Reformation hatte in Jena früh Einzug gehalten. Schon zur Weihnachtszeit 1521 wurde am kurfürstlichen Hof berichtet, dass ein Jenaer Prediger das Abendmahl in beiderlei Gestalt gereicht habe. Für diese Zeit ist auch ein enger Kontakt Thomas Müntzers zum Jenaer Rat nachweisbar. Luther weilte mehrfach in Jena. Sein Aufenthalt im August 1524, als er hier mit Karlstadt zusammentraf, wurde weit über Jena

hinaus bekannt, da es dabei auch um die Konfrontation zweier unterschiedlicher reformatorischer Strömungen ging: der von Luther dominierten und von der Landesherrschaft getragenen Wittenberger Reformation und der von Karlstadt vertretenen Gemeindereformation. Luther predigte am 22. August 1524 auf der Kanzel der Michaeliskirche, die in ihrer ursprünglichen Form noch heute erhalten ist, gegen die sogenannten Schwärmer und Rottengeister. Nach der Ausweisung Karlstadts und seiner Anhänger, zu denen auch der Jenaer Prediger Martin Reinhart gehörte, übernahm der Lutheraner Anton Musa die Seelsorge. Luther predigte nachweislich am 12. Oktober 1529 ein weiteres Mal in der Stadtkirche.

Als 1548 die Hohe Schule als Hort des „wahren" Luthertums in Jena gegründet wurde, bildete die Michaeliskirche den geistlichen Mittel-

Stadtkirche St. Michael

Grabplatte für Martin Luther

ersten Rektor und Melanchthon-schüler Johann Stigel sowie für den ersten Dekan der medizinischen Fakultät Janus Cornarius. Auch das Gedächtnis an den ersten Jenaer Superintendenten Anton Musa zierte die Kirche. In der Krypta der Kirche befinden sich die Särge der Angehörigen des Hauses Sachsen-Jena, das von 1772 bis 1790 als selbständiges ernestinisches Herzogtum existierte.

JENA
Stadt Jena

DRUCKEREI RÖDINGER
Jenaer Lutherausgabe

- ❌ Engelplatz
- ◈ Stadt Jena
- ❸ außen frei zugänglich
- ❶ www.jena.de

punkt der akademischen Gemeinde. Anfang Februar 1558 wurde hier die feierliche Verkündung des königlichen Universitätsprivilegs im Beisein der drei ernestinischen Herzöge begangen. In den darauffolgenden Jahrzehnten wurde das Innere der Kirche zu einem Gedächtnisort der Reformation ausgestaltet. Neben der Grabplatte des Reformationskanzlers Gregor Brück, der 1557 hier beigesetzt wurde, stellte man drei, 1564 vom Weimarer Hofmaler Peter Gottland, gen. Roddelstedt, gefertigte Epitaphe im Kirchenraum auf: für den lutherischen Theologen Erhard Schnepf, für den

Heute erinnert nur noch eine Ruine am Engelplatz an das ehemalige Karmeliterkloster, in dem auf Betreiben des geborenen Kurfürsten Johann Friedrich von Sachsen 1554 eine Druckerei eingerichtet wurde. Als erster Drucker konnte Christian Rödinger d. Ä. (1553–1557) aus Magdeburg gewonnen werden, der mit einem umfangreichen Privileg ausgestattet wurde. Hier druckte er ab 1555 mit vier Setzern und acht Druckern an vier Pressen die Jenaer Lutherausgabe.
Die Korrekturen besorgte der aus Niederbayern stammende Theologe

Titelblatt des ersten Bandes der Jenaer Lutherausgabe

Georg Rörer (1492–1557), der bereits in Wittenberg in verschiedenen Druckereien als Korrektor tätig gewesen war. 1522 war er unter dem Einfluss reformatorischer Theologie nach Wittenberg gekommen, wo er bald gründliche Mit- und Nachschriften von Luthers Predigten und Vorlesungen anfertigte. So entstand eine der bedeutendsten Sammlungen von Luthers mündlichen Vorträgen, die bis heute in der Universitätsbibliothek Jena verwahrt wird. Ab 1537 wurde Rörer von Kurfürst Johann Friedrich von Sachsen mit dem Sammeln und Edieren der Werke Luthers beauftragt. Gemeinsam mit Casper Cruciger gab er 1539 den ersten Band der Wittenberger Lutherausgabe heraus. Weitere sechs Bände betreute er bis zu seiner plötzlichen Abreise nach Dänemark im Jahre 1551, wo er sich und seine Sammlung vor Zerstörung in Sicherheit glaubte. 1553 beorderte Johann Friedrich den Lutherschüler Rörer zurück nach Deutschland, um in Jena eine eigene Lutherausgabe herzustellen. Als Redaktoren kontrollierten ihn Nikolaus von Amsdorf sowie die beiden Weimarer Hofprediger Johann Stoltz und Johannes Aurifaber.

Die Jenaer Lutherausgabe umfasst acht deutsche und vier lateinische Bände, die zwischen 1555 und 1558 in bewusster Konkurrenz zur Wittenberger Lutherausgabe erschienen. Im Rahmen der Konfessionspolitik der ernestinischen Herzöge, die sich nach dem Verlust der Kurwürde an die Albertiner (1547) als Reformationsfürsten behaupten wollten, sollte so das Erbe Luthers gepflegt werden. Entsprechend beteiligten sich die Herzöge maßgeblich an der Finanzierung der Ausgabe und überwachten streng den Fortschritt der Arbeiten. Ziel war es, eine möglichst authentische Werkausgabe herzustellen, die keine Abweichungen von den originalen Drucken aufwies. Anders als die Wittenberger Lutherausgabe, die den Stoff thematisch anordnete, folgte die Jenaer Lutherausgabe einer chronologischen Ordnung. Trotz aller Polemik gegen das Konkurrenzprodukt legte die Jenaer Lutherausgabe die seit 1539 in Wittenberg erschienenen Bände dem Druck zu

Grunde. Anders wäre das schnelle Erscheinen der zwölf Bände nicht möglich gewesen. Bis 1611 kam es zu Neuauflagen einzelner Bände der Jenaer Lutherausgabe. Die lateinischen Bände wurden wegen ihrer sorgfältigen Erarbeitung bis ins 19. Jahrhundert genutzt.

JENA
Stadt Jena

GASTHAUS SCHWARZER BÄR

- ✖ Lutherplatz 2
- 🖐 privat
- 🕐 zu den Öffnungszeiten
- ℹ Tourist-Info, Tel. 03461 498050

Als Luther 1522 inkognito von der → Wartburg nach Wittenberg reiste, verweilte er der Überlieferung nach am 4. März im Gasthof „Schwarzer Bär". Auch der Schweizer Student Johannes Keßler und sein Freund Wolfgang Spengler übernachteten hier am selben Tage, es war der Fastnachtsabend. Als sie die Gaststube betraten, so berichtet Keßler später, hätte sie ein Mann an seinen Tisch gebeten, der wie ein Ritter oder Reiter aussah, da er Barett, Hosen, Wams und Schwert trug. Im Gespräch kam man auf ihr Reiseziel Wittenberg und auf Luther zu sprechen. Als der Wirt des Schwarzen Bären den beiden eröffnete, dass der Reformator selbst vor ihnen sitze, wollten sie es nicht glauben. Weitere Gäste kamen hinzu, und will man den Berichten glauben, entspann sich ein heftiges Gespräch über reformatorische Fragen. Als die beiden Studenten später in Wittenberg angekommen waren und beim Juristen Hieronymus Schurff vorsprachen, sahen sie in einer Gelehrtenrunde den vermeintlichen Ritter wieder. Da sei ihnen klar geworden, so ihr späterer Bericht, dass

Luther mit Studenten im Gasthaus „Zum schwarzen Bären", Gemälde von Paul Thumann, 1873

sie es in Jena tatsächlich mit Luther zu tun gehabt hatten.

Am 22. August 1524, während eines Streitgesprächs zwischen Luther und Andreas Bodenstein, genannt Karlstadt, rückte der Gasthof erneut in den Mittelpunkt reformatorischen Geschehens. Luther hatte seinen früheren Wittenberger Kollegen an diesem Tag in einer Predigt in der Jenaer Stadtkirche hart angegriffen. Empört bat Karlstadt seinen Kontrahenten Luther um eine Unterredung, die im Beisein des Jenaer Predigers Martin Reinhart und dessen Freund Gerhard Westerburg – beide Anhänger Karlstadts – sowie vor zahlreichen Beobachtern nach dem Mittagessen im Gasthof „Schwarzer Bär" stattfand.

Gut dreißig Jahre später, am 24. September 1552, wurde der „gewesene Kurfürst" Johann Friedrich I. von Stadt und Universität vor dem Gasthof feierlich empfangen, nachdem er aus kaiserlicher Gefangenschaft entlassen und im Jagdrevier bei → Wöllnitz eine Hirschjagd veranstaltet worden war. Als der Tross nahe an das Gasthaus „Zum schwarzen Bären" kam, und die Studenten sich um den fürstlichen Wagen versammelten, soll der Kurfürst auf Lucas Cranachs Drängen, er möge doch Befehl zum Platz schaffen geben, geantwortet haben „Siehe, das ist Bruder Studium" – von nun an eine Bezeichnung für den Studenten schlechthin.

KAHLA
Saale-Holzland-Kreis

STADTKIRCHE
ST. MARGARETHEN

❌ Ortsmitte
🍃 Evang.-luth. Kirchgemeinde
🕐 Pfingsten bis Erntedankfest
Mo–Fr 10–13 Uhr
ℹ️ Pfarramt, Tel. 036424 739039

Mit ihrem 66 Meter hohen Turm prägt die Stadtkirche das Stadtbild von Kahla, dessen Altstadt sich auf einem Sandsteinplateau über die Saale erhebt. Die Kirche ist der hl. Margarethe geweiht, die als Schutzheilige der Stadt auf dem Stadtsiegel von 1421 dargestellt ist. Nach einem Brand (1410) wurde die Kirche neu aufgebaut und 1495 vollendet. Das Geläut der vier Bronzeglocken (1415–1516) dürfte Luther bei seinem Besuch in Kahla gehört haben.

Am 23. August 1524 predigte Martin Luther in der Margarethenkirche im Rahmen einer Visitationsreise, die er im Auftrag des sächsischen Kurfürsten unternahm, um Anhänger des radikalen Reformators Andreas Bodenstein, genannt Karlstadt (1486–1541), im mittleren Saaletal zu disziplinieren, die die Entfernung der sakralen Bilder aus den Kirchen forderten. Sie beriefen sich dabei auf das biblische Bilderverbot (2. Mose 20, 4–6). In Kahla hatte man die Kanzel, auf der Luther predigen sollte,

1524 predigte Luther hier

Der Kahlaer Pfarrvikar Johann Wolfram stand offenbar in dem Ruf, ein Anhänger Karlstadts zu sein. Im Unterschied zu Karlstadt und seinen Freunden wurde Wolfram jedoch nicht entlassen und des Landes verwiesen. Gegenüber Luther bekannte er seinen Irrtum. Daraufhin setzte sich Luther mit Erfolg bei den Landesherren für ihn ein. Die Kanzel, auf der Luther predigte, ist heute nicht mehr vorhanden. Allerdings sind mittelalterliche Bildwerke und Figuren von Heiligen erhalten, die sich im Thüringer Museum Eisenach befinden. Sie belegen, dass es in Kahla keinen tumultuarischen „Bildersturm" gab, bei dem die Heiligenfiguren zerstört wurden. Vielmehr ist anzunehmen, dass die Bilder in Nebenräumen der Kirche abgestellt wurden, wo sie die Zeiten überdauerten.

so präpariert, dass Luther dort die Teile eines zerbrochenen Kruzifixes vorfand. Luther war davon tief betroffen, ließ sich aber nichts anmerken und schob die Teile beiseite. In seiner Predigt über die Bilderfrage ging er mit keinem Wort auf die Provokation ein, sondern predigte „mit friedfertigen Worten" über das Kreuz, das der Mensch zu tragen hat und über den Gehorsam, den man der Obrigkeit schuldig sei – so berichtet es Luther selbst in einer Tischrede (1531).

KAHLA
Saale-Holzland-Kreis

DENKMAL FÜR JOHANN WALTER

- Johann-Walter-Platz, Nähe Jenaisches Tor
- Stadt Kahla
- frei zugänglich
- www.kahla.de

Die Anfänge einer protestantischen Kirchenmusik, deren Charakteristikum das Singen von deutschsprachigen Chorälen und Liedern zur

Gedenkstein für Johann Walter

Mitgestaltung des evangelischen Gottesdienstes durch die Gemeinde ist, sind eng mit dem Namen Johann Walter verbunden. Besonders verdienstvoll war Walters Wirken für die „Musikalische Reformation" im Sinne Luthers. Er lieferte dem Reformator, der dem gesungenen Gotteslob eine wichtige Funktion zusprach, die Lieder in seinem 1524 in Wittenberg veröffentlichten „Geystliche[n] Gesangk Buchleyn". Außerdem stand er Luther als musikalischer Berater zur Seite und erarbeitete mit ihm gemeinsam die „Deutsche Messe" (1526).

Über das Leben des 1496 in Kahla geborenen Johann Walter ist wenig bekannt, aber immerhin so viel, dass er aus ärmlichen Verhältnissen stammte und in der Stadtkirche zu Kahla getauft wurde. Er muss sehr begabt gewesen sein und erhielt durch Adoption einer Familie Walter die Möglichkeit, erst die Kahlaer und danach die Rochlitzer Lateinschule besuchen zu können. Es folgte ein Studium an der Leipziger Universität, dann wirkte er in der fürstlichen Kapelle Friedrichs des Weisen (1463–1525) in Wittenberg, war ab 1527 mehr als zwanzig Jahre als Kantor in Torgau angestellt und prägte das Bild des sogenannten „Urkantorats". Schließlich wurde Walter 1548 von Herzog Moritz mit der Gründung einer neuen Hofkapelle in Dresden beauftragt. Verheiratet war er seit 1526 mit Anna Hesse (1500–1571), mit der er einen Sohn, Johann Walter d.J., hatte. Im Frühjahr 1570 starb Johann Walter in Torgau.

Ob Walter seinen Geburtsort jemals wieder gesehen hat, ist ungewiss. Allerdings pflegte er den Kontakt zu den dort lebenden Verwandten. Sein Geburtshaus, die Blanckenmühle, lag vor den Toren der Stadt, in der Nähe des Jenaischen Tores; diese Mühle sowie die später dort errichtete Geisenmühle existieren jedoch nicht mehr. Heute erinnert in Kahla am Johann-Walter-Platz ein 1996 gesetzter Gedenkstein an den großen Sohn der Stadt. Darüber hinaus trägt der evangelische Kirchenchor der Stadt den Namen Johann-Walter-Kantorei. Im kirchenmusikalischen Leben ist Johann Walter vor allem durch seine Melodien und auch Texte wie „Wach auf, wach auf, du deutsches Land", „Herzlich tut mich erfreuen", „Allein auf Gottes Wort will ich", „Es spricht der Unweisen Mund wohl", „Der Herr ist mein getreuer Hirt", „All Morgen ist ganz frisch und neu", „Mitten wir im Leben sind" im aktuellen Gesangbuch präsent.

KAPELLENDORF
Landkreis Weimarer Land

PFARRKIRCHE
ST. BARTHOLOMÄUS

- ✖ Dorfmitte
- ◉ Evang.-luth. Kirchgemeinde
- ◕ von Frühjahr bis Herbst geöffnet
- ❶ Tel. 036425 22352;
  www.kirchspiel-kapellendorf.de

Die Kirche in Kapellendorf gehört zu den ältesten Gotteshäusern Thüringens. Seit über 1200 Jahren wird dort Gottesdienst gefeiert; seit fast 500 Jahren nach evangelischem Ritus. Ab 1235 bestand an der Pfarrkirche ein Zisterzienserinnenkloster, das im Gefolge der Reformation 1525 aufgehoben wurde. Die Kirche wurde danach verkleinert, der Nonnenchor im Westen 1528/29 abgebrochen und das südliche Seitenschiff spätestens 1577 entfernt.

Zum 30. Januar 1524 sind erste Bestrebungen dokumentiert, an der Kapellendorfer Kirche einen Anhänger der Reformation als Pfarrer einzusetzen, was die Zisterzienserinnen mit ihrem Propst verhinderten. Im darauffolgenden Jahr mussten die Klosterschwestern aus Furcht vor den aufständischen Bauern Kapellendorf verlassen. Besitz und Ausstattung wurden von den Amtleuten Herzog Johanns von Sachsen eingezogen. Versuche der Nonnen, nach überstandener Ge-

fahr ihr Konventsleben in Kapellendorf fortzusetzen, scheiterten am Widerstand des Landesherrn, der das Klostergut einbehielt. Den 1525 eingezogenen Besitz des Kapellendorfer Klosters dokumentiert ein erhalten gebliebenes Inventar. Detailreich wird darin die verlorene reiche Ausschmückung der spätmittelalterlichen Pfarr- und Klosterkirche dokumentiert. Zusammen mit einem Reliquienverzeichnis von 1427 bezeugt es eine lebendige Heiligen- und Reliquienverehrung als zentrale Bestandteile vorreformatorischer Frömmigkeit.

Erhalten geblieben ist auch ein gedrucktes theologisches Werk der Reformationszeit, das aus dem Besitz eines der ersten evangelischen Pfarrer Kapellendorfs stammt. Im Spiegel des Vorderdeckels wird der Eigentümervermerk des Simon

Wirkungsstätte von Simon Hartung

Verzeichnis der Pfarrbibliothek von Simon Hartung, 1566

das Bakkalariats-Examen ablegte. 1533 wurde er als Pfarrer in Edersleben entlassen, weil er das Abendmahl in beiderlei Gestalt reichte. In Kapellendorf fand er zwar eine neue Anstellung, musste aber über viele Jahre hinweg durch Bittbriefe an den Landesherrn versuchen, sein viel zu geringes Einkommen aufzustocken, was nie recht gelang. Sein Schicksal ist Beispiel für die in der Reformationszeit allerorten vergrößerte materielle Not der Geistlichen. Nur dank seines Erbes konnte Hartung seine Familie ausreichend versorgen und die ihm so wichtigen Werke führender evangelischer Theologen erwerben.

Hartung († 1563) durch ein handschriftliches Verzeichnis eines Unbekannten ergänzt, der unter dem Datum 10. Mai 1566 vermerkte, welche Bücher er aus dem Nachlass des verstorbenen Pfarrers erworben hat. Dieses seltene Zeugnis einer Pfarrerbibliothek der Reformationszeit lässt Simon Hartung als einen hoch gebildeten, die gelehrten Diskussionen seiner Zeit interessiert verfolgenden Theologen hervortreten. Er selbst hatte sich als katholischer Geistlicher der Reformation zugewandt und dadurch erhebliche Nachteile in Kauf genommen. Der aus einer reichen Bauernfamilie in Oberdorla stammende Hartung war schon 1513 an der Erfurter Universität immatrikuliert worden, wo er 1517

KLOSTER VESSRA
Landkreis Hildburghausen

PRÄMONSTRATENSER-CHORHERRENSTIFT

⊗ Hennebergisches Museum, Anger 35

⬤ Stiftung Thüringer Schlösser und Gärten

◐ April–Oktober: täglich 9–18 Uhr, November–März: Di–So 10–17Uhr

ⓘ Tel. 036873 69030; www.museumklostervessra.de

Mit der 1182 erfolgten Weihe der an die Klosterkirche angebauten Begräbniskapelle der Grafen von Henneberg wurde das 1131 begründete Prämonstratenser-Chorherrenstift

Klosteranlage mit Hennebergischer Grabkapelle

auch sichtbar zum Hauskloster der Henneberger. Bis ins 15. Jahrhundert diente es insbesondere dem Adel des umliegenden Landes als Versorgungsanstalt. Im Laufe der Zeit wuchs dem Kloster umfangreicher und weit gestreuter Grundbesitz zu, den es zu verwalten galt. Daneben wurden zeitweise ca. 15 Pfarreien von Ordenspersonen aus Veßra betreut. Seit 1333 erscheint das Kloster in den Urkunden als Abtei.

Im Bauernkrieg ließ der Abt Kleinodien und Urkunden nach Schleusingen in Sicherheit bringen. Das Kloster musste zwar der Proviantierung des „Bildhäuser Haufens" dienen, erlitt sonst jedoch kaum Schaden. Graf Wilhelm von Henneberg-Schleusingen trug sich nach dem Bauernkrieg mit dem Gedanken an die Aufhebung der in seiner Herrschaft gelegenen Klöster. 1526 sandte er die Stellungnahme seiner Nonnen und Mönche, die ihn um den Verbleib in ihren Klöstern gebeten hatten, an den sächsischen Herzog mit der Bitte, „bei Dr. Martin Luthern [zu] handeln, daß er die widerlegen wolle, [...], damit wir ihnen wieder begegnen können". Kloster Veßra blieb zwar bestehen, allerdings verließ Wilhelms Tochter Margarete, die 1525 noch minderjährig war, das Kloster in Trostadt und heiratete im Jahr 1534. Im Zuge der 1544 begonnenen hennebergischen Reformation erhielt auch Abt Johann zu Veßra im Februar 1545 die Aufforderung des Grafen Georg Ernst, eine Visitation in seinen Klöstern und angeschlossenen Pfarreien durchführen zu lassen. Dem kam die Abtei ohne Widerspruch nach, sodass der Abt schon 1545 „wegen Lutheranismus" nicht mehr zur Bischofsweihe nach Würzburg eingeladen wurde. 1547 ordinierte der Reformator Johann

Forster „einen Bruder aus dem Kloster zum Priesteramt". Mit der gottesdienstlichen Betreuung der Klosterinsassen wurden zunächst der evangelische Pfarrer von Themar und sein Kaplan betraut. 1564 wurde Johann Volker als evangelischen Pfarrer in Veßra angestellt. Unter den Hinterlassenschaften des letzten Abtes († 1573) fanden sich verschiedene Werke Luthers, Melanchthons und Christoph Fischers, darunter die von Luther ins Deutsche übersetzte Bibel und die Augsburgische Konfession. Er erhielt ein Begräbnis nach evangelischem Ritus. In der Grabkapelle des Klosters ist Graf Wilhelm 1559 als letzter des hennebergischen Geschlechtes bestattet worden. 1566 wurden die Grabmonumente in die Ägidienkapelle nach Schleusingen überführt.

MECHTERSTÄDT
Landgemeinde Hörsel
Landkreis Gotha

KIRCHE ST. MARIEN

✖ Ortsmitte
◉ Evang.-luth. Kirchgemeinde
❶ auf Anfrage
❶ Pfarramt, Tel. 03622 907370

Die Dorfkirche in Mechterstädt, erbaut 1716/17 anstelle einer kleineren mittelalterlichen Kirche, dokumentiert die jahrhundertelange Wirkungsgeschichte der Reformation. Sie birgt sowohl spätmittelalterliche Zeugnisse, die seit der Reformation bewusst bewahrt worden sind, als auch dem Gottesdienst dienende Veränderungen, die durch die Wittenberger Reformation gefordert wurden. Zu den vorreformatorischen Zeugnissen gehören eine Marienstatue in einer Nische an der südlichen Außenwand und ein lebensgroßer Kruzifixus.

Beide Stücke weisen auf die Kontinuität zwischen der Kirche des Mittelalters und der Reformation hin. Als Anklang an mittelalterliche Kirchenausstattungen sind vielleicht auch die Darstellungen an der Holztonne zu verstehen: im Süden die Apostel, im Norden die vier Evangelisten. Charakteristisch für

Blick auf Altar, Kanzel und Kruzifixus

Inschrift über der Tür

den Kirchenbau der Reformation ist darüber hinaus die festliche Gestaltung des Kirchengebäudes als Ort für die Auslegung biblischer Texte, die Feier des Heiligen Abendmahls, den Vollzug der Taufe und den Zuspruch der Vergebung der Sünde in der Beichte. Die der Predigt dienende Kanzel ist in Mechterstädt an zentraler Stelle hinter dem Altar aufgestellt. Der Altar ist als freistehender Tisch gestaltet, an den der Pfarrer in der Liturgie durch die geöffnete Tür des Raumes tritt, der sich unter der Kanzel befindet. Hatte doch Martin Luther in seinem Entwurf für einen deutschsprachigen Gottesdienst vom Jahre 1526 davon gesprochen, er wünsche, dass der Pfarrer mit der Gemeinde zugewandtem Angesicht die Abendmahlsliturgie feiere.

Martin Luther wollte auch, dass die Beichte als Akt persönlichen Bekenntnisses und als persönlicher Zuspruch der Vergebung der Sünden erhalten bleibt. Die Einrichtung der Kirche hat an diesem Grundsatz festgehalten. Als Ort für die Einzelbeichte ist in ihr der Ort unter der Kanzel vorgesehen, den der Beichtende durch die Tür hinter dem Altar betritt. Der Inhalt der Inschrift am oberen Türrahmen weist darauf hin: „Wer hieher kömmt mit Reu u. Leid, der geht hinweg mit Trost erfreut".

Der Bevölkerungszuwachs um 1700 machte es notwendig, für mehr Sitzplätze zu sorgen. Im Gottesdienst war die Gesamtheit der Kirche vor Ort erfahrbar, weil die Sitzordnung, die jedem Gemeindeglied seinen Platz anwies, die soziale Struktur des Dorfes widerspiegelte. Dem diente der Einbau von Emporen an der Süd- und Nordseite des Kirchenschiffs sowie der Patronatsloge an einem hervorgehobenen Platz in gleicher Höhe mit dem Kanzelkorb.

Im Dienste der Konzentration des Gottesdienstes auf die Texte der Heiligen Schrift stehen die mit Reimtexten versehenen bildlichen Darstellungen an den Emporenbrüstungen. Sie folgen einem Programm, das die ganze biblische Überlieferung dem betrachtenden Gemeindeglied gegenwärtig hält, beginnend an der oberen Empore der Südseite mit der Schöpfung der Welt, mündend in den Darstellungen der Langhausdecke mit der Darstellung der Geburt und der Auferstehung Christi, seiner Himmelfahrt und der Ausgießung des Heiligen Geistes am

Pfingstfest. Charakteristisch für die Wirkungsgeschichte der Reformation ist außerdem, dass die Musik im Innenraum der Kirche einen eigenen architektonischen Akzent mit Orgelempore, Orgel und aufwändig gestaltetem Gehäuse gegenüber von Altar und Kanzel erhält.

MEININGEN
Landkreis Schmalkalden-Meinigen

STADTKIRCHE

- ⊗ Stadtzentrum, Markt
- ◈ Evang.-luth. Gemeinde
- ◷ Mai-Oktober: Di–Fr 10–17, Sa 10–14
- ⓘ Pfarramt, Tel. 03693 84090

Meiningen wird erstmals 982 erwähnt, als Kaiser Otto II. den Ort mit dessen Mark dem Stift St. Peter in Aschaffenburg übergibt. 1542 wurde die Stadt vom Würzburger Bischof gegen das bis dahin hennebergische Amt Mainberg eingetauscht und blieb bei den Grafen von Henneberg, bis sie nach deren Aussterben 1583 an das Herzogtum Sachsen fiel. Dieser Tausch hat 1544 die Einführung der Reformation in Meiningen ermöglicht, gleichwohl auch die spätere Durchführung der Gegenreformation im Amt Mainberg.

Für den ersten evangelischen Gottesdienst in Meiningen hatte der Rat nach Obermaßfeld geschickt und den dortigen Pfarrer gebeten,

er möge das Evangelium erklären. Der Meininger Schulmeister bot an, mit seinen Schülern im Gottesdienst zu singen, da die entsprechenden Bücher dazu bereits vorhanden seien. Aus den Visitationsumfragen von 1566 geht hervor, dass im Hennebergischen bei Einübung der neuen deutschen Gesänge Schüler unter der Leitung des Lehrers eine wichtige Rolle spielten.

Als Wolfgang Müller (Möller), das erste 1544 in Meiningen nach evangelischem Ritus getaufte Kind, 1571 zum Rektor der Meininger Schule ernannt wurde, gewann diese in der Folge so stark an An-

Stadtkirche

sehen, dass Schüler aus der gesamten Umgebung nach Meiningen geschickt wurden. Müller wurde deshalb 1577 als Rektor zur Errichtung des Gymnasiums nach Schleusingen gerufen.

Als erster evangelischer Pfarrer kam Jakob Thein am Sonntag Laetare 1544 von Benshausen nach Meiningen. Er hatte zusammen mit Johann Volker 1523 die ersten evangelischen Gottesdienste in Waltershausen/Grabfeld gehalten und war danach Pfarrer in verschiedenen thüringischen Gemeinden gewesen. Zusätzlich wurde zu Michaelis (29. September) 1544 Hieronymus Pfnör, der zuvor katholischer Vikar in Mellrichstadt gewesen war, vom Reformator Johann Forster als evangelischer Geistlicher in Meiningen bestätigt. 1545 kam außerdem Mauritius Caroli nach Meiningen, um die bevölkerungsreiche Stadt mitzubetreuen. Er wirkte hier bis zu seinem Tode 1571. Sein Nachfolger wurde der hennebergische Superintendent Christoph Fischer. Als dieser 1574 nach Celle ging, wurde die Kirchenleitung im Henneberger Land nach württembergischen Vorbild in einen Kirchenrat (Konsistorium) umgebildet, der aus vier geistlichen und mehreren weltlichen Mitgliedern bestand.

In der Stadtkirche hat sich wegen der mehrfachen starken Umbauten außer einigen Grabmälern keine Ausstattung aus der Zeit der Reformation erhalten.

MIHLA
Wartburgkreis

GRAUES SCHLOSS

- Thomas-Müntzer-Straße 22
- Hotel
- auf Anfrage
- Museum im Mihlaer Rathaus, Tel. 036924 489830

Das Graue Schloss entstand aus einer Wasserburg der Herren von Mihla, die seit Mitte des 13. Jahrhunderts als Nebenlinie der Truchsesse von Schlotheim in Mihla Herrschaft ausübten. 1436 kaufte die Familie von Harstall das Dorf Mihla mit Kemenate und saß bis 1945 im Ort. Die Brüder Hans und Ernst von Harstall schlossen sich schon sehr früh der lutherischen Lehre an. Zweifelsohne handelten sie aus einem sicheren Gespür für mögliche materielle Zugewinne heraus. Umfangreiche Kirchenrechte und Einkünfte, so das Brauereirecht und die Verfügung über Einnahmen, fielen an die Harstalls, die nun als Patronatsherren auch das entscheidende Wort hinsichtlich der Einstellung des Pfarrers und des Umgangs mit der Kirchenausstattung hatten.

Dem Übergreifen des Bauernkrieges auf das Werratal standen die Herren von Harstall machtlos gegenüber. Adelsfamilien, wie die von Hopffgarten auf Haineck zu Nazza, die von Creuzburg in Bischofroda und

Berka und Ernst von Harstall in Mihla wurden derart in die Enge getrieben, dass sie entweder Versprechen eines Bündnisses mit den Aufständischen abgaben oder auf die Creuzburg flüchteten. Die Niederlage des Bauernheeres bei Frankenhausen am 15. Mai 1525 läutete die Stunde des Landadels ein. Nach den Brandschatzungen der durchziehenden Fürstentruppen wurden unter aktiver Mitwirkung der adligen Familien sogenannte Strafgeldregister aufgestellt. Am 1. Juni wurden den Schultheißen der Dörfer aus dem Werragebiet in Behringen am Stammsitz der Herren von Wangenheim das Urteil verkündet: In drei Fristen, die erste schon nach zehn Tagen (am 11. Juni 1525 zu Trinitatis) mussten die hundert im Strafgeldregister festgelegten Dörfer und Höfe insgesamt 17.634 Gulden an ihre Herren zahlen. Hinzu kamen 540 Stück Rindvieh, die abzugeben waren. Die Untertanen des Ernst von Harstall hatten beispielsweise 300 Gulden zu zahlen. Die Landadligen konnten erheblichen finanziellen Nutzen aus den Strafgeldzahlungen ziehen. Georg und Christoph von Harstall zu Mihla und Creuzburg nutzten zudem ihre Positionen als Amtleute in der herzoglichen Landesverwaltung aus, um mit den nun stattfindenden Visitationen, so 1533, Einfluss auf die Güter und Besitzungen der Kirche zu erlangen. Georg von Harstall trat in den Dienst des Kurfürsten Johann von Sachsen, den er 1529 auf den Reichstag zu Speyer begleitete.

Seit 1536 konnte der Umbau der alten Mihlaer Wasserburg zum Renaissanceschloss erfolgen. Mit den prägenden acht Erkern, die aus Fachwerk auf die festen und starken Steinmauern der alten Burg aufgesetzt wurden und dem außen angebauten Treppenturm wurde ein repräsentatives Schlossgebäude geschaffen, dass jedem Besucher verdeutlichte, welchen Machtanspruch die Familie inzwischen geltend machen konnte. 1581 errichteten die von Harstalls auf den noch vorhandenen baulichen Resten eines mittelalterlichen Wirtschaftshofes des Erzbistums Mainz noch einen weiteren Schlossbau – das Rote Schloss.

Graues Schloss

MIHLA
Wartburgkreis

KIRCHE ST. MARTIN

✖ Ortszentrum
◈ Evang.-luth. Kirchgemeinde
❶ Besichtigung nach Anmeldung
❶ Tel. 036924 30086

Martinskirche

Die zunehmende Volksreligiosität am Vorabend der Reformation hinterließ auch in der Mihlaer Kirche ihre Spuren. So verzeichnet das „Registrum subsidi" von 1506 vier Altäre, die als fromme Stiftungen adliger Familien die Gläubigen anhalten sollten, für deren Seelenheil zu beten. Von diesen Altären hat sich bis heute der Hauptaltar der Kirche, ein von der Ritterfamilie von Harstall in Auftrag gegebener großer dreiflügeliger Schnitzaltar einer Erfurter Werkstatt erhalten. Die Mihlaer müssen diesen um 1490 entstandenen Altar besonders geschätzt haben. Er wurde in der Zeit des reformatorischen Bildersturms nicht zerschlagen, wie andernorts vielfach geschehen, sondern von seinem Unterbau entfernt und hinter dem Altar geteilt zwischen die Chorfenster aufgehängt. So überstand er die Zeitläufte und blieb als Kunstwerk aus der Zeit unmittelbar vor der Reformation erhalten.

Wie sehr die Jahre vor 1517 von religiöser Unruhe geprägt waren, die ihren Niederschlag auch in der immer wieder neuen Suche nach dem wahren Glauben fand, zeigt sich an den Überlieferungen jener Jahre, die von immer neuen Wallfahrten und wundersamen Ereignissen berichten. Im Werratal zwischen Probsteizella und Creuzburg pilgerten die Gläubigen zu den noch intakten Kapellen der untergegangenen Dörfer Wesse und Münsterkirchen. Im Hainich erinnert das Walpertal („Walper", abgeleitet von Wallfahrt) an solche Wallfahrten, auch hier befand sich eine Kapelle. Aus einer Kapelle an der alten Straße nach Scherbda stammt das im unteren Turmgewölbe der Mihlaer Kirche aufbewahrte lebensgroße Kruzifix. Eine Untersuchung datiert die Jesusfigur ins 15. Jahrhundert, während das zugehörige Kreuz wesentlich jünger ist. Wahrscheinlich wurde es in den Jahren der Reformation von seinem einstigen Standort in die Mihlaer

Kirche verbracht und somit vor der Vernichtung gerettet. Diese Vorgänge stehen vermutlich mit dem damaligen Mihlaer Pfarrer Reinhard in Zusammenhang, der die Pfarrstelle seit 1495 innehatte und schon im Jahre 1523 zum neuen Glauben überging. Ihm könnte es zu verdanken sein, dass vorreformatorische Glaubenszeugnisse nicht vernichtet sondern an unauffälliger Stelle aufbewahrt wurden. ●

MODERWITZ
Stadt Neustadt an der Orla
Saale-Orla-Kreis

RITTERGUT UND KIRCHE

- ⊗ Ortsmitte
- ◈ Evang.-luth. Kirchgemeinde
- ➋ außen frei zugänglich, innen nach Voranmeldung
- ➊ Tourist-Info, Tel. 036481 85121; www.neustadtanderorla.de

Das kleine Dorf Moderwitz, heute ein Ortsteil der Stadt Neustadt an der Orla, kann zumindest in der Rezeption eine enge Beziehung zur Reformationsgeschichte geltend machen. Aus dem Jahr 1822 ist eine Zeitungsmeldung überliefert, die Moderwitz als Geburtsort Katharina von Boras vermeldet. Dort schreibt ein Pfarrer „Ich habe einsten von dem adelichen Fräulein von Stein, deren Vater in Moderwitz gewohnet, Lutheri Auslegung des Propheten Joel's in meine Hand bekommen, in welcher Lutherus auf das erste Blatt diese Worte geschrieben hatte: Dem edeln und festen Herrn Hans von Boren auf Moderwitz, seinem Herrn Schwähervater, verehrt dieses Büchlein Martinus Lutherus, Dr." Auch wenn die Herkunft der späteren Frau Martin Luthers bis heute nicht eindeutig geklärt ist, kann doch festgehalten werden, dass sich Hans von Bora, der Vater Katharinas, bei der Moderwitzer Gutsfamilie von Hayn nachweisen lässt. Er soll noch 1542 bei dieser Familie gelebt haben. Dass sich Martin Luther in Moderwitz aufgehalten hat, liegt daher im Bereich des Möglichen.

Auch Nachfahren von Lucas Cranach d. Ä., dem Trauzeugen Luthers, unterhielten Verbindungen zum Moderwitzer Rittergut. So erwarb der Jenaer Universitätsrektor Johannes Schröter das Gut. Seine neun Enkel hatten nachweislich als Taufpaten Männer aus dem reformatorischen Umfeld, wie den kursächsischen

Moderwitz, Kirche

Kanzler Brück. Sein Bruder Jacob Schröter war in zweiter Ehe mit Barbara Brück verheiratet. Sie war die Tochter von Barbara Cranach, der Tochter Lukas Cranachs d. Ä.

Das im Laufe der Jahrhunderte stark überformte Moderwitzer Rittergut wurde abgerissen. Nur die kleine Kirche kündet vom einstigen Glanz. Die romanische Saalkirche mit östlicher Apsis ist zwar im 18. Jahrhundert barockisiert worden, beherbergt aber die figürlichen Reste eines ehemaligen großen spätmittelalterlichen Altarretabels. Die elf Figuren wurden aus dem Schrein entnommen und sind in den neuen Kanzelaltar eingefügt. Die Kirche umgibt ein mit einer Rundmauer eingefriedeter Kirchhof.

MÖHRA
Gemeinde Moorgrund
Wartburgkreis

LUTHERSTAMMORT
Stammhaus, Kirche, Denkmal

- ❌ Ortszentrum
- ☁ Lutherplatz
- ⬤ außen frei zugänglich
- ℹ Pfarramt, Tel. 03595 84273;
  www.moehra.de

Möhra war schon im 15. Jahrhundert Teil des Amtes Salzungen, das der Grafschaft Henneberg-Römhild und dem Kurfürstentum Sachsen gemeinsam gehörte. 1645 fiel das Amt an Herzog Ernst den Frommen zu Gotha, 1680 an dessen Sohn Herzog Bernhard zu Meiningen. Vor der Reformation gab es nur eine Kapelle am Ort. Durch die kursächsische Teilherrschaft wurde schon früh die Reformation eingeführt (erste Visitation 1528, Gründung einer Pfarrei am Ort), offenbar ohne dass Hermann von Henneberg Einwände dagegen vorbrachte. Bei der Visitation 1535 wurde das Einkommen der Pfarrei durch Einkünfte aus dem Klosteramt Allendorf aufgebessert. Die Kapelle wurde ab 1560 schrittweise zur Gestalt der heutigen Lutherkirche ausgebaut. Ihre ältesten Teile, wie Chorraum, Kanzel und Taufstein, stammen aus der ersten Hälfte des 16. Jahrhunderts, der Altar noch aus der Zeit vor der Reformation. Der Kirchenraum, der zusammen mit der übrigen Ausstattung aus dem Jahr 1705 datiert, wurde 1793 in der heutigen Gestalt ausgemalt.

Die Bewohner Möhras lebten bis ins 20. Jahrhundert hinein vorwiegend von der Landwirtschaft. Dies galt auch für die väterliche Verwandtschaft Martin Luthers, wie er selbst bezeugt hat: „Ich bin eines Bauern Sohn; mein Urgroßvater, Großvater und Vater sind rechte Bauern gewesen." Außerdem wurde auf der Möhraer Gemarkung wie auch im nördlich und östlich angrenzenden Gebiet, Kupfererzbau betrieben. Luthers Vater, Hans Luther (1459–1530), arbeitete hier als Berghauer. Sein Sohn berichtet: „Meine Eltern

Dorfplatz mit Lutherdenkmal

sind erstlich arm gewesen; mein Vater war ein armer Hauer." Die bäuerlichen Anwesen von Luthers Familie in Möhra lagen unterhalb der Kirche am Dorfplatz, auf dem heute das Lutherdenkmal steht. Luthers Verwandtschaft mütterlicherseits (geb. Lindemann) wohnte im heutigen Bad Neustadt a. d. Saale und war von Eisenach bis Eisleben und Dresden verbreitet. Spätestens 1483 erfolgte die Umsiedlung von Luthers Eltern nach Eisleben und später nach Mansfeld, wo es die Familie zu Wohlstand und Ansehen brachte.

Das Geschlecht der „Luther" (auch Lutter, Luder) ist in Möhra durch verschiedene Flurnamen wie z. B. die der Wüstung „Luthera" bzw. „Luttern" schon 1330 belegt. Adam Luther, ein Neffe von Luthers Vater, hatte Luthers Besuch in Möhra 1521 selbst miterlebt. 1578 bestätigte er einen schriftlichen Bericht darüber mit seiner eigenen Unterschrift. Danach war Luther „allhie zu Möhra eingekehrt und hatte bei seinen Freunden [seiner Verwandtschaft] in einem Garten, nahe bei der Pfarre gelegen [nahe dem Ort, an dem einige Jahre später das Pfarrhaus errichtet wurde], Mittagsmahl gehalten, aber ausgangs des Mittags ist er wieder auf gewesen", um über den Thüringer Wald nach Waltershausen zu fahren. Zwei Beschreibungen von Möhra aus den Jahren 1757 und 1767 teilen erstmals die örtliche Überlieferung mit, dass Luther „anno 1530 [soll möglicherweise heißen: 1521] unter einem Birnbaum, wegen Kleinheit der Capelle und schrecklichem Zulauf des Volks gepredigt" habe.

Anlässlich der Wiederkehr von Luthers dreihundertstem Todesjahr wurde 1846 beschlossen, auf dem Dorfplatz von Möhra ein Denkmal für den Reformator zu errichten. Das vom Meininger Hofbildhauer Ferdinand Müller modellierte und durch die Erzgießer Burgschmiet sowie die Gebr. Lenz und Herold in Nürnberg gegossene Denkmal wurde am 25. Juni 1861 in Anwesenheit des Erbprinzen Georg und seiner Familie feierlich eingeweiht. Schon 1830 hatte sein Vater aus Anlass der dreitägigen Feier des 300jährigen Jubiläums der Augsburgischen Konfession die Möhraer Lutherfamilien ins dortige Pfarrhaus zur gemeinsamen Mahlzeit eingeladen.

MÜHLHAUSEN
Unstrut-Hainich-Kreis

ALLERHEILIGENKIRCHE

- ❌ Unterer Steinweg
- ◗ Stadt Mühlhausen
- ◷ Mitte Mai bis Ende Oktober:
  Di–So 10–17 Uhr
- ℹ Tel. 03601 85660;
  www.mhl-museen.de

Bedeutung für die Frühreformation in Mühlhausen erlangte die Allerheiligenkirche durch eine dreitägige Zusammenkunft der Vertreter von städtischer Opposition und des regierenden Rates Mitte März 1525. Die führenden reformatorisch gesinnten Prediger in der Reichsstadt,

Heinrich Pfeiffer und Thomas Müntzer, verlangten dabei gemeinsam mit den oppositionellen Bürgerausschüssen von den Ratsherren ein größeres Mitbestimmungsrecht der Bürgerschaft bei den Entscheidungen über die zukünftige Ausrichtung der Ratspolitik. In direkter Folge der gescheiterten Verhandlungen in der Allerheiligenkirche standen die Absetzung des alten Rates und die Wahl des Ewigen Rates am 16. März 1525 in der Marienkirche.

Errichtet worden war die Allerheiligenkirche von der Mühlhäuser Bürgerschaft als Ersatz für die von ihnen 1256 zerstörte Burgkapelle der Reichsburg. Recht früh war das Gotteshaus unter die Jurisdiktion des

Allerheiligenkirche

Pfarrers der dem Deutschen Orden unterstehenden Blasiuskirche gekommen. Mit dessen Vertretern lieferte sich der ehemalige Mühlhäuser Franziskaner Johann Koler in den Jahren 1524 und 1525 mehrere heftige Auseinandersetzungen. Angeblich soll er in jener Zeit auch in der Allerheiligenkirche evangelisch gepredigt haben.

Danach fand anscheinend kein Gottesdienst mehr statt. Erst im Verlaufe des 17. Jahrhunderts rückte die Kirche wieder in den Fokus der protestantischen Theologen. Nach einer Sanierung wurde am 29. Dezember 1685 die Wiedereinweihung der Kirche mit einem großen Festgottesdienst begangen. Die aus diesem Anlass gehaltene Festpredigt des Mühlhäuser Superintendenten Johann Bernhard Frohne (1621–1690) war die erste evangelische Predigt in der Kirche nach der Niederschlagung des Bauernkrieges. Angeblich soll während jenes Gottesdienstes die Uraufführung des später in viele evangelische Gesangbücher aufgenommenen Liedes „Lobt, ihr Frommen, nah und fern" des Mühlhäuser Organisten Johann Georg Ahle (1651–1706) erfolgt sein.

Nachdem die längst säkularisierte Kirche bereits viele Jahrzehnte als Lagerraum genutzt worden war, stellten umfangreiche Sanierungsmaßnahmen in den Jahren 1985 bis 1989 den sakralen Charakter des Baus wieder in den Vordergrund.

Seit 1989 wird die Allerheiligenkirche als Bestandteil der Mühlhäuser Museen als Kunstgalerie genutzt. Vor der Kirche erinnert eine 1988 von Stephan Ratgeber geschaffene Bronzeplastik Heinrich Pfeiffers an die Ereignisse des Jahres 1525.

MÜHLHAUSEN
Unstrut-Hainich-Kreis

KORNMARKTKIRCHE
Bauernkriegsmuseum

- ⊗ Kornmarkt
- ⬡ Stadt Mühlhausen
- ◔ Di–So 10–17 Uhr
- ⓘ Tel. 03601 85660;
  www.mhl-museen.de

„Kornmarktkirche" ist der inzwischen nicht nur in Mühlhausen geläufige Name für die vermutlich bald nach 1232 erbaute, am Kornmarkt gelegene Franziskanerklosterkirche „St. Crucis". Eng mit dem Gotteshaus verbunden ist die Geschichte der zwei ehemaligen Mühlhäuser Franziskaner Johann Rothemeler und Johann Koler, die in der Reichsstadt und den umliegenden Dörfern ab 1523 die evangelische Lehre predigten. Mit dem ehemaligen Zisterzienser Heinrich Pfeiffer aus dem Kloster Reifenstein im Eichsfeld gehören sie zu den frühen Protagonisten des Protestantismus in der Stadt.

Ob beide aktiv beteiligt waren, als eine aufgebrachte Menge am

*Bauernkriegs-
museum in der
Kornmarktkirche*

3. Juli 1523 das Franziskanerkloster stürmte, ist nicht überliefert. Anders dürfte es sich am Johannestag (27. Dezember) 1524 verhalten haben, als im Zuge bilderstürmerischer Ausschreitungen neben den Mühl-häuser Gotteshäusern der Domini-kaner und Magdalenerinnen auch in der Kornmarktkirche die Altartafeln, die Heiligenskulpturen und anderes Inventar zerschlagen, zerbrochen und gänzlich verwüstet wurden. Wenig später entfernten die Aufstän-dischen auch die Bestuhlung aus der Kornmarktkirche und verbrach-ten sie in die Marienkirche.

Im Mai 1525, nach dem Ende des Bauernkrieges, in den Mühlhausen maßgeblich verwickelt war, fungier-te die Kornmarktkirche kurzzeitig als eines der Depots für die von den Aufständischen bei ihren Zügen in das Mühlhäuser Umland erbeuteten Gegenstände. Hier konnten die Ad-ligen des Umlandes unter der Auf-sicht des Rates und der siegreichen Fürsten von Hessen und Sachsen ihren zuvor geplünderten Besitz wieder in Empfang nehmen. Infolge des durch den protestantischen Rat erzwungenen Abzugs der Franziska-ner aus Mühlhausen wurde das zu-gehörige Kloster 1542 säkularisiert und im Verlaufe des 16. Jahrhun-derts bis auf wenige bauliche Reste abgetragen. Die alte Klosterkirche blieb bis zu deren Aufhebung 1566 im Gebrauch der katholischen Ge-meinde. Danach wurde sie bis 1802 sporadisch von den evangelischen Christen Mühlhausens genutzt.

Aufgrund der vielfältigen Verqui-ckungen des Gotteshauses in das Bauernkriegsgeschehen – unter an-derem waren im Kreuzgang von den Aufständischen Glocken zu Kano-nen umgegossen worden – erfolgte zwischen 1973 und 1975 auf der Grundlage eines Beschlusses des DDR-Ministerrates eine umfang-reiche Sanierung der 69 Meter lan-gen Kirche. Seither beherbergt sie das Bauernkriegsmuseum der Mühlhäuser Museen.

MÜHLHAUSEN
Unstrut-Hainich-Kreis

MARIENKIRCHE
Müntzergedenkstätte

- ❌ Bei der Marienkirche
- ◉ Stadt Mühlhausen
- ◑ täglich (außer montags) 10–17 Uhr
- ❶ Mühlhäuser Museen,

    Tel. 03601 85660; www.mhl-museen.de

Die Kirche, in der 1524 und 1525 der radikale Reformator Thomas Müntzer predigte und in der Johann Sebastian Bach 1708 seine eigens für den Ratswechsel geschriebene Kantate „Gott ist mein König" aufführen ließ, ist auf das engste mit der Frühreformation in Mühlhausen und dem Bauernkrieg verbunden. Be-

Marienkirche, Müntzer-Skulptur von Eberhard Linke (2013)

reits am 8. Februar 1523 hatte der ehemalige Zisterzienser Heinrich Pfeiffer vor der Marienkirche erstmals in Mühlhausen reformatorisch gepredigt. Ab 1524 war das hochgotische Gotteshaus die Predigtkirche des im August aus Allstedt in die Reichsstadt geflohenen Thomas Müntzer. Nicht zuletzt stand auch die Wahl des Ewigen Rates am 16. März 1525 in der Marienkirche in Zusammenhang mit Müntzers Tätigkeit. Schweren Schaden hatte die wertvolle mittelalterliche Innenausstattung der Kirche bereits durch den Bildersturm genommen, als die Altäre und die zahlreichen Skulpturen und Bilder von aufgebrachten Protestanten herabgerissen worden waren.

Nach der Niederschlagung des Bauernkrieges und der Hinrichtung Müntzers und Pfeiffers vor den Toren der Stadt am 27. Mai 1525 wurde die Marienkirche zunächst wieder rekatholisiert, bevor sie 1542 ein zweites Mal evangelisch wurde. Am 14. September 1542 hielt Mühlhausens erster Superintendent Justus Menius hier seine Antrittspredigt. Doch erst unter seinem Nachfolger Hieronymus Tilesius von Tilenau konnte sich die Reformation ab 1557 endgültig durchsetzen. An ihn erinnert ein von seiner Witwe in Auftrag gegebenes Tafelbild, das sich noch heute in der Kirche befindet.

Seit das Gotteshaus 1975 von der evangelischen Kirche aufgegeben und infolge umfangreicher Sanierungen einer musealen Nutzung zugeführt wurde, gibt es in der Marienkirche ein dauerhaftes Gedenken an Thomas Müntzer. Neben einer Ausstellung zu Leben und Wirken des Reformators entstanden eine hölzerne Skulpturengruppe mit dem Titel „Thomas Müntzer: Ruf – Leid – Aufbruch" (Klaus-Michael Stephan, 1987–1989) und die Terrakotta-Plastik „Aufstieg und Fall Thomas Müntzers" (Eberhard Linke, 2012/13). Schon seit dem Jahr 1988 erschallt vom Turm der Mühlhäuser Marienkirche die eigens im Hinblick auf den 500. Geburtstag Müntzers gegossene Thomas-Müntzer-Glocke.

Ort reformatorischer Auseinandersetzungen

MÜHLHAUSEN
Unstrut-Hainich-Kreis

RATHAUS

- ❌ Ratsstraße 19
- ☁ Stadt Mühlhausen
- ⏱ zu den Dienstzeiten, Sa 11–15 Uhr
- ℹ Stadtverwaltung, Tel. 03601 452115; www.muehlhausen.de

Das Rathaus der Reichsstadt Mühlhausen stammt in seinem Ostteil mit der markanten Durchfahrt der Ratsstraße aus der Zeit um 1270/80. Nach einem Brand wurde es um 1330 im Obergeschoss erneuert und durch einen Anbau nach Westen beträchtlich erweitert. Dort wurde die Ratsstube eingerichtet, die bis zum Ende reichsstädtischer Zeit 1802 der zentrale Ort politischer Entscheidungen war. Das Rathaus stand so auch im Zentrum der schweren Auseinandersetzungen der Reformations- und Bauernkriegszeit. Schon das erste Auftreten reformatorischer Prediger in Mühlhausen forderte den Rat heraus. Am 9. Februar 1523 zitierte er den aus Mühlhausen stammenden, aus dem Zisterzienserkloster Zella entlaufenen Mönch Heinrich Pfeiffer auf das Rathaus, der ohne Erlaubnis öffentlich gepredigt hatte. Als Pfeiffer mit größerem gewaltbereiten Anhang erschien, lenkte der Rat zunächst ein. Die Auseinandersetzungen nahmen in der Folge jedoch stetig zu. Mit dem Auftreten Thomas Müntzers in Mühlhausen ab August 1524 radikalisierte sich die innerstädtische Opposition nochmals, für die die Durchsetzung der Reformation Teil einer angestrebten grundlegenden Umgestaltung der Verhält-

253

In der Ratsstube erfolgte 1525 die Einsetzung des Ewigen Rates.

nisse war. Am 16. März 1525 setzte die Bürgerschaft schließlich den alten Rat ab, dem der sogenannte Ewige Rat nachfolgte, dessen Vertreter erstmals breitere soziale Schichten und alle Stadtquartiere repräsentierten. Am Folgetag wurde der Ewige Rat in der Ratsstube von Thomas Müntzer eingesetzt. In den wenigen Wochen bis zum Mai 1525, als der Aufstand in Thüringen zusammenbrach, setzte der Ewige Rat die Reformation durch, organisierte das Predigtwesen neu und zog das Kirchengut ein. Die Niederlage bei Frankenhausen und die nachfolgenden Strafmaßnahmen der siegreichen Fürsten gegen die Reichsstadt Mühlhausen führten zur Wiedereinsetzung des alten Ratsregiments und zur Rekatholisierung der Stadt, bis Mühlhausen erst Jahrzehnte später nach mehrfachem Konfessionswechsel 1566 endgültig

protestantisch wurde. Diese zweite Phase der Reformation wurde vom Rat auch gegen Widerstände in der Bevölkerung betrieben.

Die erste gescheiterte Reformation in der Reichsstadt Mühlhausen 1523 bis 1525 blieb in der Erinnerung lange überlagert vom Aufstandsgeschehen, das eng mit dem Namen Müntzers verbunden war. Er blieb als Störer des Stadtfriedens und Antipode Luthers bis ins 19. Jahrhundert eine Unperson Mühlhäuser Geschichte. Erst durch die sozialdemokratische Bewegung wurde Müntzer als Sozialrevolutionär positiv umgedeutet – ein Bild, das nach Gründung der DDR noch weiter ausgeprägt wurde, indem Müntzer zu einer ihrer historischen Legitimationsfiguren avancierte. Das Mühlhäuser Rathaus wurde in diesem Zusammenhang als Thomas-Müntzer-Erinnerungsstätte umgestaltet. Eine Büste von Hans Breker (1906–1993) wurde 1949 aufgestellt. 1960 wurde in der Rathaushalle das großformatige Gemälde „Thomas Müntzer setzt den Ewigen Rat ein" von Wilhelm Otto Pitthan (1896–1967) enthüllt. Wie auch in der 1970 im Treppenaufgang in Stein gehauenen Passage aus der ältesten Stadtchronik wird damit an das Mühlhäuser Rathaus als Ort des Aufstandsgeschehens, nicht jedoch der reformatorischen Auseinandersetzungen erinnert. Die Müntzer und seine Anhänger antreibenden religiösen Motive traten dabei in den Hintergrund.

MÜLVERSTEDT
Unstrut-Hainich-Kreis

IHLEFELD

- ⊗ vom Parkplatz Harsberg bei Lauterbach 2,7 km (ausgeschildert)
- ⬗ Gemeinde Mülverstedt
- ❶ frei zugänglich
- ❶ Gemeinde, Tel. 036022 96231

Auf dem Ihlefeld errichteten im 11. Jahrhundert der Überlieferung nach Mitglieder der Hospitalbrüderschaft des hl. Antonius im Auftrage des damaligen Landesherrn, des Erzbischofs von Mainz, eine Herberge und kümmerten sich in einer Kapelle um die Seelsorge der Reisenden. Nachdem das Mainzer Erzstift in der Mitte des 14. Jahrhunderts durch die wettinischen Landgrafen ver-

drängt wurde, übertrugen diese 1346 die Ansiedlungen im Hainich als Lehen an die Herren von Seebach. Nachdem die Mönche des Eisenacher Katharinenklosters die Klausur Ihlefeld erhalten hatten, wurde die Kapelle in einer Zeit zunehmender Volksfrömmigkeit bald zu einem wichtigen Wallfahrtsort in der Region. Daran erinnern die Flurnamen Mönchsfeld, Mönchsbrunnen, Siechenholz, Kirchberg und Walpertal (Wallfahrtstal). Die Reformation beendete nach 1521 diese Bedeutung der Hainichsiedlung. Das Ihlefeld und alle anderen Besitztümer des Eisenacher Klosters wurden säkularisiert und kamen über Belehnungen an die in Mülverstedt und auf Burg Haineck bei Nazza sitzenden Herren von Hopffgarten.

Die Betteleiche, das Symbol des Hainich, erinnert an die vorreformatorische Klause.

Überdauert haben aus dieser Zeit neben Flurnamen und Sagen auch einige Flurdenkmale. Die unweit der Wüstung Ihlefeld auf dem Hainich-kamm gelegene, weit über 600 Jahre alte Betteleiche ist heute ein Symbol des Hainich. Der Überlieferung nach baten die Mönche des Ihle-feldes die Benutzer der Passstraße um milde Gaben, die in einer Baum-höhlung der Eiche direkt am Eingang zur Klausur niedergelegt wurden. Aus dieser Höhlung habe sich später die so charakteristische Zweiteilung der Eiche ergeben.

Nach der Reformation nutzten die Herren von Hopffgarten das Ihlefeld als Vorwerk und betrieben dort Forsthäuser. Die Siedlung selbst wurde 1964 wegen der Anlage eines Truppenübungsplatzes der NVA aufgelöst.

Heilig-Geist-Kirche

MUPPERG

Gemeinde Föritz
Landkreis Sonneberg

HEILIG-GEIST-KIRCHE

⊗ Ortszentrum
◐ Evang.-luth. Kirchgemeinde
🕐 Mai–Oktober: täglich 10–17 Uhr
ℹ Tel. 036764 72311;
www.suptur-sonneberg/gemeinden

Einer der beiden Geistlichen an der unter dem Patronat des Benedikti-nerklosters Banz stehenden Pfarrkir-che predigte frühzeitig die Lehre Martin Luthers. Im März 1522 sah sich der Banzer Abt Johann Schütz von Hengstbach (1505–1529) veran-lasst, den Frühmessner der Mupper-ger Kirche zu ermahnen, sich der Predigt der „neuen Lehre" zu enthal-ten. Der Frühmessner ist möglicher-weise mit Stefan Ultsch identisch, der während der Visitation 1529 offiziell als Pfarrer bestätigt wurde.

Prägend für das Erscheinungsbild der aus einem spätromanischen Kir-chenbau hervorgegangenen Kirche ist die barocke Erweiterung im 18. Jahr-hundert. Die 1728 abgeschlossene Emporenmalerei mit biblischen The-men und erklärenden Schriftbändern dominiert den Raumeindruck. Die für die Region prachtvolle Innenraum-fassung in barocken Formen ist Aus-druck des Selbstbewusstseins der dörflichen Oberschicht. Eine von Hans Kaufmann aus Coburg geschaf-fene, im Raum freistehende Kanzel wird von einer Mosesfigur getragen. Auf der Kanzelbrüstung sind Christus, die Evangelisten sowie Petrus, Paulus und Andreas dargestellt; Gottvater mit der Taube thront auf dem Schalldeckel. Bemerkenswert sind mit Holzgittern abgetrennte Kirchenstände seitlich der Orgel, bei denen es sich um Reste evangelischer Beichtstühle handeln könnte. 1783/84 erhielt der Turm nach einem Blitzschlag die das Bauwerk bis heute krönende Welsche Haube.

NÄGELSTEDT

Stadt Bad Langensalza
Unstrut-Hainich-Kreis

DEUTSCHORDENSKOMTUREI
Stiftsgut, Schieferhof, St. Georg, St. Michael, Lohmühle

- ⊗ südöstlicher Dorfrand (Stiftsgut, Lohmühle) und Dorfmitte (Schieferhof, Michaelskirche)
- ⬥ Stiftsgut Nägelstedt Ökologischer Landbau GmbH
- ⊙ Stiftsgelände zugänglich, andere Gebäude von außen frei zugänglich
- ⓘ Tel. 036042 77842; stiftsgut@diako-thueringen.de

In Nägelstedt bestand seit mindestens 1221 eine der frühesten Deutschordensniederlassungen in Thüringen. Beträchtlich ausgebaut wurde dieser Besitz 1222 durch den Kauf der örtlichen Güter des Mainzer Stifts St. Marien, zu denen auch das Patronat über eine Kirche in Nägelstedt gehörte. Die Deutschordenskommende hatte über Jahrhunderte ihr Zentrum im ehemals Mainzer Hof nahe der Kirche St. Georg am Südostrand des Unterdorfes. 1482 kam sie in den Besitz der Michaelskirche im Oberdorf. Schon 1290 hatte der Orden die Lohmühle an der Unstrut als wichtige Ergänzung seiner landwirtschaftlichen Güter erworben. Zur Kommende gehörten schließlich auch Besitzungen in anderen Orten der näheren und ferneren Umgebung.

Dem raschen Aufschwung der Kommende Nägelstedt folgte spätestens Mitte des 15. Jahrhunderts eine Phase wirtschaftlicher Schwierigkeiten, wie sie die damalige Ballei Thüringen insgesamt kennzeichnete. Die Krise verschärfte sich, als die Reformation die geistlichen Grundlagen des Ordenslebens erodieren ließ. Im lutherisch werdenden Thüringen versuchten die weltlichen Landesherren die Deutschordensbesitzungen unter ihre Kontrolle zu bringen. Es war insbesondere der seit 1545 als Nägelstedter Komtur und seit 1545/48 als thüringischer Landkomtur amtierende Hans von Germar (1516–1568), der in dieser kritischen Phase die Existenz der Deutschordensballei Thüringen insgesamt gefährdete. Seit 1542 als kurfürstlich-sächsischer Rat mit starkem landesherrlichen Rückhalt ausgestattet, behielt er sich als Ordensoberer neben Nägelstedt noch weitere thüringische Kommenden als persönlichen Besitz vor, trat 1560 zum Protestan-

Schieferhof

tismus über und verheiratete sich im selben Jahr an seinem Sitz in Nägelstedt. Der dem Kaiser eng verbundene Deutsche Orden vermochte es dennoch, durch kluges politisches Agieren und die Öffnung für protestantische Ordensbrüder die eingetretene Existenzkrise der Ballei Thüringen zu überwinden.

Bis über das Ende des Alten Reiches hinaus blieben so bis 1811 einige Deutschordenshäuser in Thüringen bestehen, die vor allem als Versorgungsinstitutionen für Söhne niederadliger Familien dienten. In Nägelstedt sind daher neben den im Kern mittelalterlichen Kirchen St. Georg und St. Michael auch zahlreiche neuzeitliche Wirtschafts- und Repräsentationsbauten im Bereich von Stiftsgut und Schieferhof erhalten sowie zumindest Teile der um 1850 weitgehend neu errichteten Lohmühle.

Der sogenannte Schieferhof ist unmittelbar mit der Person des Hans von Germar verbunden. Abseits des traditionellen Komtursitzes bei der Georgenkirche errichtete sich der umstrittene Ordensmann um 1565 diesen wehrhaften und repräsentativen Hof in den Bauformen der Renaissance, der weitgehend in originaler Form überkommen ist.

NAZZA
Wartburgkreis

BURG HAINECK
RICHTPLATZ IM LOTZENGRUND

- ⊗ 600 m nordöstlich von Nazza
- ◈ Gemeinde Nazza
- ❶ frei zugänglich, Führungen nach Voranmeldung
- ❶ Burgverein Nazza, Tel. 036924 30713

Die 1392 errichtete Burg Haineck entstand als Amtssitz der Thüringer Landgrafen und gehörte von 1503 bis zu ihrem Aussterben um 1830 den Herren von Hopffgarten. Wie die meisten Adligen der Region wechselten sie schon sehr früh zum lutherischen Glauben. Obwohl sich Bauern aus ihren Dörfern Nazza, Lauterbach und Neukirchen am Aufstand 1525 beteiligten, kamen die von Hopffgarten weitgehend ungeschoren davon. Ihre feste Burg Haineck wurde nicht gestürmt und bot den Adligen des Gebietes Sicherheit. Aber schon wenige Jahre nach diesen Ereignissen, um 1550, gaben sie die Burg auf und zogen in ihren Wirtschaftshof im Dorfe Nazza. Erhalten blieben die Rechte der Adelsfamilie, so die hohe Gerichtsbarkeit mit dem Recht über „Hals und Hand". Der Richtplatz, der im „Lotzengrund" gleich unterhalb der Burg lag, spielte auch im Zusammenhang mit der „Wiedertäuferbewegung" eine Rolle, die 1526 das westliche Thüringen erreichte.

Die Wiedertäufer, die vor allem die Kindtaufe ablehnten und auch andere lutherische Glaubensauslegungen in Frage stellten, sorgten in den nächsten vierzig Jahren für viel Unruhe in den Dörfern. Die lutherische Geistlichkeit und die adligen Gerichte gingen von Anfang an mit Gewalt gegen sie vor. Die Prediger Hans Hut aus Franken, Hans Römer aus Eisenach, Melchior Rinck aus Vacha und vor allem Fritz Erbe aus Herda vermochten es dennoch, täuferische Gedanken zu verbreiten. Georg Schuchardt und Simon Weiß aus Creuzburg waren um 1540 anerkannte Führer in der Region. 1548

wurde der aus Marksuhl stammende Barthel Kyselbach in Mihla verhaftet und von den Herren von Harstall vor Gericht gestellt. 1551 bildete sich die radikale Gruppierung der „Blutsfreunde", zu deren Anführern auch

Burg Haineck

Richtplatz unterhalb der Burg

Klaus Bach aus Nazza gehörte. Dutzende Täufer wurden schließlich verhaftet. Georg Schuchardt ist nach mehrfacher peinlicher Befragung im September 1551 auf dem Creuzburger Richtplatz verbrannt worden. Klaus Bach musste einen Monat später den gleichen Weg gehen. Seine Verbrennung erfolgte auf dem Hopffgartenschen Richtplatz im Lotzengrund unterhalb der Burg Haineck.

Heute erinnert ein Gedenkstein an den Richtplatz. Eine Inschriftentafel verweist darauf, dass im Lotzengrund auch Hexenverbrennungen stattfanden. 1568 musste im Lotzengrund Liese Lutz den Feuertod sterben, 1671 wurde Barbara Hager aus Neukirchen den „reinigenden Flammen" übergeben.

NEUNHOFEN
Stadt Neustadt an der Orla
Saale-Orla-Kreis

KIRCHE ST. SIMON UND JUDAS

❌ Ortsmitte
🍃 Evang.-luth. Kirchgemeinde
ℹ nach Voranmeldung
ℹ Tel. 036481 22947;
www.kirchgemeinde-neustadt-orla.de

Bereits 1057 existierte in Neunhofen nachweislich eine Kirche. Sie unterstand der Benediktinerabtei Saalfeld, deren Abt bis zur Einführung der Reformation die Pfarrer einsetzte. Neunhofens besondere kirchliche Stellung wird darin deutlich, dass es der Hauptort einer Urpfarrei war und den größten Pfarrbezirk im thüringischen Teil des Erzbistums Mainz bildete, ihm unterstanden sämtliche Kapellen und Kirchen des Orlatals. Es lässt sich nachweisen, dass Neunhofen 1506 weitere 27 Orte geistlich versorgte, darunter auch die benachbarte Stadt Neustadt an der Orla.

Mit Einführung der Reformation verlor die Kirche an Bedeutung und das Saalfelder Kloster wurde säkularisiert. Damit wurde aus der bedeutenden Großpfarrei eine einfache Kirche mit Pfarrer. Auch die Pfarrrechte an der Stadt Neustadt mussten abgegeben werden. Während im

Ehemals Mittelpunkt einer Großpfarrei

benachbarten Neustadt bereits 1527 ein evangelischer Pfarrer seinen Dienst versah, kam erst mit Johannes Ruffus Campegius 1533 die Reformation endgültig in Neunhofen an. Seine Vorgänger, Johannes Wagner und Wolfgang Koch, schlossen sich noch nicht der reformatorischen Lehre an.

Erhalten gebliebenes Zeugnis des einstigen kirchlichen Zentrums ist die große Chorturmkirche. Sie vereinigt in den fortwährenden baulichen Veränderungen eine Vielfalt klassischer Baustile. Das Fischgrätenmauerwerk an der heutigen Sakristei gehört zu den ältesten Gebäudebefunden und stammt wahrscheinlich vom Erstbau des 11. Jahrhunderts. Ab 1409 erfolgte ein gotischer Erweiterungsbau. Scheinbar bis in den Himmel ragt seit spätestens 1477 der hohe Turmhelm, der durch die exponierte Lage der Kirche auf einem Bergrücken besonders hoch erscheint.

Die Kirche besitzt eine reiche Innenausstattung. Eine auf das Jahr 1354 datierte Glocke ruft noch heute die Gläubigen zum Gebet. Der Hauptaltar wurde 1487 fertiggestellt und ist neben dem Neustädter Cranach-Altar das größte mittelalterliche Altarretabel der Orlasenke. Er ist zweifach wandelbar und zeigt im Mittelschrein die Kreuzigung Christi in einer Figurengruppe aus Schnitzwerk. Ein weiterer Marienaltar kann in der Kirche besichtigt werden.

NEUSTADT AN DER ORLA
Saale-Orla-Kreis

AUGUSTINERKLOSTER

- ⊗ Puschkinplatz
- ⬢ Stadt Neustadt an der Orla
- ◉ außen frei zugänglich, innen nach Voranmeldung
- ❶ Tel. 036481 85121; www.neustadtanderorla.de

Die aus Neustadt an der Orla stammende Gemahlin Landgraf Albrechts, Elisabeth die Ältere von Arnshaugk, stellte im Jahre 1294 dem Gothaer Konvent der Augustiner-Eremiten ein Stück Land innerhalb Neustadts zur Gründung eines neuen Konvents zur Verfügung. Der Überlieferung nach

Gebäude des ehemaligen Klosters

soll an dieser Stelle bereits eine Burg-anlage als Ableger der Arnshaugker Burg gestanden haben. Erst ab dem Jahre 1471 sind umfangreiche Neu- und Erweiterungsbauten überliefert. So ist eine vierseitig geschlossene Anlage mit einer für die Thüringer Augustiner-Eremiten typischen Saal-kirchenform (wie Gotha und Erfurt) sowie Konventsgebäuden belegt: Kapitelsaal, Kreuzgang, Wirtschafts- und Arbeitsstuben, Priorenwohnung und Zellen.

Dem Kloster unterstanden zahlreiche Kapellen in der Stadt, wie die Kapelle St. Johannis, die spätere Stadtkirche, und die Rathauskapelle sowie in der Umgebung die Kapellen in Arnshaugk und Burgwitz. Es besaß Termineien in Werdau, Jena und Saalfeld und erhielt zahlreiche Stiftungen. Die bedeu-tendste ist wohl die von Bischof Pe-trus Heller aus Meißen, einem gebür-tigen Neustädter. Zu Beginn der Re-formation bestand der Konvent aus mindestens 18 Mönchen.

Auch Martin Luther kannte den Neu-städter Konvent. Er war 1516 als Di-striktvikar einige Tage in der Stadt und kritisierte nach seinem Besuch den Prior hinsichtlich der Ausbildung der Novizen. Ein zweites Mal lässt sich Luther 1524 in Neustadt nachweisen. In diesem Jahr verließen die letzten vier Mönche auf Grund der reformato-rischen Einflüsse das Kloster, das als das erste vollständig aufgelöste Klo-ster Thüringens gilt. Auf Anordnung des Kurfürsten gingen die Vermö-genswerte auf den „Gemeinen Ka-sten" über. In die einstigen Klausurge-bäude zogen der Pfarrer und der Stadtschreiber ein. Die Kirche wurde dann wenige Jahre als evangelische Pfarrkirche genutzt. Die Klosterkirche ist der einzige erhaltene Rest des im Dreißigjährigen Krieg zerstörten Klos-ters. Die das Kirchenschiff trennende Tordurchfahrt wurde mit dem Bau eines Schlosses der Herzöge von Sachsen-Zeitz im südlichen Teil des Geländes im 17. Jahrhundert ange-legt. Bis ins 18. Jahrhundert wurde das Schloss als herzogliche Residenz genutzt. Danach erfuhr der Gebäu-dekomplex verschiedene Umnut-zungen: Steueramt, Arbeitsamt, Fruchtspeicher, Gefängnis, Berufs-schule. Heute bestehen auf dem Gelände eine freie Ganztagsschule und ein städtischer Festsaal.

NEUSTADT AN DER ORLA
Saale-Orla-Kreis

STADTKIRCHE ST. JOHANNIS

- ⊗ Stadtzentrum, Kirchplatz
- ☁ Evang.-luth. Kirchgemeinde
- ⊙ außen frei zugänglich, innen nach Voranmeldung
- ℹ Tel. 036481 22947; www.kirchgemeinde-neustadt-orla.de

Mit ihrem mächtigen Dach fällt die Stadtkirche St. Johannis schon von weitem ins Auge. Landgraf Albrecht von Thüringen und seine Gemahlin, Elisabeth von Arnshaugk, hatten hier um 1300 eine Kapelle errichten

Cranach-Altar

und auf den Namen Johannes des Täufers weihen lassen. Bereits zu Beginn des 15. Jahrhunderts erfolgte ein grundhafter Umbau. 1470 wurde mit dem Bau der heutigen Kirche begonnen. Zunächst entstanden der neue Chor und wenig später, bis 1483, der neue Turm. 1479 wurde die große Glocke auf dem Marktplatz gegossen, woran ein großer Stern im Pflaster erinnert. Zwei weitere Glocken folgten 1494. Das Geläut ist bis heute erhalten geblieben.

Das Chorgewölbe mit seinen figürlichen Schlusssteinen und der gemalten Himmelswiese wurde im ersten Jahrzehnt des 16. Jahrhunderts von Meister Cuntz Bischoff fertiggestellt und bietet dem 1513 in der Kirche geweihten neuen Hauptaltar aus der Werkstatt des Wittenberger Hofmalers Lucas Cranach d. Ä. einen besonderen Aufstellungsort. Im Mittelpunkt des Werkes steht Johannes der Täufer, flankiert von Judas Thaddäus und Simon Zelotes. Auf der Festtagsseite zeigen zwei Bildtafeln Szenen aus dem Leben des Täufers – die Taufe Jesu im Jordan und die Enthauptung des Täufers. Die Werktagsseite präsentiert drei Szenen auf vier Bildtafeln: Jesu Abschied von den Seinen (Mitte), den asketischen Bußprediger Johannes sowie die Apostel Simon und Judas. Die Predella zeigt die Darstellung des Jüngsten Gerichts.

263

1537 brannte der gotische Fünf-
helmturm durch Blitzschlag nieder,
woraufhin eine Renaissancehaube
aufgesetzt wurde. Auch das Langhaus wurde spätestens in diesen
Jahren in seiner heutigen Größe errichtet. Etwa 1540 war der gesamte
Kirchenbau abgeschlossen.

Martin Luther, der hier 1524 gepredigt hat, soll sich gegen die Bilderstürmerei gewandt und schützend
vor das Werk seines Freundes Cranach gestellt haben. Ob auf diese
Weise der Altar erhalten geblieben
ist, steht dahin. Die Rezeption dieser Episode führte immerhin dazu,
dass die Kirche im Zuge der Luther-
feierlichkeiten 1983 grundlegend
renoviert wurde.

Lutherhaus

NEUSTADT AN DER ORLA
Saale-Orla-Kreis

MARKT MIT LUTHERHAUS

- ❌ Stadtzentrum
- ☁ Stadt Neustadt an der Orla
- ❶ außen frei zugänglich, innen ab
  September 2015
- ❶ Tel. 036481 85121;
  www.neustadtanderorla.de

Als Martin Luther in den Jahren
1516 und 1524 die Stadt besuchte,
überquerte er sicherlich auch den
großen Markt. Dort war die große
Glocke der Stadtkirche St. Johannis
gegossen worden, es fanden Märkte
statt und wurde Gericht gehalten.
Um 1500 ist das spätgotische Rathaus mit den reichen Steinmetzarbeiten am Erker und an der Freitreppe am Markt fertiggestellt worden.
Das Gebäude selbst wurde aus zwei
Baukörpern zusammengefügt.

Noch heute ist dies an der Ausführung des Baus zu erkennen. Beach-
tenswert sind die Tür- und Fenster-
gewände sowie die kunstvoll gearbeiteten Giebel. Im Inneren sind der
historische Ratssaal, die ehemalige
Ratswaage aus dem Jahre 1597 und
die erstklassigen Holzarbeiten der
Innengestaltung aus den ersten beiden Jahrzehnten des 20. Jahrhunderts zu erwähnen. Die steinerne
Kröte, ein Prangerstein neben der
Freitreppe, mussten Straftäter um
den Hals tragen und waren so dem
Spott der Bevölkerung ausgesetzt.
Auf dem Markt steht eine kursächsische Postmeilensäule aus der

Regierungszeit August des Starken. Eines der schönsten Bürgerhäuser am Markt ist das sogenannte Lutherhaus. Darin soll Martin Luther bei seinen Aufenthalten in Neustadt gewohnt haben, was sich allerdings nicht zweifelsfrei belegen lässt. Mit seinem steilen Dach und dem kunstvoll gestalteten Erker beherrscht das spätmittelalterliche Gebäude die Ostseite des Marktes. Im Inneren finden sich neben mehreren authentischen Bohlenstuben auch spätmittelalterliche Wandmalereien und beachtenswerte architektonische Zeugnisse jener Zeit. Das vor 1450 errichtete Bauwerk erlebte mehrere Bauphasen und diente wohl als Kontorhaus für wohlhabende Bürgerfamilien. Es soll zukünftig zu einem Museumskomplex ausgebaut werden. ●

Kirche St. Blasii

NORDHAUSEN
Landkreis Nordhausen

KIRCHE ST. BLASII
Epitaph Michael Meyenburg

- ✖ Blasii-Kirchplatz
- ◆ Evangelische Kirchgemeinde
- ◉ April–Oktober: Di–So 14.30–16.30 Uhr; November–März: Sa/So 14.30–16.30 Uhr
- ❶ Gemeindebüro, Tel. 03631 982640

An der Kirche Divi Blasii, die der gänzlichen Zerstörung im Zweiten Weltkrieg entgangen ist, war eine der für die Reformation in der Reichsstadt wichtigsten Personen als Pfarrer tätig: Johann Spangenberg wurde im Frühjahr 1524 durch den Rat von Nordhausen aus Stolberg in die Reichsstadt berufen. 1484 geboren, hatte er in Erfurt studiert und frühzeitig Beziehungen zu den Wittenberger Reformatoren gepflegt. Eine der wichtigsten Tätigkeiten Spangenbergs für die Stadt wurde der Aufbau eines Schulwesens im Sinne der Reformation. Er verfasste Lehrbücher zur lateinischen Sprachlehre, zu Verhaltensmaßregeln für Schüler im Schulalltag, eine Einführung in den Kalender anhand des Kirchenjahrs, ein methodisches Lehrbuch zur Gedächtnisschulung, das auch Hinweise zu Ernährungsgewohnheiten enthielt, und Hilfsmittel für das Studium der sogenannten Freien Künste als Grundlehrfach der Universitäten.

Europaweit wahrgenommen wurden seine Lehrbücher für Musiktheorie und Musik.

Zwei Sammlungen seiner Predigten zu den Sonn- und Festtagen des Kirchenjahrs wurden in das Niederdeutsche übersetzt und damit den Ländern rings um die Ostsee zugänglich gemacht. Weitere Übersetzungen erfolgten in die slowenische, die tschechische, schwedische und dänische Sprache. Die in Nürnberg veröffentlichten deutschsprachigen Predigtsammlungen waren in den österreichischen Ländern hoch begehrt, da sie den durch die Gegenreformation bedrängten Lutheranern in ihren geheim gefeierten Gottesdiensten als Lesepredigten dienten.

Johann Spangenberg wurde 1546 nach Eisleben berufen und starb dort im Jahre 1550.

Die Kirche Divi Blasii beherbergt ein berühmt gewordenes Gemälde, das 1558 von Lukas Cranach dem Jüngeren als Epitaph für den Nordhäuser Stadtschreiber und Bürgermeister Michael Meyenburg gemalt wurde. Eine Kopie des Gemäldes wurde 1927 hergestellt, das Original ist seit 1945 nicht mehr auffindbar. Michael Meyenburg, geboren 1491 in Hessen, kam noch während seines Studiums im Jahre 1509 als Unterstadtschreiber nach Nordhausen. Er hatte in Erfurt zu dem Humanistenkreis um Helius Eobanus Hessus gehört, aus dem bald Sympathi-

Meyenburg-Epitaph

santen Martin Luthers und Philipp Melanchthons hervorgingen. Meyenburg gewann seit 1522 über seine Wahl als Oberstadtschreiber Einfluss auf die Reformation in Nordhausen. In den spannungsvollen Jahren nach 1546 diente er der Stadt als Bürgermeister. Er starb 1555. Das Epitaph zeigt eine Szene aus dem Neuen Testament, in der die Auferweckung des Lazarus durch Jesus erzählt wird. Die Darstellung folgt der Vorstellung, dass sich dieses Ereignis als in der Gegenwart des 16. Jahrhunderts vollzieht. Denn am linken Bildrand tritt eine Gruppe von Männern der Wittenberger Reformation auf, die den Vorgang beobachten und deren Gesichter man 1555 in Nordhausen kannte, obwohl einige von ihnen nicht mehr am Leben waren. Von links nach rechts sind zu identifizieren: Martin Luther, Philipp Melanchthon, Caspar Cruciger, Justus Jonas, Erasmus von Rotterdam, Johannes Bugenhagen, möglicherweise Georg Spalatin, Johann Forster. Nicht zu identifizieren sind zwei Personen im Hintergrund am linken Bildrand. Im Vordergrund ist Meyenburg selbst mit seinen beiden Ehefrauen und seinen Kindern zu erkennen. Die Darstellung des großen niederländischen Humanisten Erasmus von Rotterdam ist auffällig. Dieser hegte anfangs große Sympathien für die Reformationsbewegung, geriet aber bald in Konflikt mit Martin Luther, der sein optimistisches Menschenbild nicht

teilen konnte. Ein Bildnis des Wappens des Erasmus zierte zusammen mit Wappenbildnissen auch von Luther, Melanchthon, Jonas und Spalatin Meyenburgs Wohnung in Nordhausen.

NORDHAUSEN
Landkreis Nordhausen

KIRCHE ST. PETRI

- ⊗ Am Petersberg
- ⬢ Stadt Nordhausen
- ⓐ nur Führungen; Anmeldung über Stadtinformation
- ⓘ Stadtinformation, Tel. 03631 696797; www.nordhausen.de

Durch die Bombardierungen im Zweiten Weltkrieg war die Kirche St. Petri so schwer beschädigt worden, dass ein Abriss des Kirchenschiffes mit seinem östlich vorgelagerten Chorbereich notwendig wurde, ohne dass ein Neubau an diese Stelle getreten ist.

Für die Reformation war die Kirche St. Petri wichtig, weil an ihr der erste Pfarrer der Stadt amtierte, der sich offen der Reformation angeschlossen hatte. Es handelte sich um den letzten Prior des Augustinereremitenklosters der Stadt, Laurentius Süße. In Pirna bei Dresden geboren, trat er zunächst in das Kloster seines Ordens in Dresden ein. Während seines Aufenthalts in Wittenberg entwickelte sich ein vertrautes Verhältnis zwischen ihm und Martin Luther.

Später wurde er nach Nordhausen als Prior abgeordnet. Als am 22. Januar 1522 das Kapitel, das heißt die Versammlung der Vorsteher der sächsischen Ordensprovinz der Augustinereremiten, in Wittenberg tagte, fiel unter anderem der Beschluss, den Mitgliedern des Ordens den Austritt aus dem Orden zuzugestehen. Vermutlich waren gleichzeitig Verhandlungen in Gang gekommen, bei denen zwei der Kirchvorsteher von St. Petri, die auch Mitglieder des Rats von Nordhausen waren, dafür plädierten, dem Stift St. Crucis in Nordhausen, dem das Besetzungsrecht für alle Pfarrkirchen der Stadt zustand, den Prior als Pfarrer an St. Petri zu präsentieren. Es spricht viel dafür, dass dieser Plan deutlichen Rückhalt in der Bürgerschaft hatte.

In dem 62 Meter hohen Turm befindet sich ein kleines Museum.

Aus nicht vollständig zu durchschauenden Gründen sah sich das Stift, das sich der Reformation konsequent widersetzte, genötigt, der Präsentation von Süße zuzustimmen. Dies geschah mit der Beschränkung auf drei Jahre, in denen der ehemalige Prior sein neues Amt führen sollte. Er hielt seine erste Predigt in St. Petri am 16. Februar 1522. Die Predigt ist nicht erhalten, sie signalisiert jedoch den offiziellen Einzug der Reformation in der Stadt. Laurentius Süße geriet zwei Jahre nach seinem Dienstbeginn durch radikale Gegner der Wittenberger Reformation unter Druck. In Nordhausen gab es Freunde von Thomas Müntzer, die gegen den Pfarrer an St. Petri agitierten und ihm vorwarfen, er gewähre der römisch-katholischen Frömmigkeit zu viel Raum, beispielsweise durch die Beibehaltung von Bildern in den Kirchen. Müntzer selbst nannte 1524 in einer seiner großen Schriften Süße einen „ungebratenen Lorenz", womit er auf den Tod des römischen Diakons Laurentius anspielte, der wegen seiner Glaubenstreue zum Feuertod verurteilt worden war, und warf Süße vor, dass er aus Angst um sein Leben nicht bereit genug zum Leiden sei, wie es dem Glaubensideal Müntzers entsprach.

Süße war bis zu seinem Tode 1549 Pfarrer an St. Petri. Das Andenken an ihn und die gegen ihn erhobenen Morddrohungen wurde in der Stadt lange bewahrt. ●

NORDHAUSEN
Landkreis Nordhausen

BIBLIOTHEK DES KLOSTERS
HIMMELGARTEN

❌ Stadthistorisches Museum „Flohburg"
🏛 St. Blasii-Gemeinde Nordhausen
🕐 Di–So 10–17 Uhr
ℹ Tel. 03631 984215

Titelblatt mit dem Signet Johann Hüters

Zwischen Nordhausen und Leimbach befindet sich etwa 1,5 km östlich des Stadttores eine heute eher unscheinbare Siedlung mit einem Gutshof. Hier stand bis zum Jahre 1525 ein Kloster, das einem Bettelorden angehörte, dessen Mitglieder sich Marienknechte – auch Serviten – nannten. Das Kloster wurde am Ende des 13. Jahrhunderts gegründet und trug den Namen „Himmelgarten". Damit machten seine Mönche darauf aufmerksam, dass sie ihr Leben im Kloster als Weg verstanden, der sie zum Himmel und zu Gott führte. Das Ende des Klosters ist mit den Unruhen des Jahres 1525 verbunden. Es wurde von Bauern geplündert und verwüstet. Die Reste seiner Gebäude sind im Laufe der Zeit spurlos verschwunden.
Zu den bedeutendsten Mitgliedern des Konvents zählt der letzte Prior von Himmelgarten, Johann Hüter (latinisiert Pilearius), dessen Geburtsjahr und dessen Herkunft unbekannt sind. Er studierte seit 1489 bereits als Mönch in Erfurt, 1500 und 1502 wird er als Provinzial der deutschen Provinz seines Ordens erwähnt. Zum größten Teil erhalten geblieben ist die umfangreiche Bibliothek seines Klosters, deren Leitung ihm anvertraut war und für deren Zuwachs an Büchern er zu sorgen hatte. Viele Bücher tragen deshalb ein eindrucksvolles Signet, das das Kreuz Christi mit Maria und Johannes und die Abkürzung von Hüters Namen enthält. 2014 hat die Bibliothek ihren Standort im Stadthistorischen Museum gefunden.
Bemerkenswert ist, dass im Kloster offenbar Interesse an den Aufbrüchen der frühen Reformation bestand. So finden sich unter den Büchern der Bibliothek die gedruckten Protokolle der Leipziger Disputation von 1519 zwischen Martin Luther

und Andreas Karlstadt einerseits und Johannes Eck andererseits wie auch Philipp Melanchthons lateinische Grammatik von 1521 sowie die Verteidigungsschrift des Kemberger Propstes Bartholomäus Bernhardi anlässlich seiner Eheschließung von 1522. Bemerkenswert ist ferner, dass 1525 eine große Darstellung der christlichen Lehre des Zürcher Reformators Huldrych Zwingli in die Bibliothek gelangte und auch gelesen wurde. Die meisten der genannten Titel enthalten Lesespuren (Anstreichungen und Randbemerkungen) von Johann Hüter. Dennoch hat sich der Konvent von Himmelgarten der Wittenberger Reformation schließlich nicht angeschlossen, sondern sich im Gefolge der Unruhen von 1525 aufgelöst. Hüters Spuren verlieren sich, nachdem er zuletzt 1544 als an der Erfurter Universität tätig nachweisbar ist.

Aegidienkirche

OBERLIND
Stadt Sonneberg
Landkreis Sonneberg

KIRCHE ST. AEGIDIEN

⊗ Ortszentrum, Kirchwallstraße
◈ Evang.-luth. Kirchgemeinde
◑ Besichtigung nach Voranmeldung
ⓘ Pfarramt, Tel. 03675 406549

Der erste evangelische Geistliche in Oberlind, Andreas Lehr, soll 1525 persönlich durch Martin Luther eingesetzt worden sein. Ein 1585 entstandener Eintrag im Kirchenbuch vermerkt dazu: „Dom. Andreas Lehr, olim civis Neustadtiensis, qui ab ipso D. Luthero introductus est" (Herr Andreas Lehr, einst Bürger von Neustadt [bei Coburg], der von Doktor Luther selbst eingeführt worden ist). Belegt ist Andreas Lehr als Prediger ab 1529, als er zum Pfarrer der Gemeinde berufen wurde. Möglicherweise hatte der in Oberlind und Hellingen begüterte kurfürstliche Beamte Hans Schott, der Luther nach Worms begleitet hatte, um einen Prediger für die Gemeinde gebeten. In Oberlind kam es zwischen 1525 und 1529 zu erbitterten Auseinandersetzungen zwischen Andreas Lehr und den altgläubigen Messpriestern.

Das Innere der 1455 an Stelle eines frühgotischen Vorgängerbaues errichteten Saalkirche wird von Umbauten des 17. und 18. Jahrhunderts beherrscht. Im Langhaus bestimmt die viergeschossige Empore das Bild. Ihre Brüstungsfelder sind mit Darstellungen aus der biblischen Geschichte und der Apostel aus dem Jahre 1697 versehen. Ebenfalls 1697 entstand die Kanzel, deren Korb auf einer gedrehten Säule steht. Die Kanzelbrüstungen zieren plastische Apostel- und Evangelistendarstellungen, der Schalldeckel wird von einer segnenden Christusfigur bekrönt.

ORLAMÜNDE
Saale-Holzland-Kreis

STADTKIRCHE ST. MARIEN

- ✖ Burgstraße 65
- ♠ Evang.-luth. Kirchgemeinde
- ◐ Sommerhalbjahr So-Nachmittag und nach Voranmeldung
- ❶ Tourist-Info, Tel. 036424 78439

Orlamünde gehört zu den ältesten Kirchenstandorten in Ostthüringen. Die ursprünglich wohl hölzerne Kirche wurde 1194 durch eine romanische Kirche aus Sandstein ersetzt. Patrone der Kirche waren die Grafen von Orlamünde, seit 1344 die Markgrafen von Meißen aus dem Hause Wettin. Kurfürst Friedrich der Weise von Sachsen verfügte anlässlich der Gründung der Universität Wittenberg im Jahre 1502, eine Reihe von Kirchen, darunter auch die von Orlamünde, in das Allerheiligenstift an der Wittenberger Schlosskirche einzugliedern. Das bedeutete, dass die Orlamünder Pfarrstelle nominell an den Archidiakon des Allerheiligenstiftes vergeben wurde, weshalb jährlich achtzig Gulden aus dem Kirchspiel Orlamünde nach Wittenberg zu seiner Besoldung flossen. In Orlamünde versah ein Vikar, der von der Universität Wittenberg zu benennen war, den kirchlichen Dienst.

Als Archidiakon des Allerheiligenstiftes war Andreas Bodenstein, genannt Karlstadt (1486–1541), seit 1511 im Besitz der Orlamünder Pfründe. Er wirkte als Professor an der Wittenberger Universität, war zeitweilig deren Rektor und Dekan der Theologischen Fakultät. In dieser Eigenschaft nahm Karlstadt die Promotion von Martin Luther vor.

Stadtkirche St. Marien

271

Als Luther auf dem Konzil in Worms mit der Reichsacht belegt wurde und ihn der sächsische Kurfürst auf der Wartburg verborgen hielt, um ihn vor Zugriffen zu schützen, trieb Karlstadt in Wittenberg die Reformation weiter voran. Gemeinsam mit Philipp Melanchthon und dem Wittenberger Stadtrat entwickelte er eine neue Stadt- und Kirchenordnung, bei deren Umsetzung es zum sogenannten „Bildersturm" kam, indem Bildnisse und Statuen aus Kirchen entfernt wurden. Der deshalb nach Wittenberg zurückgekehrte Luther verurteilte in seinen „Invokavit-Predigten" eine vorschnelle Reformation und brandmarkte Karlstadt als Urheber des Bildersturms und gefährlichen „Schwärmer". Die Folge war, dass Karlstadt im Frühjahr 1523 mit Frau und Kind nach Orlamünde kam, um hier die Pfarrstelle, von der er sein Geld bezog, selbst zu verwalten. In Orlamünde reformierte er die kirchlichen Verhältnisse nach seinen Vorstellungen. So predigte er auf Deutsch, führte mit seiner Gemeinde tägliche Bibelstunden durch und entfernte die zur Heiligenverehrung dienenden Bilder und Altäre aus der Kirche. Diese wurden nicht zerstört, sondern in der Orlamünder Kemenate aufbewahrt und sind teilweise noch heute (z. B. auf der Leuchtenburg) erhalten.

In seiner Orlamünder Zeit griff Karlstadt zum Leidwesen Luthers mit sieben Schriften, die er größtenteils in Jena hatte drucken lassen, erneut in das Reformationsgeschehen ein. Um das zu unterbinden, sollte Karlstadt nach Wittenberg zurückkehren. Doch die Orlamünder Gemeinde hatte ihn im Frühjahr 1524 zu ihrem Pfarrer gewählt – ein damals unerhörter Vorgang – und widersetzte sich. Als klar war, dass Karlstadt das Pfarrhaus zu räumen hatte, schenkte ihm die Gemeinde ein Haus.

Eine im Sommer 1989 von der Stadt Orlamünde gestiftete Gedenkplatte vor der Kirche erinnert an die einstige Wirkungsstätte des Reformators Karlstadt. In der Kirche befindet sich ein zeitgenössisches Halbrelief aus Pappmaschee, das den späteren Kurfürsten Johann Friedrich zeigt, der in die Ausweisung Karlstadts aus Orlamünde involviert war.

ORLAMÜNDE
Saale-Holzland-Kreis

HAUS MARKT 44

❌ Markt 44
🔺 Stadt Orlamünde
ℹ️ außen frei zugänglich

Die Auseinandersetzung zwischen Martin Luther und der Orlamünder Gemeinde fand im alten Rathaus der Stadt statt, dem heutigen Haus Markt 44. Damals befand es sich im Besitz von Damian Luttwer, dem Schösser des Amtes Leuchtenburg-Orlamünde. Luther führte hier am Nachmittag des 24. August 1524

Andreas Bodenstein, genannt Karlstadt, Einblattdruck, Basel 1541/42

ehemaliger Rektor der Universität Wittenberg – hielt zunächst Messen nach katholischem Ritus, fand allerdings bei der Gemeinde kaum Verständnis. Erst in seiner zweiten Amtsperiode wurden reformatorische Veränderungen durchgeführt.

REINHARDSBRUNN

Stadt Friedrichroda
Landkreis Gotha

KLOSTERPARK

mit Vertretern der Orlamünder Gemeinde – Karlstadt durfte an dem Gespräch nicht teilnehmen – ein Streitgespräch, bei dem Luther hart zugesetzt wurde. Er schreibt später, dass er froh gewesen sei, die Stadt unbeschadet verlassen haben zu können.

Eine Tafel an dem später mehrfach umgebauten Haus erinnert heute an das Streitgespräch, das vom Weimarer Hofprediger Wolfgang Stein angebahnt worden war. Eine detaillierte Schilderung der Ereignisse in Orlamünde verdanken wir dem Bericht des Jenaer Predigers und Karlstadtanhängers Martin Reinhart. Die Aufzeichnungen sind ein Beleg dafür, dass den Beteiligten die Bedeutung des Ereignisses bewusst war.

Für Karlstadt endete diese Auseinandersetzung mit seiner Ausweisung aus Kursachsen im September 1524. Der Nachfolger Karlstadts im Pfarramt Caspar Glatz –

⊗ zwischen Schnepfenthal und Friedrichroda
◓ privat
🄰 zur Zeit nicht zugänglich
ℹ Tel. 03623 303085;
www.klosterpark-reinhardsbrunn.de

Reformationshistorisch ist Reinhardsbrunn als Gedenkstätte für Angehörige verschiedener konfessioneller Anschauungen zu verstehen, die an diesem Ort entweder Herberge und Schutz oder Verfolgung und Tod fanden.

Das Benediktinerkloster war rasch nach seiner Gründung 1085 durch Landgraf Ludwig zum Hauskloster und zur Grabstätte der Ludowinger, zum geistigen Zentrum der Landgrafschaft sowie zum bedeutenden Wegbereiter der Hirsauer Klosterreform in Mitteldeutschland geworden. Sein allmählicher Niedergang setzte jedoch bereits im frühen 13. Jahrhundert ein. Während des

Aufenthalts von Martin Luther auf der Wartburg weilte der papstkritische Augustinermönch mehrfach inkognito mit Vollbart unter dem Decknamen Junker Jörg im nahe gelegenen Kloster Reinhardsbrunn. Im Bauernkrieg 1525 wurde das Kloster schwer beschädigt, die Mönche mussten fliehen. Gegen eine Abfindung gingen die Klostergüter an Kurfürst Johann von Sachsen über, die Mönche erhielten einen bis zum Lebensende gesicherten Unterhalt und dauerhafte Aufnahme im Augustinereremitenkloster in → Gotha.

Am 18. Januar 1530 wurden vier Frauen und zwei Männer in Reinhardsbrunn hingerichtet, nachdem sie von Superintendent Friedrich Myconius in Gotha verhört worden waren. Es handelte sich um sogenannte Wiedertäufer, die die Kindertaufe ablehnten und sich deshalb am 7. Juni 1528 in der Kirche Zella St. Blasii von Volkmar von Hildburghausen ein zweites Mal hatten taufen lassen. Philipp Melanchthon befürwortete die Todesstrafe für diese Andersgläubigen aufgrund deren vermeintlich aufrührerischen Potentials. Sein Votum ist vor dem Hintergrund des traumatisch wirkenden Bauernkriegs zu sehen.

Von dem ehemaligen Klostergebäude haben sich keine Spuren erhalten. Anfang der 1550er Jahre wurden die verfallenen Gebäude als Bausubstanz für den Ausbau des Grimmensteins, den Vorgängerbau des heutigen Schlosses Friedenstein, in Gotha verwendet. Der geborene Kurfürst Johann Friedrich I. von Sachsen ließ dabei auch die Originalgrabplatten der Ludowinger aus der Klosterkirche in seine neue Schlosskirche auf dem Grimmenstein – der erste

Schloss Reinhardsbrunn

Neubau einer lutherischen Kirche in Thüringen – verlegen. Seit 1952 befinden sie sich in der Georgenkirche in Eisenach. Im 19. Jahrundert wurde an der Stelle des Klosters ein neogotisches Schloss erbaut.

REURIETH
Landkreis Hildburghausen

KIRCHE

- ❌ Ortsmitte
- ◆ Evang.-luth. Kirchgemeinde
- ⬤ außen frei zugänglich, innen nach Absprache
- ⓘ Pfarramt, Tel 03685 700653

Bemalte Holzdecke von 1596

Die sich überschneidenden politischen und kirchlichen Verhältnisse in der Gemeinde Reurieth lassen die Haltung der verschiedenen Beteiligten (Gemeinde, Geistlichkeit, Patronatsherr und Ortsherrschaft) bei der zunächst nur teilweisen Einführung der Reformation deutlich werden. Zwei Drittel der Bewohner gehörten zur Grafschaft Henneberg-Schleusingen, ein Drittel zum unmittelbar benachbarten Kurfürstentum Sachsen (Amt Hildburghausen). Kirchlich wurden die Einwohner Reurieths bis zur Reformation durch ihren Ortspfarrer betreut, der jeweils vom Kloster Veßra gesandt wurde. Die kirchliche Visitation der Geistlichen und der Gemeinden, die vom Kurfürstentum Sachsen im Jahr 1528 durchgeführt wurde, bestimmte in Reurieth eine Auspfarrung der sächsischen Gemeindeglieder aus der hennebergischen Pfarrei in die Vikarie der sächsischen Nachbargemeinde Ebenhards. Während der Vikar in Ebenhards den sächsischen Untertanen zu Reurieth in ihrer Kirche einmal in der Woche das Evangelium predigte und auch die Sakramente (Taufe und Abendmahl) reichte, sollten die Einwohner Reurieths an den Sonn- und Feiertagen nach Ebenhards zum Gottesdienst gehen. Dafür waren sie dem Vikar zu einer Besoldung verpflichtet, die sie bisher dem Ortspfarrer gegeben hatten.

Der Pfarrer aus dem Kloster Veßra hielt 1528 nach Aussage der Gemeindeglieder zwar „alles nach päpstlicher Ordnung". Er habe jedoch das Ordenskleid abgelegt und wohne mit einer Konkubine zusammen, mit der er Kinder gezeugt habe. Die sächsischen Bauern berichteten außerdem, der Pfarrer dürfe nicht evangelisch predigen, denn es sei ihm vom Abt verboten". Auch Graf Wilhelm von Henneberg untersagte zu diesem Zeitpunkt noch jede Veränderung des Gottesdienstes. 1535 kam Johann Volker auf die Vikarie zu Ebenhards, von wo aus er die sächsischen Untertanen aus Reurieth betreute. Gleichzeitig versuchte das Kurfürstentum Sachsen den offenbar evangelisch gesonnenen Abt Johann von Veßra als Pfarrer in Reurieth anzustellen, was von der hennebergischen Herrschaft jedoch untersagt wurde. Mit der Einführung der Reformation in der Grafschaft seit 1544 wurde schließlich Wendelin Mosert, ein früherer Veßraer Mönch als Pfarrer eingesetzt. Er bestand jedoch bei der Visitation 1555 „ganz untüchtig", beherrschte die

Taufstein von 1587

Kinderlehre (d. h. den Kleinen Katechismus) nicht und hatte in sieben Jahren die Bibel nicht ein Mal durchgelesen. Er wurde 1558 entlassen, als man Ersatz für ihn gefunden hatte.

Das Innere der Kirche in Reurieth zeigt eine bemalte Holzdecke aus dem Jahre 1596, einen Taufstein von 1587 und ein mit den Symbolen der Evangelisten und Pflanzendarstellungen bemaltes Kreuzrippengewölbe im Chorraum.

ROHR
Landkreis Schmalkalden-Meiningen

MICHAELISKIRCHE

- ⊗ Ortsmitte, Linde 4
- ◉ Evangelische Kirchgemeinde
- ⊙ täglich 8–18 Uhr; außer bei Gottesdiensten
- ⊙ Kirchenmuseum, Tel. 036844 30654; www.kirche-rohr.de

Bereits in der ersten Hälfte des 9. Jahrhunderts wurden in Rohr mehrfach die Michaeliskirche und ein Kloster urkundlich erwähnt. Etwa in diese Zeit datieren die Krypta mit Grablege (vermutlich des Stifterpaares) und die Reste einer karolingischen Wandbemalung. Im 13. Jahrhundert wurde jenseits des Haselbaches ein Nonnenkloster errichtet. Dieses wurde anlässlich der Visitation 1555 säkularisiert und seine Einkünfte für die Pfarrer- und Lehrergehälter verwendet. 1615 wurde die ehemalige Klosterkirche vom Schleusinger Superintendenten als Filialkirche eingeweiht. Bis 1825 fand hier regelmäßiger Gottesdienst durch den Rohrer Ortspfarrer statt. An der Michaeliskirche wurde 1555 als erster evangelischer Pfarrer Paulus Bauer eingesetzt, nachdem sein Vorgänger, durch die Gemeinde gedrängt, im Jahre 1552 zwar das Abendmahl für kurze Zeit unter beiderlei Gestalt eingeführt, dann aber wieder abgeschafft hatte. 1569 begannen Renovierungsarbeiten am Kirchengebäude, 1586 wurde ein neuer Taufstein zwischen Altarraum und Kirchenschiff aufgestellt. Seit 1618 wurden – möglicherweise im Gefolge des ersten Reformationsjubiläums – die mit Szenen der neutestamentlichen Heilsgeschichte bemalten Emporen eingebaut. Der 1620 gefertigte, heute an der Südwand angebrachte Flügelaltar vereint in seiner noch mittelalterlichen Form sowohl altgläubige als auch reformatorische Bildmotive und zugehörige Bibelworte.

Michaeliskirche

1730 wurde wie in vielen anderen thüringischen und fränkischen Kirchen ein Kanzelaltar aufgestellt, der zusammen mit dem Taufstein die beiden Sakramente Abendmahl und Taufe sowie Predigt verkörpert. Das Orgelprospekt auf der Empore im Chorraum steht für das Gotteslob in Gestalt der Kirchenmusik und stammt von der 1667 eingeweihten Orgel, das heutige Orgelwerk wurde 1914 eingebaut. Aus dem Jahr 1623

hat sich eine kleine Glocke erhalten, die dasselbe Bibelwort als Umschrift trägt wie das mittlere Tafelbild des Flügelaltars: „Also hat Gott die Welt geliebt, dass er seinen eingeborenen Sohn gab, dass alle, die an ihn glauben, nicht verloren werden,

Altar, Mitteltafel

sondern das ewige Leben haben." Die mittlere Glocke wurde 1630 gegossen und trägt die Umschrift: „Gegossen zur Jahrhundertfeier der Augsburgischen Konfession".

ROHRBORN
Stadt Sömmerda
Landkreis Sömmerda

KIRCHE ST. MICHAEL

- ❌ Ortsrand, Dorfstraße
- 🌳 Evangelische Regionalgemeinde
- 🕐 außen frei zugänglich, innen nach Absprache
- ℹ️ Pfarramt, Tel. 03634 6906968

Für das seit 1466 zum Erfurter Landgebiet gehörende und in das Amt Sömmerda integrierte Dorf Rohrborn spielte in der Frühphase der Reformation die Einführung der lutherischen Lehre keine besondere Rolle. Dies umso mehr, da in den 1520er Jahren die Pfarrstelle für einige Zeit vakant war. Gerade dadurch mag ein Freiraum entstanden sein, in dem von einzelnen Einwohnern des Dorfes nach der Niederlage der Aufständischen bei Frankenhausen andere religiöse Vorstellungen aufgegriffen wurden. Wie in weiteren Ortschaften des Thüringer Beckens auch – darunter Sömmerda und das albertinische Etzleben – schlossen sich in Rohrborn Einwohner der radikalreformatorischen Bewegung der Täufer (Wiedertäufer) an. „Haupt der Agi-

tation" in der Region war mit Hans Römer ein Kampfgefährte des 1525 hingerichteten Thomas Müntzer. Nach seiner Flucht kehrte er 1527 nach Thüringen zurück, begann täuferisch zu wirken und einen Umsturz in Erfurt vorzubereiten. Zu seinen engsten Vertrauten zählte 1527/28 der Rohrborner Bauer Volkmar Fischer, dessen Schicksal exemplarisch für das von Täufern in Thüringen steht. In Rohrborn hatte Römer Fischer für die Sache der Täufer gewinnen können und ihn kurz darauf in Etzleben getauft. Zudem gibt es Hinweise, dass der Umsturzplan für Erfurt in Fischers Haus in Rohrborn beraten wurde. Zu der für Anfang 1528 geplanten Realisierung kam es jedoch nicht, da der Erfurter Rat schon am 30. November 1527 Kenntnis davon erhielt und

Kirche St. Michael

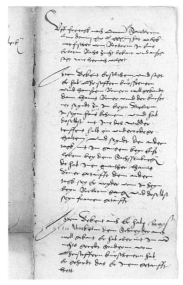

Protokoll des Verhörs von Volkmar Fischer durch den Erfurter Rat, 6. November 1534

tingen – wo inzwischen Hans Römer gefangen genommen worden war – reichte der „lange Arm" der Erfurter. Der ehemalige thüringische Tauferführer dürfte auf Betreiben des Erfurter Rates 1535 in Göttingen hingerichtet worden sein.

RÖMHILD
Landkreis Hildburghausen

STIFTSKIRCHE

Am Stift

Evang.-luth. Kirchgemeinde

April–Dezember: tagsüber

Pfarramt, Tel. 036948 80264; www.kirche-roemhild.de

sofort gegen die Täufer vorging. Einige von ihnen wurden hingerichtet, um die „Sekte" auszurotten.

Römer und Fischer gelang mit weiteren Anhängern die Flucht, die sie bis nach Basel führte. Dort verließ Fischer die Gruppe und distanzierte sich schließlich vom Täufertum. Nach einem längeren Aufenthalt in Böhmen wurde er 1534 im Erfurter Landgebiet gefangengenommen und mehrfach zu seiner täuferischen Vergangenheit verhört. Da der Erfurter Rat unter dem Eindruck des Täuferreiches von Münster wieder verstärkt gegen Täufer vorging, ist es wahrscheinlich, dass es sich bei einem 1535 im erfurtischen Schmira hingerichteten Täufer um Fischer handelte. Und sogar bis nach Göt-

Das Chorherrenstift in Römhild wurde im Jahre 1450 von Graf Georg I. von Henneberg-Aschach (1395/96–1465) gegründet und mit zwölf Chorherren besetzt, die ordensähnlich, aber jeder in einem eigenen Haus, rund um die Stiftskirche zusammenlebten.

1532 teilte Graf Hermann die Herrschaft unter seinen Söhnen Berthold und Albrecht auf. Als beide 1549 starben, hatte Berthold seine Herrschaft Römhild bereits an seine Schwäger, die Grafen von Mansfeld, verkauft, während Herrschaftsanteile Albrechts an seine Witwe und an Henneberg-Schleusingen gelangten. 1555 wurden sie in die Visitation der Grafschaft Henneberg durch den Superintendenten Christoph Fischer einbezogen.

Stiftskirche

Zur Einführung der Reformation in den beiden henneberg-römhildischen Territorien überliefert die Kirchenagende von Mäbendorf (bei Suhl) einen Eintrag: „Nach Christi Geburt 1545 ist in diesem hennebergischen Ländlein das reine Wort Gottes kommen und durch Beratschlagung der beiden durchlauchtigen hochgeborenen Fürsten und Herren, Herrn Grafen Bertholds und Herrn Grafen Albrechts von Henneberg, christlich angenommen worden."

In Römhild wurde um 1546 zunächst die Stelle des Predigers, später die des Stiftsdekans mit dem in Wittenberg ordinierten Andreas Rüdiger besetzt. Als 1550 Johann Georg von Mansfeld seine Untertanen in der Herrschaft Römhild aufforderte, das Augsburger Interim anzunehmen, weigerten sich diese mit der Begründung, dass ihnen der Graf in der Huldigung zugesagt habe, „sie bei Gottes Wort bleiben zu lassen". 1553 wurde Rüdiger zum Superin-

tendenten der beiden Ämter Römhild und Lichtenberg bestellt und im selben Jahr vom Rat der Stadt Ostheim gebeten, seiner Gemeinde das Abendmahl zu reichen. Nach dem Übergang der beiden Ämter an die Ernestiner wurde 1556 die erste umfassende Visitation durchgeführt.

Die Stiftskirche in Römhild bewahrt dank einer behutsamen Renovierung im 19. Jahrhundert mit ihren Grabmonumenten und ihrem gotischen Taufstein bis heute den Eindruck der Zeit vor und nach Einführung der Reformation. Der 12 Meter hohe Altar wurde von 1688 bis 1692 durch den Bildhauer Johann Adam Lux aus Neustadt an der Saale und den Hofmaler Johann Gedeler geschaffen. Ein seltenes, in den frühen Jahren der Reformation aus einem Messgewand umgearbeitetes Altarparament wurde in Römhild noch 1994 im Gottesdienst verwendet. •

RONNEBURG
Landkreis Greiz

STADTKIRCHE ST. MARIEN
EHEMALIGE KNABENSCHULE

✖ Kirchplatz
🍃 Evang.-luth. Kirchgemeinde; privat
🕐 Besichtigung nach Anmeldung
ℹ Pfarramt, Tel. 036602 514731

In der Stadt Ronneburg stießen die Lehren Martin Luthers frühzeitig auf fruchtbaren Boden. Der kursächsische Rat Anarch, Herr zu Wildenfels, Schönkirchen und Ronneburg, welcher 1517 von den Wettinern Kurfürst Friedrich von Sachsen und Herzog Johann von Sachsen Stadt, Schloss und Pflege Ronneburg erhalten hatte, beteiligte sich aktiv an der Verbreitung der reformatorischen Lehren. Er berief schon 1528 mit Johann Voit, der nach seinem Bekenntnis zur Reformation 1525 auf Betreiben des Propstes des Bergerklosters Altenburg pensioniert worden war, einen Lutheraner als Pfarrer an die Stadtkirche Ronneburg. Dessen 1530 in Ronneburg geborener Sohn David Voit, ein enger Mitstreiter Philipp Melanchthons, wirkte nach Tätigkeiten als theologischer Gelehrter in Jena und Königsberg ab 1587 als Professor der Theologie an der Universität zu Wittenberg.

Ein Nachfolger Johann Voits, der dritte evangelische Pfarrer Melchior Frenzel, korrespondierte 1542 mit Martin Luther zu unterschiedlichen Auffassungen bezüglich der Tauflehre. In einem Brief vom 13. Juli 1542 belehrte Luther den Ronneburger Pfarrer nachdrücklich und erläuterte mit wenigen Worten seine Auffassung von der „Communicatio idiomatum" (Zwei-Naturen-Lehre).

Nach einer Visitation im Jahre 1533 diente nur noch die Stadtkirche der Ausübung der Gottesdienste. Die Kapellen büßten ihre sakrale Funktion ein, das ihnen zugehörige Kapital ging teilweise an den Kirchenkasten und kam dem neuen Hospital zugute.

Eine Visitation unter Federführung Georg Spalatins 1529 veranlasste Johann Voit, einen theologischen Aufsatz zu verfassen, in welchem ausführlich die Festlegungen der Visitatoren erläutert wurden. In die-

Stadtkirche St. Marien, rechts daneben die frühere Knabenschule

sem Text forderte Voit unter anderem die Einsetzung eines frommen Schulmeisters, der für christliche Unterweisung sorgen und die Jugend in Zucht und Lehre aufziehen sollte. Noch im selben Jahr öffnete in der Nähe der Stadtkirche auf dem Ronneburger Kirchplatz die erste Knabenschule ihre Türen. Ambrosius Wayner wurde nach Befürwortung durch die Visitatoren als Schulmeister bestellt.

Diese schulische Einrichtung war eine der ersten Schulgründungen im thüringischen Raum, seit 1528 Luther und Melanchthon den Aufbau eines reformatorischen Schulsystems mit einer Verknüpfung von Evangelium und Bildung angeregt hatten. Der Schulbesuch in Ronneburg war für alle Kinder der Gemeinde kostenlos, der Lehrer erhielt seine Vergütung aus Teilen der Pfarrerbesoldung und zusätzlich Bezüge aus dem Kirchenkasten. Ab 1552 wurde dem Lehrer ein Kantor zur Seite gestellt.

Das erste protestantische Schulgebäude, welches mittlerweile baulich überformt und zu Wohnzwecken umgenutzt wurde, verweist noch heute auf die lange Tradition schulischen Lebens in Ronneburg. Reliefdarstellungen mit den Portraits von Martin Luther, Philipp Melanchthon und Johann Comenius an der Fassade der Staatlichen Regelschule „Friedrich Schiller" (Martin-Luther-Straße) erinnern an den Einfluss der Reformation auf die Entwicklung des Schulwesens.

RUDOLSTADT
Landkreis Saalfeld-Rudolstadt

HISTORISCHE BIBLIOTHEK

- ⊗ Altes Rathaus, Stiftsgasse 2
- ◓ Stadtverwaltung Rudolstadt
- ◔ Führungen nach Anmeldung
- ⓘ Tel. 03672 486160;
  www.rudolstadt.de

Die Wurzeln der Rudolstädter Bibliotheksgeschichte lassen sich bis in die Reformationszeit zurückverfolgen, als durch Graf Heinrich XXXII. in der Hofkirche eine Büchersammlung mit vorwiegend theologischen Schriften angelegt wurde. Da die meisten schwarzburgischen Regenten Interesse an Bildung, Kunst und Wissenschaften zeigten, wurde die Sammlung im Laufe der Jahrhunderte sy-

Die Bibliothek befindet sich im Alten Rathaus.

stematisch erweitert. Die aus der Hofkirchenbibliothek hervorgegangene, seit 1993 als Historische Bibliothek firmierende Einrichtung ist heute eine öffentliche Universalbibliothek. Mit rund 3000 Titeln des 16. Jahrhunderts von insgesamt mehr als 85.000 Bestandseinheiten bewahrt die Bibliothek einen beachtenswerten Bestand zum Jahrhundert der Reformation auf.

Unterschiedliche Erwerbsquellen wie auch die Vorlieben mehrerer Fürstengenerationen des Hauses Schwarzburg-Rudolstadt führten zu der bedeutenden Sammlung mit herausragenden Werken der Buch- und Druckgeschichte. Besonders wertvoll sind u. a. 140 Inkunabeln (Drucke bis zum Jahr 1500) sowie Werke der Humanisten und Reformatoren in frühen Ausgaben. Zu den kostbarsten Sammlungsstücken gehören Autographen und Manuskripte von Martin Luther und Philipp Melanchthon. Die Bibliographie allein zur Person Luthers weist im engeren Sinn etwa 300 Eintragungen aus. Erst seit kurzem präsentiert das Haus mit der „Rudolstädter Medianbibel" von 1541 Reformationsgeschichte aus erster Hand. Das Rudolstädter Exemplar der in Wittenberg gedruckten zweibändigen Ausgabe von Luthers Bibelübersetzung verdankt ihre Einzigartigkeit mehreren handschriftlichen Einträgen Martin Luthers, seines Sohnes Paul und zweier Enkel sowie der Reformatoren Justus Jonas, Philipp Melanchthon und Caspar Crutziger.

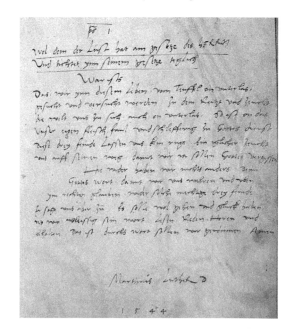

Martin Luthers Auslegung von Psalm 1 von 1544 in der Rudolstädter Medianbibel

RUDOLSTADT
Landkreis Saalfeld-Rudolstadt

STADTPFARRKIRCHE
ST. ANDREAS

❌ Stadtmitte, Kirchhof 1

◉ Evang.-luth. Kirchgemeinde

◔ April–Oktober: Mo–Fr 11–16 Uhr,
Sa/So nach Vereinbarung

ⓘ Pfarramt , Tel. 03672 48960

Unter Graf Heinrich XXXII. († 1538) wurde zwischen 1531 und 1533 in der schwarzburgischen Oberherrschaft die Reformation eingeführt. Erster evangelischer Pfarrer in der Residenz Rudolstadt war Georg Wildenröder († 1536). An ihn erinnert eine Grabschrift an der Stadtkirche. Mit der Landesteilung von 1571 wurde Rudolstadt Sitz verschiedener Landesbehörden, darunter der Superintendentur (1576) und des Konsistoriums (1580). Erster Superintendent und Vorstand des Konsistoriums war der verdienstvolle Pfarrer der Stadtkirche Friedrich Kellner (Cellarius) (1534–1604). Er hatte in Wittenberg und Leipzig Theologie studiert, war fünf Mal verheiratet und hinterließ elf Söhne und vier Töchter.

Sein einstiger Wirkungsort, die Rudolstädter Andreaskirche, ist ein bedeutendes Beispiel einer protestantischen Herrschaftskirche und birgt im Inneren eines der bedeutendsten Ensembles manieristischer Kunst in Thüringen. Das heutige Erscheinungsbild geht im Wesentlichen auf die in den Jahren 1634/36 erfolgte Erneuerung des spätgotischen Kirchenbaus zurück. Bestimmend für den Raumeindruck ist die Farbgebung in Weiß, Grau und Schwarz, die bei der Restaurierung der Kirche 1965/66 wiederhergestellt wurde. Zu den wichtigsten Inventarstücken zählt der Hauptaltar, eine mehrgeschossige Bildwand, für deren Ausschmückung der Hofmaler Heinrich Siegfried (Seyfried) Bildtafeln eines spätgotischen, vermutlich in der Werkstatt des Michael Wolgemut in Nürnberg geschaffenen Retabels wiederverwendete, die er aber dem lutherischen Bekenntnis entsprechend „korrigierte", d. h. von unpassenden Heiligendarstellungen bereinigte. Siegfried schuf auch die Gemälde an den Emporen, einen umfangreichen Zyklus mit Bildern aus dem Alten und Neuen Testament. Die Kanzel ist ein Werk der namhaften Erfurter Bildschnitzer Heinrich und Johann

Stadtkirche

Friedemann. Ihrer Funktion als Hofkirche entsprechend wurde 1636
auch ein Herrschaftsstand eingefügt. Er ist ein wichtiges Zeugnis
dynastischer Repräsentation. Der
viergeschossige Einbau nimmt im
Untergeschoss die herrschaftliche
Grablege auf, darüber sind die Loge
der Herrschaft und zwei Stände für
Hofbeamte angeordnet.

SAALFELD
Landkreis Saalfeld-Rudolstadt

FRANZISKANERKLOSTER
Stadtmuseum

Ostgiebel der ehemaligen Klosterkirche

❌ Münzplatz 5

🍃 Stadt Saalfeld

🕐 Di–So 10–17 Uhr

ℹ️ Tel. 03671 598471;
www.museumimkloster.de

Das Saalfelder Franziskanerkloster
zählt zu den herausragenden mittelalterlichen Bauwerken in Thüringen.
Von besonderer Bedeutung ist die
weitgehend erhaltene Architektur
des um 1250 gegründeten Konvents, vor allem der hölzerne Dach-
stuhl der Klosterkirche aus der Zeit
um 1300.
Im Zuge der Reformation wurde das
Kloster 1534 aufgelöst. Der letzte
Guardian (Vorsteher) übergab die
Kleinodien der Mönche an den Saalfelder Stadtrat, der sie zu Gunsten
des neu geschaffenen „Gemeinen
Kastens" versteigern ließ. Die Bestände der franziskanischen Biblio-

thek gingen an die städtische Lateinschule über, die wenig später auf
Anraten des ersten Saalfelder Superintendenten Caspar Aquila in das
leerstehende Klostergebäude einzog. Die fünf letzten hier noch verbliebenen Mönche erhielten auf Kosten des Stadtrates neue Quartiere
und lebenslange Renten.
Später lange Zeit als Schule, Münz-
stätte und für Wohnzwecke genutzt,
wurde das ehemalige Kloster zwischen 1990 und 2003 vollständig
saniert. Mit dem bereits 1904 gegründeten Stadtmuseum Saalfeld
beherbergt es heute eines der größten kulturgeschichtlichen Museen
Thüringens. Sammlungsschwer-
punkte sind die Geschichte des Franziskanerklosters, Mittelalterliche
Schnitzplastik sowie die Saalfelder
Stadtgeschichte, die in der Dauer-

ausstellung und zahlreichen Wechselausstellungen in den historischen Gebäuden präsentiert werden.

In den Beständen des Museums befinden sich auch Luther-Memorabilia, so vor allem das „Betbüchlin mit dem Calender und Passional auffs new corrigiert und gemehret. D. Mar. Luther", Wittenberg 1542 (gedruckt bei Hans Lufft) mit handschriftlichem Eintrag Luthers von 1544 sowie die Schriften „Wider den falsch genantte(n) geystlichen stand des Babst vn(d) der bischoffen. D. Mart. Luther Ecclesiasten tzu Wittemberg", Wittenberg 1522 (gedruckt bei Nickel Schyrlentz); und „Kirchen-Postilla, das ist Auslegung der Episteln und Evangelien an Sontagen und fürnemesten festen. D. Martin Luther. Auffs neu corrigiert und gebessert", Wittenberg 1547 (gedruckt bei Hans Lufft).

St. Johannis, Innenraum

SAALFELD
Landkreis Saalfeld-Rudolstadt

JOHANNESKIRCHE
Caspar Aquila

- ❌ Stadtmitte, Kirchplatz 3
- ✚ Evang.-luth. Kirchgemeinde
- ❓ Besichtigung nach Anmeldung
- ℹ️ Pfarramt Saalfeld, Tel. 03671 455940

Die Geschichte der Reformation in Saalfeld ist eng mit der Person Caspar Aquila (Adler) (1488–1560) verbunden. Er war einer der Helfer Luthers bei der Übersetzung des Alten Testaments und ein ausgezeichneter Kenner des Hebräischen und Griechischen. Der Reformator selbst sagte über ihn: „Wenn die Bibel verloren würde, wollte ich sie wieder bei Aquila finden." Der seit 1524 als Prediger an der Wittenberger Schlosskirche tätige Aquila wurde 1527 auf Empfehlung Luthers als erster evangelischer Pfarrer nach Saalfeld berufen; ein Jahr später versah er auch das Amt des Superintendenten. Große Verdienste erwarb sich Aquila als Lehrer und Schriftsteller. Zu seinen einflussreichsten Schriften gehörten die „Kurzen Fragstücke" aus dem Jahre 1555 und die elf „Kinderpredigten", in denen er jungen Zuhörern Unterweisung zu wichtigen theologischen Fragen in Frage- und Antwortform erteilte. Aquila war auch ein sozial engagierter Mensch, der sich um die Armen und Bedürftigen kümmerte. Schiller hat ihm in seiner Schrift „Herzog Alba bei einem Frühstück auf dem Schlosse zu Rudolstadt im Jahr 1547" ein literarisches Denkmal gesetzt. In Saalfeld erinnert eine Gedenktafel am einstigen Wirkungsort an seine Person. Luther, der den alten Weggefährten auf seinem Weg zur Veste Coburg besuchte, predigte in dieser Kirche am 13. April 1530. Ein 1905 von dem Bildhauer Paul Jukow geschaffenes Lutherdenkmal, heute in der Turmhalle der Johanniskirche aufgestellt, erinnert an den Reformator. Das Gotteshaus selbst ist einer der bedeutendsten Sakralbauten der Spätgotik in Thüringen. An dessen Südwestecke befindet sich eine der seltenen Außenkanzeln, auf der der Überlieferung nach Tetzel Ablasspredigten gehalten haben soll.

SCHLEIZ
Saale-Orla-Kreis

BERGKIRCHE

❌ Bergstraße 11
🍃 Evang.-luth. Kirchgemeinde
🕐 Mai–Oktober: Di–So 14.30–16.30
ℹ Tel. 03663 422666;
   www.bergkirche-schleiz.de

Die Schleizer Bergkirche St. Marien, deren älteste Bauteile aus dem 14. Jahrhundert stammen, hält die Erinnerung an die Reformation in einer in Thüringen häufig anzutreffenden Weise fest: einer Galerie der

Superintendenten. Jedoch sind vergleichbare Galerien kaum mehr an ihrem historischen Ort in dieser Vollständigkeit erhalten. Angeblich soll Herzog Heinrich XVIII., der Mittlere zu Greiz (1563–1616) den Auftrag erteilt haben, diese Galerie für die Stadtkirche anzulegen, wo sie in der Sakristei den Stadtbrand von 1689 überstand. 1693 wurde sie in der Bergkirche aufgehängt.

Die Reihe der insgesamt 25 Darstellungen setzt mit drei Bildern ein, welche die Reformatoren Philipp Melanchthon, Martin Luther und Jan Hus zeigen. Die Gemälde von Luther und Hus wurden 1715 von dem Schleizer Maler Martin Jacobi angefertigt. Wahrscheinlich vereinigte man sie zum Reformationsfest 1717 mit den anderen Bildern, um eine Traditionslinie der Schleizer Pfarrer

Blick zum Chorraum

Superintendentengalerie

bis auf das Reformationsjahrhundert zu inszenieren. Die Reihe der Schleizer Superintendenten setzt mit Michael Oberlein (1551–1560) ein, der das Amt 1551 in Schleiz antrat. Seine beiden Vorgänger, Thomas Spieß (1533–1544) und Kaspar Hosenloch (1545–1550) sind offenbar nicht berücksichtigt. Das letzte Bild zeigt Horst Stäbe (1955–1977), mit dem die Tradition der Darstellung abbricht.

Unter den dargestellten Superintendenten sind Gabriel (1656–1692) und Johann Gabriel Hartung (1692–1701) erwähnenswert, da sie eine rege Bautätigkeit an den Schleizer Kirchen organisierten. Ihre Grabsteine stehen links und rechts neben dem Altar der Bergkirche. Johann Georg Pritius (1702–1708) wurde 1711 Senior der Pfarrerschaft von Frankfurt am Main, wo er der Nachfolger von Philipp Jakob Spener wurde, dem „Vater des Pietismus".

In der ehemaligen reußischen Landeskirche wurde seit dem 16. Jahrhundert ein konfessionelles Sonderbewusstsein gepflegt. Dieses rührte aus der Zeit nach 1567, als die Reußen mit den Schönburgern eine eigene Konfessionsschrift gegen die mächtigen wettinischen Nachbarn in Druck gaben. Sie bekundeten damit ihre besondere Hinwendung zur Theologie Luthers, während theologische Einflüsse Melanchthons zurückgewiesen wurden.

SCHLEUSINGEN
Landkreis Hildburghausen

SCHLOSS BERTHOLDSBURG

- ⊗ Stadtzentrum, Burgstraße
- ⬥ Stiftung Thüringer Schlösser und Gärten
  Di–Fr 9–17 Uhr, Sa/So 10–18 Uhr
- ☎ Tel. 036841 5310;
- ⓘ www.museum-schleusingen.de

Obwohl Graf Wilhelm von Henneberg bis 1543 am katholischen Gottesdienst in seiner Grafschaft festhielt,

Bertholdsburg

öffnete er die Lateinschule an seiner Residenz Schleusingen schon in den Jahren nach dem Bauernkrieg dem Einfluss der evangelischen Lehre. Mit Johann Lindemann, dem aus Neustadt an der Saale stammenden Neffen von Luthers Mutter, mit Franz Ittig, dem Melanchthon zum Antritt der Schulstelle in Schleusingen gratulierte und mit Sebastian Glaser, dem späteren hennebergischen Kanzler, waren hier bis zur Einführung der Reformation zwei Jahrzehnte lang Lehrkräfte tätig, die in Wittenberg studiert hatten. Als Georg Ernst 1543 Elisabeth von Braunschweig-Calenberg heiratete, legte Wilhelm die Regierung in die Hände seines Sohnes. Er unterzeichnete allerdings noch eigenhändig im Herbst desselben Jahres den Dienstvertrag mit dem Reformator Johann Forster, der die Einführung der Reformation in Residenz und Herrschaft betraf. Forster war in Augsburg geboren, hatte zunächst in Leipzig studiert und gehörte zum Mitarbeiterkreis Luthers bei der Übersetzung des Alten Testaments. 1543 war er von der Stadt Nürnberg zur Einführung der Reformation in die Grafschaft Henneberg „ausgeliehen" worden. Nach seinem Weggang aus Schleusingen 1547/48 kehrte er über Merseburg nach Wittenberg zurück, wo er sein Lebenswerk, ein vierzehnbändiges hebräisches Lexikon, vollendete.

Ab 1544 visitierte Forster zunächst die Amtsorte und führte in allen Kirchen die nürnbergisch-brandenburgische Kirchen- und Gottesdienstordnung ein. 1548 widersetzte sich der alte Graf Wilhelm in einem Schreiben an den Kaiser erfolgreich dessen Aufforderung zur Einführung des Augsburger Interims. Außerdem gewährte er einer Reihe von Pfarrern, die wegen der Ablehnung des Interims hatten fliehen müssen, Zuflucht bzw. Anstellung (z.B. Caspar Aquila aus Saalfeld, und Joachim Mörlin aus Göttingen). 1560 gründete Georg Ernst eine Landesschule, die in die Räume des ehemaligen

Franziskanerklosters einzog. Die 1577 zu einem sechsklassigen Gymnasium ausgebaute Schule war die erste Einrichtung ihrer Art im nördlichen evangelischen Franken und südlichen Thüringen. Bis ins 19. Jahrhundert hinein behielt sie überragende Bedeutung für diesen Raum. Die Ägidienkapelle in der Stadt- und Schlosskirche St. Johannis beherbergt die Grabmonumente jener Mitglieder des Grafenhauses Henneberg, die ihr Land für die Einführung der Reformation öffneten (→ Kulturelle Entdeckungen Band 2).

Kirche St. Georg

SCHMALKALDEN
Landkreis Schmalkalden-Meiningen

STADTKIRCHE ST. GEORG

- ⊗ Kirchhof 1
- ◉ Evangelische Kirchengemeinde
- ◉ Mai bis Oktober: Mo–Sa 10.30–14.30 Uhr, November bis April: Mo–Sa 11–12, 14–15 Uhr
- ❶ Pfarramt, Tel. 03683 402471

Die Planung eines Neubaus der Georgskirche setzte im Jahr 1416 ein und bis 1507/09 wurde eine der schönsten Hallenkirchen Thüringens fertiggestellt. Die Tafelbilder der gotischen Empore von 1503 zeigen, dass die zahlreichen späteren Zyklen des Lebens Jesu in den evangelischen Kirchen Thüringens und Frankens bereits in der Zeit vor der Reformation ihren Ursprung haben.

Von der Bemalung des Taufsteins abgesehen, sind es die einzigen Bildwerke, welche die von Landgraf Moritz gegen den Willen der Bevölkerung 1608 im Zuge der reformierten „Verbesserungspunkte" durchgeführte Entfernung der Bilder überlebt haben.

Erst bei der Renovierung 1898/99 wurden die 1604 hinter Brettern verborgenen Tafelbilder wieder sichtbar. Über der Sakristei befindet sich die sogenannte Lutherstube, deren Kreuzgewölbe eine Ausmalung von 1569 aufweist. Die heutigen Ausstellungsgegenstände erinnern an ihre ursprüngliche Bestimmung als Kirchenbibliothek und Paramentenkammer sowie an die Reformation. Die beiden Wappen an der Kirchenlade von 1560 erinnern an das gemeinsame Patronat der hessischen und der hennebergischen Landesherrschaft, die das

Pfarrbesetzungsrecht im Wechsel ausübten. Die Reformation wurde an der Stadtkirche in Predigt und Gottesdienstordnung spätestens 1525 durch Wolfgang Gräfe eingeführt („Deutsche Messe"; siehe dazu das handschriftliche liturgische Formular im Lektionar von 1524 nach Luthers Übersetzung in der Lutherstube!) und von der hessischen Teilherrschaft gegen die Einsprüche Wilhelms von Henneberg durchgesetzt. Gräfe gehört zu den Reformatoren aus allen Gegenden Deutschlands, die anlässlich der Schmalkaldischen Tagung 1537 täglich in der Stadtkirche predigten. Als nach Gräfes Tod 1548 das Besetzungsrecht turnusgemäß an die hennebergische Herrschaft fiel, setzte auch diese erstmals einen evangelischen Pfarrer ein. Daneben sorgte sie durch den Neubau eines Schulgebäudes und von Lehrerwohnungen sowie die Anstellung zusätzlicher Lehrkräfte für eine Verbesserung der städtischen Bildung. Nachdem 1608 durch den Landgrafen von Hessen-Kassel auch die reformierte Konfession in Schmalkalden eingeführt worden war, etablierten deren Angehörige nach verschiedenen Auseinandersetzungen mit der weit stärkeren lutherischen Gemeinde eine eigene Schule, eigene Geistliche und den reformierten Gottesdienst, der ebenfalls in der Stadtkirche abgehalten wurde. Dieser Zustand währte bis zur Durchführung der hessischen Kirchenunion im 19. Jahrhundert.

SCHMALKALDEN

Landkreis Schmalkalden-Meiningen

HESSENHOF

⊗ Stadtzentrum, Neumarkt

⌂ Stadt Schmalkalden

🔓 außen frei zugänglich

ℹ Tel. 03683 403182;
www.schmalkalden.com

Der Hessenhof wurde bereits in romanischer Zeit, vermutlich als Sitz der Thüringer Landgrafen erbaut. Aus dieser Zeit hat sich das ursprüngliche Erdgeschoss (heute Kellergeschoss) mit den bekannten Gemälden der Iwein-Dichtung (heute in Kopie im Schloss Wilhelmsburg) erhalten. Seit dem Ende des 14. Jahrhunderts hatte der hessische Vogt hier seinen Sitz.
Während der Tagung des Schmalkaldischen Bundes 1537 diente das Gebäude dem Landgrafen Philipp von Hessen als Quartier. Er hatte den zur Tagung geladenen Theolo-

Hessenhof

gen als gemeinsamen Tagungsort „ein Haus auf dem Platz, da der Landgraf Hof hält", nach örtlicher Überlieferung der Hessenhof selbst, zugewiesen. Die Theologen traten dort am 12. Februar erstmals zusammen, um das Augsburgische Bekenntnis sowie dessen Erläuterung (Apologie) nach 1530 erneut zu überprüfen und zu bestätigen. Weiterhin waren die Theologen aufgefordert, die bisher weitgehend ausgeklammerte Frage der Autorität des Papstes und der Bischöfe in ergänzenden Artikeln zu formulieren. Diese waren ausdrücklich als eine Ergänzung des Augsburgischen Bekenntnisses und nicht von Luthers Schmalkaldischen Artikeln bestimmt. Die Aufgabe wurde einem Ausschuss übertragen, der sie nach Luthers Erkrankung an Melanchthon delegierte. Alle drei Texte wurden von den anwesenden Theologen schließlich am 24. Februar 1537 – höchstwahrscheinlich im Hessenhof – unterzeichnet und von den Bundesständen in den „Abschied" aufgenommen. Einzelne Theologen unterzeichneten auch schon vorher oder etwas später.

In eigener Initiative formulierten die Theologen außerdem einen Antrag an alle Bundesstände über die kirchliche Verwendung der Klostergüter und anderer geistlicher Stiftungen. Hierfür waren seit der Visitation von 1528 insbesondere die Sachsen-Ernestinischen Herrschaften in Wittenberg, Eisenach oder im Coburger Land Vorbilder. Auch dieser Antrag wurde von den Ständen in ihren Abschied aufgenommen.

SCHMALKALDEN
Landkreis Schmalkalden-Meiningen

LUTHERHAUS

- ⊗ Lutherplatz
- ⬢ privat
- ❶ außen frei zugänglich
- ❶ Tourist-Info, Tel. 03683 403182; www.schmalkalden.com

Als sich im Februar und März 1537 die schmalkaldischen Bundesstände zusammen mit weiteren protestantischen Reichsständen und deren Theologen versammelten, bezog Luther sein Quartier im Haus Balthasar Wilhelms am sogenannten Töpfenmarkt, dem heutigen Lutherplatz.

Balthasar Wilhelm war 1517 eine Vikarie (Messpriesterstelle) am Chorherrnstift verliehen worden, die er unter dem Einfluss der Reformation bereits 1521 zurückgab. Kurz vor Ausbruch des Bauernkrieges bat er Graf Wilhelm von Henneberg, ihn in den Forderungen nach Taufhandlung in deutscher Sprache, Austeilung des Abendmahls unter beiderlei Gestalt und Abstellung der Seelmessen für Verstorbene zu unterstützen und zu schützen, da die bisherige Praxis „wider Gott und sein heiliges Wort" sei. Der Graf wollte jedoch in seiner Antwort vom Palmsonntag 1525 „noch zur Zeit" keiner Veränderung des Gottesdienstes zustimmen, gestattete aber die „Disputation" der entsprechenden Fragen. Die Lutherstube in der Stadtkirche Schmalkaldens zeigt ein Exemplar der „Augsburgischen Konfession" aus dem Jahr 1530 mit Balthasar Wilhelms Besitzeintrag Zur Erinnerung an die Beherbergung Luthers in seinem Haus ließ Balthasar Wilhelm, seit 1532 hessischer Rentmeister, bereits 1538 acht bemalte Glasscheiben in den Fenstern von Luthers Wohnraum

Lutherhaus

anbringen, die neben einer biblischen Szene die Porträts der beiden schmalkaldischen Landesherren und des sächsischen Kurfürsten sowie mehrere Wappen zeigten. Die prächtige, im Jahr 1687 an der Hausfront angebrachte Gedenktafel irrt leider. Weder war das Haus im Jahr 1537 „Versammlungs-Haus der Evangelischen Stände" noch wurden hier die Schmalkaldischen Artikel Luthers „verfertigt". Letztere hatte Luther schon in Wittenberg verfasst. Jedoch fand in Balthasar Wilhelms Haus die erste, noch von Luther geleitete Ausschusssitzung der Theologen statt. Auch besuchten Luthers Landesherr, Kurfürst Johann Friedrich, Landgraf Philipp von Hessen sowie andere Vertreter der Bundesstände und der Theologen den schwer erkrankten Reformator in seinem Quartier. Hier hielt Luther

auch die später gedruckte Rede von der „Auslegung des Glaubens" (d. h. des Glaubensbekenntnisses), „gepredigt in des Rentmeisters Hause". Am 24. Februar 1537 wurden von allen anwesenden Theologen die erneut durchgesehene Augsburgische Konfession, deren „Apolo-

Historische Stucktafel

gie" sowie Melanchthons Schrift über die „Gewalt des Papstes und der Bischöfe" unterzeichnet (→ Hessenhof). Luthers „Schmalkaldische Artikel" hingegen unterzeichnete nur die überwiegende Mehrheit der Theologen (in Wittenberg 8, in Torgau 1, in Schmalkalden 25 und in Erfurt 10, also insgesamt 44 Unterschriften; vier oberdeutsche und einer der fünf hessischen Theologen leisteten wegen Differenzen in der Abendmahlslehre keine Unterschrift!). Wegen dieser unvollständigen Unterzeichnung konnten Luthers Artikel nicht in den Bundesabschied aufgenommen werden. Sie erlangten in den einzelnen lutherischen Territorien jedoch nach und nach Bekenntnisrang, zuletzt umfassend durch die Konkordie von 1577.

SCHMALKALDEN
Landkreis Schmalkalden-Meiningen

LUTHERPLATZ
ehemals Töpfenmarkt

❌ Stadtzentrum
🅰 frei zugänglich
ℹ Tel. 03683 403182;
   www.schmalkalden.com

Während der Tagung des Schmalkaldischen Bundes wohnte 1537 der kaiserliche Gesandte und Vizekanzler Matthias Held „im Haus des Bürgermeisters Hans Wißler". Dessen Haus befand sich „gerade gegenüber" dem Quartier Martin Luthers, also am ehemaligen Töpfenmarkt (heute Lutherplatz), wie ein Mitarbeiter des im selben Haus wie Held untergebrachten päpstlichen Nuntius Peter Vandervorst notierte, und nicht wie bislang angenommen in der sogenannten Großen Kemenate.

Michael Schmuck, mit dem Georg Wißlers Tochter Barbara seit 1568 verheiratet war, führte im heutigen Haus Lutherplatz Nr. 3 etwa vier Jahrzehnte lang eine für das reformatorische Schrifttum hoch bedeutsame Druckerei (nach Schmucks Tod 1606 Apotheke „Zum goldenen Engel"). Ob es sich jedoch bei diesem späteren Wohnhaus der Enkelin Hans Wißlers um das besagte Quartier handelte, ist bislang nicht gesichert, da sowohl Hans Wißler als auch sein Sohn Georg in ihren beiden Häusern zur gleichen Zeit Gäste des Schmalkaldischen Bundes beherbergten.

Der Vortrag des kaiserlichen Gesandten Held vor den Bundesständen stand in scharfem Gegensatz zu deren Erwartungen, die sie aufgrund des kaiserlichen Schreibens vom 7. Juli 1536 an Kurfürst Johann Friedrich hegten. Als die Stände deshalb Einsicht in die kaiserliche Instruktion begehrten, wurde diese von Held verweigert. Nach verschiedenen Verhandlungen erhielt Held schließlich eine detaillierte Antwort der Bundesstände.

Der päpstliche Nuntius hatte auf der Tagung des Schmalkaldischen Bundes die Aufgabe, die päpstliche

Heutiger Lutherplatz, Haus Nr. 3 (Mitte)

Indictio (Ansage) des in Mantua geplanten Konzils zusammen mit entsprechenden Begleitschreiben einzeln an die Bundesstände zu übergeben. Er wurde vom sächsischen Kurfürsten in dessen Quartier auf dem Altmarkt „neben der Kirche" empfangen. Auch Melanchthon war, vermutlich aufgrund seiner Kenntnis des Lateinischen, zugegen. Der Kurfürst gab die überreichten Schreiben jedoch ungeöffnet zurück, da bereits die Entgegennahme als Einverständnis mit den päpstlichen Bedingungen hätte gedeutet werden können. Auch die anderen Bundesstände verweigerten die Entgegennahme. Nuntius Vandervorst und Vizekanzler Held erhielten schließlich eine detaillierte Begründung der Bundesstände, warum die in der päpstlichen Ansage implizierten Bedingungen nicht angenommen werden konnten. Vandervorst wurde von seinem Quartier aus sowohl Zeuge des Besuches des Landgrafen bei dem erkrankten Luther als auch der Vorbereitung von Luthers Abreise. Er sandte sogar seine Diener über den Platz, um den vermeintlich verstorbenen Luther in Augenschein zu nehmen.

SCHMALKALDEN
Landkreis Schmalkalden-Meiningen

RATHAUS

⊗ Stadtzentrum, Altmarkt
⬙ Stadt Schmalkalden
⊘ zu den Öffnungszeiten
ⓘ Tel. 03683 403182;
www.schmalkalden.de

Der Rat der Stadt Schmalkalden tagte erstmals 1419 im gotischen Rathaus am Alten Markt. 1472 wurde im ersten Obergeschoß die Große Ratsstube eingebaut, die sich trotz starker Eingriffe (1903) in die ehemalige historische Raumaufteilung und in die Ausstattung des Gebäudes bis heute erhalten hat, und deren markantes Wahrzeichen das breite, zehnzeilige, mit einem Flachbogen überspannte Fenster zum Markt hin ist.

Zahlreiche für die Geschichte der Reformation bedeutsame Zusammenkünfte fanden zwischen den Jahren 1528 und 1578 in diesen Räumen statt. Besonders bedeutsam war die Tagung im Februar und März 1537, als sich hier die Stände des Schmalkaldischen Bundes sowie weitere evangelische Stände zusammen mit den von ihnen entsandten Theologen versammelten, darunter viele der bedeutenden Reformatoren Deutschlands. Ihnen war mit der Ladung zu dieser Tagung die Aufgabe zugegangen, eigene Stellungnahmen zur Konzilsfrage vorzubereiten. Am 10. Februar wurde die Tagung mit

Rathaus

der Bekanntgabe der Beratungsgegenstände eröffnet. Am 12. Februar wurden die Theologen von Kurfürst Johann Friedrich von Sachsen und Herzog Ernst von Braunschweig-Lüneburg mit Handschlag begrüßt und mit den von ihnen erwarteten Aufgaben bekannt gemacht.

Die wichtigsten Beratungsgegenstände waren zunächst die Frage der Teilname am Konzil zu Mantua sowie die Bedingungen von Seiten des Papstes einerseits und der Schmalkaldischen Bundesstände andererseits. Außerdem wurde die Frage verhandelt, ob die am Reichskammergericht gegen verschiedene Bundesstände wegen der Verwendung der Kirchengüter laufenden Prozesse „wegen der Religion" seien oder aber Prozesse weltlicher Art. Dazu fanden noch Beratungen über die Finanzierung des Schmalkaldischen Bundes statt, über Aufnahmegesuche weiterer Reichsstände sowie über Antworten auf die Botschaften des französischen und des englischen Königs. Schließlich mussten die Antworten an den kaiserlichen und an den päpstlichen Gesandten und der sogenannte „Abschied" der Tagung beschlossen werden.

Die Zusammenkünfte des Plenums, aber auch manche Ausschusssitzungen der Stände fanden im Rathaus statt. Zu weiteren Beratungen kam man im gegenüberliegenden Gasthaus „Zur goldenen Krone" zusammen sowie in einem nahegelegenen Anwesen in der Auergasse (heute Nr. 3). Später wurden zur Erinnerung an die Tagung am Gasthaus „Zur goldenen Krone" im zweiten Obergeschoß (wie im Lutherhaus) inzwischen verschwundene bemalte Fenstergläser und 1695 an der Außenseite das noch sichtbare hessische Wappen angebracht. ●

SCHMALKALDEN
Landkreis Schmalkalden-Meiningen

Rosenapotheke

ROSENAPOTHEKE

- ✖ Stadtzentrum, Steingasse 11
- ◗ Stadt Schmalkalden
- ◷ zu den Öffnungszeiten
- ⓘ Tourist-Info, Tel. 03683 403182; www.schmalkalden.de

Melanchthon wurde von seinem Landesherrn, Kurfürst Johann Friedrich, in den Jahren 1535, 1537 und 1540 zu den Tagungen des Schmalkaldischen Bundes bestellt. 1535 kam ihm die Aufgabe zu, die Antwort der Bundesstände auf die Werbung des päpstlichen Nuntius Paul Vergerius in lateinischer Sprache abzufassen. Sein damaliges Quartier ist nicht bekannt.

Während der Tagung 1537 „logierte" er „in dem Pforrischen Haus an den Fleischbänken beim Neuen-Marckt", das 1897 von der örtlichen Forschung als Haus Herrengasse 10 identifiziert wurde (heute Weidebrunner Gasse 10). Das Gebäude wurde allerdings Mitte der siebziger Jahre abgerissen. Nach Luthers frühzeitiger Erkrankung fiel Melanchthon die Leitung des theologischen Ausschusses zu. Dieser übertrug ihm die Ausarbeitung jener detaillierten Stellungnahme zu den geistlichen und weltlichen Machtansprüchen des Papstes sowie der Bischöfe, die von den Bundesständen ausdrücklich als Ergänzung der Augsburgischen Konfession gewünscht wurde.

In dieser Schrift widerlegte Melanchthon die drei grundlegenden Ansprüche des damaligen Papsttums: die Oberherrschaft über alle Bischöfe und Geistlichen der Christenheit *aus göttlichem Recht*; den Besitz der geistlichen *und* weltlichen Herrschaft *aus göttlichem Recht*; die Verpflichtung für jeden Christen, dies bei Verlust seiner ewigen Seligkeit zu glauben. Aus den von Melanchthon dargelegten Gründen, insbesondere auch wegen der blutigen Verfolgung evangelischer Christen sei dem Papst „als dem rechten Antichrist" zu widerstehen. Auch diese Artikel wurden am 24. Februar gemeinsam mit dem erneut durchgesehenen Augsburgischen Bekenntnis und der sogenannten „Apologie" von 34 Theologen als deren Bekenntnis unterschrieben und offiziell in den Abschied der Bundesstände aufgenommen. Nach dem Abschluss des Konvents der Theologen am 25. Februar blieb Melanchthon noch einige Tage in Schmalkalden, um die lateinischen Antwortschreiben für den kaiserlichen und päpstlichen Gesandten abzufassen bzw. zu übersetzen.

Zur Tagung 1540 wurde Melanchthon erneut zusammen mit einer Anzahl von Theologen nach Schmalkalden berufen. Damals wohnte er nach örtlicher Überlieferung im Hintergebäude der späteren Rosenapotheke. Für diese Tagung hatten Luther, Justus Jonas, Johannes Bugenhagen und Melanchthon in Wittenberg ein „Bedenken" bzw. eine „Consultation" erstellt, die in Schmalkalden am 1. März 1540 von den dort anwesenden Theologen in großer Einmütigkeit verabschiedet wurde. Es ging darin um die Frage, in welchen Punkten man in den vom Kaiser für dieses Jahr geplanten Vergleichsverhandlungen bzw. Religionsgesprächen „nachgeben könne oder nicht". Eine weitere bedeutende und umfangreiche Antwort der Stände an den Kaiser trägt wiederum die Handschrift Melanchthons.

SCHMALKALDEN

Landkreis Schmalkalden-Meiningen

WILHELMSBURG

- ⊗ Schlossberg 9
- ⬥ Stiftung Thüringer Schlösser und Gärten
- ⊙ April–Oktober: 10–18 Uhr; November–März: Di–So 10–16 Uhr
- ⓘ Museum, Tel. 03683-403186; www.museumwilhelmsburg.de

1319 verlegte Graf Berthold VII. von Henneberg das von ihm zunächst in Schleusingen gegründet Kanonikerstift nach Schmalkalden. Neben der bis 1586 bestehenden Burg Wallrab wurde die Stiftskirche St. Erhard und St. Ägidien errichtet. Graf Wilhelm von Henneberg, bei dem die Vogteirechte über das Stift lagen, setzte dort 1527 einen Prediger ein. Im Zuge der Einführung der Reformation wurde 1545 diese Stelle durch Graf Georg Ernst als Stiftspfarrstelle zur dauernden Einrichtung gemacht und spätestens 1547 an Bartholomäus Wieser verliehen. Dessen Nachfolger wurde der wegen des Augsburger Interims vom Kaiser gesuchte, von Graf Wilhelms Tochter Katharina auf dem Schloss in Rudolstadt versteckte und dann in der Grafschaft aufgenommene Caspar Aquila. Er trat sein Amt als Stiftspfarrer zu Beginn des Jahres 1550 in Schmalkalden an. Seine Predigten hatten großen Zulauf. Nach dem Tod des letzten Stiftsdechanten aus der

*Wilhelmsburg,
Schlosskapelle*

Reihe der alten Chorherren erhielt der durch Melanchthon in die Grafschaft vermittelte Christoph Fischer mit Urkunde vom 27. Juni 1555 neben der Bestallung als Superintendent für die ganze Herrschaft auch die Bestallung als Dechant des Stifts in Schmalkalden.

Bereits 1547 hatte Georg Ernst Gebäude und Einkünfte des Stifts zur Errichtung der „Bergschule" bestimmt. Unter den ersten Rektoren dieser Schule sind besonders der in Schmalkalden geborene spätere Wittenberger Professor der Theologie Johannes Matthaeus und Johannes Schosser zu nennen. Schos-

ser wurde 1560 zum Professor der Poesie und Rhetorik an die Universität Frankfurt an der Oder berufen. Landgraf Wilhelm IV. von Hessen, der mit dem Aussterben der Henneberger 1583 in den Gesamtbesitz der Herrschaft Schmalkalden kam, ließ Stift und Stiftskirche abbrechen und 1585 den Grundstein zur Errichtung von Schloss Wilhelmsburg legen. Die Bergschule blieb bis 1613 bestehen. Statt der abgebrochenen Stiftskirche wurde die Schlosskirche errichtet und 1590 zusammen mit dem noch nicht vollendeten Schloss eingeweiht. Mit der übereinander gestellten Anordnung von Altar (mit eingelassener Taufschale), Kanzel und Orgel entstand hier der Prototyp für viele protestantische Kirchen besonders des 18. Jahrhunderts. Neben zwei Rundbildern im Deckengewölbe wurde 1608 im Zuge der Einführung der reformierten Ordnung und Lehre in Hessen-Kassel auch der an den Emporen angebrachte Bildzyklus entfernt und später Herzog Ernst von Gotha zum Geschenk gemacht.

SEITENRODA
Saale-Holzland-Kreis

LEUCHTENBURG

⊗ Dorfstraße 100
☁ Stiftung Leuchtenburg
Ⓐ April–Oktober täglich 9–19 Uhr, November–März täglich 10–16 Uhr
ⓘ Tel. 036424 713300; www.leuchtenburg.de

Die Leuchtenburg wurde im 13. Jahrhundert von den Herren von Lobdeburg als strategische Veste auf dem 400 Meter hohen Muschelkalkberg über der Saale errichtet und kündete weithin „leuchtend" von der Präsenz und Dominanz ihrer Inhaber. Ab 1396 mit der Machtübernahme der Wettiner wurde sie im Rahmen eines flächendeckenden Herrschaftsnetzes als Amtssitz ausgebaut. Als wichtigste Manifestation der Herrschaftsansprüche ist die Ausübung der Gerichtsbarkeit anzusehen, die die Kontrolle über das Amtsgebiet sicherstellte und zusätzlich eine nicht unerhebliche Einnahmequelle garantierte. Für die Inhaftierung und Disziplinierung der Untertanen war kein besserer Ort geeignet, als die wehrhafte Leuchtenburg selbst, die, weithin sichtbar und nicht nur symbolisch über der Bevölkerung thronend, zusätzlich abschreckende Wirkung erzielen konnte.

Reformationsgeschichte und Baugeschichte der Leuchtenburg sind eng miteinander verbunden. Nachdem die um 1460 errichtete Wehranlage mit vier dreigeschossigen Wehrtürmen für Verteidigungszwecke entbehrlich wurde, fanden Umbaumaßnahmen (Vermauerungen und Zuschüttungen) zunächst ausschließlich für die Inhaftierung von Wiedertäufern statt, deren Bekämpfung die Obrigkeit mit besonderem Nachdruck verfolgte. Bis heute ist der süd-östliche Wehrturm unter dem Namen „Schleier" bekannt, da hier im Jahre 1535 der Leineweber Hans Schleier aus Riethnordhausen für 206 Tage aufgrund vermeintlicher Wiedertäuferei inhaftiert war und nach einem persönlichen Verhör von Philipp Melanchthon auf der Leuchtenburg schließlich wieder Freiheit erlangte. Melanchthon und Luther hatten auch den Wiedertäufer Wolf Stahl verhört, der später von 1540 bis 1546 der längste Insasse der Wehrtürme wurde.

Als fürstlicher Amtssitz war die Burg ein Ort der Machtrepräsentation

Leuchtenburg mit Wehranlage und Gefängnistürmen (Marterturm links, Schleierturm rechts)

und der Abschreckung und im 18. und 19. Jahrhundert ein Zucht- und Armenhaus. Erst ab 1873 wurde in den Gebäuden ein Hotel- und Jugendherbergsbetrieb aufgenommen. Heute überrascht die Burganlage mit modernen Akzenten und lädt ein, neben den reformationsgeschichtlichen Spuren insbesondere das Thüringer Porzellan zu entdecken.

SÖMMERDA
Landkreis Sömmerda

BONIFATIUSKIRCHE

- ❌ Markt
- ⛰ Evangelische Regionalgemeinde Sömmerda
- ⊙ außen frei zugänglich, innen nach Absprache
- ⓘ Pfarramt, Tel. 03634 6906968

Nach Luthers Thesenanschlag war auch Sömmerda mit seinen beiden Kirchen St. Bonifatius sowie St. Peter und Paul zeitweise Ort innerstädtischer Auseinandersetzungen, bei denen sich Anhänger der alten und neuen Lehre gegenüberstanden. Dass es dabei erst Anfang der 1540er Jahre zur umfassenden Durchsetzung der Reformation kam, resultierte insbesondere aus der Territorialsituation und den damit verbundenen unterschiedlichen Patronatsrechten in den beiden Kirchen. Zwar hatte die Stadt Erfurt 1418 Sömmerda ihrem Landgebiet einverleiben können, die im Mittelalter begründete Lehnsbindung an das Stift Fulda bestand jedoch weiter. Gleichzeitig besaß der Fuldaer Abt in der Sömmerdaer Hauptkirche St. Bonifatius die Patronatsrechte. Der Erfurter Rat – dem nur das Patronatsrecht in der Kirche St. Peter und Paul zustand – hatte deshalb keine Handhabe zur Einsetzung eines evangelischen Pfarrers in der Kirche am Markt. Eine Änderung trat erst während der Amtszeit von Abt Johann von Henneberg ein, als sich Ende der 1530er Jahre zunehmend Widerstand gegen den fuldischen

Pfarrverweser regte und auch schon in der Kirche St. Peter und Paul sowie im benachbarten und zum Amt Sömmerda gehörenden Schallenburg evangelisch gepredigt wurde. Hinzu kam, dass inzwischen im albertinischen Umland von Sömmerda nach dem 1539 erfolgten Tod von Herzog Georg von Sachsen die Reformation gesiegt hatte. Die Unstrutstadt drohte damit immer mehr zur katholischen Exklave zu werden. 1540 wandten sich deshalb „rath und gemein zcu Sommerde" u. a. an den Fuldaer Abt hinsichtlich eines evangelischen Pfarrers. Ein Jahr später fanden sie dahingehend Gehör, dass ihnen die Einsetzung eines evangelischen Pfarrverwesers an St. Bonifatius – die Wahl war auf Nicolaus Engelharth (gest. um 1554/55)

gefallen – gestattet wurde. Analog verfuhr man die nachfolgenden Jahrzehnte. Für dieses Zugeständnis waren bis ca. Mitte des 17. Jahrhunderts jährlich 10 Gulden „Absentgeldes" zu zahlen. Damit trat der Zustand ein, dass die Sömmerdaer Bonifatiusgemeinde trotz ihres evangelischen Pfarrers bis in die Zeit des Dreißigjährigen Krieges noch katholische Pfarrinhaber hatte, die überwiegend in Fulda residierten. Nach dem „Großen Krieg" war diese „Bikonfessionalität" in der Pfarrbesetzung jedoch kein Streitpunkt mehr.

SONDERSHAUSEN
Kyffhäuserkreis

KIRCHE ST. TRINITATIS

- ✖ Stadtmitte, Trinitatisplatz
- ◉ Evang.-luth. Kirchgemeinde
- ❷ außen frei zugänglich, innen nach Voranmeldung
- ❶ Pfarramt, Tel. 03632 782389

Zu den Kostbarkeiten der Trinitatiskirche in Sondershausen gehört das jetzt im Schlossmuseum aufbewahrte Gemälde „Martin Luther auf dem Sterbebett". Es ist auf der Grundlage einer Zeichnung Lukas Furtenagels (1505–1546) kurz nach dem Tode des Reformators entstanden. Der aus einer Augsburger Malerfamilie stammende Furtenagel war nach dem Eintreffen der Todesnachricht am Morgen des 18. Februar

Bonifatiuskirche

1546 von Halle nach Eisleben gereist und hatte am Nachmittag desselben Tages den bereits im Sarg liegenden Leichnam Luthers gezeichnet; eine weitere Zeichnung entstand am Folgetag, kurz bevor der Tote gegen Mittag im Chor der Eislebener Andreaskirche aufgebahrt wurde. Die Zeichnungen, von denen nur eine erhalten blieb, sollten als authentische Porträts des Reformators Zeugnis von dessen sanften Tod sein und waren Vorlage für zahlreiche Gemälde des Themas, so auch des in Sondershausen aufbewahrten.

Pfarrkirche und zugleich Hofkirche der Schwarzburger

Die Kirche St. Trinitatis, neben dem Residenzschloss eines der bekanntesten Bauwerke der Stadt Sondershausen, ist eine barocke Hallenkirche, deren innere Disposition mit Altar, Kanzel und Taufstein im Chor und Orgel auf der Westempore den Prinzipien einer evangelischen Predigtkirche folgt. Wie in anderen Residenzstädten (siehe Rudolstadt, Weimar) diente sie sowohl als Pfarr- als auch als Hofkirche. Diesen Umstand verdeutlicht anschaulich der 1691 vermutlich von dem Bildhauer und -schnitzer Jakob Töpfer (Greußen) geschaffene Fürstenstand. Die Wappen und heraldischen Symbole an der von Frucht- und Pflanzenschnitzwerk eingefassten Fassade dieses dreigeschossigen Logeneinbaus repräsentieren die dynastische Genealogie des Sondershäuser Fürstenhofes. Diese für das protestantische Kirchenregime der frühen Neuzeit charakteristische Verbindung weltlicher und sakraler Sphäre schlug sich auch in der sonstigen Ausstattung der Kirche nieder. So ist zum Beispiel die große Glocke von 1623, ein Werk des in Sondershau-

Gemälde „Martin Luther auf dem Sterbebett"

sen ansässig gewesenen Gießers Caspar Bewre [Weber], eine Stiftung der auch namentlich genannten, bis 1631 gemeinsam regierenden Brüder Günther XLII., Anton Heinrich, Johann Günther II. und Christian Günther I.

SONNEBERG
Landkreis Sonneberg

LUTHERHAUS

- ⊗ Lutherhausweg 19
- ⬢ Stadt Sonneberg
- ⊙ als Gaststätte zugänglich
- ⓘ Tel. 03675 8800; www.sonneberg.de

Am 2. August 1874 initiierte der Sonneberger Kaufmann Adolf Fleischmann (1819–1895) ein mehrtägiges „Judenbach-Sonneberger-Lutherfest". Zu diesem Zwecke hatte er ein Bauernhaus von Judenbach an den Schönberg bei Sonneberg umsetzen lassen, das an die mehrfache Benutzung der Geleitstraße Nürnberg–Leipzig zwischen 1518 und 1530 durch Luther und an einen Aufenthalt des Reformators im Etappenort Judenbach an dieser Fernstraße erinnern sollte. Die Festlichkeiten waren Ausdruck der zeitgenössischen Luther-Verehrung wie auch der politischen Debatten des Kulturkampfes im Deutschen Kaiserreich. Die Übernachtung Martin Luthers auf seiner Reise nach Heidelberg in einem der beiden Judenbacher Gasthäuser am 13./14. April

Sogenanntes „Lutherhaus"

1518 ist durch einen Brief Luthers an Georg Spalatin belegt, das translozierte Gebäude war allerdings nie ein Gasthaus.

Wie bauhistorische Untersuchungen gezeigt haben, war das sogenannte „Lutherhaus" als typisches Wohnstallhaus des Frankenwaldes zwischen 1552 und 1555 erbaut worden. Fleischmann ließ das umgesetzte Haus im „altdeut-

Gedenktafel an Luthers Aufenthalt im Ortsteil Judenbach

schen Stil" ausstatten und zu einer Reformations-Gedächtnisstätte aufwerten. Seit 1903 wird das Gebäude als Gaststätte genutzt. Eine hölzerne Relieftafel erinnert seit 1924 an Fleischmanns Engagement. 1995/96 erfolgte eine bauliche Erweiterung.

STADTRODA
Saale-Holzland-Kreis

KLOSTERRUINE

- ✖ 500 m nordwestlich des Stadtzentrums, Klosterstraße
- ✦ Stadt Stadtroda
- ◉ frei zugänglich
- ℹ Tel. 036428 44124; www.stadtroda.de

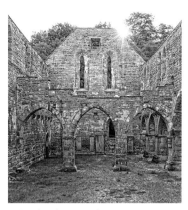

Ruine des Klosters Roda

In Stadtroda ist eine der größten, im mitteldeutschen Raum erhalten gebliebenen Ruinen eines Zisterzienserinnenklosters zu besichtigen. Das um 1240 von den Herren zu Lobdeburg gestiftete Kloster geriet in der Reformationszeit in den Bereich landesherrlich angeordneter reformatorischer Umgestaltung. Bereits 1521 soll es im Ort evangelische Predigten gegeben haben. Altgläubige berichteten 1526, dass sich Bürger und auch Nonnen der lutherischen Lehre zugewandt hätten. Bis zur Aufhebung des Klosters im Jahre 1534 fanden, so die Überlieferung, dennoch jeweils am Sonntag nach Ostern Ablasserteilungen in der Klosterkirche statt.

1527 und 1528/29 besuchten die vom Landesherrn eingesetzten Visitatoren auch Stadtroda. Sie berichteten Kurfürst Johann, dass die in Roda tätigen Geistlichen ein sehr geringes Einkommen erhielten. Der Kurfürst beauftragte deshalb im August 1528 den Amtmann zur Leuchtenburg, der zugleich die Befehlsgewalt über Roda ausübte, mit dem Rodaer Rat die Vermögensverhältnisse zu klären und Abhilfe für die in armen Verhältnissen lebenden Geistlichen zu schaffen. Der Kurfürst ordnete an, dass die zwei vom Kloster zu bestimmenden Kapläne an der Stadtkirche und an der Kreuzkirche der Gemeinde erhalten bleiben dürften, wenn ihre persönliche Eignung dies zulasse. Der Klostervorsteher habe beiden eine jährliche Geldzahlung, Brennholz und Naturaleinkünfte zu gewähren. Im Gegenzug sollten die Pfarrgeistlichen sonntags in beiden Kirchen und an zwei Wochentagen abwechselnd das göttliche Wort predigen, also lutherischen Gottesdienst halten.

Das Kloster wurde seit 1526, wie andere geistliche Einrichtungen im ernestinischen Thüringen auch, landesherrlich verwaltet. Ab 1544 veräußerte der Kurfürst Ländereien des aufgehobenen Klosters. Die Gebäude dienten teils als Weinkeller, teils als Wohnung für die evangelischen Geistlichen. Im Dezember 1549 rückte das Kloster in den Mittelpunkt von Überlegungen Johann Friedrichs I., die Absicherung der von ihm gegründeten Jenaer Universität betreffend. Da das erfolgreiche Gedeihen der Hohen Schule noch in Frage stand, entwarf der „geborene Kurfürst" in der kaiserlichen Gefangenschaft einen Notfallplan. Entsprechend diesem sollte auf landesherrliche Kosten im Kloster Roda eine geschützte Schule errichtet werden, falls der Kaiser und die Altgläubigen versuchen sollten, die lutherische Lehre mit Gewalt zu unterdrücken und die lutherischen Universitäten zu schließen. Die hier für das Pfarramt ausgebildeten Landeskinder hätten nach Ansicht des Kurfürsten das Überleben der lutherischen Lehre gewährleisten sollen. Die Umsetzung des Planes war nicht von Nöten, denn die lutherischen Universitäten blieben erhalten. Seit den 1560er Jahren wurden schließlich die Gebäude des Rodaer Klosters immer weiter abgetragen und das Baumaterial anderweitig genutzt. ●

STEINBACH
Wartburgkreis

LUTHERDENKMAL

⊗ Landstraße zwischen Steinbach und Ruhla

⬥ Freistaat Thüringen

❶ frei zugänglich

Das Denkmal mit seiner Umgebung gehört zu den Orten, die nicht nur für die Biographie Martin Luthers, sondern für die Geschichte der Reformation insgesamt von Bedeutung sind.

Martin Luther hatte sich während des Reichstags 1521 geweigert, die von ihm vertretene Haltung zu widerrufen. Kurfürst Friedrich der Weise, sein Landesherr, erfuhr davon. Er

Denkmal am Ort der Entführung

teilte seinem Bruder und Mitregenten Herzog Johann seinen Wunsch mit, Luther wenn möglich zur Seite stehen zu wollen, nur wolle er von konkret geplanten Maßnahmen nichts wissen. Von der Absicht des Kurfürsten und dem Plan, den Wittenberger Mönch in Sicherheit zu bringen, machten Luther einige seiner kursächsischen Freunde am 25. April Mitteilung. Am Vormittag des folgenden Tages brachen sie gemeinsam auf, unter ihnen Luthers Wittenberger Ordensbruder Johann Petzensteiner und sein Universitätskollege Nikolaus von Amsdorf. Man erreichte einige Tage später Hersfeld, wo Luther am 2. Mai unter großem Aufsehen predigte. Auch am folgenden Tag hielt er in Eisenach wiederum eine Predigt. Luther machte sich danach mit den genannten Reisebegleitern auf den Weg zu seinen Verwandten in Möhra und am 4. Mai von dort aus auf die Passstraße über den Thüringer Wald in Richtung Waltershausen. Nachdem man die Burg Altenstein bei Schweina passiert und den Hohlweg vor dem Rennsteig erreicht hatte, wurden die Reisenden von fünf Berittenen überfallen. Amsdorf, offenbar auf diese Rettungsaktion für den durch die Reichsacht bedrohten Wittenberger Mönch gefasst, beschwerte sich jedoch über die Brutalität des Vorgangs. Zwangen doch die Berittenen Luther, der noch schnell nach seinem Neuen Testament und der

Entführung Luthers auf die Wartburg, Lithographie von Adolph Karst, 1869

hebräischen Bibel griff, den Reisewagen zu verlassen und trieben ihn zu Fuß vor sich her, um sich ihm kurze Zeit später zu erkennen zu geben und ihm ein Reitpferd zur Verfügung zu stellen. Um sich vor eventuellen Verfolgern zu schützen, wählten die beauftragten Entführer lange Umwege und erreichten mit dem Entführten nachts um 23 Uhr die Wartburg bei Eisenach.

Es war ein unerhörter Vorgang, dass ein Landesherr einen der falschen Lehre Verdächtigten und von der Reichsacht Bedrohten gegenüber der päpstlichen Kirche in Schutz nahm. Damit war der weitere Weg der Reformationsbewegung vorgezeichnet. Das Denkmal zur Erinnerung an das Geschehen im Glasbachtal, ein Zeugnis für die aufblühende heldisch-nationale Lutherverehrung, wurde im Jahre 1857 von

Herzog Bernhard II. von Meiningen eingeweiht. Am gleichen Ort bei der dort befindlichen „Lutherbuche" hatten bereits im Jahre 1817 die Vorfeier des 300jährigen Reformationsjubiläums und 1830 das Jubiläum der Augsburgischen Konfession stattgefunden. Die „Lutherquelle" am gleichen Ort verbindet sich mit einer Legende, die dem Reformator heiligenähnliche Qualitäten beimisst: Luther sei an diesem Ort am 4. Mai 1521, von der Reise erschöpft, vom Durst gequält worden. Da habe sich die Erde aufgetan und die Quelle habe ihm Wasser gespendet.

STOTTERNHEIM
Landeshauptstadt Erfurt

STOTTERNHEIM

❌ Luthersteinweg
☁ Landeshauptstadt Erfurt
➊ frei zugänglich
ℹ Tel. 0361 66400;
www.erfurt-tourismus.de

Der nördlich von Erfurt gelegene Ort Stotternheim war der erste, den die Stadt im späten 13. Jahrhundert kaufte, er war der Grundstein des großen, nachmals mehr als achtzig Ortschaften zählenden Territoriums. Unweit dieses Ortes, auf der Rückreise von einem Besuch der Eltern, geriet der zweiundzwanzigjährige Student Luther am 2. Juli 1505 in ein Gewitter, in dem ein

niedergehender Blitz ihn dermaßen erschreckte, dass er der hl. Anna gelobte, ein Mönch zu werden. Diesem, von Luther in der Rückschau selbst als gedrungen und gezwungen bezeichneten Gelübde blieb er treu, obgleich, ebenweil in der Not geleistet, es auch kirchenrechtlich nicht bindend war; in einer Beichte hätte er sich von ihm lösen können. Doch das wollte er nicht, offensichtlich fühlte er sich vom Himmel gerufen, seinem Leben eine andre Richtung zu geben. Am Vorabend des Alexiustages, am 16. Juli, lud er seine besten Freunde ein und ließ sich von ihnen am andern Morgen zur Pforte des Klosters der Augustinereremiten führen. Was es mit dem Schrecken des

Wegweisender Ort in Luthers Leben

Himmels, der ihm widerfahren war, im einzelnen auf sich gehabt hatte, sprach Luther auch später nicht aus. Denn der Weg ins Kloster hatte sich als Irrweg erwiesen. Um das zu bekräftigen, erklärte der Reformator des Jahres 1521 der gelehrten Öffentlichkeit, was sein Vater seinerzeit zu dem von ihm als Ruf des Himmels angesehenen Schrecken gesagt hatte: „Möchte es nur nicht eine Täuschung und ein Blendwerk gewesen sein." Als Luther am Ende des Lebens in der Vorrede zum ersten Band der Werke seine theologische Entwicklung darlegte, war ihm das Erlebnis von Stotternheim kein Wort wert. Erst seit dem frühen 19. Jahrhundert begann man sich für diese Begebenheit zu interessieren, sie in Schrift und Bild darzustellen und sie ganz unterschiedlich zu deuten. So blieb es auch nicht aus, dass im Kriegsjahr 1917, im zeitlichen Zusammenhang des Reformationsjubiläums, außerhalb von Stotternheim, am mutmaßlichen Ort des Geschehens, ein Gedenkstein errichtet wurde, ein großer, unbehauner roter Granitblock, den eine Erfurterin gestiftet hatte. Die Inschrift verrät, dass es „Geweihte Erde" ist, auf der der Stein steht; denn „Jn einem Blitz vom Himmel wurde dem jungen Luther hier der Weg gewiesen". Das sollte heißen: ohne Stotternheim keine Reformation. Dies betont auch die Zeile „Werdepunkt der Reformation".

TAMBACH-DIETHARZ
Kreis Gotha

LUTHERBRUNNEN

❌ Tammichstraße, Beginn des Tammichgrundes

🏛 Stadt Tambach-Dietharz

🔓 frei zugänglich

Als sich im Februar und März 1537 in → Schmalkalden die Mitglieder des Schmalkaldischen Bundes trafen, um über Luthers Artikel zu beraten, konnte dieser kaum an den Verhandlungen teilnehmen, weil er an einem Blasen- und Nierenleiden schwer erkrankt war, das innerhalb weniger Tage lebensbedrohliche Ausmaße annahm. Nachdem die nicht zimperlichen, heute befremdlich anmutenden Methoden der Ärzte erfolglos blieben, beschloss der von unerträglichen Schmerzen gepeinigte und geschwächte Luther, vorzeitig abzureisen, um auf kursächsischem Boden zu sterben. Der Kurfürst stellte ihm einen Wagen zur Verfügung und sicherte ihm am 25. Februar zu, dass er sich im Falle seines Ablebens um Katharina und seine Kinder kümmern werde. Luther verließ Schmalkalden am 26. Februar, nachdem sich die Abreise auf Anraten Melanchthons, der die Sterne befragt hatte, um einen Tag verschoben hatte. Mit ihm reisten Bugenhagen, Myconius, Spalatin und der Erfurter Arzt Georg Sturtz (→ Erfurt, Engelsburg).

Lutherbrunnen

Der gefrorene holprige Weg hinauf zur Ausspanne am Rennsteig und dann hinunter durch den Tammichgrund nach Tambach mag dazu beigetragen haben, dass sich durch das ununterbrochene Schütteln und Rütteln des Wagens Steine lösten, welche die Harnröhre des Todkranken verstopft hatten. Es ist überliefert, dass Luther im Tammichgrund aus einer Quelle – dem Dambachsborn – trank und danach Erleichterung verspürte. Jedenfalls fühlte er sich anderntags „wie von neuem geboren" und schrieb einen Brief an Philipp Melanchthon „aus Tambach, dem Ort meiner Segnung, denn dies ist mein Phanuel, an dem mir Gott erschien". In Tambach übernachtete Luther im kursächsischen Geleitshof. Am 27. Februar reiste er weiter nach → Gotha, wo er einen weiteren Schwächeanfall

erlitt und ihn Todesahnungen befielen. Am 14. März 1537 traf er in Wittenberg ein.

Zum Reformationsfest 1717 wurde diese Begebenheit zum Anlass genommen, die Quelle in „Lutherbrunnen" umzubenennen. Dieser ist mit einer Inschriftplatte versehen, die das genannte Zitat aus Luthers Brief trägt: „Tambach est mea Phanuel, ibi apparuit mihi dominus".

THEMAR
Landkreis Hildburghausen

STADTKIRCHE
ST. BARTHOLOMÄUS

- ⊗ Stadtmitte, Kirchplatz
- ◉ Evang.-luth. Kirchgemeinde
- ◉ Besichtigung nach Absprache
- ⓘ Tel. 036873 60322;
  www.kirche-themar.de

Aus den reichen Einkünften der Wallfahrt in Grimmenthal profitierte zwischen 1502 und 1521 auch die seit 1515 selbständige Pfarrei Themar, in deren Pfarrkirche sich bis heute verschiedene Bildwerke aus der Zeit vor der henneberg-schleusingischen Reformation 1544 erhalten haben. Bereits 1534 hatte sich der Rat der Stadt bemüht, zur Verbesserung der örtlichen Schulverhältnisse die Einkünfte der seit 1531 unbesetzten Frühmessstelle verwenden zu dürfen. Diese wurden jedoch vom Grafen zur Anstellung eines weiteren Lehrers an der Schule in Schleusin-

Bartholomäuskirche

gen einbehalten. Bei der Visitation 1555 hieß es von der Schule in Themar: Die „Schule hat dieser Zeit gehabt 120 Schüler, ist mit einem Schulmeister, dem man 50 Gulden, und mit einem Kantor, dem man 40 Gulden gibt, besetzt. Dem Rat ist auferlegt, einen deutschen Schulmeister für die Meidlein des Orts anzurichten". Bald nach dieser Visitation wurde, wie in allen hennebergischen Städten, eine Mädchenschule eingerichtet und die (Latein-)Schule noch einmal verbessert, so dass sie seither wie in den meisten städtischen Schulen mit drei Lehrkräften geführt wurde. Außerdem wurden später durch den Ortspfarrer noch zusätzlich wöchentlich zwei Stunden Griechisch und Hebräisch unterrichtet. Damit wurde der Übergang an die Landesschule bzw. das Gymnasium in Schleusingen ermög-

licht und für die Heranbildung landeseigener Pfarrer und Lehrer vorgesorgt. Nach der weitgehenden Einäscherung Themars durch kaiserliche Truppen 1634 und dem anschließenden Sterben während der Pest erholten sich Gemeinde, Pfarrei und Schule nur langsam. 1667 kam aus Heinrichs bei Suhl der Kantor und Mädchenschulmeister Georg Christoph Bach als Kantor und Organist nach Themar (Gedenktafel Kirchplatz 3). 1688 wurde er Kantor in Schweinfurt. Er begründete die fränkische Linie der Bach-Familie.

UNTERALBA
Gemeinde Dermbach
Wartburgkreis

DORFKIRCHE

- ⊗ Ortsmitte, Karlstraße
- ◔ Evang.-luth. Pfarramt
- ◑ außen frei zugänglich
- ⓘ Tel. 036964 82354

An der Kirche von Unteralba, einem Neubau von 1708, befindet sich eingelassen in ihre Südwand der Grabstein einer am 7. September 1635 verstorbenen Frau. Sie wird „Hanns Wigans Hausfrau" genannt, war also die Ehefrau eines Dorfbewohners Hans Wigan(d), der wohl zu den wohlhabenderen Einwohnern gehörte. Sein Familienname ist noch am Ende des 17. Jahrhunderts im Ort nachzuweisen. Der Grabstein enthält eine auf den ersten Blick

Dorfkirche Unteralba

ungewöhnliche Inschrift, nämlich die 13. Strophe eines Weihnachtsliedes von Martin Luther, das bis heute gesungen wird und im gottesdienstlichen Gesangbuch für die feiernde Gemeinde enthalten ist. Das Lied beginnt mit den Worten

Ein Grabstein im Mauerwerk

des Engels, der den Hirten auf dem Felde die Geburt Jesu Christi ankündigt: „Vom Himmel hoch, da komm ich her, ich bring euch gute neue Mär". Das Lied geht alsbald in ein Gebet über, das auf die Botschaft des Engels antwortet, bis es in seiner 13. Strophe darum bittet: „Ach mein herzliebes Jesulein, mach dir ein rein sanft Bettelein, zu ruhn in meines Herzens Schrein, dass ich nimmer vergesse dein".

Diese Bitte zitiert der Grabstein als Gebet der Verstorbenen. Zu ihren Lebzeiten wurde der Liedtext immer wieder in Predigten ausgelegt, die über Lieder gehalten wurden, die Kinder im Schulunterricht lernten, auch erklärt bekamen und sie von da an auf ihrem Lebensweg begleiteten. Gerade die auf dem Grabstein zitierte Strophe war es, die im 17. Jahrhundert in Predigten über Weihnachtslieder Martin Luthers ein deutliches Übergewicht gewann. Der Grund dafür liegt darin, dass in diesem Lied die Überzeugung Martin Luthers weiterlebt, der Glaube bewirke, dass Christus im Herzen des Glaubenden Wohnung nimmt, also nicht nur in der Erinnerung weiterlebe. So würden Christus und die, die sich ihm anvertrauen, „ein Kuche", wie Luther es ausgedrückt hat – eine dem äußeren Blick verborgene Gemeinschaft. Eine wichtige Rolle spielt dabei der Empfang des Leibes und Blutes Christi im Brot und Wein des Heiligen Abendmahls. Eine 1715 in Weimar erschienene

Erklärung des Katechismus gibt den Kindern als Anregung zum Gebet, wenn sie beim Empfang des Heiligen Abendmahls den Altar umschreiten: Sie sollen dabei die Liedstrophe beten, die auch auf dem Grabstein an der Kirche von Unteralba zitiert ist. Aus Bestattungspredigten des 17. und 18. Jahrhunderts ist zu erfahren, dass die Liedstrophe oft das letzte Gebet von Sterbenden war und in Bestattungspredigten immer wieder zitiert wurde. Vielleicht war sie auch der Text, den der Pfarrer bei der Bestattung der Ehefrau von Hans Wigand den Trauernden erklärte. Der Grabstein von Unteralba ist ein verborgenes, aber umso eindrücklicheres Zeugnis für die Nachwirkung der Theologie und die Frömmigkeit Martin Luthers auf die folgenden Generationen. •

VOLKENRODA

Gemeinde Körner
Unstrut-Hainich-Kreis

KLOSTER VOLKENRODA

❌ Amtshof 3
�︎ Jesus-Bruderschaft Kloster Volkenroda e.V.
🕐 täglich 8–18 Uhr
ℹ Tel. 036025 5590; www.kloster-volkenroda.de

Im Jahre 1150, also noch zu Lebzeiten des Ordensgründers Bernhard von Clairvaux, wurde die Kirche des Zisterzienserklosters als Stiftung einer Gräfin von Gleichen geweiht. Das Kloster, von Mönchen des Klosters Altencamp am Niederrhein besiedelt, wurde alsbald zum Mutterkloster von vier weiteren Zisterzienserklöstern in Loccum (Niedersachsen), Dobrilug (Niederlausitz), Reifenstein (Eichsfeld) und Waldsassen (Fichtelgebirge). Volkenroda gehörte zu den wichtigsten, durch Stiftungen reich begüterten mittelalterlichen Klöstern in Thüringen.

Seine geographische Lage war es, die dazu führte, dass das Kloster im Jahre 1525 Ziel einer Aktion wurde, bei der Aufständische aus Mühlhausen, veranlasst durch Thomas Müntzer, auf ihrem Weg nach Mittelthüringen am 30. April vor dem Kloster erschienen, um es zu besetzen, zu plündern und die Mönche zu vertreiben. Auf ihrem Wege nötigten sie Bewohner von Körner dazu, mit ihnen nach Volkenroda zu ziehen und sich am Sturm auf das Kloster zu beteiligen. Abt und Mönche konnten entkommen, sodass keiner von ihnen zu Schaden kam. Das Ziel der Aufständischen war nicht nur, Zugriff auf die Lebensmittelvorräte zu erhalten. Es ging ihnen auch darum, den Fortbestand des Klosters zu verhindern und das Kirchgebäude zu verwüsten. Sie zerstörten die 28 Altäre und auch den Hochaltar der Kirche mit ihren Kruzifixen, raubten das Sakramentshaus aus, verstreuten auf dem Fußboden die große Zahl von Reliquien, die die Kirche

Die baufällige Klosterkirche wurde nach 1991 saniert.

mit ihren 28 Altären besaß, und zerschnitten die pergamentenen Messbücher. Die Orgel der Kirche sowie ihre große Uhr wurden zerlegt. Zehn Fenster gingen zu Bruch, Teile des Architekturschmucks im Kreuzgang wurden demoliert, alles, was sich an Metall und Blei verwerten ließ, verbrachten die Aufständischen nach

Die Glocke begleitet seit 1994 wieder klösterliches Leben.

Mühlhausen. Auch die Kirchenglocken gingen zu Bruch.

Das Vorgehen der Aufständischen, die Gewaltanwendung als Mittel zur Durchsetzung von ihnen beanspruchter Rechte verstanden bzw. das Reich Gottes mit Gewalt durchsetzen wollten, fand bei den Wittenberger Theologen, auch und gerade bei Martin Luther, scharfe öffentliche Kritik – das Evangelium vertrage keine Gewaltanwendung und dürfe nicht mit der Durchsetzung weltlichen Rechts vermischt werden. Luthers Kritik setzte allerdings bei dem Vorwurf gegen Fürsten und Grundherren an, sie hätten durch ihren Umgang mit den Untertanen die Gewalt erst provoziert.

Die Kritiker Luthers auf Seiten der römisch-katholischen Kirche sahen dies anders. Sie warfen dem Wittenberger vor, er sei es gewesen, der mit seinen Forderungen nach Veränderungen in Theologie und kirchlichem Leben die Aufständischen ermutigt habe, gewaltsam ihre Wünsche durchzusetzen.

Die Glocke im Vierungsturm der Kirche von Volkenroda trägt ein in dieser Art wohl einmaliges Zeugnis von dieser Kritik an Martin Luther in Gestalt einer lateinischen Inschrift. In ihr wird mitgeteilt, die Glocke sei am Donnerstag nach dem Fest Petri Kettenfeier, am 6. August 1525, neu gegossen worden, nachdem sie am Donnerstag nach dem Tag des Evangelisten Markus, am 30. April dieses Jahres, „durch die martinianische

Sekte" (a martiniana secta) zerbrochen worden sei. Damit behauptet sie, dass Martin Luther der Verursacher des Aufruhrs und der Verwüstung des Klosters gewesen sei. Diese Behauptung sollte die Zeitgenossen vor weiterer Ausbreitung der Reformationsbewegung warnen, unterschied aber nicht zwischen der Haltung Müntzers und Luthers. Insofern ist die Inschrift der Glocke ein Zeugnis für die Wirkungsgeschichte der Wittenberger Reformation.

Friedhofskirche

WASUNGEN
Landkreis Schmalkalden-Meiningen

FRIEDHOFSKIRCHE

- ✖ Oberer Hohlweg
- ◆ Evang.-luth. Kirchgemeinde
- ➊ außen frei zugänglich
- ➊ Pfarramt, Tel. 036941 71509

Im Jahre 1078 noch Sitz einer Linie der Henneberger Grafen wurde Wasungen später Amtsstadt und im Zuge der Reformation Dekanat bzw. Superintendentur. Unter den Wasunger Dekanen kam Abel Scherdiger eine besondere Rolle zu. Während seiner Dienstzeit 1572–1605 wurde in Wasungen eine Mädchenschule eingerichtet und ab 1584 die Stadtkirche mit Ausnahme des Chores neu erbaut. Zugleich war er hennebergischer Hofprediger und Mitglied im 1574 errichteten hennebergischen Kirchenrat (Konsistorium).

In diesen Funktionen hatte er auch Anteil an der kirchlichen Verbindung der Grafschaft mit dem Hause Württemberg. Graf Georg Ernst von Henneberg-Wasungen hatte 1534 in der Schlacht bei Lauffen am Neckar unter der Führung Philipps von Hessen eine Abteilung von 200 Reitern befehligt und so dazu beigetragen, dass das Herzogtum Württemberg für das angestammte Herzogshaus zurückerobert wurde. 1568 heiratete Georg Ernst in zweiter Ehe eine Enkeltochter Herzog Ulrichs von Württemberg. Scherdiger gehörte zu den hennebergischen Theologen, die an der Fertigstellung der Maulbronner Formel (1576) und am württembergisch-badisch-hennebergischem Votum zum Torgischen Buch (1576) und somit am Entstehen der sogenannten Konkordienformel (1577) beteiligt waren. Auch begleitete er Georg Ernst in seinen letzten Lebensstunden am dritten Weihnachtsfeiertag 1583. Heute erinnert ein Epitaph an der südlichen Außenwand der Friedhofskirche an Scherdigers Tätigkeit in Wasungen und im Henneberger Land.

Für die frühe evangelische Kirchenmusik wurde der aus Schmalkalden gebürtige Johann Steuerlein, der Komponist des bis heute im Evangelischen Gesangbuch stehenden Liedes „Wie lieblich ist der Maien", bedeutsam. Er wirkte seit 1569 als Lehrer, Organist und Stadtschreiber in Wasungen und seit 1589 als Kanzleisekretär in Meiningen. Er hinterließ zahlreiche geistliche und weltliche Chorsätze sowie mehrstimmige liturgische Vertonungen. Das Werkverzeichnis von Harald Uhlemann (2013) nennt 159 wiederaufgefundene Kompositionen. Insbesondere ging von Steuerlein als dem ersten musikalischen Lehrer des aus Wasungen stammenden Melchior Vulpius ein weitergehender Einfluss auf die evangelische Kirchenmusik an der Wende vom 16. zum 17. Jahrhundert aus. Vulpius' Melodien und Choräle sind noch heute Bestandteil des Evangelischen Kirchengesangbuches.

Epitaph für Abel Scherdiger

WEIDA
Landkreis Greiz

MÄDCHENSCHULE

⊗ Petersstraße, hinter dem Rathaus

⬗ Stadt Weida

◍ außen zugänglich

ⓘ Tel. 036603 54181; www.weida.de

Der Weidaer Volksmund bezeichnet das ehemalige Schulhaus hinter dem Rathaus sowie den Platz davor noch heute als „blaue Schürze". Diese Benennung erinnert daran, dass die Schülerinnen der Weidaer Mädchenschule im 18. und frühen 19. Jahrhundert eine blaue Schürze trugen. Die Schule wurde 1528 auf Anraten Philipp Melanchthons, der im Sommer 1527 zu einer Prüfung der kirchlichen Zustände in Weida weilte, eingerichtet. Ihren ersten Ort hatte sie im damals bereits nicht mehr voll besetzen Dominikanerinnenkloster. Eine ehemalige Nonne, Anna Kolhert, war bis 1535 die erste Lehrerin. Die Mädchen sollten Gebete und Psalmen, Lesen und Schreiben, aber auch einfache Techniken der Handarbeit erlernen. Luthers Kleiner Katechismus war hier im 16. Jahrhundert das wichtigste Lehrbuch. Melanchthon förderte durch diesen Vorschlag, der sich ebenfalls in den Visitationsordnungen für Meißen und das Vogtland (1533) sowie für das Hochstift Wurzen

Mädchenschulhaus, Turm der ehemaligen Peterskirche

mehr willkommen wären. Da sie über das Recht zum Bierausschank und ausgedehnten Grundbesitz verfügten, gab es Begehrlichkeiten. Als der Klosterbesitz nach der Reformation an die Stadt fiel, nutzte man die Kirche zunächst als Kornhaus. Im 19. Jahrhundert wurden in das Gebäude, das heute nur noch als Ruine erhalten ist, Wohnungen eingebaut.

WEIMAR
Stadt Weimar

CRANACH-HAUS

❌ Markt 12
🚌 Stadt Weimar
🕐 außen frei zugänglich
ℹ️ Tel. 03643 77737;
www.theater-im-gewoelbe.de

(1542) findet, die schulische Bildung von Mädchen.

Auf dem Gelände der ehemaligen „blauen Schürze" stand bis 1633 die Peterskirche, von der nur einige Mauerreste sowie einer der beiden Türme – er trägt bis heute die Glocken der Kirchgemeinde – erhalten sind. Aus dem Abbruchmaterial der Peterskirche wurde das Mädchenschulhaus errichtet, das seit 1829 als Wohnhaus genutzt wird.

Geht man hinter der Peterskirche weiter, gelangt man zu den Überresten der ehemaligen Kirche des Nonnenklosters. An deren Tür wurde 1523 eine Flugschrift mit einem Holzschnitt geheftet, der in spöttischer Weise den Ursprung von Nonnen und Mönchen auf den Teufel zurückführte. Man konnte den Nonnen wohl kaum drastischer mitteilen, dass sie in Weida nicht

Lucas Cranach d. Ä., geboren um 1472 in der oberfränkischen Stadt Kronach, war einer der bedeutendsten deutschen Maler der ersten Hälfte des 16. Jahrhunderts und zugleich einer der entscheidenden Akteure bei der Verbreitung der Wittenberger Reformation, sei es durch die Illustration der Lutherbibel, die Konzeption bildlicher Veranschaulichungen theologischer Inhalte oder die Anfertigung von Porträts der Reformatoren und ihrer Fürsten. Ab 1505 diente er den ernestinischen Kurfürsten von Friedrich dem Weisen (1463–1525) bis Johann Friedrich

Cranach-Haus

das linke von zwei nahezu identischen Renaissancehäusern mit reichlich verzierten Säulen und Rundbögen an der Ostseite des Marktplatzes. Es wurde im Zweiten Weltkrieg stark beschädigt, 1972 aber originalgetreu wieder aufgebaut. Oberhalb des linken Bogens halten zwei Fabelwesen das Wappen Christian Brücks mit einem aufsteigenden Pegasus und einem Schriftband mit dem Terentianus-Zitat „Habent sua fata libelli" (Bücher haben ihre Schicksale). Rechts unterhalb eines Löwenkopfes befinden sich die Allianzwappen der Familien Brück und Cranach: drei übereinander springende Pferde in Silber und eine geflügelte Schlange mit Rubinring im Maul.

den Großmütigen (1503–1554) als Hofmaler in Wittenberg, verbrachte aber sein letztes Lebensjahr in Weimar. Nach der Niederlage der Ernestiner im Schmalkaldischen Krieg 1547 und dem damit einhergehenden Verlust der Kurlande mit der Stadt Wittenberg war Cranach seinem Landesherrn in die kaiserliche Gefangenschaft gefolgt. Nach dessen Freilassung 1552 ging Cranach mit Johann Friedrich nach Weimar, der neuen Hauptresidenzstadt des stark reduzierten ernestinischen Territoriums. Hier wohnte seine älteste Tochter Barbara, die 1543 den Juristen Christian Brück geheiratet hatte. Zwischen 1547 und 1549 baute Nikolaus Gromann ein neues Haus in der Nähe des Schlosses für den einflussreichen Hofrat und späteren Kanzler Brück. Das sogenannte Cranach-Haus ist

Die moderne Inschrift oberhalb des Eingangs erinnert daran, dass Cranach hier am 16. Oktober 1553 mit 81 Jahren gestorben ist. Sein Atelier befand sich in der Mansarde unter dem Dach, wo er eine kleine Werkstatt mit zwei Schülern eingerichtet hatte. Hier soll er das eindrucksvolle Altarretabel für die Stadtkirche begonnen haben. Die Cranach-Werkstatt hatte schon früher, nachweislich bereits 1506, in Weimar gewirkt. Die Gesellen malten zum Beispiel 1515 den hl. Christophorus am Hausmannsturm des Stadtschlosses und bemalten 1521 die Schlossorgel. Heute beherbergt das Haus das „Theater im Gewölbe" und die „Thüringer Tanz-Akademie".

WEIMAR

Stadt Weimar

FRANZISKANERKLOSTER

Hochschule für Musik

- ✖ Am Palais 4
- ◆ Freistaat Thüringen
- ❷ außen frei zugänglich; Führungen nach Anmeldung
- ❶ Tel. 03643 555159; www.hfm-weimar.de

Die Anschrift „Am Palais" verweist darauf, dass die Gasse zum Witwensitz der Herzogin Anna Amalia (1739–1807) führt. Das Gebäude, das die Ecke Theaterplatz/Schillerstraße dominiert, steht auf dem Areal des 1453 aus landesherrlicher Initiative eröffneten Franziskanerklosters. Dessen hinter dem Palais stehende Kirche, in der Luther mehrfach predigte, diente nach der Säkularisierung ab 1533 unter anderem als Kornspeicher, Militärlager, Baumagazin und Rentamt. In dem dreigeschossig ausgebauten Bauwerk lassen nur die rundbogigen, romanisierenden Fenster am Treppenturm auf der Südseite einen Rückschluss auf die mittelalterliche Entstehungszeit zu. Die Marienkapelle, an der noch 1522 Genthesen eines Franziskaners gegen Luthers Wittenberger Thesen angeschlagen waren, existiert seit 1569 nicht mehr. 1540, sechs Jahre vor seinem Tod, ließ der 57-jährige Luther aus Weimar seine „herzliebe Käthe, Doctorin Lutherin etc. ... untertäniglich wissen, daß mirs hier wohl gehet. Ich fresse wie ein Böhme und saufe wie ein Deutscher, das sei Gott gedankt, Amen." Zu diesem Aufenthalt war Luther gerufen worden, weil sein in reformatorischen Fragen engster Verbündeter Philipp Melanchthon (1497–1560) in Weimar mit dem Tode rang. Doch das „Wunder" geschah, der Schwerkranke wurde gesund. Dieser sommerliche Aufenthalt sollte Luthers letzter von vielen in Weimar gewesen sein. Ein erster ist für das Jahr 1518 verbürgt.

In die einstige Klosterkirche zog 1874 die zwei Jahre zuvor gegründete Großherzogliche Orchesterschule ein. Hinter einer von Efeu berankten Fassade befinden sich heute moderne Unterrichtsräume des Instituts für Schul- und Kirchenmusik der Weimarer Hochschule für Musik „Franz Liszt".

Luther wohnte und predigte hier.

WEIMAR
Stadt Weimar

HERZOGIN ANNA AMALIA BIBLIOTHEK MIT STUDIENZENTRUM
Grünes und Rotes Schloss

- ⊗ Platz der Demokratie 1 (Bibliothek) und 4 (Studienzentrum)
- ◭ Klassik Stiftung Weimar
- ◉ Ausstellungsraum der Bibliothek: Di–So 10–14.30 Uhr, Bücherbenutzung im Studienzentrum: Mo–Fr 9–21 Uhr, Sa 9–16 Uhr
- ◉ Tel. 03643 545400; www.klassik-stiftung.de

Das Grüne und Rote Schloss – heute die Herzogin Anna Amalia Bibliothek und ihr Studienzentrum – stehen in enger Verbindung zu einem herzoglichen Ehepaar, das bei den vehementen innerevangelischen Kontroversen nach dem Tode Luthers 1546 eine prominente Rolle spielte. Johann Wilhelm von Sachsen-Weimar, der Erbauer des Grünen Schlosses, betrieb die streng lutherische Konfessionspolitik, die sein Vater Kurfürst Johann Friedrich I. nach der Rückkehr aus kaiserlicher Gefangenschaft 1552 angebahnt hatte, auf eine solch kompromisslose Weise, dass er von der Mehrheit der evangelischen Reichsstände politisch isoliert wurde. Er finanzierte den zwischen 1562 und 1565 von Hofbaumeister Nikolaus

Gromann ausgeführten Neubau als Pensionär des französischen Königs. Auch dieses Bündnis sorgte für heftige Kritik, da der Fürst dadurch verpflichtet war, den König bei der Unterdrückung der Hugenotten militärisch zu unterstützen.

Von dem prächtigen Renaissancebau und seinem groß angelegten Garten finden sich heute kaum noch Spuren, denn Herzogin Anna Amalia von Sachsen-Weimar-Eisenach ließ das Schloss radikal im

Herzogin Anna Amalia Bibliothek

Studienzentrum der Bibliothek

Johann Wilhelm von Sachsen-Weimar,
Gemälde von Christoph Leutloff, 1575

Dorothea Susanna von Sachsen-Weimar,
Gemälde von Christoph Leutloff, 1575

Rokoko-Stil umbauen, um dort ab 1766 die fürstliche Bibliothek unterzubringen. Im heutigen Ausstellungssaal dieser Bibliothek sind lebensgroße Darstellungen Johann Wilhelms und seiner in der Kurpfalz geborenen Gemahlin Dorothea Susanna aus dem Jahre 1575 von Christoph Leutloff zu sehen. Im Hintergrund ist jeweils das einstige Erscheinungsbild eines Schlosses zu sehen: beim Herzog das 1618 abgebrannte Schloss Hornstein (an der Stelle des heutigen Stadtschlosses) und bei der Herzogin das Grüne Schloss, dessen gesamte Fassade figural wie ornamental reich verziert ist.

Die Kapitelle und Schlusssteine im Kreuzgewölbe des heutigen Bibliothekssaals, darunter ein besonders kunstvolles ernestinisches Wappen, stammen ebenfalls aus dieser Zeit. Auf der Ilmseite des Schlosses befinden sich außen an den auf das Jahr 1563 datierten Fenstergittern die Initialen der Wahlsprüche und Namen sowie die Wappen des Fürstenpaars. Die Buchstaben I V G und H W H Z S

Das Grüne Schloss, Detail aus dem Gemälde von Christoph Leutloff, 1575

sind mit „Ich vertraue Gott" bzw. „Hans Wilhelm, Herzog zu Sachsen" sowie G S M T und D S H Z S mit „Gott sei mein Trost" bzw. „Dorothea Susanna, Herzogin zu Sachsen" aufzulösen. Die fein gearbeiteten und vergoldeten Metallteile vermitteln einen Eindruck der ursprünglichen Pracht des Schlosses.

Nach dem Tode Johann Wilhelms 1573 wurde sein Hauptrivale bei den innerlutherischen Konflikten, Kurfürst August von Sachsen, der Vormund seiner Kinder. Der verwitweten Herzogin gelang es, die Residenzstadt zu ihrem dauerhaften Wohnort zu machen. Zwischen 1574 und 1576 ließ sie dafür das Rote Schloss erbauen. Aus Protest weigerte sie sich, die mit neuen Geistlichen besetzte Pfarrkirche zu besuchen und ließ Gottesdienste – eine Zeit lang auch für die Stadtbürger – in ihrem eigenen Haus abhalten. Unter den deutschen Fürstinnen des 16. Jahrhunderts nimmt Dorothea Susanna mit ihrem 1575 vollendeten Glaubensbekenntnis eine Sonderstellung ein, denn keine andere hochadlige Frau partizipierte in derartiger Form an den theologischen Diskursen ihrer Zeit. Das handschriftlich verbreitete Werk wurde zu einem Mittel, die streng an Luther orientierte Konfessionspolitik ihrer Dynastie auf Landes- und überterritorialer Ebene fortzusetzen. Als Zeugnis ihres Glaubens ließ die Herzogin ebenfalls 1575 den Kleinen Katechismus Luthers und das Kleine Corpus Doctrinae von Matthäus Judex in den Turmkopf des Schlosses einlegen.

Die Fassadengestaltung des Renaissancebaus ist mit Ausnahme der abgebauten Erker und des 1808 abgebrochenen Ostflügels weitgehend in ihrem Originalzustand erhalten. Oberhalb des Westportals sind im Mittelfeld das Wappen der Herzogin und auf dem Dreiecksgiebel Knabenfiguren mit Schädel und Sanduhr zu betrachten. Diese Symbole für Tod und Leben befinden sich ebenfalls an der Grabplatte der Herzogin in der Stadtkirche und werden in Verbindung mit dem Bibelzitat „Wir leben oder sterben, so sind wir des Herrn" (Röm 14,8) gesetzt. Die Bibliothek selbst besitzt beachtliche Bestände zur Reformationsgeschichte. Hervorzuheben sind die Luther-Drucke, die Flugschriften und die Bibel- und Katechismussammlung.

WEIMAR
Stadt Weimar

LUTHERHOF

- ❌ Luthergasse 1
- 🖐 privat
- ❓ Besichtigung Falk-Zimmer nach Anmeldung
- ℹ️ Tel. 03643 805773; www.johannesfalkverein.de

Mit dem seit 1492 bezeugten Grundstück belehnte Kurfürst Johann Friedrich 1545 „seinen getreuen Hans Burgkhardt den Jüngeren"; mehrere Besitzerwechsel folgten. Von 1772 bis 1776 wohnte Christoph Martin Wieland in dem nunmehr als „Söllnersches Freihaus" bezeichneten Gebäude.

Seinen heutigen Namen hat das Areal dem Schriftsteller und Sozialpädagogen Johannes Daniel Falk zu verdanken, der das bekannte Lied „Oh du fröhliche..." gedichtet hat. Gemeinsam mit dem Stiftsprediger C. F. Horn hat er ganz im Sinne der Reformation in dem Gebäude 1813 als erste sozialpädagogische Einrichtung in Deutschland „die Gesellschaft der Freunde in der Noth" gegründet. Nachdem aus der übernommenen Ruine ein ansehnliches Heim für seine Zöglinge entstanden war, gab er ihm den Namen „Lutherhof". Eine Gedenktafel am Haus weist darauf hin, dass hier ein Freund Martin Luthers, der Gevatter Burkhardt, gewohnt habe. Es wird deshalb angenommen, dass Luther selbst hier übernachtet haben könnte. Immerhin war Luther mehrmals in die damals nicht einmal 2000 Seelen zählende Stadt an der Ilm gekommen. Im September 1518 traf er sich hier mit seinem Freund, dem kurfürstlichen Geheimsekretär Georg Spalatin (1484–1545). Am 18. Oktober 1522, da war die von ihm zuvor auf der Wartburg übersetzte Bibel gerade einen Monat erschienen, kam Luther in Begleitung mehrerer gleichgesinnter Männer nach Weimar, um in die reformatorischen Debatten einzugreifen.

Mit der Sanierung des Hauses im Lutherhof 2001 wurde ein kleiner Raum im Stil der Falkschen Zeit restauriert. Das nach mündlicher Überlieferung als „Talarraum" be-

Lutherhof

zeichnete Zimmer nutzt der Johannes Falk e. V. für eine Erinnerungsstätte. Die Stiftung Weimarer Klassik stellte für deren Ausgestaltung Gegenstände aus dem Falknachlass als Dauerleihgaben zur Verfügung. Zu sehen sind zudem historische Zeichnungen und Fotos vom Lutherhof.

WEIMAR
Stadt Weimar

STADTKIRCHE ST. PETER UND PAUL
Herderkirche

- ✖ Herderplatz
- ◉ Evang.-luth. Kirchgemeinde
- ❶ April–Oktober: Mo–Fr 10–18 Uhr, Sa 10–12, 14–16 Uhr, So 11–12, 14–16 Uhr; November–März: Mo–Sa 10–12, 14–16 Uhr, So 11–12, 14–16 Uhr
- ❶ Tel. 03643 903182; www.ek-weimar.de/kirchen/stadtkirche

Die Stadtkirche St. Peter und Paul gilt seit der zweiten Hälfte des 16. Jahrhunderts als besonderer Erinnerungsort für die sich damals als Schutzherrin des „wahren" Luthertums stilisierende ernestinische Dynastie. In der dreischiffigen, 1500 geweihten spätgotischen Hallenkirche wird das Auge des Besuchers unweigerlich auf das farbenprächtige Altarretabel im Chorraum gelenkt. Lucas Cranach d. Ä. (ca. 1472–1553) soll das Werk

in seinem letzten Lebensjahr, das er bei seiner Tochter Barbara Brück in Weimar (→ Cranach-Haus) verbrachte, begonnen haben. Sein gleichnamiger Sohn vollendete das Werk 1555. Der „Maler der Wittenberger Reformation" steht im Bild zwischen Johannes dem Täufer und Luther, wo ihn der Blutstrahl aus der Seitenwunde Jesu trifft. Mitte des 19. Jahrhunderts wurde die Originalgrabplatte Cranachs, die sich ursprünglich an der südlichen Außenmauer der Jakobskirche befand (heute an der Stelle eine Gusssteinkopie), aus konservatorischen Gründen an der Nordwand des Chorraums der Stadtkirche angebracht und mit einer Neorenaissance-Rahmung verziert.

Nur wenige Monate nach ihrem Hofmaler starben auch der „geborene Kurfürst" Johann Friedrich I. von Sachsen (1503–1554) und seine Gemahlin Sibylle von Jülich-

Besonderer Erinnerungsort der Reformation

Cranach-Altar. Im Mittelbild Lucas Cranach d.Ä. zwischen Johannes dem Täufer und Martin Luther, auf dem linken Flügel der „geborene Kurfürst" Johann Friedrich I. von Sachsen mit seiner Gemahlin Sibylle und auf dem rechten Flügel ihre Söhne Johann Friedrich II., Johann Wilhelm und Johann Friedrich III.

Kleve-Berg (1512–1554). Sie sind mit ihren Wappen und den Initialen der Devise ihrer Dynastie „Verbum Domini manet in æternum" (Das Wort des Herrn bleibt in Ewigkeit) auf dem linken Flügel dargestellt. Laut der einstigen Inschrift am Steinsockel stifteten die drei auf dem rechten Flügel dargestellten Brüder das Retabel ihren verstorbenen Eltern. Es wurde somit zum Epitaph für das Fürstenpaar. Die Mitglieder der fürstlichen Familie, die betend vor dem gekreuzigten Christus knien, werden auf dem Retabel als fromme Bekenner und Beschützer des lutherischen Glaubens dargestellt. Das Bildprogramm in der Mitteltafel versinnbildlicht die Rechtfertigungslehre Luthers. Die Stilisierung der Eltern zu protestantischen „Märtyrern", die infolge ihres standhaften Bekenntnisses im Schmalkaldischen Krieg gravierende Verluste erlitten, kommt in der Inschrifttafel deutlich und durch die Kriegsnarbe Johann Friedrichs an der linken Wange symbolhaft zum Ausdruck. Die Abwesenheit anderer Wittenberger Reformatoren auf dem Bild spiegelt ihren exklusiv auf Luther beruhenden Standpunkt in den innerkonfessionellen Konflikten der Zeit wider, denn im folgenreichen Streit um die Rekatholisierungsversuche Kaiser Karls V. durch das sogenannte Augsburger Interim von 1548 wurde Johann Friedrich seiner ehemaligen Universität Wittenberg und deren führendem Theologen Philipp Melanchthon entfremdet. Ungewöhnlich ist, dass das Altarbild frei auf einem Sockel steht. Die Ernestiner ließen im Zusammenhang mit der Visitation von 1554/55 Schreine, Bilder und Retabel von den Mensen in vielen Kirchen beseitigen, sodass der Liturg bei der lutherischen Abendmahlsfeier hinter dem Altartisch mit Blick auf die Gemeinde Brot und Wein konsekrieren konnte. Diese Anordnung beruhte auf einem Ausspruch Luthers und sollte dazu dienen, alle Assoziationen mit dem Messopfer der römisch-katholischen Kirche aufzuheben. Bei dieser liturgischen Reform sollte die Pfarrkirche in der Residenzstadt eine Vorbildfunktion für das gesamte Territorium übernehmen.

Eine weitere Ausdrucksform der Luther-Verehrung in der Kirche ist das 1572 vom Hofmaler Veit Thieme angefertigte Triptychon, das Luther in seinen jüngeren Jahren als Augustinermönch und Junker Jörg sowie als älteren Mann zeigt. Es erzählt das Leben und Wirken des Reformators in Reimversen. Die beiden auf den Rückseiten der Flügel porträtierten Personen wurden bislang nicht identifiziert. Infrage kämen der damalige Weimarer Superintendent und Pfarrer Bartholomäus Rosinus und der führende Jenaer Theologieprofessor Johann Wigand, zwei wichtige Berater des Weimarer Hofes. •

WEIMAR
Stadt Weimar

STADTSCHLOSS

- ❌ Burgplatz 4
- ☁ Klassik Stiftung Weimar
- 🕐 Schlossmuseum: April bis Oktober: Di–So 10–18 Uhr, November bis März: Di–So 10–16 Uhr
- ℹ Tel. 03643 545400; www.klassik-stiftung.de

Der westliche Teil Kursachsens mit Herrschaftsgebieten in Thüringen, Franken und im Vogtland gehört zu den Regionen, in denen die evangelische Bewegung sehr früh Fuß fasste. Bereits vor 1525 wirkten in den Städten Allstedt, Coburg, Eisenach, Eisenberg, Eisfeld, Gotha, Jena, Neustadt an der Orla, Saalfeld und Weimar reformatorisch gesinnte Geistliche, darunter auch radikalere Theologen wie etwa Jakob Strauß, Andreas Bodenstein aus Karlstadt und Thomas Müntzer. Dieses Phänomen ist nicht zuletzt auf die politische Sonderstellung der Region zurückzuführen. Kurfürst Friedrich der Weise hatte nämlich seinen Bruder Johann, den späteren Kurfürsten Johann den Beständigen, dieses Gebiet seit 1513 verwalten lassen. Anders als Friedrich, der Luther zwar entschiedenen Schutz gegenüber Papst und Kaiser gewährte, sich aber in Bezug auf die theologischen Ansichten des Wittenberger Professors ambivalent verhielt, sympathi-

*Stadtschloss
mit Torhaus*

sierte Johann offen mit den neuen kirchlichen Reformansätzen und ermöglichte der Bewegung einen gewissen Entwicklungsfreiraum. Der evangelisch gesinnte Schlossprediger Wolfgang Stein stand dem zwischen 1513 und 1525 in Weimar residierenden Herzog seit 1519 beratend zur Seite. Luthers zentrale Schrift zur politischen Ethik „Von weltlicher Obrigkeit" (1523) ist aus Predigten hervorgegangen, die er im Oktober 1522 in der Weimarer Schlosskirche gehalten hatte. Als neuer Kurfürst proklamierte Johann 1525 von Weimar aus die Einführung der Lehre Luthers im Kurfürstentum Sachsen. Die damals oval angelegte, rings von Wassergräben umgebene Wehranlage in Weimar, genannt Schloss Hornstein, fiel 1618 einem verheerenden Brand

zum Opfer. Auch den Nachfolgebau, die Wilhelmsburg, ereilte 1774 ein ähnliches Schicksal. Das heutige Stadtschloss, eine klassizistisch geprägte Vierflügelanlage, entstand um 1800 unter Herzog Carl August von Sachsen-Weimar-Eisenach.

Allein das aus Torhaus, Hausmannsturm und Hofdamenhaus bestehende Ensemble der Bastille im Südwesten überdauerte alle Brände. Der 1545 vom Hofbaumeister Nikolaus Gromann im Renaissancestil umgestaltete Torbau lässt die Erscheinung des Schlosses nach dem Umbau ab 1535 unter dem Sohn Johanns, Kurfürst Johann Friedrich dem Großmütigen, zum Teil erahnen. Das Westportal des Torhauses mit dem kursächsischen Wappen stammt aus dieser Zeit. Die Ernestiner machten Weimar erst nach dem

Verlust der Kurwürde und der Kurlande in Sachsen infolge des Schmalkaldischen Krieges 1547 zu ihrer Hauptresidenz. Im Zuge dessen gelangte hochrangiges Kulturgut zur Wittenberger Reformation in das Schloss. Dazu gehörte das kursächsische Hofarchiv, das unter anderem die Religionspolitik und die Kirchenreformprozesse seit dem Beginn des 16. Jahrhunderts auf territorialer und Reichsebene dokumentiert. Diese Bestände bilden den Grundbestand des Ernestinischen Gesamtarchives, das sich heute im Thüringischen Hauptstaatsarchiv Weimar am Beethovenplatz befindet. Das originale Bronzeepitaph, das für die Grabstätte Luthers in der Wittenberger Schlosskirche vorgesehen war, war zwei Jahrzehnte im Weimarer Schloss aufbewahrt worden, bis Herzog Johann Wilhelm es Anfang der 1570er Jahre der Universität Jena schenkte. Die Grabplatte befindet sich heute an der Innennordwand der → Jenaer Stadtkirche.

Von Werken mit reformationshistorischer Bedeutung sind in den Kunstsammlungen des Schlossmuseums vor allem die Gemälde aus der Werkstatt des älteren und jüngeren Cranach hervorzuheben. Neben Porträts von Kurfürst Johann und dem jungen Prinzenpaar Johann Friedrich und Sibylla sind drei Bildnisse von Luther an verschiedenen Lebensstationen und eines von seiner Ehefrau Katharina von Bora zu betrachten. Außerdem sind in der Sammlung das durch die Reformation und die Cranachwerkstatt aufgewertete Motiv „Christus und

Martin Luther und Katharina Luther, geb. von Bora, Gemälde von Lucas Cranach d.Ä., 1528

die Ehebrecherin" sowie das Motiv „Gesetz und Evangelium" vertreten – eine Neuschöpfung Cranachs, die Luthers zentrale theologische Lehre der Rechtfertigung allein durch Glaube, Gnade und Christus anschaulich werden lässt.

WEISSENSEE
Landkreis Sömmerda

STADTKIRCHE ST. PETER UND PAUL

- ⊗ Stadtmitte, Nicolaiplatz
- ◈ Evang.-luth. Kirchgemeinde
- ◕ außen frei zugänglich, innen nach Voranmeldung
- ⓘ Pfarramt, Tel. 036374 36803

Chorraum mit Kompositaltar

Nach dem Tod Herzog Georgs des Bärtigen im Jahr 1539 wurde auch im albertinischen Sachsen, zu dem Weißensee seit 1485 gehörte, die Reformation eingeführt. Die noch im selben Jahr durchgeführte Visitation des thüringischen Teils des Herzogtums erfolgte durch Luthers Freund und Helfer Philipp Melanchthon. Der Gelehrte, Theologe und Humanist wusste wenig Erbauliches über die kirchlichen Verhältnisse zu sagen, befand aber den Pfarrer in der alten landgräflichen Stadt als hinreichend befähigt, sein Amt auszuüben. Als zwei Generationen später, am Übergang zum 17. Jahrhundert, die alte Stadtpfarrkirche St. Peter und Paul zu einer evangelischen Predigtkirche umgebaut wurde,

mussten Dach, Emporen und Bänke erneuert werden. Als letztes wurde 1624 eine neue Bilderwand hinter dem Hauptaltar aufgestellt. Es handelt sich hierbei um einen Kompositaltar, bei dem zwei ältere, gotische Altäre aus dem frühen bzw. späten 15. Jahrhundert in die Schauwand integriert und im Sinne des lutherischen Bekenntnisses „korrigiert" wurden. So malte eine unbekannte Hand der Himmelskönigin im unteren, älteren Altarschrein einen Bart an und deutete so das im Zentrum des Schreins befindliche Figurenpaar von Maria und Christus zu einer Christus-Gottvater-Gruppe um. Auch die Gemälde auf den Altarflügeln wurden übermalt, um das altkirchliche, der Gottesmutter Maria gewidmete Bildprogramm zu verdecken; seither finden sich auf den Innenseiten Abendmahl und Ölberg, auf den Außenseiten Gefangennahme und Kreuztragung Christi. Auch die Flügelgemälde des oberen, spätgotischen Altars mit einer Beweinungsgruppe im Schrein wurden teilweise überfasst, ohne aber die dargestellten Heiligen Laurentius und Petrus unkenntlich werden zu lassen. Neuanfertigungen aus der Zeit um 1624 sind schließlich eine gemalte Abendmahlszene in der Predella und eine geschnitzte Kreuzigungsgruppe als oberer Abschluss der Schauwand. Zu der um 1624 geschaffenen Neuausstattung gehört auch der insgesamt 104 Einzelbilder umfassende Zyklus an den Emporenbrüstungen. Wiedergegeben sind Szenen des Alten Testaments, Porträts der Propheten, Evangelisten und Apostel, aber auch symbolische Darstellungen mit geistlichen Sinnsprüchen.

Kompositaltar, Detail: Maria mit Bart

WESTHAUSEN
Landkreis Hildburghausen

KIRCHE ST. KILIAN

- ⊗ Ortsmitte
- ⌂ Evang. Kirchgemeinde
- ❶ außen frei zugänglich, innen nach Absprache
- ❶ Pfarramt Streufdorf, Tel. 036875 69235

Die Pfarrstelle Westhausen, im Mittelalter einst die Urpfarrei des Heldburger Landes, wurde als Lehen der ernestinischen Herzöge anlässlich der Gründung der Universität Wittenberg im Jahre 1502 dieser inkorporiert. Dies bedeutete, dass der von der Universität berufene Pfarrer einen Teil seiner Einkünfte zum Unterhalt der Universität abführen musste.

1521 wurde auf Luthers Empfehlung hin der aus Feldkirch in Vorarlberg stammende Wittenberger Magister und Lehrer der Metaphysik Jodocus Mörlin (um 1490–1550) nach Westhausen berufen. Dies geschah nicht allein seiner Fähigkeiten wegen, sondern auch um ihm ein Einkommen zu verschaffen, das seine Familie ernährte. Mörlin hatte vor 1516 geheiratet und bereits im Jahr seiner Berufung mindestens zwei Söhne. Bei der Taufe von Joachim Mörlin war sogar Kurfürst Friedrich der Weise Taufpate. Luther berichtet später: „Morels Vater [Jodocus Mörlin] freihet aus Lieb ein arm schön Kind und

Kilianskirche

seinem Tode 1550. Unter seinen Nachkommen wurden insbesondere seine beiden Söhne Joachim und Maximilian, die ebenfalls bei Luther und Melanchthon in Wittenberg studierten, für die Reformation in Ostpreußen und Braunschweig bzw. im Herzogtum Coburg bedeutsam.

WIEDERSBACH
Gemeinde Auengrund
Landkreis Hildburghausen

JOHANNESKIRCHE

⊗ Dorfmitte, Kirchgasse
◉ Evang. Kirchgemeinde
❶ außen frei zugänglich, innen nach
   Absprache
❶ Pfarramt, Tel. 036841 48106

hat nicht das Brot im Haus; nun beschert ihm Gott eine gute Pfarr und hat ihm feine Kinder geben, denn Gott gedenkt: Es ist meine Ordination, ich muß ihm genug [zum Leben] geben". Die Einsetzung Mörlins, die von den zuständigen würzburgischen geistlichen Beamten in zwei Urkunden (!) bestätigt wurde, bedeutete zugleich den frühesten Beginn evangelischer Predigt im Heldburger Land. Bei der ersten ernestinischen Visitation im Jahre 1528 erhielt Mörlin ein gutes Zeugnis hinsichtlich seiner Lehre und Amtstätigkeit, aber auch eine ernsthafte Ermahnung, weil er sich zum übermäßigen Trinken habe verführen lassen.
Mörlin wirkte danach noch viele Jahre segensreich in Westhausen bis zu

Graf Wilhelm von Henneberg wurde in seiner Grafschaft erstmals 1523 nachweislich mit einem Fall evangelischer Lehre konfrontiert. Nachdem Anzeige gegen Pfarrer Wolfgang Schmidt zu Wiedersbach erstattet worden war, verhörte Wilhelm selbst den Pfarrer und erlegte ihm auf, seine Artikel schriftlich zu fassen. Obwohl diese zeigen, dass Schmidt im Sinne der Lehre Luthers dachte und lehrte, durfte er auf seiner hennebergischen Pfarrstelle bleiben.
Graf Wilhelm duldete zwar die evangelische Lehre, allerdings nicht die Reformation des Gottesdienstes, die erst 1543/44 freigegeben wurde.

Johanneskirche

Herrn nach päpstlicher Satzung halten." Schon im folgenden Jahr wurden die drei sächsischen Dörfer auf deren eigenes „Ansuchen" und „Bitten" hin von der Pfarrei Wiedersbach getrennt und zu einer eigenen Pfarrei mit der Kirche in Unterneubrunn zusammengefasst. Dort bewarb sich Wolfgang Schmidt um die neue Pfarrstelle. Die Gemeinden bewilligten ihm 17 Gulden, dazu „das Heußle und Wiesen" und einige andere Besoldungen. Dem fügte die Herrschaft aus den Einkünften des Klosters Veilsdorf noch jährlich dreizehn Gulden hinzu, die 1535 noch einmal um weitere drei Gulden aus dem Kloster erhöht wurden, insgesamt ein äußerst bescheidenes Einkommen.

Wiedersbach selbst erhielt im Zuge der hennebergischen Reformation erstmals 1551 einen Pfarrer, der in Wittenberg studiert hatte und ordiniert worden war. 1961 wurden im Altarraum Gemälde und die Jahreszahl 1617 freigelegt, die vermutlich aus Anlass des ersten Reformationsjubiläums gemalt wurden: im Kreuzrippengewölbe die vier Evangelisten mit ihren Symbolen, an der Nordwand eine Darstellung des heiligen Abendmahls, an der Ostwand Mose mit den Gebotstafeln und Stab und an der Südwand Martin Luther und Philipp Melanchthon. In der Mitte des Altarraums steht ein Sandsteinaltar aus dem 15. Jahrhundert.

Die Verhältnisse in Wiedersbach sind für die Geschichte der Reformation in der Grafschaft Henneberg aufschlussreich, da seine Filialen Oberneubrunn, Unterneubrunn und Gießübel zum Kurfürstentum Sachsen gehörten, wo die Reformation bereits 1528 eingeführt wurde. Aus den kursächsischen Visitationsakten dieses Jahres geht hervor, dass Pfarrer Schmidt den Gottesdienst in Wiedersbach „nach päpstlichen Zeremonien und in der Kirchen zu Neubrunn nach der kurfürstlichen Ordnung [hielt]. Wiewohl er anzeigt, er predige das Evangelium an beiden Orten lauter, klar und rein, nur die Zeremonien müsse er [in Wiedersbach] auf Befehl seines

WOLFERSDORF
Gemeinde Trockenborn-Wolfersdorf
Saale-Holzland-Kreis

SCHLOSS „FRÖHLICHE WIEDERKUNFT"

- ⊗ Dorfstraße 18a
- ⬢ Schloss Wolfersdorf Verwaltungsgesellschaft
- ◑ Mo–Sa 10–17 Uhr, So 10–18 Uhr
- ① Tel. 036481 123834;
  www.schlosswolfersdorf.de

Gegründet auf acht Meter tiefen Eichenpfählen, umgeben von einem idyllischen Schlossteich und eingebettet in eine märchenhafte Waldlandschaft überrascht das Jagdschloss in Wolfersdorf mit einer be-eindruckenden Bausubstanz aus der Zeit der Renaissance und Neogotik. Auf Grund der Nutzung als Jugendwerkhof zu DDR-Zeiten ist die untrennbar mit der Reformationszeit verbundene Baugeschichte dieses thüringischen Kleinodes fast in Vergessenheit geraten. Kein Geringerer als der protestantische Kurfürst Johann Friedrich I., der Gründer der Universität Jena und energische Verfechter der lutherischen Reformation war es, der noch aus der Gefangenschaft heraus im Jahre 1547 seinen Landesbaumeister Nickel Grohmann mit dem Schlossbau beauftragte. Als Johann Friedrich die Freiheit erlangte, wurde die glückliche Wiederkehr gemeinsam mit seiner Ehefrau Sybille von Kleve

Schloss „Fröhliche Wiederkunft"

hier 1552 gefeiert. Seit dieser Zeit trägt das Schloss den Beinamen „Zur Fröhlichen Wiederkunft". Die fürstliche Gesellschaft fand hier in einem der zusammenhängendsten Waldgebiete der wettinischen Lande einen idealen Rückzugsort. Markantes Zeichen der hohen Baukunst ist der imposante Treppenturm im zweiflügeligen Renaissancebau, in dessen Inneren eine hölzerne, fast 500 Jahre alte, frei tragende Wendeltreppe zu bewundern ist.

Eine zweite Blüte erlebte das Schloss um 1865 durch Herzog Joseph von Sachsen-Altenburg, der aufwendige Sanierungsarbeiten in Angriff nahm und den Schlossbau zu einer dreiflügeligen Anlage erweiterte.

Die dritte Blütezeit währt seit dem Jahr 2007: Es fand sich ein Käufer, der Mut, privates Geld und Herzblut in die umfangreiche Sanierung des Schlosses steckte. Ein bedeutendes Zeugnis der Reformationszeit ist Dank dem Engagement der Schloss Wolfersdorf Verwaltungsgesellschaft öffentlich zu besichtigen und hält neben einem herzoglichen Fahrstuhl, einer Silberkammer mit herzoglichem Tresorraum sowie originalem Inventar der letzten fürstlichen Nutzer so manche spannende Entdeckung bereit. Bei einem Besuch des Schlosses und seiner Umgebung kann man die besondere Aura dieses Ortes verspüren, die schon die fürstliche Familie vor 460 Jahren im Zeitalter der Reformation faszinierte.

WÖLLNITZ

OT von Jena, Stadt Jena

FÜRSTENBRUNNEN

- ❌ Pennickental, am Fuße des Johannisbergs
- ⬢ Stadt Jena
- ➊ frei zugänglich
- ➊ Tourist-Info, Tel. 03641 498050

Der „Fürstenbrunnen" bildet die Quelle des Pennickenbaches im gleichnamigen Nebental der Saale, das nördlich von den Kernbergen und südlich vom Johannisberg begrenzt wird und unterhalb der Wölmisse, einer Hochebene, liegt. Seinen Namen verdankt der „Fürstenbrunnen" dem aus kaiserlicher Gefangenschaft heimgekehrten Kurfürsten Johann Friedrich I. (1503–1554), der am 24. September 1552 hier Rast auf einer Jagd nahm. Nach der Freilassung am 27. August in Augsburg war er, über Nürnberg, Bamberg und Coburg kommend, am 17. September zunächst in seinem Jagdgebiet in → Wolfersdorf eingetroffen. Von dort begab er sich am 24. September 1552 über das Jagdrevier Wölmisser Forst, wo eine Hirschjagd veranstaltet wurde, nach Jena und zwei Tage später in die Residenzstadt Weimar. An der Quelle des Pennickenbachs nahm der Kurfürst mit seinem aus rund achtzig Personen bestehenden Gefolge Rast. Die Jenaer Bürger und Studenten bereiteten ihm anschlie-

Fürstenbrunnen

erste Schrifttafel mit einem Epigramm in elegischen Distichen von Johann Stigel, Professor der Beredsamkeit und erster Rektor der Jenaer Hochschule, fertigte 1554 der Jenaer Steinmetz Merten Hainisch an. Das sich darauf befindliche Wappen wurde vom Weimarer Hofmaler Peter Roddelstedt 1557 farbig gestaltet. Stigel-Epigramm von 1554 (Editio princeps 1569):

Fontis ad hujus aquam frigus captabat in aestu // Saxoniae Elector, Mystaque, Christe, tuus. //
Tu fons justitiae, verae fons vive salutis, // Saxoniae salvos, Christe, tuere Duces! //

ßend vor den Toren der Stadt einen feierlichen Empfang und überreichten ihm einen Pokal mit goldenen Münzen und Wagenladungen voller Fisch, Hafer, Wein und Bier. Auf allen Bergen um Jena brannten am Abend Freudenfeuer (→ Jena, Schwarzer Bär).

Die mit dem Tod des „gewesenen" Kurfürsten einsetzende protestantische Erinnerungskultur in den ernestinischen Landen, die auf den Kurfürstentitel Anspruch erhob und den Gründer der Jenaer Hohen Schule ehrte, nutzte die Popularität des „Hanfrieds" und schuf mit der Neufassung des Borns, „welcher A. C. 1554. ist ausgewölbet" (Adrian Beier, Geographus Jenensis), einen Erinnerungsort, der seitdem „Fürstenbrunnen" genannt wird. Die

[Hier an dem Wasser des Quells fand an heißem Tage Erquickung //
Sachsens Kurfürst, der Dir Christus in Frömmigkeit dient, //
Du, der Gerechtigkeit Quell, wahren Heiles lebendiger Brunnen, //
Christus, beschirme den Stamm sächsischer Fürsten hinfort. //]

Im 19. Jahrhundert wurde der Brunnen unter anderem durch Volksfeste und Jahresfeiern mit protestantischen, thüringischen und nationalen Sinndeutungen versehen. Die bürgerliche Inbesitznahme der Natur durch Verschönerungsvereine und damit einhergehende romantisierende Vorstellungen verlegten auch den Empfang des Kurfürsten von vor den Toren der Stadt hin zum „Fürstenbrunnen".

WÜNSCHENDORF

Landkreis Greiz

KLOSTER CRONSCHWITZ

- ⊗ Cronschwitz Nr. 56
- ⬤ privat
- ⊙ nach Voranmeldung
- ⓘ Tel. 036603 87855

KLOSTER MILDENFURTH

- ⊗ 1,5 km südwestlich von
  Wünschendorf
- ⬤ Stiftung Thüringer Schlösser und
  Gärten
- ⊙ nach Voranmeldung
- ⓘ Gemeindeamt, 036603 60829

Nahe bei Weida liegen im Gebiet der Gemeinde Wünschendorf an der Weißen Elster die zwei ehemaligen Klosteranlagen von Mildenfurth und Cronschwitz, von denen zum Teil nur Ruinen erhalten geblieben sind. Beide Klöster wurden als Hausklöster der Vögte von Weida und von Gera gestiftet – Mildenfurth 1193 als Prämonstratenserkloster und Cronschwitz 1238 als Dominikanerinnenkloster. Hatte Vogt Heinrich II. von Weida, genannt der Reiche, dabei sein Seelenheil im Sinn, so gründete Jutta das Dominikanerinnenkloster, nachdem ihr Gemahl in den Deutschen Orden eingetreten war.

In der Reformationszeit lebten in Cronschwitz vor allem adlige Frauen. Während die älteren Nonnen versuchten, sich mit Macht gegen die reformatorische Lehre zu sperren, waren insbesondere die jüngeren der reformatorischen Lehre gegenüber aufgeschlossen. Dies führte zu einem Konflikt im Konvent, der 1527 durch das Eingreifen der Visitatoren, zu denen Philipp Melanchthon zählte, geschlichtet wurde. Die Nonnen durften weiterhin Stundengebete halten, sollten dabei aber Psalmen beten und aus der Bibel lesen. Ihnen wurde mit Lorenz Schmidt ein evangelischer Geistlicher zur Seite gestellt, der sich aber nur schwer durchsetzen konnte. Seine Nachfolger waren weniger milde und führten das Abendmahl unter beiderlei Gestalt endgültig ein. 1529 lebten in Cronschwitz noch 27 Nonnen, von denen 14 ihre Ordenstracht nicht ablegen wollten. Nach dem Verkauf der Klosteranlage 1544 begann deren fortwährender Abriss und Nutzung als landwirtschaftliches Gut. Heute sind nur noch Mauerreste übriggeblieben (→ Kulturelle Entdeckungen, Band 4).

Ähnlich verlief der Übergang zur Reformation im Kloster Mildenfurth. Immerhin wurde einer der Mönche, Peter Ackermann († 1544), später Pfarrer in Weida. Gerade acht Mönche lebten 1529 noch im Kloster, 1533 waren es nur noch sechs. Auch Kloster Mildenfurth wurde 1544 verkauft, seit 1556 fanden Umbauten zu einem Renaissanceschloss statt. Neuere Bauforschun-

Kloster Mildenfurth

gen haben gezeigt, dass auf diese Weise einige romanische Teile der Anlage erhalten geblieben sind. Während vor 1989 das ehemalige Kloster als Altersheim genutzt wurde, finden seit einigen Jahren in den Sommermonaten Konzerte statt.

Ebenfalls lebt und arbeitet hier der Bildhauer Volkmar Kühn. Empfehlenswert ist außerdem die Besichtigung der Kirche im Ortsteil Veitsberg, deren Ursprünge wahrscheinlich in der Zeit um das Jahr 1000 liegen.

ANHANG

LITERATURHINWEISE HESSEN

450 Jahre Psychiatrie in Hessen, hrsg. von Walter Heinemeyer und Tilman Pünder, Marburg 1983.

450 Jahre Reformation in Offenbach am Main. Beiträge zur Kirchengeschichte, Offenbach am Main 1993.

Architekturführer Kassel, hrsg. von Berthold Hinz und Andreas Tacke, Berlin 2002.

Autmundistat – Beiträge zur Geschichte Umstadts, hrsg. vom Museums- und Geschichtsverein Groß-Umstadt Bd. 6 und Bd. 7.

Bethke, Gerd S.: Main-Taunus-Land. Historisches Ortslexikon, Frankfurt 1996.

Blume, Leonore, Klaus-Peter Decker, Hans-Georg Ruppel: Perle der Renaissance: Das Isenburger Schloss in Offenbach am Main, Regensburg 2006.

Braun, Heinz Martin: Walldorf. Chronik einer Waldenser-Gemeinde, Mörfelden-Walldorf 1990.

Brenner, Georg: Groß-Umstadt 743–1993, Horb am Neckar 1993.

Breul-Kunkel, Wolfgang: Herrschaftskrise und Reformation. Die Reichsabteien Fulda und Hersfeld ca. 1500–1525, Gütersloh 2000.

Dehio, Georg: Handbuch der Deutschen Kunstdenkmäler. Hessen I. Regierungsbezirke Gießen und Kassel, München-Berlin 2008.

Dehio, Georg: Handbuch der Deutschen Kunstdenkmäler. Hessen, München 1982.

Demandt, Karl: Geschichte des Landes Hessen, 2. Aufl., Kassel 1980.

Denkmaltopographie Bundesrepublik Deutschland. Kulturdenkmäler in Hessen, Bd. 26: Stadt Alsfeld, bearb. von Peer Zietz, Stuttgart 2002.

Denkmaltopographie Bundesrepublik Deutschland. Kulturdenkmäler in Hessen, Bd. 29: Main-Taunus-Kreis, bearb. von Michael Nitz, Simone Balsam, Sonja Bonin, Wiesbaden 2003.

Denkmaltopographie Bundesrepublik Deutschland. Kulturdenkmäler in Hessen, Bd. 30: Stadt Wetzlar, bearb. von Reinhold Schneider und Martina Weißenmayer, Stuttgart 2004.

Denkmaltopographie Bundesrepublik Deutschland. Kulturdenkmäler in Hessen, Bd. 45: Landkreis Gießen II, bearb. von Karlheinz Lang, Reinhold Schneider, Martina Weißenmayer, Stuttgart 2010.

Eichenauer, Jürgen: „Meine Freiheit, nach meinem Charakter zu leben". Sophie von La Roche (1730–1807) – Schriftstellerin der Empfindsamkeit, Weimar 2007.

Eichhoff, Nikolaus Gottfried: Die Kirchenreformation in Nassau-Weilburg im 16. Jahrhundert, Weilburg 1832.

Einsingbach, Wolfgang: Unionskirche zu Idstein. Gestalt und Bedeutung, Idstein 1979.

Emden, Horst: Weilburg und die Reformation, Weilburg 1999.

Franz, Eckhart G.: Die hessischen Klöster und ihre Konvente in der Reformation, in: Hessisches Jahrbuch für Landesgeschichte 9 (1969), S. 147–233.

Fritz, Jürgen: Chronik des Isenburger Schlosses zu Offenbach am Main, in: Alt-Offenbach. N.F. 35/36 (November 1998), S. 5–8.

Geschichte der Stadt Worms, hrsg. von Gerold Bönnen, Stuttgart 2005.

Großmann, Georg Ulrich: Renaissanceschlösser in Hessen. Architektur zwischen Reformation und Dreißigjährigem Krieg, Regensburg 2010.

Grünschlag, Fritz: Die Einführung der Reformation in Nassau-Weilburg durch den Grafen Philipp III., 2. Aufl., Weilburg 1909.

„Haltestation Philippshospital". Ein psychiatrisches Zentrum – Kontinuität und Wandel 1533–1904–2004. Eine Festschrift zum 500. Geburtstag Philipps von Hessen, hrsg. von Irmtraut Sahmland u. a., Marburg 2004.

Happe, Barbara: Die Entwicklung der deutschen Friedhöfe von der Reformation bis 1870. Tübingen 1991.

Härter, Karl: Evangelische Gemeinde und Kirche in Heppenheim bis zur Gründung der selbständigen Kirchengemeinde im Jahr 1901, in: Die Starkenburg. Blätter für Heimatkunde und Heimatpflege 88 (2011), Heft 2 und 3, S. 5–12.

Haupt, Georg: Die Bau- und Kunstdenkmäler der Stadt Darmstadt, Band 1, Darmstadt 1952.

Heidelmann, Hildegard/Helmuth Meißner: Evangelische Beichtstühle in Franken, Bad Winsheim 2001.

Holtmeyer, Alois: Die Bau- und Kunstdenkmäler im Regierungsbezirk Cassel, Bd. IV: Kreis Cassel-Land, Marburg 1910

Holtmeyer, Alois: Die Bau- und Kunstdenkmäler im Regierungsbezirk Cassel, Bd. VI: Kreis Cassel-Stadt, Kassel 1923.

Das Hospital am Beginn der Neuzeit. Soziale Reform in Hessen im Spiegel europäischer Kulturgeschichte, hrsg. von Arnd Friedrich, Fritz Heinrich, Christina Vanja, Petersberg 2004.

Hütteroth, Oskar: Die althessischen Pfarrer der Reformationszeit, 3 Bände, Marburg 1953–1966.

Jäckel, Marion: Das Grabdenkmal Philipps des Großmütigen in der Kasseler Martinskirche, M.A.-Arbeit, Kassel 2003.

Jürgensmeier, Friedhelm: Die benediktinischen Mönchs- und Nonnenklöster in Hessen, St. Ottilien 2004.

Kassel-Lexikon, hrsg. von der Stadt Kassel, 2 Bde., Kassel 2009.

Käthner, Rudi H. und Martha: Weilrod. Die Geschichte von dreizehn Taunusdörfern, Weilrod 1987

Kathrein, Werner: Die Bemühungen des Abtes Petrus Lotichius (1501–1567) um die Erneuerung des kirchlichen Lebens und die Erhaltung des Klosters Schlüchtern im Zeitalter der Reformation. Fulda 1984.

Knappe, Rudolf: Mittelalterliche Burgen in Hessen. 800 Burgen, Burgruinen und Burgstätten. 2. Aufl., Gudensberg-Gleichen 1995.

Kramer, Otto/Fritz Reuter/Ulrich Oelschläger: Auf den Spuren Luthers und der Reformation in Worms. Worms 2012.

Landgraf Philipp der Großmütige 1504–1567. Hessen im Zentrum der Reform, hrsg. von Ursula Braasch-Schwersmann, Hans Schneider und Wilhelm Ernst Winterhager, Marburg und Neustadt an der Aisch 2004.

Leben bei den Toten, hrsg. von Jan Brademann, Werner Freitag, Münster 2007.

Lemberg, Margaret: Die Grablegen des hessischen Fürstenhauses, Marburg 2010.

List, Gerhard: Gründung und wirtschaftliche Entwicklung des Prämonstratenser-stiftes Spieskappel in Hessen, Diss. Marburg, 1978.

Luther in Hessen, hrsg. von Günther E. Th. Bezzenberger, Kassel 1983.

Luther mit dem Schwan. Tod und Verklärung eines großen Mannes, hrsg. von Gerhard Seib und Lutherhalle Wittenberg, Berlin 1996.

Mit dem Glauben Staat machen. Hessens prägende Zeit. Landgraf Philipp der Groß-mütige 1504–1567, hrsg. von Dirk Richhardt, Frankfurt 2004.

Picard, Bertold: „...bis an dein kühles Grab." Der alte Eppsteiner Friedhof 1591–1891, in: Zwischen Main und Taunus. Jahrbuch des Main-Taunus-Kreises 3 (1995), S. 59–64.

Picard, Bertold: „auf diesem Kirchhofgarten." Grabmäler des alten Eppsteiner Friedhofs, in: Zwischen Main und Taunus. Jahrbuch des Main-Taunus-Kreises 5 (1997), S. 49–57.

Pons, Rouven: Für Kunst und Glauben. Die Ausmalung der Martinskirche in Idstein unter Graf Johannes von Nassau-Idstein (1603–1677), Wiesbaden 2012.

Raven, Otto: Neuenhain. Chronik eines Dorfes, Neuenhain 1971.

Der Reichstag zu Worms 1521, hrsg. von Fritz Reuter, Worms 1971.

Renftel, Lars-Oliver/Richard Schaffer-Hartmann: Auswirkungen einer Stadtgründung, Hanau 1997.

Reuter, Fritz: Das Lutherdenkmal in Worms und seine Enthüllung vor 125 Jahren, o.O. 1993.

Rockwell, William Walker: Die Doppelehe des Landgrafen Philipp von Hessen, Mar-burg 1904.

Ronner, Wolfgang: Politik und Religion im alten Kronberg. Eine Stadt- und Kirchenge-schichte von 1522–1813, Kronberg im Taunus 1983.

Schilling, Johannes: Adam Krafft, der erste hessische Landesbischof, in: Fuldaer Ge-schichtsblätter 70 (1994), S. 87–100.

Schilling, Johannes: Die Bedeutung von Klöstern und Mönchen für die Refor-mation in Hessen. Zur Vorgeschichte des evangelischen Pfarrerstandes, in: Zeitschrift des Vereins für Hessische Geschichte und Landesgeschichte 102 (1997), S. 15–24.

Schneider, Hans: Der waldeckische Reformator Johannes Hefentreger (Trygophorus) 1497–1542, Arolsen 1991.

Sebald, Eduard: Der Dom zu Wetzlar, Königstein/Ts. 1989 und Baugeschichte der Stiftskirche St. Marien in Wetzlar, Worms 1990.

Stadtlexikon Darmstadt, Stuttgart 2006.

Steinmetz, Ernst Georg: Die Usinger Kirchenreformation, Usingen 1927.

Theiselmann, Christiane: Das Wormser Lutherdenkmal Ernst Rietschels, Frankfurt am Main 1992.

„und gründet sein Gewölbe auf die Erde". Der Kirchenführer des Main-Taunus-Kreises. Frankfurt 2011.

Vogt, Monika: Eröffnend der Neuzeit Tür. Begegnungen mit Philipp dem Großmütigen in Hessen, Frankfurt am Main 2003.

Das Werden Hessens, hrsg. von Walter Heinemeyer, Marburg 1986.

Werner, Norbert: Johann von Sandrart und Michael Angelo Immenraedt. Der evangelische Bilderzyklus der Unionskirche zu Idstein im Taunus, in: Gießener Beiträge zur Kunstgeschichte 2 (1973), S. 171–241.

Wieckowski, Alexander: Evangelische Beichtstühle in Sachsen, Beucha 2005.

Wintersteiner, S.: Das Epicedion für Tilemann Schnabel, in: Mitteilungen des Geschichts- und Altertums-Vereins der Stadt Alsfeld 13 (1988), S. 250–255.

LITERATURHINWEISE THÜRINGEN

500 Jahre Reformation in Hessen und Thüringen (= Heimat Thüringen, Heft 4/2010), Weimar 2010.

Alltag und Frömmigkeit am Vorabend der Reformation in Mitteldeutschland, hrsg. von Hartmut Kühne, Enno Bünz, Thomas T. Müller, Petersberg 2013.

Der Altar von Lucas Cranach dem Älteren in Neustadt an der Orla und die Kirchenverhältnisse im Zeitalter der Reformation, hrsg. von Werner Greiling, Uwe Schirmer und Ronny Schwalbe, Köln-Weimar-Wien 2014.

Axmann, Rainer: Martin Luther, Coburg und die Reformation. Coburg 1996.

Bauernkrieg zwischen Harz und Thüringer Wald, hrsg. von Günter Vogler, Stuttgart 2008.

Die Bekenntnisschriften der evangelisch-lutherischen Kirche. Herausgegeben im Gedenkjahr der Augsburgischen Konfession 1930, Göttingen 1967.

Bergmann, Gerd: Ältere Geschichte Eisenachs, Eisenach 1994.

Bizer, Ernst: Studien zur Geschichte des Abendmahlsstreits im 16. Jahrhundert, Darmstadt 1962.

Blankenburg, Walter: Johann Walter. Leben und Werk, herausgegeben von Friedhelm Brusniak, Tutzing 1991.

Boblenz, Frank: Die Grafen von Henneberg und die Reformation in Sömmerda, in: Jahrbuch des Hennebergisch-Fränkischen Geschichtsvereins 15 (2000), S. 183–196.

Botzum, Paul/Rainer Lämmerhirt: Wüstungen im Hainichgebiet, Bad Langensalza 2001.

Brecht, Martin: Martin Luther, 3 Bände, Berlin 1986–1989.

Brückner, Georg: Landeskunde des Herzogthums Meiningen, Meiningen 1851.

Brückner, Wolfgang: Lutherische Bekenntnisgemälde des 16. bis 18. Jahrhunderts. Die illustrierte Confessio Augustana, Regensburg 2007.

Bünz, Enno: Martin Luthers Orden in Neustadt an der Orla. Das Kloster der Augustiner-Eremiten und seine Mönche, Jena 2007.

Burkhardt, C.A.H.: Geschichte der sächsischen Kirchen- und Schulvisitationen 1524–1545, Leipzig 1879.

343

Chronik von Arnstadt, hrsg. von Andrea Kirchschlager u. a., Arnstadt 2003.

Dahinten, Ernst: Die Reformation in Stadt und Amt Eisfeld, Eisfeld 1932.

Dehio, Georg: Handbuch der Deutschen Kunstdenkmäler: Thüringen, Berlin 2003.

Demel, Bernhard: Die Ballei Thüringen des Deutschen Ordens, in: Herbergen der Christenheit 21/22 (1997/98), S. 9–48.

Denkmaltopographie Bundesrepublik Deutschland. Kulturdenkmale in Thüringen, Bd. 1: Landkreis Sonneberg, bearb. von Thomas Schwämmlein, Altenburg 2005.

Der Deutsche Orden und Thüringen. Aspekte einer 800-jährigen Geschichte, hrsg. von Thomas T. Müller, Petersberg 2013.

Dokumente zur Frühgeschichte der Universität Jena 1548–1558, hrsg. von Joachim Bauer, Dagmar Blaha, Helmut G. Walther, Weimar 2003.

Drews, Paul: Der Bericht des Myconius über die Visitation des Amtes Tenneberg im März 1526. In: Archiv für Reformationsgeschichte 3 (1905/06) S. 1–16.

Eberhardt, Wolfgang: Alte Straßen und Wege von Hessen und Franken nach und durch Thüringen, Bruchsal 1994.

Einicke, Gustav: Zwanzig Jahre Schwarzburgische Reformationsgeschichte 1521–1541, 2 Bde, Nordhausen 1909.

Ellrich, Hartmut: Luther. Eine Spurensuche in Thüringen, Erfurt 2009.

Ellwardt, Kathrin: Evangelischer Kirchenbau in Deutschland, Petersberg 2008.

Enke, Hagen: Konfessionalisierung und kleinräumige Herrschaften. Das Beispiel der reußischen Herrschaften, Jena-Remptendorf 1994

Erfurt im Mittelalter. Neue Beiträge aus Archäologie, Bauforschung und Kunstgeschichte, Berlin 2003.

Für Gott und die Welt. Franziskaner in Thüringen, hrsg. von Thomas T. Müller u.a., Paderborn 2008.

Gehrt, Daniel: Ernestinische Konfessionspolitik. Bekenntnisbildung, Herrschaftskonsolidierung und dynastische Identitätsstiftung vom Augsburger Interim 1548 bis zur Konkordienformel, Leipzig 2011.

Georg Rörer (1492–1557). Der Chronist der Wittenberger Reformation, hrsg. von Stefan Michel und Christian Speer, Leipzig 2012.

Geschichte Thüringens, hrsg. von Hans Patze und Walter Schlesinger, Bd. 3: Das Zeitalter des Humanismus und der Reformation, Köln und Graz 1967.

Geschichte der Universität Jena 1548/58–1958, 2 Bde., Jena 1958, 1962.

Gregor-Dellin, Martin: Heinrich Schütz. Sein Leben, sein Werk, seine Zeit. München 1984.

Großmann, Dieter: Protestantischer Kirchenbau, Marburg 1996.

Gutbier, Hermann: Der Hainich, Langensalza 1894.

Handbuch der historischen Stätten Deutschlands, Bd. 9: Thüringen, Stuttgart 1989.

Hasse, Hans-Peter: Luthers Visitationsreise in Thüringen im August 1524, in: → Der Altar von Lucas Cranach, S. 169–202, 507 f.

Heinemann, Michael: Heinrich Schütz und seine Zeit, Laaber 1993.

Herrmann, Rudolf: Die Kirchenvisitationen im Ernestinischen Thüringen vor 1528, in: Beiträge zur Thüringischen Kirchengeschichte 1 (1929–1930), S. 167–230 und 3 (1933–1935), S. 1–67.

Herrmann, Rudolf: Thüringische Kirchengeschichte, 2 Bde., Weimar 1967.

Hintzenstern, Herbert von: Dorfkirchen in Thüringen, Berlin 1986.

Hoffmann, Helga: Die deutschen Gemälde des XVI. Jahrhunderts. Kunstsammlungen zu Weimar, Weimar 1992.

Hopf, Udo: Schloss und Festung Grimmenstein zu Gotha 1531–1567, Gotha 2013.

Höss, Irmgard: Georg Spalatin 1484–1545, 2. Aufl., Weimar 1989.

Humann, Armin: Die Reformation in Kirche und Schule des Herzogtums Sachsen-Meiningen. Leipzig 1917.

Ignasiak, Detlef: Luther in Thüringen, Bucha bei Jena 2007.

In der Mitte der Stadt. 700 Jahre Mühlhäuser Rathausgeschichte(n). hrsg. von Martin Sünder und Helge Wittmann, Nordhausen-Mühlhausen 2010.

Joestel, Volkmar: Andreas Bodenstein genannt Karlstadt. Schwärmer und Aufrührer?, Wittenberg 2000.

Joestel, Volkmar: Ostthüringen und Karlstadt. Soziale Bewegung und Reformation im mittleren Saaletal am Vorabend des Bauernkrieges (1522–1524), Berlin 1996.

Kahl, Wolfgang: Ersterwähnung Thüringer Städte und Dörfer bis 1300, Erfurt 1996.

Kahlal, Heidrun, Wolf, Dieter: Neunhofen. Eine heimatgeschichtliche Spurensuche, Greiz 2007.

Kaiser, Ulrike: Der Fall „Hans Schleier". Vom Leuchtenburger Gefängnisturm und mitteldeutscher Religionsgeschichte, in: Zeitschrift für Thüringische Geschichte 63 (2009), S. 307–319.

Kammer, Otto: Reformationsdenkmäler des 19. und 20. Jahrhunderts. Eine Bestandsaufnahme, Leipzig 2004.

Die Kirchen im Landkreis Hildburghausen, hrsg. von Joachim Neubert, Hildburghausen 2006.

Knieb, Philipp: Geschichte der Reformation und Gegenreformation auf dem Eichsfelde, Heiligenstadt 1900.

Koch, Ernst: Geschichte der Reformation in der Reichsstadt Nordhausen am Harz, Nordhausen 2010.

Koch, Herbert: Geschichte der Stadt Jena, 2. Aufl., Jena 1996.

Köhler, Michael: Thüringer Burgen, Jena 2010.

Kopitzsch, Wolfgang: Martin Luther und Jena, Jena 1983.

Kreiker, Sebastian: Luthers Leben und Wirkungsstätten, Petersberg 2003.

Kulturelle Entdeckungen Thüringen, Bd. 1–4, Regensburg 2009–2011.

Lämmerhirt, Rainer: Adelsfamilien, Burgen und Schlösser in der Hainichregion, Bad Langensalza 2013.

Literatur

Lämmerhirt, Rainer: Die Geschichte der Familie von Harstall, Mihla 1990.

Lämmerhirt, Rainer: Mihla. Aus der Geschichte eines Dorfes in Westthüringen, Neustadt/Weinstraße, 1992.

Lehfeldt, Paul/Georg Voss: Bau- und Kunstdenkmäler Thüringens, Bd. 1ff., Jena 1888ff.

Lindner, Andreas: Landadel als Träger reformatorischer Bildungsorganisation. Bedingungen und Motive am Beispiel der Klosterschulen des Nordthüringer Raumes (Ilfeld, Ilsenburg, Roßleben und Dorndorf), Weimar 2008.

Löbe, Julius und Ernst Löbe,: Geschichte der Kirchen und Schulen des Herzogthums Sachsen-Altenburg mit besonderer Berücksichtigung der Ortsgeschichte, 2 Bde., Altenburg 1887.

Lutherland Thüringen, hrsg. vom Thüringer Ministerium für Bildung, Wissenschaft und Kultur, Erfurt 2013.

Mägdefrau, Werner/Rainer Lämmerhirt/Dana Lämmerhirt: Thüringer Burgen und Wehranlagen im Mittelalter, Bad Langensalza 2001.

Mai, Hartmut: Der protestantische Kanzelaltar, Leipzig 1969.

Mattern, Marlies: Leben im Abseits. Frauen und Männer im Täufertum (1525–1550). Eine Studie zur Alltagsgeschichte, Frankfurt a.M. 1998.

Mertens, Klaus: Die Stadtkirchen in Thüringen, 2. Aufl., Berlin 1984.

Michel, Stefan: 800 Jahre Christentum im Greizer Land, Greiz 2009.

Möbius, Utz: Chronik der Stadt Stadtroda, Horb am Neckar 2003.

Müller, Gerhard: Das Weimarer Schloss als reichsfürstliche Residenz im 16. Jahrhundert, in: Burgen im Historismus, Regensburg 2013, S. 213–228.

Müller, Rainer: Die Kirchen in Neustadt an der Orla und Umgebung. Eine Geschichte des Sakralbaus in der Orlasenke, Jena 2011.

Querdenker der Reformation: Andreas Bodenstein von Karlstadt und seine frühe Wirkung, hrsg. von Ulrich Bubenheimer und Stefan Oehmig, Karlstadt 1998.

Reisen zu Luther, Berlin-Leipzig 1983.

Sandner, Harald: Der Reformator Martin Luther in Coburg, Coburg 2012.

Schuttwolf, Allmuth: Gotteswort und Menschenbild. Werke von Cranach und seinen Zeitgenossen, Gotha 1994.

Schwalbe, Ronny: Eine Stadt und ihr Altar. Sozialgeschichte, Kirchengeschichte, Kunstgeschichte. Neustadt an der Orla 2013.

Stade, Heinz: Schatzkammer Thüringen. Burgen und Schlösser, Parks und Gärten, Erfurt 2009.

Stade, Heinz/Thomas A. Seidel: Unterwegs zu Luther, Weimar-Eisenach 2009.

Stiehler, Heinrich: Kloster und Ort Georgenthal, 3. Aufl., Bad Langensalza 2005.

Die Stifte Schmalkalden und Römhild, bearb. von Alfred Wendehorst (= Germania sacra, N.F. 36), Berlin-New York 1996.

Taufengel in Mitteldeutschland. Geflügelte Taufgeräte zwischen Salzwedel und Suhl, hrsg. von Bettina Seyderhelm, Regensburg 2009.

Tausend Jahre Taufen in Mitteldeutschland. Katalog, hrsg. von Bettina Seyderhelm, Regensburg 2006.

Thoss, Alfred: Die Geschichte der Stadt Greiz von den Anfängen bis zum Ausgang des 17. Jahrhunderts, Jena 1933, Reprint Greiz 1991.

Tromm, Friedhelm: Die Erfurter Chronik des Johannes Wellendorf (um 1590), Köln-Weimar-Wien 2013.

Uhlemann, Harald: Johann Steuerlein. Ein Gefolgsmann Martin Luthers. Leben und Wirken, in: Schmalkaldische Geschichtsblätter 3 (2013), S. 46–60.

Unger, Corona: Barocke Emporenmalerei in Dorfkirchen des Herzogtums Sachsen-Gotha, Weimar 2006.

Urkunden und Aktenstücke zur Geschichte von Martin Luthers Schmalkaldischen Artikeln (1536–1574), hrsg. von Hans Volz, Berlin 1957.

Urkundenbuch der Stadt Jena und ihrer geistlichen Anstalten, hrsg. von Ernst Devrient, Jena 1936.

Verlust und Gewinn. Johann Friedrich I., Kurfürst von Sachsen, hrsg. von Joachim Bauer und Birgit Hellmann, Weimar-Jena 2003.

Vor- und Frühreformation in thüringischen Städten (1470–1525/30), hrsg. von Joachim Emig, Volker Leppin, Uwe Schirmer, Köln-Weimar-Wien 2013.

Wand, Arno: Reformation, Katholische Reform und Gegenreformation im Kurmainzischen Eichsfeld (1520–1648), Heilbad Heiligenstadt 1998.

Wappler, Paul: Die Täuferbewegung in Thüringen von 1526–1584, Jena 1913.

Weber, Paul: Die Bau- und Kunstdenkmäler im Regierungsbezirk Cassel, Bd. 5: Kreis Herrschaft Schmalkalden, Marburg 1913.

Weimar. Lexikon zur Stadtgeschichte, Weimar 1998.

Weiß, Ulman: Ein fruchtbar Bethlehem. Luther und Erfurt, Berlin 1982.

Wex, Reinhold: Ordnung und Unfriede. Raumprobleme des protestantischen Kirchenbaus im 17. und 18. Jahrhundert in Deutschland, Marburg 1984.

Wolfgang Kopitzsch: Luther und Jena, Jena 1983.

Wölfing, Günther: Geschichte des Henneberger Landes zwischen Grabfeld, Rennsteig und Rhön. Ein Überblick, Hildburghausen 1992.

Zeitel, Karl: Der kaiserliche Orator, Vizekanzler Martin Held, und der päpstliche Nuntius, Peter van der Vorst, Bischof von Acqui, auf der Tagung des Schmalkaldischen Bundes 1537. Zu ihrer Mission und zu ihrem Quartier in Schmalkalden, 2014 (Manuskript).

Zeitel, Karl: Die Reformation im Henneberger Land von den Anfängen bis zur Annahme der Augsburgischen Konfession durch Wilhelm von Henneberg nach zeitgenössischen Zeugnissen, Hildburghausen 1994.

Zerbe, Doreen: Reformation der Memoria. Denkmale in der Stadtkirche Wittenberg als Zeugnisse lutherischer Memorialkultur im 16. Jahrhundert, Leipzig 2013.

AUTOREN- UND TEXTNACHWEIS

Die angegebenen Seitenzahlen beziehen sich – außer bei den Themenbeiträgen – auf den Beginn der betreffenden Artikel.

HESSEN

THÜRINGEN

ORTSREGISTER

PERSONENREGISTER

BILDNACHWEIS HESSEN

Bettina von Andrian, Kassel: 17, 30, 31, 58, 78, 79, 80, 84, 110, 111

Bad Hersfeld, Kurbetrieb: 27

Manfred Berg, Bensheim: 32

Frank Berger, Frankfurt: 51

Bernd Blisch, Wiesbaden: 120

Breuberg, Archiv: 35

Jochen Ebert, Kassel: 24, 90, 92

Jürgen Eichenauer, Offenbach: 104

Gerd Fenner, Kassel: 83

Frankfurt, Bibelhaus Erlebnismuseum: 53

Waltraud Friedrich, Karben: 102

Wolfgang Fritzsche, Ginsheim-Gustavsburg: 25, 36, 44, 64, 114

Fulda, Stadtverwaltung: 59

Horst Göbel, Hünstetten: 76

Ulrike Hanschke, Vellmar: 61, 63, 106

Karl Härter, Heppenheim: 72, 73

Kirsten Hauer, Marburg: 23, 67, 93, 94, 96, 118

Heinz Hefele, Darmstadt: 37

Herzog-August-Bibliothek Wolfenbüttel: 21

Hessisches Hauptstaatsarchiv Wiesbaden: 119 (Britta Kronenburg)

Historisches Museum Frankfurt: 50 (Frank Plate)

Constanze Hüther, Wiesbaden: 42

Marion Jäckel, Schrecksbach: 82, 123, 125

Volker Jost, Eschwege: 47

Johannes Kögler, Friedberg: 55, 57

Thomas Krieger, Kronberg: 87

Landeswohlfahrtsverband Hessen, Archiv, Kassel: 64, 69, 98

Heinz-Walter Laubscheer, Groß-Umstadt: 66

Lich, Evang. Marienstiftsgemeinde: 89 (Lutz Neumeier)

Oliver Lippe, Schmillinghausen: 108

Mengeringhausen, Evang. Kirchengemeinde: 97 (Gerhard Jost)

Nicolaus-Matz-Bibliothek (Kirchenbibliothek) Michelstadt: 99

Horst Nieder, Hohenstein: 113

Bertold Picard, Epstein : 43

Rouven Pons, Wiesbaden: 101

Hans Poth, Felsberg: 48

Rentkammer Graf zu Solms-Laubach: 88 (Trutel Wellenkötter)

Dirk Richhardt, Homberg: 75

Alexander Rommel, Frankfurt: 54

Frank-Michael Saltenberger, Usingen: 105, 116

Hans-Ludwig Schäfer, Langen 65: 112

Richard Schaffer-Hartmann, Hanau: 71

Jörg Schellschmidt, Linsengericht-Geislitz: 60

Thomas Schmidt, Dillenburg: 41

Stiftung Kloster Schlüchtern: 107

Rüdiger Störkel, Herborn: 74

Peter Thomas, Bauschheim: 103

Universitäts- und Landesbibliothek Darmstadt: 38

Karl-Hermann Völker, Burgwald-Wiesenfeld: 45, 49

Manfred Weber, Limburg: 34, 39, 68, 117

Jörg Westerburg, Kassel: 86

Georg Wittenberger, Babenhausen: 26

Bert Worbs, Hofheim: 29

Worms, Stadtarchiv: 122

BILDNACHWEIS THÜRINGEN UND THEMENBEITRÄGE

Agentur aprilfrisches, Silja Bernspitz, Darmstadt: 140 rechts

Altenburg, Schlossmuseum: 159

Bad Frankenhausen, Panorama Museum: 164

Bad Frankenhausen, Regionalmuseum: 166

Frank Boblenz, Sömmerda: 278

Falk Burkhardt, Jena: 335

Jochen Ebert, Kassel: 203

Eisenach, Stadtverwaltung, Pressestelle: 183, 184

Erfurt, Evangelisches Augustinerkloster: 192 links, 193

Andrea Feyer, Ilfeld: 225

Rainer Franke-Polz, Kahla: 235

Waltraud Friedrich, Karben: 141 links

Gera, Evang.-luth. Kirchgemeinde Gera-Stadt: 206

Bernhard Großmann, Hildburghausen: 174, 176, 177, 220, 222, 239, 242, 248, 275, 276, 277, 280, 289–297, 306, 311, 315, 316, 332

Christine Haustein, Gera: 236

Heinrich-Schütz-Haus Bad Köstritz: 144, 145, 167

Historische Bibliothek der Stadt Rudolstadt: 238, 283

Philipp Hort, Erfurt: 141 rechts, 168, 181, 185, 190, 191, 195, 197, 198, 200, 201, 230, 237, 256, 270, 302, 303 oben, 304, 305, 308, 318, 320, 323, 324

Jena, Evang.-luth. Kirchgemeinde: 231

Jena, Städtische Museen: 229

Uwe John, Erfurt: 128, 131, 149, 171, 175, 178, 179, 180, 186, 194, 196, 205, 207, 208, 210, 211, 212, 221, 223, 224, 240, 241, 244, 245, 255, 271, 274, 282, 310, 312, 314, 319, 331, 333

Klassik Stiftung Weimar: 12, 14, 192 rechts, 321, 322, 327, 328

Dieter Knoll, Weida: 317

Rainer Lämmerhirt, Mihla: 202, 259

Leipzig, Museum der Bildenden Künste: 147

Lutherstadt Wittenberg, Evangelisches Predigerseminar: 269

Jörg Metzner, Greiz: 217, 281

Stefan Michel, Gera: 148 oben

Mühlhausen, Stadtarchiv: 253 (Philipp Hort), 254 (Tino Sieland)

Mühlhausen, Zweckverband Mühlhäuser Museen: 251 (Tino Sieland), 258 (Tino Sieland)

Thomas T. Müller, Mühlhausen: 129, 133, 134, 135, 249, 252

Saalfeld, Stadtmuseum: 285 (Werner Streitberger)

Sächsisches Staatsarchiv – Hauptstaatsarchiv Dresden: 279

Schleiz, Evang.-luth. Kirchgemeinde: 287, 288 (beide Fotos: Ursula Enderlein)

Ronny Schwalbe, Neustadt an der Orla: 172, 246, 260, 261, 264

Martin Sladeczek, Erfurt: 161–163

Sondershausen, Evang.-luth. Kirchgemeinde: 303 unten (Bildarchiv Röttig, Sondershausen)

Stiftung Leuchtenburg: 301

Stiftung Lutherhaus Eisenach: 182 (André Nestler)

Stiftung Schloss Friedenstein Gotha: 213

Stiftung Thüringer Schlösser und Gärten, Rudolstadt: 299, 337

Thüringer Hauptstaatsarchiv Weimar: 152

Thüringer Universitäts- und Landesbibliothek Jena: 151 links, 226, 232

Thüringisches Landesamt für Denkmalpflege und Archäologie, Erfurt (Fotos: Werner Streitberger): 139 , 140 links, 170, 218, 265, 266, 268, 284, 286, 329, 330

Torgau, Evangelisches Gemeindebüro: 136

Universität Bern, Universitätsbibliothek: 273

Universität Erfurt, Forschungsbibliothek Gotha: 153, 214

Universität Jena, Universitätsarchiv: 227

Universitätsbibliothek Leipzig: 151 Mitte

Wartburg-Stiftung Eisenach: 11, 13 (Ulrich Kneise), 187, 188, 233

Weimar, Evang.-luth. Kirchgemeinde: 325

Wolfgang Wehr, Gräfenthal: 215

Uwe Wessel, Altenburg: 157, 158

Wikipedia: 148 unten (Ahfrage: 18.9.2014)

© VG Bild-Kunst, Bonn 2014: 130, 165

Literatur

Seite 9 und 307: Luthers Leben für christliche Leser aus Quellen erzählt von Moritz Meurer, Lithographien von Adolph Karst, Leipzig 1869.

Seite 143: Johann Walter, Wittembergisch Gesangbüchlein, Wittenberg 1551 (Faksimile), Titelblatt.

Seite 151: Carl Graepler, Imagines professorum Academiae Marburgensis, Marburg 1977, 5.